CHARLES MAURRAS

ŒUVRES & ÉCRITS
VOLUME IV

ANTHINÉA
1901

LES AMANTS DE VENISE
1926

PRÉFACE À *LA MUSIQUE INTÉRIEURE*
1925

CORPS GLORIEUX
1928

Charles Maurras
(1868-1952)

Œuvres & écrits
Volume IV

Anthinéa
1901

Les Amants de Venise
1926

Préface à La Musique intérieure
1925

Gorp Glorieux
1928

Publié par
Omnia Veritas Ltd

www.omnia-veritas.com

- ANTHINÉA 9
- ATHÈNES ANTIQUE 10
  - I 11
  - II 14
  - III 17
  - IV 18
  - V 21
  - VI 25
  - VII 26
  - VIII 31
  - IX 36
  - X 38
  - XI 39
  - XII 42
  - XIII 46
  - XIV 49
  - XV 51
  - XVI 54
- UNE VILLE GRECQUE ET FRANÇAISE 56
  - I 58
  - II 61
  - III 63
  - IV 67
  - V 71
  - VI 75
  - VII 81
  - VIII 83
  - IX 85
- FIGURES DE CORSE 91
  - I 93
  - II 97
  - III 98
  - IV 101
  - V 103
  - VI 105
  - VII 107
  - VIII 109
  - IX 112
  - X 113
  - XI 116
- LE GÉNIE TOSCAN 118
  - I 120

II	123
III	126
IV	129
V	131
VI	134
VII	135
VIII	137
IX	139

LE RETOUR ET LE FOYER NOTES DE PROVENCE ... **143**
   Le Faux Printemps ... 146
   Un Vendredi à Avignon ... 150
   Les Collines battues du vent ... 155
   L'Étang de Marthe et les hauteurs d'Aristarché ... 158
      I ... *158*
      II ... *162*
      III ... *165*
      IV ... *166*
      V ... *168*
      VI ... *170*
      VII ... *174*
      VIII ... *177*
      IX ... *179*
   L'Âme des Oliviers ... 181

LES AMANTS DE VENISE GEORGE SAND ET MUSSET ... **186**
   Introduction ... 188
   Première partie Personnages Elle – Lui – Eux Le médecin de Venise ... 191
      Elle ... *191*
      Lui ... *198*
      Eux ... *205*
      Le médecin de Venise ... *214*
   Deuxième partie Tragédie ... 219
      Témoignages ... *219*
      Imaginations ... *229*
      Les vit-il ? ... *233*
   Troisième partie Comédie ... 242
      Industrie naissante de George ... *242*
      San Servilio ... *247*
      La culture d'un scrupule ... *253*
      Musset expie ... *260*
      Musset répare ... *263*
   Quatrième partie Vérité et poésie ... 272

 Les Retours..272
 La haine et le pardon..287
CONCLUSION...303
 L'amour Romantique..303
APPENDICE PREMIER..309
 Préface de l'édition de 1916...309
 Note de 1919...333
APPENDICE SECOND...337
 I – Le premier incident..337
 II – Autre incident le drame lyrique...........................343
 III – La tasse de thé du docteur Cabanès...................349
 IV – Un témoignage de Buloz......................................350

PRÉFACE À LA MUSIQUE INTÉRIEURE 354
 I. LE SECRET 356
 II. INITIATION...363
 III. L'ERREUR DE JEUNESSE 370
 IV. LE « VRAI SEUL »..384
 V. POÈMES EN COURS 389
 VI. L'ART..404
 VII. AVEU DÉLIBÉRÉ..416

CORPS GLORIEUX OU LA VERTU DE PERFECTION 425
 AVIS 426
 I...427
 II..427
 III...428
 IV 429
 V...430
 VI 431
 VII...432
 VIII..433
 IX...434
 X...435
 XI...437
 XII 438
 XIII..440

ANTHINÉA

ATHÈNES ANTIQUE

1901

À ALEXANDRE DESROUSSEAUX.[1]

---

[1] Cette dédicace figure dans l'édition originale d'*Anthinéa* recueil où ce texte est repris (1901), puis dans celle de 1912, et disparaît ensuite. Il ne peut s'agir du musicien Alexandre Desrousseaux, auteur du célèbre *Petit Quinquin*, puisque celui-ci est mort en 1892. Force nous est alors d'admettre que Maurras a dédié son texte à Alexandre-Marie Desrousseaux, fils du précédent, qui avant de devenir sous le nom de Bracke-Desrousseaux, ou Bracke tout court, un militant socialiste très anticlérical et farouchement marxiste, fut un helléniste réputé que le jeune Maurras côtoya à plusieurs reprises (voir à ce sujet le texte de la préface que Maurras donna en 1927 à l'ouvrage de Maurice Coulon consacré à Raoul Ponchon). On comprend mieux alors pourquoi la dédicace ne figure plus dans les éditions postérieures d'*Anthinéa* ; Bracke est devenu entre temps pour Maurras un adversaire politique acharné. Les deux polémistes de *L'Action française* et de *L'Humanité* se rendaient coup pour coup. (n.d.é.)

I

Quand je suis parti pour Athènes, un poète que je trouvai sur le quai du départ me dit en souriant[2] :

— Vous allez à Athènes comme à un rendez-vous d'amour.

Et cette blanche Athènes aperçue de la haute mer, « Ô terre » murmurai-je comme la fille de Sophocle, « terre comblée des plus grands éloges, à toi de les justifier ! »

Nulle justification plus rapide. On m'avait annoncé une déception. Je n'ai rien senti de pareil. Dussé-je être montré au doigt de tous les modernes

---

[2] Dès l'édition de 1912, cette première phrase sera raccourcie en « Un poète français m'avait dit en riant, le jour de mon départ ».
Nous nous sommes efforcés de présenter de la manière la plus simple possible les évolutions entre le texte de 1901 et les versions tardives.
Dans l'introduction (chapitres I et II), où les différences sont parfois sensibles, nous avons conservé l'expression la plus étoffée, et repris la variante en note. Dans le reste du texte (chapitres III à XV), les corrections ne touchent, presque toutes, qu'au style et nous avons privilégié la version retouchée, renvoyant en note à chaque fois le texte de 1901. Enfin, pour le chapitre XVI, qui a été entièrement supprimé à partir de l'édition Crès de 1922, nous avons repris le texte de 1901.
Comme pour les autres livres d'*Anthinéa* précédemment publiés par nos soins, nous avons repris les illustrations de Renefer datant d'une édition de luxe de 1927. (n.d.é.)

comme un écrivain dépourvu d'imagination et pauvrement ébloui des choses réelles, j'écris cet aveu sans pudeur.

Durant un mois, j'ai su ce que c'est que la grâce, j'ai su ce que c'est que la force et j'ai connu par un toucher sensuel et physique ce que c'est que la claire essence de leur parfait accord.[3] Le jour se consumait avec avidité, je le voyais tomber avec une ardente tristesse. Il ne me semblait pas que j'eusse interrogé assez de places solennelles ni exercé suffisamment les puissances de curiosité et de réflexion. N'en croyez pas des notes de voyage écrites sur les lieux et expédiées par la poste. Tout cela, c'était mon métier ; ma vie, nullement. Un certain vendredi que je ne saurais me rappeler sans éclats de rire, j'écrivais à Paris que je partirais dès le lendemain[4] :

— Je prends le bateau du Pirée pour Itéa, l'escale de Delphes. D'Itéa, je gravirai à dos de mulet vers les monuments d'Apollon, et quelque embarcation à vapeur ou à voile permettra de gagner Patras. Je verrai ensuite Olympie, puis Corinthe, et Argos, d'où je reviendrai dire adieu à Athènes...

Tout était préparé pour la course en Phocide, et autour du Péloponnèse. Mais, au dernier moment[5], le cœur me manqua et les charmes athéniens furent les plus forts. Je défis ma valise, ne pouvant me résoudre à quitter la face d'Athènes. J'avais trop à voir ou plutôt à revoir, car le premier tour[6] avait été vite fait. Il me plaisait de le refaire chaque jour. Je n'ai guère quitté la ville que pour les promenades dans la banlieue.

---

[3] Dans l'édition de 1912 et les suivantes : « l'essence claire de leur accord ». (n.d.é.)
[4] Dans l'édition de 1901 : « j'écrivais à Paris : — Départ demain. Je prends le bateau ». (n.d.é.)
[5] Dans l'édition de 1901 : « Mais soudain, le cœur me manqua ». (n.d.é.)
[6] Dans l'édition de 1912 et les suivantes : « J'avais trop à revoir, car le premier tour ». (n.d.é.)

Les semaines charmantes ! L'antiquité sévère et douce qui m'encourageait d'un sourire quittait pour moi, l'un après l'autre, ses secrets vêtements et si quelque ignorance, comme il advint, tenait ma pensée suspendue ou que même quelque méprise éclatât et me confondît, je n'en éprouvais nulle peine ; mais, pareil aux premiers Florentins humanistes qui touchaient de leur front les volumes d'Homère qu'ils ne pouvaient pas déchiffrer, j'en étais consolé par un sentiment de la légèreté de mes fautes au prix de ma certitude et de mes plaisirs.

II

Or, il n'était point rare que, parmi ces plaisirs, je fusse poursuivi par des esprits sombres et faux, toujours enclins à la querelle. L'un s'appliquait avec ingéniosité à faire luire des hypothèses judicieuses :

« Si vous restiez un mois de plus, vous changeriez d'avis...

— Βέλτιστε[7], répondais-je, cœur excellent, il me sera toujours impossible de vivre ici un mois, un jour ou seulement une heure de plus que je n'y aurai vécu en effet. Comment faire l'expérience à laquelle vous m'engagez ? »

S'il insistait, je l'emmenais en quelque beau lieu que, depuis vingt mois de séjour, il n'avait pas encore eu la tentation d'explorer. C'est ainsi que je lui fis connaître les sculptures du Céramique.[8]

Un second s'évertuait à me démontrer qu'il n'y avait rien où je venais de voir quelque chose, presque rien où j'avais trouvé infiniment, et qu'enfin je ne m'amusais point là même où ma passion m'enfonçait des heures entières.

« On voit bien que vous êtes en vacances », me répétait non sans aigreur ce fonctionnaire.

Et je n'osais lui répliquer que l'on voyait de reste qu'il était en fonction. Un voyageur de profession, fier d'avoir aperçu un grand nombre de pagodes et de mosquées :

« Vous avez, disait-il, un esprit tout atrophié et une tête rétrécie par l'éducation classique.

— Eh ! lui répliquais-je en moi-même, l'éducation romantique n'aurait-elle point embrouillé et désorganisé ce que vous aviez de cervelle ? »

Admettons que, de nous, ce soit moi qui fasse l'erreur. Mais l'erreur est précieuse, si elle me met en état de comprendre et de ressentir ce que l'histoire intellectuelle de l'univers nous présente de mémorable. Elle me procure une foule d'explications lucides de ce qui nous touche le plus. Au contraire, si l'on admet que vous ayez la vérité, que contient-elle de pratique,

---

[7] « Excellent », « meilleur », en particulier au sens moral. (n.d.é.)
[8] Dans l'édition de 1912 et les suivantes : « Je lui fis connaître le Céramique ». Maurras reviendra longuement en 1928 dans *Corps glorieux ou Vertu de la Perfection* sur ses visites de 1896 dans ce lieu qui n'était alors qu'une petite nécropole. (n.d.é.)

de nourricier et d'assimilable pour vous ? Un principe de curiosité infinie.⁹ La question par la question ! Mais pas de réponse !

Votre pensée n'est rien que du vagabondage. Tout lien avec la race de vos pères spirituels et la suite de vos civilisateurs est coupé misérablement. Ni par rapport à vous, ni par rapport aux vôtres, vous n'avez rien qui soit classé et, comme vous n'avez pu faire aucun classement par rapport à l'ordre éloigné et insaisissable du monde qu'il est particulier aux hommes d'ignorer, vous êtes une sorte de chaos ambulant, embarrassé même pour me dire quoi vous aimez. N'ayant rien choisi, ne préférant rien, végétant dans une indifférente inertie, vous affectez une mobilité extrême ; elle est, au fond, un

---

⁹ Dans l'édition de 1901, le paragraphe se termine ici, par un point d'exclamation. (n.d.é.)

simple mode de cette condition des cailloux que l'on roule, des bûches qu'on charrie[10], et de toutes les créatures dispensées ou délivrées de l'activité. C'est un bonheur peut-être. Qu'il soit du moins silencieux, et n'insulte pas à la vie !

Mais fatigué soit d'une discussion superflue, soit de courses continuelles, il m'arrivait d'être assis dans un lieu désert et je sentais l'Attique accomplir en silence son ouvrage[11] au dedans de moi. Je la priais d'agir, de me modifier, en m'abandonnant à ses soins. Tantôt à l'un des carrefours où se trouve quelque monument de la ville antique, tantôt dans l'ombre fraîche des corridors du grand musée, il me suffisait de poser n'importe où le regard. Je laissais les petits éléments athéniens affluer et me pénétrer comme on ouvre l'accès de son âme, en un soir d'été, aux forces du ciel plein d'étoiles. Plus que toute méditation, cette torpeur contemplative m'inspirait le sens et la divination de la ville ; incrusté et comme pétrifié en elle, il me semblait que la vie des marbres sublimes me gagnait peu à peu.[12] Les longues heures ainsi passées m'ont fait comprendre qu'on puisse aimer comme une créature de

---

[10] Dans l'édition de 1901, « des cailloux et des bûches ». (n.d.é.)

[11] Dans l'édition de 1901, « je sentais alors les choses faire en silence leur ouvrage ». En conséquence, à la phrase suivante : « Je les priais (...) à leur soin. » (n.d.é.)

[12] Dans l'édition de 1901 : « que je devinsse animé de la même vie qu'un de ses marbres. ». (n.d.é.)

chair la matière du Pentélique[13] et crier : la voilà, et sentir son cœur battre, partout où brille une parcelle de la belle pierre dorée.

Telles étaient les pauses. L'âme y est contente de soi. Mais dans les exaltations qui suivaient, rien ne m'était pénible comme l'absence de tout esprit familier capable d'en prendre sa part. Le mien était tendu jusqu'à la congestion et des sentiments en naissaient qui déterminaient une sorte d'érosion presque douloureuse et, s'il faut le dire, d'égarement.

III

L'Acropole.

Dans un livre postérieur de plusieurs mois à mon voyage[14], M. de Vogüé parle d'un visiteur de l'Acropole qu'on surprit un matin, à genoux, manifestement en prière et peut-être en larmes, devant l'une des souples Arrhéphores qui soulèvent du front la tribune du vieux roi d'Athènes Érechthée.[15] Les extases du pèlerin plongèrent ses amis dans un étonnement dont l'expression m'a toujours paru sans mesure et que je ne puis m'expliquer. Quoique traitées en héroïnes, les six caryatides sont des femmes pleines de vie.[16] L'Athènes du IVe siècle ne les appela jamais que « les jeunes filles ». Pour être immortelle et sublime, leur grâce florissante n'en enferme pas moins la mémoire et la cendre d'une antique idée de l'amour. Et tout cela peut bien émouvoir un homme sensible.

Soit que la jeune athénienne lui rappelât la plus belle de ses amies ou le type de sa chimère, l'acte du personnage de M. de Vogüé s'explique et se défend par mille raisons naturelles. Je crains que nulle excuse ne soit trouvée

---

[13] Le marbre de la montagne du même nom, au nord-est d'Athènes. (n.d.é.)
[14] Il s'agit de *Jean d'Agrève*, ouvrage de Marie-Eugène Melchior de Vogüé (1848–1910), paru en 1898. Maurras reparlera de ce personnage plus loin dans *Anthinéa*, au chapitre *Figures de Corse*. (n.d.é.)
[15] Maurras parle des caryatides de l'Érechthéion, livrant une des interprétations possibles quant aux personnages représentés. Maurras écrit *Érechtée, Errhéphores* et *caryatides*, nous rétablissons les orthographes maintenant usuelles. Les Arréphores étaient quatre fillettes qui avaient pour tâche de préparer les péplos utilisés lors des processions panathénaïques. (n.d.é.)
[16] Dans l'édition de 1901 : « Les extases de son ami plongèrent M. de Vogüé dans un étonnement profond. Pourquoi ? Les six caryatides, quoique traitées en héroïnes, sont des femmes. » (n.d.é.)

en ma faveur quand on saura comment, sur la même Acropole, je commis bien d'autres excès.[17]

IV

Je n'y montai pas tout de suite bien que j'y fusse accouru dès le premier soir.[18] Les sentiments confus, qui, durant plusieurs jours interminables, me retinrent hors de l'enceinte, m'attiraient cependant, errant et fiévreux, sous l'escarpement. Des petites rues qui y mènent, je crois bien que j'ai battu les plus ignorées. Elles sont en pente assez rude, brisées de temps en temps par un escalier. On y trouve surtout des ateliers de tisserands. Devant les dévidoirs tendus d'une belle soie safranée, les femmes et les jeunes filles font des groupes assis au milieu de petites cours chichement ombragées. Je ne les regardais que pour me tirer d'inquiétude et

---

[17] Dans l'édition de 1901 : « Soit que la jeune athénienne lui rappelât la plus belle de ses amies ou lui montrât le type même de sa chimère, l'acte du compagnon de M. de Vogüé s'explique et se défend par mille raisons naturelles. Je crains bien que nulle excuse de ce genre ne soit trouvée en ma faveur quand on saura comment, sur le même Acropole, je me livrai au même excès devant une simple colonne. » (n.d.é.)

[18] Dans l'édition de 1901 : « Je ne suis pas monté tout de suite sur l'Acropole. Cependant j'y étais accouru dès le premier soir. » (n.d.é.)

je me replongeais dans la méditation de l'ombre lumineuse qui tenait ma vie suspendue.[19]

Vue de l'angle nord-est, la structure de l'Acropole donne une silhouette d'une force tragique ; pour correspondre à cette arête orientale, il n'y a qu'une image, l'éperon d'une grande nef. Mais, du côté sud-ouest[20], l'effet est tout contraire. La roche disparaît sous un manteau léger, dont la traîne flotte et s'étale en manière de draperie. Ces molles terres descendantes font une ligne qui sinue avec grâce jusqu'à la mer, et sans doute elle se prolonge fort avant sous le pli des eaux. J'eus plus tard à observer du haut de l'Hymette que le pays d'Athènes traduit partout le même rythme de composition ; vers la mer, rien d'abrupt où l'âpreté reçoit des tempéraments, mais, à l'intérieur, des coupures soudaines, des précipices droits et fiers, sévères beautés un peu tristes qui attestent la main dorique de Pallas, au lieu que, sur les plages, rient et respirent les travaux ioniens de Cypris.

— Et, me disais-je, ces déesses qui se partagent la nature composent de même l'esprit. L'art attique est sorti d'une conjonction fortunée de la double influence. Il n'est point sec, Cypris y veille, mais il est nu, c'est la volonté de Pallas. Sans éclater ni scintiller grossièrement, il brille d'un feu chaste pour les yeux qui sont dignes d'être blessés de lui.

Un Latin[21] disait des meilleurs écrivains de l'Attique, tels que Thucydide et ceux de son temps : « Leur style était noble, sentencieux, plein dans sa précision et, par sa précision même, un peu obscur. » Cette précision rétablit leur mystère dans sa lumière.[22] Nul œil profane ne les pénétrera aisément...

N'être point un profane, entendre le mystère de conciliation que suppose une chose belle, sentir avec justesse le mot du vieux pacte conclu entre la savante fille du ciel et la tendre enfant de l'écume, enfin se rendre compte que ce parfait accord ait été proprement la Merveille du Monde et le point d'accomplissement du genre humain, c'est toute la sagesse qu'ont révélée successivement à leurs hôtes la Grèce dans l'Europe, l'Attique dans la Grèce, Athènes dans l'Attique et, pour Athènes, le rocher où s'élève ce qui subsiste de son cœur.

---

[19] Dans l'édition de 1901 : « en suspens ». (n.d.é.)
[20] Dans l'édition de 1901 : « Mais, du côté opposé, vers le sud-ouest ». (n.d.é.)
[21] Cicéron, *Brutus*, VII. (n.d.é.)
[22] Dans l'édition de 1901 : « Cette précision fit le mystère de leur lumière ». (n.d.é.)

L'heure de mon initiation arriva sans que ma volonté y prît aucune part. J'étais assis près de la route carrossière qui conduit à la grille de la porte Beulé.[23] C'est une suite de raidillons comparables à celle du vieux Monaco.

---

[23] La porte fortifiée, d'époque romaine, qui donne accès aux Propylées. (n.d.é.)

Elle est traversée de petits sentiers faisant raccourci et complantée de beaux agaves[24] d'un bleu pâle. Comme j'avais les yeux en l'air, du côté où tendait toute ma pensée, une petite fille de neuf à dix ans passa devant moi. Je la voyais à peine. Elle attira mon attention en traînant les pieds sur le sable, puis s'arrêta en me faisant signe de mon chemin. Je ne l'avais pas demandé. Le doigt vers l'Acropole, elle me regardait en m'adressant un gentil sourire entendu. J'aurais baisé au front la jeune hiérophante ! Mais je me levai et suivis en aveugle sa direction.

V

… Quand, au plus haut de l'escalier, je rouvris les yeux, la première colonne des Propylées se tenait debout devant moi, toute dorée, mais toute blanche, jeune corps enroulé d'une étoffe si transparente qu'on n'en saisit point la couleur, la chair vive y faisant elle-même de la lumière.

Elle montait des solides dalles de marbre, ferme sur sa racine élargie à la base. Dans toute la longueur, comme des ruisseaux d'un feu sombre, les cannelures symétriques s'enfuyaient dans le libre élément aérien où brillait un sommet misérable et meurtri. Il fallut peu de temps pour prendre connaissance de la silhouette souffrante et souffrir avec elle, avec tout le sage univers, de tant de coups barbares qui l'ont décapitée. Son svelte chapiteau et le fardeau que porta cette belle tête gisaient ensemble sur le sol et leurs débris, comme le seuil de quelque cimetière supérieur, manquèrent me tirer des larmes. Si j'avoue n'en avoir versé aucune, oserai-je écrire ce qui suit ? Pourquoi non, si j'osai le faire ?

Sur cette colonne, aperçue la première du chœur des jeunes Propylées, j'entourai de mes bras l'espace, autant que je pus en tenir, et, inclinant la tête, non sans prudence à cause d'une troupe d'Américains qui se rapprochaient avec bruit, prenant même grand soin que l'on me crût en train de mesurer la circonférence, je la baisai de mes lèvres comme une amie.

Ni le jeune homme que nous montre[25] M. Melchior de Vogüé, ni cet étranger fanfaron qui, s'étant introduit dans le temple de Cnide, passa la nuit entière avec la déesse de marbre et l'épousa complètement, comme le

---

[24] Dans l'édition de 1901 : « de grands aloès ». Voir la note 8 de notre édition des *Trente Beautés de Martigues*. (n.d.é.)
[25] Dans l'édition de 1901 : « que reprend ». (n.d.é.)

raconte Lucien[26], ni enfin le sculpteur qui aima la statue jusqu'à l'animer de son souffle, j'ai peine à croire que personne ait connu le même transport. Si le ciel en feu, si la roche dure que je foulais et le marbre que j'étreignais ne fournirent point de réponse à la vibration secrète de ce baiser, si je fus seul où je me crus mêlé à d'universelles ivresses, c'est un point qu'il est superflu de traiter, car le doute et la foi y deviennent insoutenables. Ce qui n'admet ni foi ni doute, étant certain, c'est l'état de folie lyrique où je roulai avec une complaisance infinie, sans cesser de tenir la belle substance embrassée.

Rien de tel ne m'avait été murmuré à l'oreille, depuis le jour de ma jeunesse où l'enceinte dévastée du théâtre d'Arles m'avait fait éprouver la

---

[26] Lucien de Samosate, philosophe et écrivain en langue grecque du second siècle de notre ère. (n.d.é.)

présence réelle et, au même moment, le deuil de la vie antique. Deux légers styles corinthiens qui, pour appartenir à l'âge inférieur, me semblaient pourtant sans défaut, développaient dans ce désert, leur figure jumelle d'une merveilleuse clarté. Je me contentai cependant de leur donner le nom de deux vierges choisies parmi les vierges de Sophocle et de jurer à toutes deux, mon Antigone et mon Ismène, une pieuse visite de chaque année. Quoique j'aie tenu le serment fait à leur grâce, je n'eus jamais envie de les entourer de mes bras. Qu'avait de plus que ces Arlésiennes si douces le fût tronqué des Propylées ?

Je me demande plutôt ce qu'il n'avait point ou ce qui pouvait lui manquer avant sa blessure et du temps qu'il jouissait d'une forme intacte.[27] N'était-il, à la lettre, ce que nous entendons aujourd'hui par un dieu ? Il signifiait un plaisir tout à fait exempt de douleur, un mouvement libre et un acte pur. Simple accident de la vie et de la nature, il les résumait et les expliquait toutes deux. De la vie et de la nature à qui leur destinée, le plus communément, a bien défendu d'être belles, le voici, me disais-je, qui élève comme un peuplier[28] au milieu d'un herbage nain, le bonheur insolent qui lui a valu d'être beau. Il est la fleur de l'Être. Il est le contraire de l'Être. Il est le rare, il est l'unique, en même temps que le commun et l'universel. Il est de ce chaos dont les éléments se divisent, et sa génération atteste cependant l'industrieuse main, le pouvoir unificateur[29] de la claire raison de l'homme couronnée du plus tendre des sourires de la fortune. Dans le déraisonnable, le mouvant, l'incompréhensible, il pose clairement le rythme assuré d'une loi ; de l'inimitié infinie, il tire un accord immortel.

C'est pourquoi mon esprit goûtait avec une douceur inexprimable ce que mes yeux charmés ne se lassaient point de connaître. Ainsi l'intelligence me débrouillait sans peine le monde troublé du plaisir. La volupté qui me pénétrait d'une onde puissante, je l'honorais presque autant que je l'éprouvais, bien certain que jamais tressaillement plus juste ne se ferait dans mes entrailles. Un exercice ordinaire de la pensée montre souvent comme il est triste ou honteux d'être un homme sujet au mal et à la mort, mais

---

[27] Dans l'édition de 1901 : « Tout. Car il avait tout. Je me demande, en vérité, ce qui lui put manquer avant d'avoir été meurtri et du temps qu'il jouissait de sa forme intacte. » (n.d.é.)
[28] Dans l'édition de 1901 : « d'être belles, il élève, comme un peuplier ». (n.d.é.)
[29] Dans l'édition de 1901 : « la main industrieuse, le pouvoir ordonné ». (n.d.é.)

j'éprouvais ici la noblesse de notre essence ; les plus hautes disciplines de la raison rapprochaient de moi la beauté.

VI

Je ne regrette point d'être si mémorablement échappé de moi-même à ce premier vestibule de l'Acropole. La fièvre ainsi passée, je me sentis l'esprit critique, disposé à jouir des chefs-d'œuvre sans y périr.

Un autre choc me fut pourtant donné le même jour, lorsque, ayant achevé le tour de ma colonne, j'aperçus au-delà d'une colonnade nouvelle la masse sombre du Parthénon.

Un long désert de pierres blanches, de marbres, de maigres buissons, courait devant le temple, par terrassements inégaux.[30] Mais l'imagination dévorait cet espace. Le mur géant, labouré de vastes blessures, découvrait[31], ramassée, et concentrée en lui, une incalculable vigueur, comme un fauve[32] puissant qui va bondir et s'imposer. En approchant mieux, on retrouve[33] cette idée de libre élégance qui devait s'élever, à première vue, de l'édifice entier. L'effet de sa mutilation en aura mis à nu la force.[34] Ce que nous

---

[30] Dans l'édition de 1901 : « buissons s'étendait, par terrasses inégales, devant le temple et m'en séparait ». (n.d.é.)
[31] Dans l'édition de 1901 : « figurait ». (n.d.é.)
[32] Dans l'édition de 1901 : « bétail ». (n.d.é.)
[33] Dans l'édition de 1901 : « Après examen, l'on retrouve ». (n.d.é.)
[34] Dans l'édition de 1901 : L'effet de la mutilation a été de mettre tout d'abord à nu la vigueur. » (n.d.é.)

démasquent ces ruines, c'est une énergie héroïque, dont on est tour à tour exalté et vaincu.

VII

La table du roc solitaire qui supporte le Parthénon, l'Érechthéion, et, frêle cabane de marbre, le temple de la Victoire, semble tout d'abord parsemée d'une infinité d'ossements polis et brillants au soleil. On songe ensuite, tant la lumière est joyeuse, au vaste chantier d'un sculpteur. Mais c'est la première impression qui est la juste. Ces quartiers que l'on foule sont les membres du corps inanimé de l'ancienne Athènes. Tambour à tambour, tranche à tranche, au milieu des herbes flétries qui ne les ont pas recouverts, les styles couchés sur le sol font de véritables dépouilles et les mânes qui volent dans l'air au-dessus d'eux nous professent la mélancolie de tant de travaux. Seules de nobles mains, d'aristocratiques mains d'hommes libres, y avaient été employées. La volonté de Périclès avait banni l'esclave de ces entreprises publiques. Les meilleurs ont ici imprimé le meilleur d'eux-mêmes. Ce n'a pas été éternel.

Un vain sentiment de piété défend leurs restes. Il suffirait que cette piété faiblît, qu'une foi analogue à celle des iconoclastes nous fût prêchée comme on prêche en Russie la mutilation de soi-même et en Norvège la dislocation des sociétés[35], il suffirait qu'une série de grandes guerres ou d'autres fléaux, nous rendant attentifs à des soins plus impérieux, autorisât seulement quelque négligence ; la terre avide, la mer profonde, la férocité des enfants, l'ignorance des hommes, le ciel pluvieux et torride, auraient vite fait de reprendre et de liquider ce trésor.

Il est vrai que le Parthénon, ayant vécu, n'a aucun besoin de personne et c'est nous qui avons besoin du Parthénon pour développer notre vie. Ce qui en reste est souriant. Et l'on pourrait abattre encore ou profaner, réduire le fronton ouest au même triste état que l'oriental, broyer ou renverser les dernières colonnes, décrocher les derniers vestiges de la frise ; tant qu'il subsistera seulement de quoi inférer une conception de l'ensemble, l'âme de la Vierge éponyme s'y fera sentir dans sa force.

J'ai peine à comprendre qu'on ait méconnu cette force. Des écrivains de notre siècle qui ont visité Athènes, je n'en trouve pas un qui l'ait remarquée.[36] Lamartine, sublime aveugle, arrêté là-bas, dans la plaine, s'éprit du temple de Jupiter Olympien parce que le péristyle en est élevé, riche et ainsi digne de Baalbek ; malgré les adieux au « gothique » que le Parthénon lui inspire, il en emporta des idées de faiblesse et d'exiguïté. Renan a fait la même faute, et tout ce qu'il a dit et chanté de beau sur Athènes en devient assez irritant. Dans *Saint Paul*, une jolie page sur l'âme grecque est empoisonnée de dédain. Il revient à plaisir sur le caractère aimable et fin, mais, ajoute-t-il, sans portée comme sans grandeur, de l'atticisme : petits plaisirs, petite poésie et petites gens. Lorsque Joseph de Maistre, faisant une revue grondeuse des dons intellectuels de la Grèce, néglige en passant d'y mentionner Aristote, le lecteur entend bien que son auteur s'amuse ; il s'amuse donc de ce jeu. L'on aimerait trouver chez Renan le même sourire. Mais on voit bien qu'ici Renan est loin de plaisanter. Où Maistre raille, Renan marque un sérieux extrême. Ainsi, je ne le puis écrire sans tristesse, apparaît une des larges plaies que le romantisme, l'Allemagne et son christianisme[37] avaient ouvertes dans cette délicate pensée.

---

[35] Maurras fait certainement allusion ici à Tolstoï et à Ibsen, ainsi peut-être qu'aux Skoptzy russes. (n.d.é.)
[36] Dans l'édition de 1901 : « marquée ». (n.d.é.)
[37] Dans l'édition de 1901 : « le christianisme ». La correction est d'importance. (n.d.é.)

Ceux qui ont écrit l'*Organon*[38], bâti ce Parthénon, inventé l'ordre des sciences et conduit tous les arts au degré de la perfection, ces petites gens de la Grèce ne m'ont pas permis de lire jusqu'à la fin la fameuse Prière d'Ernest Renan[39], que j'avais emportée un jour sur l'Acropole.

Ce rythme, me disaient leurs ombres, ce rythme chanteur est de nous. Bien que d'une cadence outrée, retiens-le si tu veux et rappelle-toi de chasser

---

[38] Groupement d'ouvrages d'Aristote sur la logique. (n.d.é.)
[39] La *Prière sur l'Acropole* date de 1865 alors que *Saint Paul* est de 1869. (n.d.é.)

les paroles qu'il accompagne ; non qu'elles soient toutes mauvaises, mais les meilleures sont corrompues par le voisinage...

Et en effet. On ne dit pas : « Il y a un lieu où la perfection existe, il n'y en a pas deux, c'est celui-là » pour objecter un peu plus loin au génie de ce lieu unique « qu'il y a de la poésie dans le Strymon glacé et dans l'ivresse du Thrace ». Que pouvons-nous avoir affaire d'une chansonnette gothique dans le lieu de la perfection ? On ne redit pas devant une déesse, à quatre reprises, « toi seul » (seule jeune, seule pure, seule sainte et seule forte), pour lui souhaiter, en adieu, une tête plus « large » avec les moyens d'embrasser « divers genres de beauté ». Ou les mots sont de simples souffles et ne présentent aucun sens, ou l'on ne peut écrire : « Quand je vis l'Acropole, j'eus la révélation du divin », si l'on doit conclure, à propos des « plâtras » de Byzance, qu'ils produisent également, à leur mode, un « effet divin ». Renan ajoute : « Si ta cella[40] devait être assez large pour contenir une foule, elle croulerait aussi. » Assurément ! Mais quel est ce besoin d'y loger une foule ? Et pourquoi la loger dans un bel édifice dont le rapport avec la multitude consistait à en être vénéré du dehors ?

Devant la face orientale du Parthénon, au point où la théorie[41] des Panathénées devait aboutir après avoir développé tous ses anneaux, se voient les ruines d'un bâtiment circulaire que Rome avait eu l'impudence de se dédier en ce lieu. Jetés au ras du sol, d'un coup de justice divine, les

---

[40] La cella est la chambre intérieure d'un temple, qui renferme la statue de la divinité. (n.d.é.)
[41] Au sens ancien de procession, suite de personnes. (n.d.é.)

décombres du temple de la Déesse Rome étaient le siège favori d'où j'aimais à me pénétrer des vigueurs, des fiertés et de la destinée éternelle du Parthénon. De quelque côté qu'on l'observe, ce modèle architectonique sort de la terre d'un mouvement impérieux et définitif ; là même où les gens du métier signalent une imperfection, elle n'atténue point, j'ose dire qu'elle souligne le caractère de la force et de la fermeté.

Je ne sais à quoi peuvent servir ici le mot de petitesse et celui d'étroitesse. Encore un coup, nous ne sommes pas devant une église, mais devant un autel et un tabernacle ; il sert de musée, de trésor ou de magasin, non d'abri aux fidèles. Ceux-ci se contentent de l'entourer. Seules doivent y pénétrer des personnes choisies. Dans ce reposoir en plein air, séjour des dieux mais non oratoire des hommes, sorte de construction qui, par le fini du détail et les justes mesures de son élévation, procédait quelque peu de la statuaire, on saisit comment l'art athénien, l'art grec tout entier, développe sa plénitude. Il comble les promesses de son goût et de son génie.

Il eût pu faire un autre effort. Le Grec n'était pas incapable de bâtir un immense hangar de marbre et de donner ainsi ce que les amateurs modernes appellent une sensation de grandiose. On entrevoit à Éleusis ce qu'il a fait, par une succession d'agrandissements, en vue de recevoir des milliers de pèlerins. Un tremblement de terre a rasé le temple-colosse d'Éleusis. Mais je crois que l'âge eût suffi. Un bâtiment qui doit servir à de nombreux et pressants usages n'a pas besoin d'être une construction achevée ni inébranlable. L'immédiatement utile n'a qu'une heure, car l'utile change sans cesse et c'est à quoi ont été pipés nos Romains. Leurs constructions d'utilité économique peuvent subsister, il est rare qu'elles rendent de grands services. Ces aqueducs où l'eau a cessé de couler, ces grandes voies impraticables donnent un sentiment de puissance, mais illusoire et presque ridicule. Voici une puissance, et elle ne peut plus ! une utilité, inutile ![42] Que vaut la chose dont le prix est de servir, du moment qu'elle ne sert plus ?

Avec un sens exquis des rapports et des convenances, c'est pour leurs monuments religieux, les mieux soustraits aux vicissitudes mortelles, que les Grecs réservèrent le privilège d'une solidité à toute épreuve. Ainsi en décida leur sagesse à son meilleur temps.

---

[42] Dans l'édition de 1901 : « une utilité, et elle est inutile ! » (n.d.é.)

VIII

Les collections

Le matin, je faisais mes dévotions sur l'Acropole. L'après-midi venu, s'il m'arrivait de remonter, c'était pour visiter les deux musées qu'on a taillés dans un pli de la roche ; le plus souvent, je restais dans la ville basse et finissais ma journée rue de Patissia, au musée national qui abrite tant de trésors. Trop courtes visites ; chaque nuit le sommeil me ramenait, de mes divers logis d'Athènes, au pied des Hygies, des Hermès, des Victoires et des Pallas, que j'avais adorés de jour.

Notre musée du Louvre, surtout dans la section de sculpture antique[43], offre au premier regard l'image horrible d'un fouillis. Non que l'ordre y fasse défaut. Seulement la clef de cet ordre n'est pas mise en la main de tous. Au contraire, dans chacun des musées d'Athènes, l'enfant ou l'ignorant n'a qu'à regarder devant soi, non seulement pour se réjouir, mais pour classer, et raisonner ses impressions.[44] Ordre hypothétique sans doute, attributions tout inductives, mais nécessaires. Une promenade tient lieu de grandes

---

[43] Dans l'édition de 1901 : « de sculpture, et de sculpture antique ». (n.d.é.)
[44] Dans l'édition de 1901 : « ses différentes impressions ». (n.d.é.)

lectures. On y voit toute vive l'histoire de l'art du sculpteur chez les anciens Grecs.

L'honneur de ce bel ordre appartient à M. Cavvadias, éphore général des antiquités du royaume hellénique. M. Salomon Reinach l'en a loué avec une grande chaleur. On murmure à Paris que le complimenteur ne louait que lui-même. M. Reinach aurait été le conseiller et même l'assistant et l'inspirateur de M. Cavvadias. Pensez ce que vous voudrez de ce bruit. Moi j'y prêtai peu d'attention.[45] Pourquoi un Athénien de bonne race n'aurait-il pas daté ses antiquités nationales sans avoir[46] pour second ou pour maître un israélite ?[47]

Au seuil du musée de Patissia est le dépôt[48] des antiquités mycéniennes. Là revit l'âme mecklembourgeoise de l'explorateur Schliemann ; âme naïve et forte, qui sur la terre et sous la terre, pour sa tombe et pour sa maison[49], employa l'appareil et le style des mycéniens. Mon sentiment, s'il faut le dire, fut d'abord que j'entrais dans une annexe du musée du Trocadéro. À chaque page de mes notes, je trouve dénoncé et presque flétri avec une extrême abondance ce que je nommai doucement les sauvageries de Mycènes. Cette fureur avait pour cause le contraste qui éclatait entre des curiosités pures et les beautés de premier ordre au milieu desquelles je ne cessais d'errer.[50]

C'était oublier l'émotion presque religieuse qu'inspire un passé très lointain.[51] Plusieurs de ces ouvrages dont la grossièreté ne me donnait que du dégoût nous sont prouvés antérieurs aux convulsions d'un îlot volcanique dont la date est connue ; ils remontent ainsi authentiquement à deux mille ans avant notre ère... De plus ces découvertes sont très nouvelles.[52] La science est ancienne. Elle est un peu blasée sur ses triomphes d'autrefois. Pour moi, qui ne l'étais sur rien, ma curiosité toute fraîche bondissait à tous les objets. Aucun moulage, aucune gravure ne m'avaient permis de prévoir la subite impression que me communiquaient, vivant devant moi dans leur marbre,

---

[45] Dans l'édition de 1901 : « Je n'y portai que peu d'attention ». (n.d.é.)
[46] Dans l'édition de 1901 : « sans qu'on lui donnât ». (n.d.é.)
[47] Salomon Reinach était le frère de Joseph Reinach, dont on sait le rôle dans les rangs dreyfusards. (n.d.é.)
[48] Dans l'édition de 1901 : « Le visiteur du musée de Patissia voit d'abord le dépôt ». (n.d.é.)
[49] Dans l'édition de 1901 : « pour sa maison et pour sa tombe ». (n.d.é.)
[50] Dans l'édition de 1901 : « de me promener ». (n.d.é.)
[51] Dans l'édition de 1901 : « J'oubliais quelle émotion presque religieuse inspire un passé très lointain. » (n.d.é.)
[52] Dans l'édition de 1901 : « J'oubliais de plus que ces découvertes sont nouvelles. » (n.d.é.)

une Victoire renouant sa sandale, les Taureaux de la frise, ou la tribune d'Érechthée. L'inépuisable trésor de mon ignorance me procurait les moyens de les admirer avec le sentiment[53] de la surprise extrême. Le Masque d'Agamemnon, comme Schliemann appelle son feuillet de métal battu, ne me paraissait ni plus neuf ni plus récemment mis au jour que des chefs-d'œuvre catalogués depuis longtemps.[54] C'est de l'heure de mon débarquement au Pirée et de ma première visite que ceci ou cela datait également. Quel motif de préférer le moins beau ou le laid et de perdre mon temps chez les inférieurs ?[55]

Autre chose m'indisposait encore, c'est l'abus fait du nom d'Homère par les historiens de l'art de Mycènes. Leurs comparaisons soutenues entre l'art homérique et l'art mycénien sont insupportables. Sans doute l'Iliade et l'Odyssée fournissent plus d'une réminiscence évidente de la civilisation que les Achéens fugitifs apportèrent, lors de l'invasion dorienne, dans la Grèce des îles et la Grèce d'Asie. Quoique postérieur, et de beaucoup, à ces translations historiques, l'âge d'Homère avait gardé les débris de l'art achéen[56], et sans doute aussi le poète savait-il par la tradition ce qu'avaient été autrefois Mycènes la dorée, la douce Argos, et les autres cités de l'Achaïe en fleur.[57] Les poèmes d'Homère peuvent donc renseigner sur les temps mycéniens et, comme dans le livre de M. Helbig[58], les antiquités de Mycènes peuvent nous éclaircir quelques-unes des difficultés homériques.[59] Ajoutons, s'il le faut, que le premier noyau des sujets d'Homère[60] se place au moment de la grande prospérité mycénienne. Toutes ces vues, plus ou moins incertaines, portent sur les matériaux dont le poète s'est servi.[61] Mais elles ne fournissent pas la moindre clarté sur l'art et sur la poésie.[62]

L'art d'Homère veut qu'on l'étudie en lui-même. Il importe peu que les sujets de ses descriptions ressemblent aux objets déterrés ici ou là-bas. Il ne

---

[53] Dans l'édition de 1901 : « les sentiments ». (n.d.é.)
[54] Dans l'édition de 1901 : « connus et classés depuis longtemps. » (n.d.é.)
[55] Dans l'édition de 1901 : « Quel motif aurais-je eu de préférer le laid ou le moins beau et de perdre mon temps chez l'inférieur ? » (n.d.é.)
[56] Dans l'édition de 1901 : « de l'art de Mycènes ». (n.d.é.)
[57] Dans l'édition de 1901 : « et Argos, et les autres capitales de la florissante Achaïe ». (n.d.é.)
[58] *L'Épopée homérique*. Paris, Didot.
[59] Dans l'édition de 1901 : « quelques difficultés d'Homère ». (n.d.é.)
[60] Dans l'édition de 1901 : « homériques ». (n.d.é.)
[61] Dans l'édition de 1901 : « dont s'est servi Homère ». (n.d.é.)
[62] Dans l'édition de 1901 : « la poésie d'Homère ». (n.d.é.)

s'agit point de savoir comment s'adaptait le timon au char, ni les courroies au brodequin, mais bien de quelle sorte, dans les récits d'Homère, se constitue le plan homérique, comment s'y fait jour un beau sentiment et quelle est donc, en soi, la beauté unique d'Homère. C'est seulement à regarder ces derniers points qu'on s'aperçoit qu'il faut vénérer, dans ces vieux poèmes, le premier titre du genre humain à l'humanité.

Les personnes entichées de l'esprit évolutionniste et d'une espèce de mystagogie que l'on n'a pas encore nommée, sont prises d'une véritable angoisse de l'âme à l'idée d'un Homère restauré[63] et glorifié. « Homère barbare » est sacré.[64] Elles cherchent comment une époque aussi arriérée dans l'art industriel a bien pu nous donner un modèle d'art poétique, car il leur semble que le monde va toujours à pas réguliers comme un gros de soldats prussiens. Les industries, les arts plastiques, la poésie et l'éloquence doivent, à les entendre, s'avancer simultanément et sur un même parallèle, faute de quoi l'on nie tout avancement partiel. La plus légère application aux réalités de l'histoire fera sentir la grande vanité du système. Il n'y a que ces progressistes et les sots pour croire au développement synchronique de l'art. Comparez le pinceau brillant, mais toujours contraint, du vieux Giotto, aux libres paroles de Dante, dont il est le contemporain ; vous sentirez peut-être comment Homère a pu paraître parmi des ouvriers ignorants, des céramistes grossiers et des statuaires trop simplificateurs.

Ce doux Homère incorporé de force à la barbarie mycénienne ne fournissait pas le dernier de mes griefs contre les salles de Schliemann. Le soir même de mon arrivée en Attique, le grand théâtre d'Athènes avait annoncé une représentation d'*Antigone* jouée par des étudiants et des institutrices sous la conduite du savant professeur Mitriotis. C'est là qu'eut lieu mon premier différend[65] avec Mycènes. Dès le rideau, la sensation en fut violente ; cette scène où l'original de Sophocle allait retentir montrait au fond de son décor, devant le portique royal, toute une colonnade de l'ordre détesté... Au lieu de ce style dorique, noble, fort, dont la base, conformément à la nature et à la raison, fournit un support spacieux, on mettait sous mes yeux des accouplements de colonnes plus resserrées au stylobate qu'à l'échine, suivant une mode d'Égypte ou d'Assyrie qui fut imitée à Mycènes ;

---

[63] Dans l'édition de 1901 : « rétabli ». (n.d.é.)
[64] M. Anatole France fut le premier à rire de ce dogme.
[Cette note et la phrase à laquelle elle se rapporte ne figure pas dans le texte de 1901. (n.d.é.)]
[65] Dans l'édition de 1901 : « le premier heurt ». (n.d.é.)

l'inverse parfait du dorique, puisque la pointe en semble enfoncée dans le sol. Que l'histoire du théâtre ou que le milieu légendaire de la fable thébaine justifiât cette ordonnance, je me gardai, comme d'une insulte à Sophocle, d'en faire le moindre examen ; mais je me retirai en maudissant l'archéologie, et Schliemann, et Mycènes, l'invention de bases plus étroites que les sommets, et le manque de goût familier aux cuistres, mais au surplus persuadé que la représentation n'aurait jamais lieu ou que la pièce n'irait point jusqu'à la scène[66], aucun vers du poète de la logique naturelle ne pouvant se résoudre à sonner sous des colonnades insérées sens dessus dessous !

---

[66] Dans l'édition de 1901 : « jusqu'à son terme ». (n.d.é.)

IX

L'époque mycénienne comprend trois siècles à tout le moins. Mais, en y rapportant les objets découverts parmi les cendres de Théra, il faut admettre un laps de près de huit cents ans durant lesquels les arts plastiques purent croître et décroître, fleurir, mûrir et décliner à plus d'une reprise. Non seulement les Achéens originels durent procéder, comme toutes les races, par tâtonnements, par retours, s'instruisant à l'expérience et parfois oubliant ce qu'ils en apprenaient ; mais de plus, n'étant pas formés en corps de nation et, malgré la voie de la mer, leurs communications étant difficiles[67], le degré d'expérience et d'habileté dut varier aussi[68], des campagnes de l'Ionie à celle du Péloponnèse et aux roches volcaniques de l'Archipel.

Cependant ces Grecs nouveau-nés, ces Grecs barbares ou sauvages, pleins de réminiscence asiatique et égyptienne, ces Grecs qui sont parfois dénués de figure grecque ne prêtent pas toujours à sourire ; tous leurs travaux ne m'ont pas fait songer aux antiquités du Guatemala. Leurs monstres, leurs poupées, leurs bonshommes de terre crue dont quelques-uns rappellent, au premier abord, des œuvres d'art qu'on peut admirer dans nos foires, il les faut regarder de près. Un détail de la ligne, un trait de l'imagination, une particularité du travail étonnent et retiennent par la révélation de l'exquis.[69] On reconnaît alors le pouce ingénieux, l'ongle habile du peuple qui sera quelque jour le meilleur ouvrier de la terre ; on s'explique déjà[70] qu'il doive[71] devenir le plus intelligent et le plus subtil raisonneur, et c'est à peine si l'on ose poser le vieux problème : les ouvriers mycéniens furent-ils[72] des Grecs ?

La chasse au lion incrustée sur un poignard du quatrième tombeau ouvert à Mycènes est d'un mouvement admirable ; la tête du taureau étoilé d'argent et d'or, trouvée au même endroit par Schliemann, est presque belle ; on ne peut en nier le grand caractère. Et, si les masques sont hideux, regardez les taureaux sauvages et les taureaux domptés qui décorent les vases de Vaphio. Pour la justesse, pour un air de grâce et de naissante liberté, pour le rayon

---

[67] Dans l'édition de 1901 : « communiquant entre eux sans beaucoup d'aisance ». (n.d.é.)
[68] Dans l'édition de 1901 : « dut varier aussi parmi leurs ouvriers ». (n.d.é.)
[69] Dans l'édition de 1901 : « par ce qu'on y trouve d'exquis ». (n.d.é.)
[70] Dans l'édition de 1901 : « on s'explique même ». (n.d.é.)
[71] Dans l'édition de 1901 : « qu'il puisse ». (n.d.é.)
[72] Dans l'édition de 1901 : « étaient-ils ». (n.d.é.)

de vie animant la forme robuste, de telles œuvres souffrent aisément la comparaison avec tous les meilleurs essais que tenta bien plus tard, au commencement du vie siècle, l'école d'Égine. Si les vases de Vaphio sont de la fin de l'ère mycénienne, on incline à penser que sans l'invasion des Doriens, la belle saison de l'art grec se serait produite trois ou quatre siècles plus tôt.

M. Maxime Collignon[73] ne croit pas que cette invasion ait tué brusquement la civilisation de Mycènes ; elle en aurait plutôt ralenti, appauvri et enfin tari la sève natale. Les indigènes émigrèrent ; ils coururent les îles, se fixèrent çà et là dans l'Asie mineure, dont ils colonisèrent différents points où la race grecque n'était pas encore installée. Bien des acquisitions se perdirent dans ce voyage. Il fallut construire des villes, commencer de nouvelles mœurs, faire face à des besoins qu'on ne connaissait pas. D'autre part, dans la Grèce propre, les Doriens, en véritables barbares venus du Nord, durent prendre le temps de se polir sous un ciel plus clair et plus doux au commerce des autochtones. Cela tint quelques siècles jusqu'à la naissance d'Homère.

---

[73] *Histoire de la sculpture grecque*, 2 volumes, chez Didot.

X

Passons vite. Ces âges n'intéressent que l'historien.[74] Ce que nous cherchons dans la Grèce, c'est ce qui lui donne son rang sur le monde antique et moderne, ce par quoi elle se distingue de tout le reste, ce qui fait qu'elle est elle et non la barbarie. C'est l'âge de la grécité proprement dite, de l'hellénisme pur qui dura deux ou trois cents ans[75] environ pour la statuaire. On en reconnaît le début au vie siècle, lorsque en Attique et dans les îles, l'art se transforme, s'assouplit et se délivre des rigides modèles venus d'Orient. Appuyés sur la tradition toujours embellie et accrue, fiers de leur force, les artistes recherchent alors dans la nature des modèles à surpasser. La période, si elle fut exquise, fut courte ; mais tout

---

[74] Dans l'édition de 1901 : « n'intéresseront que des historiens ». (n.d.é.)
[75] Dans l'édition de 1901 : « Or cette période de grécité proprement dite et d'hellénisme pur dure deux ou trois cents ans ». (n.d.é.)

homme est forcé d'y lever[76] les yeux quand il se soucie de son ordre intellectuel.

Épuisée de guerres intérieures, la Grèce éteint sa flamme quand l'Asie d'Alexandre communique à ses conquérants, non le type d'un nouvel art, mais un état d'inquiétude, de fièvre et de mollesse qu'entretinrent les religions de l'Orient. Adonis et Mithra décomposèrent les premiers le monde ancien.[77] Qu'on ne croie pas que les artistes grecs aient hellénisé ces conceptions ennemies ; ils n'y réussirent jamais.[78] Mais ils furent certainement barbarisés par elles.

Alors[79], cette lumière de l'imagination et de la pensée qui ne dessèche ni la passion ni la verve, mais commande à l'une et à l'autre en leur imprimant une immortelle vivacité, ce caractère de raison et de puissance qui est le propre de la Grèce, disparaissent ou s'atténuent dans les œuvres des Grecs, et, ces œuvres n'étant plus grecques qu'à demi, on peut les négliger comme on le fait des copies comparées à l'original.

XI

Autant que ces copies tardives, les premières ébauches s'effacent devant les chefs-d'œuvre. Mais[80], le fait de vivre à Athènes m'avait rendu aussi injuste[81] pour les sculpteurs d'Égine que je l'avais été pour les potiers et les forgerons mycéniens.

On a trouvé en 1886 dans les substructions de l'Acropole quatorze statues d'un beau marbre, brillant et colorié. Elles furent placées debout dans une salle du musée supérieur.[82] J'avais coutume de franchir presque en courant la salle des quatorze prêtresses de Minerve. Leurs yeux bridés, comme dans les visages mongoliques, leurs narines, leur front bizarre, enfin cet étrange sourire, nommé éginétique sans doute parce que les statuaires

---

[76] Dans l'édition de 1901 : « d'y élever ». (n.d.é.)
[77] Dans l'édition de 1901, la phrase se termine en forme de blasphème : « le monde ancien avant que le Juif ne survînt ». (n.d.é.)
[78] Dans l'édition de 1901 : « car jamais ils n'y réussirent. » (n.d.é.)
[79] Adverbe absent du texte de l'édition de 1901. (n.d.é.)
[80] Dans l'édition de 1901 : « Pour ma part ». (n.d.é.)
[81] Dans l'édition de 1901 : « me rendait presque aussi injuste ». (n.d.é.)
[82] Dans l'édition de 1901 : « du musée de l'Acropole ». (n.d.é.)

d'Égine furent les premiers à l'effacer de leurs œuvres[83], ce sourire uniforme et indéfini, sur des joues reluisantes comme l'ivoire me causaient une espèce de chagrin qui me faisait fuir. N'écrivis-je dix fois le brouillon d'une lettre à l'éphore général des antiquités sur le tort que faisaient selon moi à tant de chefs-d'œuvre les idoles d'une Athènes encore impolie !

Les quatorze prêtresses me courrouçaient par leur toilette.[84] Il m'était impossible d'y reprendre ni la fine élégance, ni cette habileté souveraine dont l'ouvrier en avait désigné le plus léger pli. Le vêtement tourne et palpite avec une lente mollesse et, dans les chevelures[85], la perfection minutieuse du travail semble le disputer à la complication et à la subtile richesse des coiffures bien copiées.

— Mais quoi ! m'écriais-je, toujours courant, l'Athènes des Pisistratides, cette Athènes qui vit une première édition critique d'Homère, fut donc une ville sans goût ? Les dames y allaient, chargées d'ornements ridicules ? Elles n'entendaient rien au précepte de Fénelon, qui veut de chastes draperies, appliquées sur des formes pures, comme il semble qu'on en ait vu à l'époque de Phidias ? Combien tout ce luxe est fâcheux !

J'égalais ce faux luxe à celui d'un débris mycénien sur lequel on peut distinguer que les épouses déplorables des morts que Schliemann déterra, portaient, quinze grands siècles avant Notre-Seigneur, trois rangs de volants à leur jupe.

Puis, considérant l'œil bridé des quatorze prêtresses du premier Parthénon :

— Hélas ! disais-je, qui m'ôtera de là ces Chinoises !

À plus forte raison, considérais-je sans faveur, tant sur l'Acropole qu'au musée national, ces pierres liturgiques à peine dégrossies qu'on est convenu d'appeler des *xoana*. Le véritable *xoanon*, sorte d'idole primitive, fut taillé dans le bois, comme l'étymologie en témoigne. Nos *xoana* de pierre ne

---

[83] On a voulu voir bien des choses dans le sourire éginétique. Voici ce que j'ai lu de plus satisfaisant sur l'art des Éginètes : « Un contraste constant et très frappant résulte de l'imbécillité des têtes et de la beauté des corps. Les membres, quoiqu'un peu maigres et anguleux, sont d'un grand style et d'un beau caractère ; les têtes, traitées de façon toute archaïque, sont uniformément revêtues d'un sourire idiot... » Sans dire de quel lieu ces justes paroles sont prises, surtout sans en nommer l'auteur, elles me semblent bien répondre aux imaginations développées dans *Le Sourire d'Athéna* de M. André Beaunier. (Note de 1912.)

[84] Dans l'édition de 1901 : « par l'appareil de leur toilette ». (n.d.é.)

[85] Dans l'édition de 1901 : « Tout palpite, tout vit, tout tourne avec une lente mollesse sur la poitrine et les flancs de chacune d'elles. De même, dans les chevelures ». (n.d.é.)

ressemblent point mal à la silhouette de quelque lourde contrebasse. Elles étaient informes. Peu à peu, si l'on veut accepter les idées qui sont encore reçues à cet égard, après mille hésitations de l'ouvrier, une tête apparut dans le corps[86] ; les bras, les jambes se marquèrent, sans trop se séparer ni s'éloigner du tronc. Un équarrissage grossier acheva l'apparence humaine. M. Homolle a trouvé à Naxos l'une de ces ébauches. Plus tard et, peut-être sur des modèles égyptiens, ces figures rigides esquissèrent un mouvement ; dès lors, malgré l'enfance extrême ou l'absence de l'art, on les prit pour de mystérieux animaux dont le populaire fit grand cas.[87] Quand le crétois Dédale eut rapporté d'Égypte ces premières formes en marche, le Grec, encore naïf, déjà malicieux, inventa de les attacher le soir, dans la crainte qu'elles ne prissent la fuite pendant la nuit. Ainsi du moins parlent les théoriciens de l'histoire des arts en Grèce. S'ils ne se trompent pas, il faut que l'invasion dorienne ait plongé les gens du pays dans l'état de stupidité.

Ce jeune peuple grec n'avait cependant point perdu, dans cette nuit profonde, ses qualités d'observation. Il ajouta au mouvement des figures égyptiennes la science du modelé. Il fit bomber et se creuser comme la paroi d'un beau vase, comme la quille d'un vaisseau, la fleur de la poitrine humaine touchée d'un ciseau complaisant.[88] Lorsqu'il eut remplacé la pierre par le marbre, ce qu'il réussit de meilleur et le plus vite, fut peut-être cette poitrine. Je me souviens d'une figure d'homme, un Apollon peut-être, ou une dédicace à Apollon, qui est au musée de la rue de Patissia. L'objet est presque affreux, dans son ensemble[89], épaules trop carrées, bras anguleux, visage à l'état d'ébauche fumeuse ; mais, de la naissance du cou, une série de plans légers, exécutés avec une attention, un art, un goût charmants, avec une précision voisine de la science, fait couler le regard jusqu'à la naissance des seins. L'ouvrage n'est pas beau. Mais c'est un précurseur, un divin messager de la beauté, qui est prochaine.[90]

---

[86] Dans l'édition de 1901 : « une tête se dégagea du *xoanon* ». (n.d.é.)
[87] Dans l'édition de 1901 : « dès lors, elles parurent, malgré l'enfance extrême ou l'absence de l'art, de mystérieux animaux dont le populaire faisait grand cas ». (n.d.é.)
[88] Dans l'édition de 1901 : « qu'il touchait d'une ciseau complaisant et sûr ». (n.d.é.)
[89] Dans l'édition de 1901 : « presque horrible pour tout le reste ». (n.d.é.)
[90] Dans l'édition de 1901 : « Mais c'est un précurseur et un divin messager de la beauté ; elle est prochaine. » (n.d.é.)

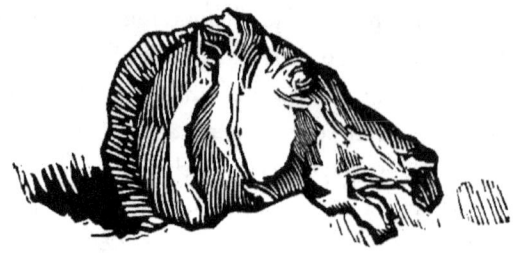

XII

Ainsi les salles archaïques du musée de Patissia me développaient clairement, trop clairement peut-être pour que l'histoire véritable y eût son compte, les transitions du type amorphe jusqu'au type déterminé et pur. Mais, je vous prie, dans le musée de l'Acropole, quelle transition imaginer seulement entre la salle VI et la salle VII ?

On rencontre dans la première ces quatorze dames mongoles chargées d'ornements inutiles, couvertes de cadenettes et de bijoux, qu'il me plairait de prendre pour les poupées persanes ou médiques, chargées des rôles d'Atossa et de ses compagnes dans le poème d'Eschyle.[91] Or, la salle suivante s'illumine d'une des merveilles de l'atticisme.

Quel est le rapport nécessaire de ceci à cela ? On me dit bien qu'à l'élégance des poupées primitives s'est ajouté le grave accent des œuvres que façonnaient, à la même époque, Argos et Sicyone ; mais, outre que la combinaison n'est pas sûre, que les intermédiaires invoqués prêtent au doute, le fait même d'une combinaison pareille est à lui seul bien merveilleux. Oui, le miracle est là ; l'explication offerte, si on l'admet, n'explique rien. Je suis presque tenté de voir ici ce que l'on nomme, chez mes amis les philosophes, un commencement absolu. Dès ce bel ouvrage de marbre, tête d'éphèbe pensif et même un peu sombre, l'homme ouvrit un cycle nouveau. Je serais tenté de dire qu'il a créé.

Comment vous décrire ceci ? En copiant mon catalogue ? « 689. Tête archaïque de jeune homme découverte en 1887, à l'est du musée, à la place où est bâti le petit musée. Elle se classe parmi les meilleures têtes archaïques d'hommes conservées jusqu'à nous, et ressemble par la disposition de la chevelure à la statue du Musée national, n°45, connue sous le nom d'Apollon sur l'omphalos. » Ainsi s'exprime M. Cavvadias. M. Maxime

---

[91] Dans l'édition de 1901 : « dans *Les Perses* d'Eschyle ». (n.d.é.)

Collignon analyse davantage. Il relève au grain de ce marbre les traces d'une couleur restée fraîche, jaune d'ocre dans les cheveux, rouge aux lèvres, jaune encore au globe des yeux, brun au bord des paupières. Mais tout cela est secondaire. Le même auteur décrit avec soin la coiffure qui est étrange pour une tête virile, il nous apprend qu'elle se nommait *crobylos*.[92] Je préfère à ce renseignement, d'ailleurs profitable, la suite du discours de M. Collignon :

> Quant au type du visage, quel progrès n'accuse-t-il pas sur celui des têtes précédentes ! Plus de sourire conventionnel, plus de saillie exagérée des yeux. Les traits réguliers et purs, le nez droit, la bouche sévère avec la lèvre inférieure un peu saillante composent un visage juvénile dont le charme grave nous repose de l'éternel sourire des figures archaïques.

Cela est très bien dit. Cela me donne envie de revoir ce visage gracieux et fort. Mais il est incroyable à quel point la mémoire, fidèle gardienne des sentiments et des pensées, est quelquefois rebelle à nous rendre précisément le trait d'un visage, même adoré. J'ai heureusement devant moi la photographie du chef-d'œuvre donnée par un Athénien.[93] On en pardonnera l'humble aveu, rien ne vaut une bonne photographie pour rendre au juste l'impression des originaux de marbre. Présentée au rayon du jour, la feuille diaphane en devient toute lumineuse et l'on voit y filtrer, sous le trait ferme des figures, cette clarté blanche et brillante qui anime le doux paros.[94]

Même effet, ce soir où j'écris à la lumière de ma lampe. Le jeune homme songeur, qui dut naître bien des années avant que parût Phidias, ce contemporain de la fin du VIe siècle ou des premières années du Ve ressuscite au pâle rayon. Il s'éveille, nous entendrons[95] quelles pensées doivent rouler dans cette forme. Elles seront énergiques et éloquentes. Cet éphèbe n'est point un amant occupé de nourrir son chagrin, ni un politique mûrissant son projet, ni même un sophiste, un rhéteur ou un philosophe

---

[92] Dans l'édition de 1901 figure ici une phrase supplémentaire : « Voilà qui nous fait bien savants. » (n.d.é.)

[93] Dans l'édition de 1901 : « J'ai heureusement devant moi la reproduction du chef d'œuvre, exécutée chez Didot ; j'ai mieux peut-être, puisque j'ai la photographie de l'ouvrage, donnée par un athénien. » (n.d.é.)

[94] Le marbre de Paros. (n.d.é.)

[95] Dans l'édition de 1901 : « Il se réveille devant moi. Nous entendons » (n.d.é.)

mathématique. On songe à l'Érasme d'Holbein, avec la pureté, la noblesse, la sainteté, qu'on ne trouve pas dans l'Érasme. En même temps que s'infléchit ce beau front sous la courbe et sous le poids sacré du plus magnifique cerveau[96], l'oreille, presque aussi écartée que celle d'un faune, se tend ; le nez respire ; l'œil pointe ; l'air du visage et l'inflexion de la tête entière semblent sonder, mesurer, calculer et évaluer, d'un juste et précis instrument ; enfin les lèvres, qui en disent le plus long[97], ces lèvres étant extrêmement rapprochées, la supérieure en retrait, et l'inférieure avancée tout au contraire, les lèvres goûtent et savourent. N'en doutons plus, nous assistons à un effort de sensibilité et d'intelligence critiques. Un politique ou un athlète qui préparent quelque mouvement effectif, un sage argumentant, un amoureux supputant les risques de son malheur montreraient moins de calme, un recueillement moins parfait. L'objet du sentiment montré ici passe nos communs intérêts. Ou je me trompe fort, ou le sérieux éphèbe se sent supérieur. Il juge la terre et le ciel.

De là vient peut-être la curiosité qu'il me donne. Mais il retient par d'autres caractères moins incertains. Ce chef-d'œuvre de l'archaïsme athénien a de merveilleux analogues dans l'histoire de l'art. Outre certaines têtes florentines du temps de Giotto, celles-là même dont notre imagination remplit sans le vouloir les cantiques de Dante, il rappelle plus d'une tête du Moyen Âge français. Quand je l'examinai pour la première fois, j'ai soudain tressailli de la joie inquiète qui devait me venir, le soir du même jour, lorsque les vénérables murailles franques de Daphni, filles des ducs d'Athènes, se montrèrent tout à coup au-dessus des arbres. Je crus voir ma patrie au fond d'une terre étrangère.

Nulle communication historique n'existe cependant entre telles têtes gothiques et l'éphèbe de l'Acropole. Un grand souci de la nature, un exercice séculaire aux délicatesses de l'art, par là une forte maîtrise, enfin cette commune gravité de l'esprit devaient suffire à engendrer une analogie si parfaite entre les deux arts. Et plus on s'en rend compte, mieux on en est touché.[98] Mais il entre dans cette émotion un regret. On se demande quelle iniquité de la fortune a permis à cet archaïsme attique de mûrir et d'atteindre

---

[96] Dans l'édition de 1901 : « et comme sous le poids sacré du plus magnifique des crânes ». (n.d.é.)
[97] Dans l'édition de 1901 : « le plus expressif ». (n.d.é.)
[98] Dans l'édition de 1901 figure une phrase supplémentaire : « L'explication accroît l'émotion. » (n.d.é.)

au juste degré par la naissance et l'influence du plus sublime esprit humain, au lieu que ce maître désiré, nécessaire, ce Phidias indispensable, fut refusé cruellement à notre archaïsme français.

XIII

Et voilà le plus grave des chagrins de l'Histoire ; elle institue une comparaison jalouse, elle glisse mille regrets. Cependant Phidias n'a pas été perdu pour nous, puisque sa tradition a fini par nous revenir. On ne gardait de lui qu'un nom ou des traces incertaines et inconscientes, quand la lumière de la Renaissance brilla d'abord en Italie. Seule, une âme ignorante, amie de la brutalité, se plaindra de la Renaissance. Cependant[99], les fouilles nouvelles, opérées dans la Grèce propre ont mieux marqué la vraie force de Phidias. Elle était défigurée par l'académisme, à force d'en être polie ; une fausse interprétation du génie classique avait représenté comme durci et raidi[100] par la mort ce qui est au contraire une fleur de vie essentielle, ne tirant son auguste apparence immobile que de la perfection, de l'abondance et de la vigueur de son mouvement. Phidias et

---

[99] Dans l'édition de 1901 : « Mais ». (n.d.é.)
[100] Dans l'édition de 1901 : « rectifié ». (n.d.é.)

les siens ont poursuivi les traits purs et fixes de l'homme à travers les aspects les plus chancelants de la vie.[101]

Tant de découvertes abondent, depuis cent ans, dans toutes les parties du monde qui fut aux hellènes, qu'il est devenu difficile d'admettre sans explication ce qu'enseigna l'ancienne philosophie de l'art sur l'essence du génie grec et sur la figure du beau ; mais, à la réflexion, on trouve plus absurde encore de borner, comme le voudraient quelques modernes, l'examen des chefs-d'œuvre de l'époque ou de l'école de Phidias à un

---

[101] Dans l'édition de 1901, cette phrase est presque tournée à l'inverse : « Phidias et les siens ont mis à nu les les traits purs et fixes de l'homme avec l'aspect le moins chancelant de sa vie. » (n.d.é.)

commentaire historique. Indépendamment de leur immense influence, il faut bien leur reconnaître un autre mérite qu'aux chefs-d'œuvre des autres milieux et des autres temps. Le soin même que l'on a pris (Taine dans sa *Philosophie de l'art*, M. Boutmy dans sa *Philosophie de l'architecture en Grèce*) de courber ces ouvrages aux règles du commun[102] n'a servi qu'à faire sentir qu'ils ne s'y courbent point et pour quelle raison.

J'ai relu comme tout le monde l'ouvrage de M. Boutmy, publié avec une intéressante préface sous ce titre nouveau, *Le Parthénon et le génie grec*. C'est un beau livre, si lucide qu'il est impossible de le lire une fois sans en distinguer le vice fondamental. M. Boutmy s'efforce avec ingéniosité de rattacher l'œuvre des architectes et des sculpteurs du Parthénon au genre d'imagination, au tour d'esprit, au goût d'hommes d'un certain groupe, vivant à un certain moment dans un certain endroit. Il est vrai qu'il y réussit. Ce qu'il affirme est juste. Par sa structure[103] comme par son ornement, dans son architecture comme dans sa décoration, le Parthénon est chose essentiellement athénienne. M. Boutmy, sur cet article, aura gain de cause. Il a raison. Où il se trompe, c'est quand il tend à nier (lisons bien ses dernières pages) que cet édifice athénien soit aussi l'expression parfaite d'une pensée humaine supérieure aux variations de l'histoire et de la nature. Il se trompe, et il a rassemblé les matériaux les plus propres[104] à faire éclater son erreur ; il s'est lui-même réfuté au chapitre admirable où, définissant l'athénien, il établit que, justement, le signe distinctif de l'homme d'Athènes était de posséder, à un degré de force unique, ce par quoi les hommes sont hommes, la raison.

« Ce peuple d'hommes d'élite », comme Lamartine nomma les Athéniens, eut ceci de particulier : il prit plaisir à imaginer les relations stables, permanentes, essentielles. L'esprit philosophique, la promptitude à concevoir l'Universel pénétrait tous ses arts, principalement la sculpture, la poésie, l'architecture et l'éloquence. Dès qu'il cédait à ce penchant, il se mettait en communion perpétuelle avec le genre humain.[105] À la bonne époque classique, le caractère dominant de tout l'art grec, c'est seulement l'intellectualité ou l'humanité. Les merveilles qui ont mûri sur l'Acropole

---

[102] Dans l'édition de 1901 : « aux règles de la loi commune ». (n.d.é.)
[103] Dans l'édition de 1901 : « Ce qu'il affirme est vrai. Évidemment, par sa structure ». (n.d.é.)
[104] Dans l'édition de 1901 : « qui sont propres ». (n.d.é.)
[105] Dans l'édition de 1901 : « Quand il cédait à son penchant, il était mis en communion soudaine avec le genre humain. » (n.d.é.)

sont par-là devenues propriété, modèle et aliment communs ; le classique, l'attique est plus universel à proportion qu'il est plus sévèrement athénien, athénien d'une époque et d'un goût mieux purgés de toute influence étrangère. Au bel instant où elle n'a été qu'elle-même, l'Attique fut le genre humain.

XIV

Ces réflexions suffisent à justifier le principe des humanistes de la Renaissance dont elles excusent jusqu'aux abus et aux erreurs. Elles fournissent le moyen de refaire une hiérarchie dans les arts selon le degré d'humanité des ouvrages que l'on compare. Ce degré, reste à le sentir. Reste à avoir bon goût. Il n'est pas impossible, si l'on en a quelque semence, de le perfectionner. Il suffit de se mettre en présence des belles choses en les laissant venir à soi.

Aucune action n'est plus réelle. On se sent modelé par la beauté vivante, comme repris et retouché par le regard d'une amie délicate et fière. Hors de cette nature exquise, de cette sainte tradition, tout est faible, chétif et secrètement vicié. Je tourne à la hâte les pages des notes que j'ai prises dans les petites salles fraîches de ce musée de l'Acropole où l'on a placé les restes de la frise du Parthénon. Ce sont des pages qui me regardent au fond de l'âme.

Vers les plus beaux de ces fragments, les trois *Divinités assises*, ou les *Jeunes gens aux taureaux*, combien de vœux et de prières ! mais, en retour, tombant jusqu'à moi de si haut, quelle confirmation, quel conseil de volonté, de force et de vie ! La Victoire sans tête, sans ailes, et qui vole plutôt qu'elle ne court tout en renouant sa sandale, cette jeune déesse emporte sur les ondes de son vêtement déployé les plus grandes leçons de style, c'est-à-dire de mesure et d'enthousiasme. Le cœur ne sait que préférer[106] de la vitesse impétueuse ou de la grâce naturelle, magnifiquement accordées.

---

[106] Dans l'édition de 1901, le mot *que* est absent, sans doute une coquille du typographe. (n.d.é.)

XV

À l'Acropole, il n'y a guère que des ouvrages archaïques ou semi archaïques, et des chefs-d'œuvre purs. Rue de Patissia, le musée central, extrêmement varié, permet au visiteur des comparaisons instructives. Après le laid des mycéniens et des primitifs, on peut voir le laid des auteurs de la décadence.

Je ne les voyais presque pas ; tous mes après-midi coulaient de préférence devant cette œuvre d'une pieuse volupté, le bas-relief *de Cérès, de Proserpine et de Triptolème* trouvé à Éleusis, ou devant les fragments rapportés d'Épidaure, deux torses d'Esculape assis d'un aspect si majestueux que mon ignorance prit d'abord ce fils d'Apollon pour l'auguste enfant de Saturne. Je visitais aussi la *Néréide équestre* et cette *Amazone* tronquée de la tête et de tous les membres, qui, enlevant un cheval[107] non moins mutilé, par la puissance de l'allure et finesse des formes, enivre à jamais le regard.

Je traînais avec une complaisance presque éternelle dans la petite abside où de pauvres têtes, brisées, hachées et martelées laissent, sous un angle, entrevoir la majesté d'un dieu ou le rire d'une déesse. Le svelte *Hermès d'Andros*, le bas-relief de Mantinée, qui supportait un ouvrage de Praxitèle et qui lui-même reste, ne serait-ce que pour la draperie des *Trois Muses*, une délicieuse merveille, le joli groupe (exécuté d'après Céphisodote) de *Plutus riant à sa mère*, la douce Paix, mille choses parfaites me tenaient ainsi prisonnier.

---

[107] Dans l'édition de 1901 : « sur un cheval ». (n.d.é.)

Je traversais les salles de l'art hellénistique, alexandrin ou gréco-romain pour courir aux stèles funèbres qui prolongeaient mes rêveries du Céramique ; à la collection infinie des lampes, des vases, des lécythes ; à ces Tanagrines charmantes qui serviraient à faire entendre, si on l'oubliait, ce qu'il peut tenir de grandeur en un petit poème. De toute façon, les galeries de sculpture postérieure à l'atticisme ne me servaient que de vestibule.

Cependant, un jour, une envie me pressa de voir en détail comment se corrompirent, chez un peuple si bien doué, le génie et l'intelligence des arts, et ma pensée osa fixer ce qu'elle avait fui jusque-là. Je vis paraître presque sans transition, après les nobles caractères qui m'étaient devenus chers, les hideuses têtes syriennes du type de Lucius Vérus, puis les chefs lourds et massifs du rustre latin... Une sorte d'athlète, d'un travail curieux et violent, tendait sa musculature prétentieuse ; des éphèbes aux bras arrondis, des Aphrodites tremblotantes et flexibles comme des joncs ; des vérités trop ressemblantes ou des faussetés trop menteuses ; un air de dissolution et de contrainte tout à la fois. Épicure et Zénon confrontés et quelquefois entrechoqués dans le même marbre ; de ci de là, quelques efforts heureux, qui me remettaient en mémoire que le premier déclin de la statuaire hellénique fut sublime après tout, puisque notre Vénus du Louvre y a brillé, dit-on... Et toujours je ne sais quel air inachevé, ou d'achèvement trop sensible, l'absence ou l'incertitude des traditions et l'oubli de la liberté ! Mais les qualités les plus rares, jetées à profusion et comme au pillage.

« Il y a dans l'art un point de perfection comme de bonté et de maturité dans la nature... »[108]

Le beau fruit grec en déhiscence me confessait encore le mystère de son destin. Il me faisait comprendre la signification du point mystérieux, maximum de vigueur et de densité, qui domine et qui enveloppe le reste[109] ; ce qui semble au-dessus, ce qui semble au-delà n'est étendu ni accru que de vide pur. L'énorme et le géant ne sont aimés que de la foule[110] ; leur boursouflure se dégonfle et, en se dégonflant, publie que les grandeurs sont tenues en abrégé dans la perfection. Celle-ci sera l'élément auquel se rapporter. C'est sur lui qu'il faut régler tout.

---

[108] La Bruyère, *Les Caractères*, *Des Ouvrages de l'Esprit*, 10e paragraphe. (n.d.é.)
[109] Dans l'édition de 1901 : « du point mystérieux. Dans chaque genre, il y a ce point à toucher, maximum de vigueur et de densité, d'où se domine et s'enveloppe tout le reste ». (n.d.é.)
[110] Dans l'édition de 1901 : « que du peuple ». (n.d.é.)

Seul, un buste au milieu de cette galerie lugubre manqua de me faire sourire. Il représentait un pauvre homme d'empereur, le vieil Hadrien, épanoui dans son atticisme d'école. Je le jugeai fort à sa place, et le saluai en rêvant. Hélas ! tout compte fait, le monde romain s'acquitta mal auprès de la Grèce. À quoi pensaient-ils donc, ces administrateurs modèles, qui ne sauvèrent pas[111] leur éducatrice des pièges que lui ouvraient son intelligence et son ouverture d'esprit ? Ce furent de mauvais tuteurs. Non seulement ils ne surent point la guérir des lèpres sémites[112], mais, tout le mal qu'Alexandrie n'avait pu faire au monde grec, Rome, on peut le dire, le fit. Il est vrai que Rome, à son tour, périt du même mal, en entraînant son lot d'hellénisme et d'humanité.[113]

---

[111] Dans l'édition de 1901 : « ils ne surent sauver ». (n.d.é.)

[112] Dans l'édition de 1901 : « de la lèpre sémite ». (n.d.é.)

[113] Le texte des éditions postérieures à 1912 s'arrête ici, sur les mots suivants :
Les précédentes éditions portaient à cette place un chapitre XVI qui commençait par les mots : « Je transcrirai mon impression finale... » et qui tenait une soixantaine de lignes. Je l'ai supprimé. Il m'a paru satisfaisant pour la pensée d'un certain nombre d'amis catholiques vivants ou morts et pour mon témoignage de profonde reconnaissance de sacrifier ce chapitre en mémoire de la grande âme du pape Pie X. (n.d.é.)

XVI

Je transcrirai mon impression finale ; elle fut la plus forte de la journée. Je l'éprouvai dans un recoin, à droite d'une porte, devant le buste d'un homme jeune encore, à la barbe longue terminée en boucles épaisses, au nez fin, aux joues creuses, les pommettes délicatement aiguisées, les orbites proéminentes et comme usées par le souci. Une ossature mince soutenait ce visage fiévreux, d'un caractère inquiet et souffrant. Joignez, autant qu'il me souvient, de grands cheveux roulant à flots sur les épaules, comme pour souligner, dramatiser, outrer un masque de douleur dont tous les traits finissaient en pointes subtiles. J'ouvris le catalogue de M. Cavvadias. Je ne fus pas surpris d'y lire :

> 419. Buste de jeune homme barbu trouvé au théâtre de Bacchus à Athènes. L'expression et les traits du visage nous rappellent l'image de Jésus-Christ. Art très intéressant.

Non, je n'eus aucune surprise. Je sentis pourtant le besoin de courir au grand air pour dissiper le trouble où me jetait ce brusque retour du nouveau monde et du Nazaréen par qui tout l'ancien s'écroula. C'était le dernier jour d'avril et l'un des premiers du véritable printemps. Jusqu'au soir, je courus les monceaux de ruines informes, répandus en des terrains vagues entre la rue d'Hermès et la pente septentrionale de l'Acropole. Dans l'enclos déserté de l'ancien gymnase de Diogène, où quelques moutons paissaient l'herbe, je me couchai au sol et regardai sans dire ni penser rien, la nuit qui approchait. Il me semblait qu'ainsi, sous la croix de ce dieu souffrant, la nuit s'était répandue sur l'âge moderne. Mais les nuits de l'Attique ne sont jamais tout à fait sombres. Je fis un mouvement. La fluide clarté que développaient les étoiles me désigna avec insistance et autorité, sur un morceau de marbre pâle, ce mot, inscrit en lettres majuscules, ΧΟΡΟΣ.

Choros veut dire danse. Une danse est un mouvement concerté et réglé qui laisse dans l'esprit de belles figures. Ces lettres assemblées me gonflèrent le cœur d'espérance mystérieuse. Elles me firent voir des générations de morts ressuscités, de dégénérés refleuris. De la terre aux étoiles, tout passe, tout revient, tout est lié en chœur. Des circuits infinis correspondent à tous les vœux. Un chrétien s'afflige, l'impie ! Mais il n'est rien qui ne soulève la volonté tendue d'une esprit préparé et fort.

J'étais entré au gymnase de Diogène, pleurant la mort de Phidias et la décadence du monde ; mais le beau mot répété dans l'onde brillante, ΧΟΡΟΣ, ΧΟΡΟΣ, dévora tout ce qui n'était plus digne de Phidias. L'idée du chœur universel m'ayant éclairci la pensée, je repris passage sur le vaisseau qui me ramena chez les miens, apportant dans mes mains vides plus de trésors que n'en avait Ulysse quand il regagna sa patrie.

UNE VILLE GRECQUE ET FRANÇAISE

1901

— Tyndarides,
Lumière continuelle sur la mer...
                    La Tailhède.

I

— Ma patrie, ma patrie ? répétait, au Nouveau Phalère, mon hôte. Eh bien ! devinez-la...

L'aimable homme, correspondant politique, littéraire et scientifique de plusieurs grandes feuilles françaises, me montrait depuis quelques jours les aspects d'Athènes ancienne et nouvelle avec le zèle du patriotisme, de la piété et de l'amour. Il parlait le français plus purement encore que ses concitoyens ; il y mettait beaucoup moins d'accent que nos Marseillais. Je le soupçonnais d'appartenir à quelque famille de banquiers phocéens fixés dans le nord de la France, ou du moins d'avoir fait toutes ses études à Paris.

— Point du tout, me dit-il. Vous seriez quitte à trop bon compte. Je ne suis pas Français de la manière qu'il vous semble. Marseille n'est pas mon berceau ni celui des miens, et je n'y ai guère vécu. Je suis de race grecque. Je n'ai pas un globule de sang qui ne soit grec. Et, bien que personne ne soit plus Grec que moi, je dépends du consul de France.

— Mais, dis-je, les effets de la naturalisation varient beaucoup d'État à État.

Mon compagnon interrompit :

— Distinguez-moi bien d'un Métèque ; ni mes pères ni moi n'eûmes aucune formalité à remplir pour devenir Français. Nous sommes Français naturels, exactement comme vous l'êtes, sans avoir rien fait pour cela ; par la position du lieu de notre naissance, par le droit ou par le hasard de la nature, le sol où sont nés les vôtres, comme les miens, étant, de fortune, français.

La voix chaude et chantante, mais exempte de raucité, il agitait le balancier de son origine :

— Grec et Français, Français et Grec, comment cela m'est-il possible ?... Ah ! monsieur le félibre, ah ! monsieur le nationaliste ! ah ! monsieur le sociologue, vous voilà du fil à retordre...

Et l'œil au clair, l'index hoché rythmiquement depuis l'extrême droite jusqu'à la gauche extrême m'enfermaient dans le cercle de la question.

Je l'assurai que j'y perdrais mon latin et mon peu de grec, s'il ne me mettait sur la voie.

— Ma patrie, dit-il, se découvre au couchant de l'Attique, sur la route marine de la fabuleuse Hespérie. Elle appartient aux lointains royaumes de l'Occident, et le char du soleil y descend à peu près une heure plus tard qu'à Athènes.

— L'heure française, dis-je.

— L'heure française.

Il ricanait, tout enflé de son avantage.

— Observez, reprit-il, comme je suis honnête. Je vous ai épargné le tiers de la difficulté, ne m'étant prévalu devant vous que de deux patries. À vous dire vrai, j'en ai trois.

Fabuleux citoyen de trop de patries ignorées ! Sans doute que je fis trop sensiblement éclater mon admiration pour cette espèce de trigamie politique.

— Trois patries, mon hôte, et lesquelles ! Trois belles patries à la fois, telle est ma part, la légitime, sans compter tout ce qu'il me divertira d'usurper !

Et, dédaigneux jusqu'à l'imprudence :

— Vous me savez né de la France et de la Grèce ; apprenez encore que je suis encore de la giboyeuse Cyrnos.

J'étais trop fait à la manière ultra-grecque du promeneur pour ne point traduire instantanément Cyrnos par notre Corse. Mais ce nom prononcé livrait le sphinx à ma merci. J'approchai de mon hôte le bout de ma canne albanaise pour figurer le glaive court de l'enfant de Laïus :

— Ô sphinx, lui dis-je, me faut-il vous percer comme vos mystères ?

Et voyant qu'il gardait quelque doute sur la défaite, le coup de grâce fut asséné :

— XAIPE, enfant de la française, de l'hellène et corse Cargèse.

— Vous saviez le nom de Cargèse !

Il n'y a que l'*Ô Mantovano* du *Purgatoire* pour donner une idée de son cri. Le goguenard poseur d'énigmes s'était évanoui, il ne restait qu'un fils de Cargèse et ses démonstrations d'allégresse civique. Je crus qu'elles m'étoufferaient. Mais il m'accablait de demandes en me priant de lui pardonner ces transports.

II

Tant de lieues le tenait séparé de sa ville, et depuis si longtemps ! Lui-même était si loin de supposer que j'eusse entendu parler d'elle ! Le commun des Français fait si volontiers ses délices de la crasse ignorance des plus illustres éléments de la géographie !

Les questions recommencèrent d'un ton plus sage.

— Avais-je donc vu sa patrie ? Étais-je passé à Cargèse avant de venir à Athènes ? Ou, quand notre vaisseau avait longé la belle Cyrnos, quelque compagnon de voyage m'avait-il indiqué une tache brillante au nord du golfe de Sagone en prononçant le nom que tous les Cargésiens ont gravé au fond de leur cœur ?

Il fallut avouer que je n'avais point visité ni de loin salué Cargèse. J'eusse même ignoré son nom charmant, faute de m'être arrêté en Corse ; seulement, bien heureusement, un de mes amis de Provence, qui avait tenu garnison à Ajaccio, ayant dit ce nom devant moi, l'avait entouré de détails que je n'avais pu oublier.

III

Je répétais ce que je savais.

Le militaire dont je repassais les souvenirs avait vu Cargèse un jour d'élection. Ces jours sont terribles en Corse ; l'électeur y étant dépourvu de scepticisme, il traite la chose publique comme les affaires d'amour ou les querelles de famille qui lui brûlent le sang. Du reste, ses plus vifs intérêts sont en jeu, les plus personnels et les plus secrets. Il ne peut voter sans tumulte. À défaut du chant de la poudre, les cris de mort sont de rigueur. Le seul refuge de l'étranger est à la campagne. Mais mon ami roulait depuis des heures dans la campagne d'Ajaccio sans trouver nulle part un coin où mettre pied à terre. La voiture, attelée de robustes petits coureurs, dépassait l'extrême banlieue. Cette fois, des conflits aigus avaient envenimé les anciennes blessures, des passions nouvelles étaient dans l'air. Le moindre pâté de masures enfermait la guerre et ses cris. Tout coude des chemins promettait un combat singulier à défaut de quelque rencontre de clans. Mon ami, qu'une indisposition éloignait du service actif, regrettait cette turbulence sous la vigne et sous l'olivier.

— Hé, quoi, disait-il, ce beau ciel, cette généreuse nature refuseront la place des rêves d'un soir ?

Il prit le parti de se perdre tout à fait dans la solitude. Les chevaux excités le traînèrent par monts et par vaux, entre les plus doux paysages et les plus violentes populations, l'espace de cinquante kilomètres exactement. Au cinquante et unième, la scène changea tout d'un coup.

De nouveaux visages parurent. On devait approcher d'un bourg considérable, s'il fallait en juger par le nombre et l'architecture des toits qui se montraient au-dessus de la côte, entre les sinueuses guirlandes de cactus rouges et violets ; mais l'apparence de cette petite ville charmait enfin par le calme et la discrétion. La paix rustique n'y était guère troublée que des bruissements naturels ou, en prêtant l'oreille, par l'humaine musique des conversations tenues à demi-voix par des citoyens policés. Plus de bande vociférante, ni de chants haineux. La voiture parvint sur une place oblongue et s'arrêta sur le flanc d'un bureau de poste. Des cultivateurs, assez proprement vêtus, se promenaient par groupes. Deux prêtres devisaient, ils ne disputaient point. Différents par le costume et le reste de leur aspect, l'un, à très grande barbe, portait une sorte de toque avec un ample habit qu'il drapait à l'orientale ; l'autre, en collet romain, conservait l'uniforme de nos clergés occidentaux.

Accoudés sur une muraille, des vieillards et des jeunes gens, ceux-ci pétulants sans furie, paraissaient débattre avec fermeté quelque point qu'ils avaient défini avec précision. Chez les uns et les autres perçait de la réserve, aiguisée même d'ironie. L'idée du bien commun, l'exacte connaissance du représentant à nommer, le souvenir des anciennes expériences et du prix qu'elles avaient coûté se peignaient tour à tour sur chaque visage. Au lieu de la rudesse et de la simplicité observées jusque-là par tout le pays, mille nuances transparentes annonçaient un fonds délicat.

Le voyageur se crut transporté sur le continent, dans un sage repli de la montagne provençale et, comme dans les tragédies, il demanda :

— Où suis-je ?

Quelqu'un lui répondit qu'il était à Cargèse, ville corse par l'emplacement, mais construite et peuplée par les arrière-petits-fils d'émigrants laconiens qui, venus de Colokythie deux siècles en deçà, étaient restés fidèles au génie de leur sang.

— Enclavés chez les Corses, devenus Français avec eux, nous n'avons aliéné qu'une petite part de l'héritage de nos ancêtres. Personne à Cargèse n'approuve un éclat de voix superflu ni le geste sans proportion. On s'applique à traiter de tout raisonnablement.

Ainsi parla le Cargésien à son visiteur provençal ; et mon ami, en contant ce séjour en Corse, me transmit les paroles qu'il avait recueillies et gardées, pour la forme antique de leur inflexion. Je les répétai mot pour mot à ce sphinx du Nouveau Phalère, dont j'étais l'hôte. Celui-ci ne déguisa point son plaisir, lorsque j'eus ajouté que mon ami passa à Cargèse une bonne nuit, animée de songes paisibles.

Il me récompensa par des renseignements sur les fondateurs de Cargèse et me donna le goût d'aller voir sa mère-patrie.

IV

L'un des étés suivants, passant par Ajaccio, je voulus satisfaire cette curiosité.

Il est des courses plus faciles. L'aller et le retour veulent quatorze heures de diligence. Je les affrontai et fis bien. Aux régals dont je me flattais, la route en ajouta que je n'avais guère attendus.

Tacheté de verte broussaille et de petits bois, fourré de lentisques, de myrtes et d'arbousiers, hérissé de roches à pic, le paysage corse est fougueux. Il a le mouvement et la vie d'une terre neuve, le pittoresque tourmenté de la manière romantique. Mais à mesure que nous nous rapprochions de Cargèse, il semblait s'adoucir. Sans perdre de vigueur féconde, il gagnait quelque chose de la grâce et de la majesté de nos vieux pays. Je crus voir naître sous mes yeux cet élément de grâce fine relevée d'un grand air historique.

L'œil prévenu a probablement le pouvoir d'altérer l'apparence d'une contrée et la structure même de ses plaines et de ses montagnes. Il voit ce qu'il souhaite ou ce qu'il redoute de voir. Sous le bénéfice de ces remarques je ne puis m'empêcher d'admirer les souvenirs que m'imposa tout d'un coup le chemin de Cargèse. Ils me semblent trop nets pour n'avoir été qu'illusion.

La route est pratiquée sur une dentelle de caps. Celui qui porte la tour ruineuse de Capigliola venait d'être doublé et, bien que je n'y eusse jamais mis le pied de mes jours, le paysage nouveau qui s'épanouit en ce lieu devint aussitôt familier. Il me parlait si bien que j'en pouvais nommer avec exactitude tous les cantons ; mais c'était, il est vrai, de noms bien inconnus de mes compagnons de banquettes, tous marins, boutiquiers et cultivateurs d'alentour. Chacun de ces lieux corses recevait un nom grec, pour sa parfaite identité ou du moins pour sa ressemblance inexprimable avec le coin d'Attique dont il ressuscitait la forme et la couleur.

Je croyais redescendre le segment de la Voie Sacrée qui commence où débouche le vallon du Mystique sur les eaux du golfe d'Athènes. Je ne sentais plus que dix stades entre la ville de Périclès et mes yeux. C'est Athènes que je quittais, non Ajaccio. Les hauteurs septentrionales, que le cocher barbare s'obstinait à nommer Lozzi, me repeignaient l'Acrocorinthe et, plus bas, de blanches maisons sur une plage figuraient, point par point, Mégare et Lefsina, qui est l'Éleusis d'autrefois. Oui, je regagnais Éleusis ! Une fièvre pieuse recommençait de battre à mes poignets et à mes tempes. Et, comme alors, la masse abrupte, nue et sévère du Parnès fermait l'horizon au levant. Si, dans la mer occidentale, mes yeux cherchaient en vain de leur mouvement machinal un îlot ressemblant à la crête de Salamine, tous les autres détails de la route corse me faisaient négliger ce vide brillant de la mer. Comme près d'Éleusis, s'élevait le parfum, mêlé de violette et de sel, qui monte des marais salants. Même teinte rouge des terres. Même direction des chemins. La composition générale du pays était aussi la même. Seulement, çà et là, quelques eucalyptus essayaient de me dérouter.

Leurs troncs échevelés qui laissent reluire par place un aubier rose pâle devinrent bientôt plus pressés. Entre la colonnade, un petit fleuve se montra. Il s'appelle Liamone et, selon l'usage commun des fleuves corses, s'égoutte dans la mer plutôt qu'il ne s'y jette. Une longue nappe sans déversoir s'est donc formée de part et d'autre de l'embouchure. Quoique l'air parût immobile, la pente des eaux presque nulle, l'étang était tout sillonné de petites rides et leur frisson se continuait à la cime des bouquets de joncs émergeants.

Une pareille vue reforma tous mes souvenirs un instant désunis par les eucalyptus, et elle leur donnait un nouvel accent. Suivant le grand chemin, entre le marais du Liamone que tourmente la fièvre, et les clairs et salubres flots, il m'était impossible de ne pas évoquer sur ma gauche la mer d'Athènes et, à droite surtout, les menues flaques frissonnantes déterminées par le Céphise Éleusinien. Comme le chemin de Cargèse, la Voie Sacrée se trouve prise, en avant d'Éleusis, entre les marais et la mer. Elle traverse le Céphise sur un petit pont de pierre analogue à celui qu'on a jeté sur le Liamone ; les antiques *rhetoi* bouillonnent à peu près de même manière que cette onde maigre et furieuse, mystérieusement crispée et rebroussée, comme d'une aile oblique qui courrait sans fin sous les eaux.

Au-delà de Sagone, une longue fleur d'asphodèle, dressée sur un talus sauvage, mit le comble à mon illusion. Je vis plus tard que l'asphodèle est fort commune en Corse, autant que dans notre Provence. Mais, pour celle-ci, la première aperçue entre les buissons, je faillis crier de plaisir. Flétrie et durcie par l'été qui l'avait réduite à la grêle forme d'un candélabre à demi privé de ses branches, sa vue ne laissa point d'évoquer avec une vivacité extrême les beaux soirs de printemps où, du flanc de l'Hymette, je regardais le souple et élyséen arbrisseau, seul vêtement de la colline, plier avec langueur au jeu d'une brise amollie.

Le conducteur, montrant du fouet un confus amas de rocailles brisées au penchant d'un coteau, jeta une indication :

— Paomia,

Je saluai des ruines de la sœur aînée de Cargèse, le premier des abris que se fussent donnés en Corse les Grecs émigrants.

En 1676, lorsque les sept cents fugitifs de Colokythie, formant cent dix familles, vinrent demander aux Génois un territoire à cultiver, le Sénat de la République leur adjugea la campagne de Paomie. Ils y bâtirent un gros bourg qui prospéra, mais périt brusquement.

Les colons se tenaient pour les obligés du Sénat. Lorsque, au siècle suivant, Paoli souleva la Corse, ils se rangèrent du parti continental. Et, du droit de la guerre, le parti de l'indépendance les traita en Génois. Les paolistes assiégèrent, prirent, brûlèrent Paomie, dont les malheureux habitants, refoulés sous Ajaccio, se retrouvèrent sans foyer. On les établit comme on put dans les faubourgs de la grande ville ; une chapelle, dite aujourd'hui chapelle des Grecs, et que l'on voit sur la route des Sanguinaires, leur permit de garder la liturgie de leur tradition.

Beaucoup plus tard (ce fut dix ans après la vente de la Corse à la France), de Marbeuf, qui tenait l'île pour le roi, céda aux anciens habitants de Paomie le territoire de Cargèse. Là se fit leur nouvel État.

Ou j'ai le sens bien faux, ou ces deux consonnances de Cargèse et de Paomie sont tout à fait grecques. Quand je les entendis pour la première fois, je me demandai si les exilés laconiens n'avaient pas, en mémoire de leur patrie antique, renouvelé la nomenclature des lieux ; ainsi Troie revécut avec un petit Xante et un Simoïs mensonger, au fond de l'Épire sauvage. Rien de pareil ici. Une providence a tout fait. Cargèse était Cargèse, Paomie, Paomie, bien avant l'arrivée des nouveaux colons ; soit que les côtes de Cyrnos eussent été nommées par d'antiques navigateurs de quelque race hellène, soit aussi que Byzance eût porté son influence jusqu'à ces bords, soit enfin qu'un parfait aménagement, une convenance très pure de climats, de terrains et d'appellations aient naturellement convoqué et comme aspiré les hommes les mieux faits pour vivre et mourir en ce lieu.

V

Au dernier des caps de la route, je me suis retourné devant le chemin parcouru. Le golfe de Sagone développait la suite de ses anses bleuâtres et de ses promontoires dorés. Le cirque baigné de lumière, où des hameaux, tels que le frais et riche Calcatoggio, brillent sur des massifs de cyprès et de châtaigniers, se trouve en outre illuminé d'une sorte de phare fixe : à la pointe d'une montagne, miroir luisant dans la flamme dure du ciel, la maison des Pozzo di Borgo commande la terre et la mer.

Elle disparait derrière un rocher, les autres spectacles s'évanouissent, et nous plongeons dans un clair vallon verdoyant. Là, le ciste, le myrte. l'asphodèle, le lentisque ne sont plus seuls, vingt essences fruitières sortent de cette herbe vivace. Notre route remonte entre les vergers et les vignes, d'où s'élèvent, de côté et d'autre, quelques chapelles de sépultures privées. Enfin les grands parterres de cactus pourpres et violets que m'avait décrits mon ami courent au rebord du plateau comme de larges nœuds de dragons enlacés. Et les toits de Cargèse surmontent les rouges cactus.

Depuis cette crête vermeille, les maisons de la ville descendent jusqu'au flot endormi d'une petite anse. Elles arrivent jusque-là par une suite de gradins demi-circulaires, taillés dans une roche exposée au midi. En un endroit, la mer ne confine point à la ville ; elle en est séparée par le cimetière, plantation exiguë de petites croix et de dalles, qui brille doucement, avec une expression de mélancolie lumineuse propre à ces pays de soleil, enseignant mieux que tout la légèreté de la vie. Un cimetière ainsi posé et découvert semble appeler, du pied des murailles vivantes, tout ce dont les cœurs mortels ne se soucient plus.

Dans le même bas-fond, près du cimetière, dégorge le ravin qui partage la ville du haut en-bas ; une fontaine, située très exactement à mi-côte, entretient une abondante végétation. De jeunes Cargésiennes étaient groupées en cet endroit comme j'arrivais. Je renvoyai l'étude du pays ou de la cité pour en mieux voir les habitantes.

Les unes emplissaient des brocs, et les autres trempaient des toiles. Et d'autres s'en venaient de l'extrémité d'un sentier mollement infléchi, les pieds nus, la cruche d'argile en équilibre au-dessus du front. Je venais de trouver en Corse plusieurs occasions d'admirer ce dernier mouvement, le plus beau qui soit, car il met en valeur les qualités d'un jeune corps, non seulement dans sa forme, mais dans sa grâce. La poitrine se gonfle et se modèle comme un vase, elle s'ouvre comme une fleur. Le cou se pose, les reins se tendent nerveusement ; devenue plus grave et plus souple, mesurée avec une inappréciable sagesse, la marche est déroulée dans l'esprit comme une musique. La colonne vivante se déplace, glisse, se meut sans s'interrompre en saccades brusques ni souffrir d'aucune brisure. Elle épouse la forme nuancée de la terre, se compose avec tous les moindres reliefs et ressemble ainsi à la tige d'un bel arbrisseau délivré, se mouvant sur le sol sans l'abandonner d'une ligne. Une infinie multitude de demi-pauses rend les heurts insensibles, ou l'on n'a conscience que de leur succession, harmonie continue qui laisse sa courbe dans l'air. Quelles pentes prennent alors les vêtements les plus grossiers ! Je suis persuadé que les plis divins de l'Antique n'auraient jamais été possibles sans la coutume de poser l'amphore sur la tête et de cheminer les pieds nus.

Mais je cherche à saisir en quoi les Cargésiennes se distinguent, dans cet appareil, du reste des Corses. Et c'est peut-être à l'extrême délicatesse d'un mérite commun. Ailleurs, quoique fort beau, le type demeure un peu fruste. Ici, il se couronne de finesse et de dignité. Je conserve dans ma mémoire, comme des images précieuses, quelques bustes d'une fierté digne du marbre, et des profils d'épaules et de hanches infiniment purs.

Je ne dirai rien du visage, ni des filles de la fontaine, ni de celles que je rencontrai par la suite, toutes considérées avec tant de minutie et d'effronterie que j'en reste encore confus ; aucune ne montra le profil d'Héghéso ou le masque des Errhéphores. J'ai recherché en vain de telles beautés à Cargèse. En revanche, ces fronts rustiques m'ont semblé presque tous merveilleusement expressifs. Les émois de l'esprit s'y traduisent avec une grande richesse de nuances et de ton. Deux sentiments n'y paraissent point : la placidité, la stupeur. Toujours, partout coulait la vie de l'intelligence sensible ; un air annonciateur et divinateur, la flamme, ce combat d'ombre subite et de lumière, ces va-et-vient de la pâleur et de la rougeur, et, sur des traits parfois informes, un rayon de grâce touchante animé jusqu'à la passion. Les mêmes charmants caractères m'avaient étonné et séduit chez les dames d'Athènes. Quoique originaires de Morée et non de l'Attique, les filles de Cargèse se révélaient les Athéniennes de l'Occident, mais en cotte de bure, sous le hâle et dans les travaux.

Ces petites paysannes, aux yeux d'un bistre clair ou d'un gris inquiet, semblaient dignes de tout comprendre. Une beauté spirituelle ne saurait mieux se peindre que par la force des évidences qu'elle répand. On n'imagine pas qu'elle puisse mentir. Dès mes premiers pas dans Cargèse, je supposai que la culture, ajoutée à ce naturel, donnait des esprits féminins d'une distinction rare. Occupé de savoir s'il en était ainsi, je cherchai à m'en rendre compte. L'application ne fut pas longue. Il y a dans Cargèse une maison où tout converge, puisque, au reste, c'est de là que tout est sorti. Introduit presque par surprise sous ce toit où l'hospitalité reste princière, de jeunes esprits féminins justifièrent tout ce que j'avais dû présumer. La Grecque de Cyrnos a développé son type supérieur, et cette jeune fille au visage éloquent est douée d'une parole plus éloquente. Réfléchie avec enjouement, ingénieuse, prompte, elle ne craint pas le docte jeu de la sophistique et s'y montre vive et gracieuse...

L'entretien, roulant sur les choses de Grèce, venait de s'arrêter au plus grec, mais au plus subtil et au plus enchevêtré de tous les mystères, celui de la double procession du Paraclet ; véritable nuée qui, et son temps, brouillait le patriarche Photius avec le pape Nicolas, et Byzance avec Rome même. Comme j'osais prétendre que ces profondeurs étaient sombres, elles me furent illuminées aussitôt. Avec la lampe de Psyché et le verbe de Diotime, la jeune Cargésienne fut mon guide à travers cette abstruse théologie, ramenée à la transparence du cristal ; mieux que l'ingénieux professeur Bergeret quand il expliquait les poètes, cette dame allia la netteté française à la grecque subtilité.

VI

La population de Cargèse a cependant perdu l'homogénéité primitive. Beaucoup de Corses autochtones sont entrés dans le fond de la population. Ces Cargésiens nouveaux, dont les pères ne sont pas venus de Colokythie, composent à présent près de la moitié de la ville. On a bâti pour eux une église de notre rite, avec clocher quadrangulaire installé du côté de l'évangile et en arrière de l'autel. Cette église occupe une esplanade assez belle. Elle regarde le couchant.

Mais précisément au même niveau, de l'autre côté du ravin et de la fontaine, une égale esplanade porte l'église grecque, dont la petite cloche sonne sur le fronton. Le soleil qui se lève derrière l'église latine vient frapper la blanche façade de la grecque, qui reçoit tout son orient ; il fait le tour du ciel, dans son vaste hémicycle au-dessus de la mer et, descendu le soir au chevet de l'église grecque, ses extrêmes rayons allument le porche latin. Ainsi soir et matin, tour à tour enflammés d'une naturelle lumière, se saluent les visages des deux bâtiments religieux. Salut permis et canonique, puisque les paroisses ne se sont jamais distinguées que sur des points de rite, d'étiquette et de discipline.

Les Grecs de Cargèse sont uniates. Depuis plus de deux siècles, ils ont cessé d'appartenir à la communion orthodoxe et ne dépendent plus du Patriarche œcuménique, mais du Pontife Universel. Qu'ils aient laissé de très bon cœur le Phanar pour Saint Pierre, ce serait peut-être trop dire. Mais, formé d'hommes sages, le Sénat Vénitien avait imposé aux émigrants de 1676 la condition de reconnaître le primat du Saint-Siège afin d'épargner à leur patrie d'adoption les querelles de juridiction religieuse ; les pauvres gens, n'ayant pas le choix, acceptèrent le pis-aller pontifical. Ce point réglé, on leur donna une pente large et facile sur les autres détails du schisme. Il ne fut question, paraît-il, ni du Filioque, ni du dogme du Purgatoire. Rome leur choisit un *pappa*, et tout fut dit. Ils se romanisèrent sans difficulté apparente. Cependant on m'assure que l'antique esprit schismatique n'a jamais cessé de couver dans quelques familles, et plus d'un vieillard de Cargèse apprit de ses anciens, pour la transmettre à ses neveux, une grimace de dédain à l'égard du pape de Rome.

Quoique rattaché au diocèse d'Ajaccio, le *pappa* de Cargèse fait les fonctions d'évêque. Ses pouvoirs sont très amples. Il règle, à lui seul, les quatre carêmes. Il décide souverainement de tous les points de discipline qui intéressent son troupeau. Mon ami ne m'avait point menti ; c'est un homme magnifiquement habillé, de ces larges draperies à l'orientale dont quelques ordres religieux conservent seuls le souvenir au milieu de nous, la barbe épanouie, la chevelure à boucles longues et flottantes. Les prêtres de notre rite font une assez triste figure, avec leur joue rasée, la douillette étriquée, la chasuble façon tailleur. Ne les comparons pas au majestueux héritier du manteau et de la barbe philosophiques. Mais le *pappa* et le curé n'en font pas moins très bon ménage. Qu'une messe latine vienne à manquer, les dévotes du rite ne craignent plus d'aller prendre la grecque, ou même réciproquement.

L'église des Latins n'ayant rien de particulier à me montrer, je franchis le ravin et courus jusqu'à sa voisine. Elle n'a qu'une simple nef, tout à fait nue, le sanctuaire protégé, selon l'usage, par l'iconostase aux trois portes tendues de rideaux de laine. De loin, les peintures de la cloison mystique me surprirent par l'éclat, tout ensemble trop pâle et trop neuf, de leurs ors ; la mollesse du coloris, la correcte propreté de tout ce dessin annonçaient un byzantinisme suivi à contre-cœur. Tout s'expliqua lorsque j'appris que ces objets étaient de fabrique romaine, précieux dons de la Propagande.

Un large et confortable confessionnal, d'un bois très clair et bien sculpté, borde le seuil. Il est surmonté de l'inscription METANOIETE, c'est-à-dire, je pense : « Examinez-vous », ou « Repentez-vous ». En avançant, on trouve, à gauche, un autel dédié à saint Spiridon, personnage considérable en Orient. La liste des jeunes personnes de sa confrérie, rédigée en belles minuscules classiques, est suspendue à cet autel. Face à saint Spiridon, sur l'autel de la Vierge, paraît ce sujet de scandale, une statue ! Il n'y a pas de plus grave dérogation aux modes de l'Église grecque. Les arrière-petits-neveux de Phidias, s'ils n'ont jamais cessé d'admettre des images dessinées ou peintes, ont banni de leurs temples, comme idolâtre, toute idée de statue, qu'elle fût de bois ou de pierre. Ce vestige honteux d'une prescription sauvage nous explique suffisamment la méchante sculpture des Hellènes modernes ; avec des exemples divins, sous une lumière délicate, habile à modeler les plans des moindres reliefs, eux-mêmes intelligents, spirituels, adroits, ont dû laisser à des praticiens italiens jusqu'à l'art de pétrir les contrefaçons acceptables de Myrine et de Tanagra !

Cette Vierge, d'un type latin, n'a rien de commun avec l'austère Toute-Sainte, la grave et immobile présidente des incarnations éternelles. C'est ici Lourdes, la Salette, Saint-Sulpice. L'autel est donc fleuri abondamment de papier peint, garni de cierges et de lampes. Il a son auréole de petits exvoto. Comme partout, une congrégation de jeunes filles prie et chante sous le vocable. Les noms des congréganistes pendent aussi au mur, mais la liste en est rédigée en lettres latines et semble rendre témoignage du caractère distinctif de cet autel. En la lisant, je remarquai le très grand nombre de noms patronymiques corses qui s'y trouvaient mêlés aux grecs.

Supposant que des Corses avaient été hellénisés par des Cargésiennes, je voulus savoir s'il était survenu beaucoup d'unions mixtes.

— S'il y en a, me dit quelqu'un, ces unions ne fournissent pas l'explication que vous cherchez. Nous avons établi pour ces unions mixtes un système de contre-sens ; il est de règle que la femme suive le rite du mari. Vous devinez que, si elle change de rite, elle ne peut changer d'idiome ; la première langue qu'elle parlera aux enfants et qu'ils appelleront leur langue maternelle sera pour ceux du rite latin la langue grecque, pour ceux du rite grec le patois corse des Latins. Les enfants tenus pour grecs à l'état-civil recevront de mères latines une tradition de Latins, les enfants tenus pour Latins seront, en réalité, grâce à leurs mères, de petits Grecs !... Voilà notre régime des mariages mixtes. Ne serait-il pas plus sage que l'homme se pliât au rite de la femme ? C'est la mère qui est la véritable éducatrice. Avec le langage et avec le lait, elle verse fidèlement, dès le berceau, les chansons, les proverbes, les contes, les jeux, c'est-à-dire tout le premier patrimoine de chaque sang. Elle devrait transmettre également son rite, et l'usage contraire explique trop de quelle façon s'envolent nos biens.

Le traditionniste pencha la tête en homme affligé.

— Mais, objectai-je, ce système, tout absurde que nous le jugions, devrait garder intacts les noms de vos familles. Et voici un tableau qui atteste de grands mélanges. D'où viennent-ils ?

Des deux causes, la première est assez ancienne. Nous avons subi l'influence de l'italien, dans le temps où nous habitions encore la Morée. Les Vénitiens furent les maîtres du Péloponèse avant les Turcs ; ils y régnèrent plus longtemps et peut-être plus despotiquement que les Turcs. Nous nous trouvâmes ensuite en contact perpétuel avec les Génois, puis les Corses. Ces suzerains, ces voisins devaient nécessairement déteindre sur nous. Les fautes d'orthographe ou de langue commises par leurs scribes qui transcrivaient nos registres officiels ont estropié bien des noms ou les ont chargés d'une désinence italienne. Quand ils abordèrent chez les Génois, nos aïeux suivaient un prince de leur pays, descendant de l'empereur Étienne Comnène, de son vrai nom Georges Stephanopoulos qui se traduit : « le fils d'Étienne » ; mais les grimoires de Venise avaient déjà altéré l'aspect de ce nom. Gênes et la Corse même n'ont connu que le prince Stephanopoli, autrement dit le prince « Ville de la Couronne ». Image agréable peut-être, consonance euphonique, mais vide de sens ; elle siérait mieux à la poupe d'un vaisseau qu'à la race des anciens Porphyrogénètes. L'autre cause de l'altération latine des noms sera, quoique récente, trouvée presque incroyable. Voici vingt ans, un certain nombre de Cargésiens des deux rites était parti pour l'Algérie. Ils colonisèrent un canton de la province de Constantine. La majorité étant grecque, on leur assigna pour commun pasteur un prêtre du rite grec. Il fit des mariages entre Latines et Latins, baptisa des enfants latins, les instruisit ; ceux-ci s'accoutumèrent au cérémonial. Ils firent la communion sous les deux espèces. Ils suivirent la messe sans voir l'officiant. Ceux qui revinrent à Cargèse, où l'on revient toujours, n'avaient aucune idée des usages de Rome. Et, le rite grec leur plaisant, ils passèrent donc au *pappa*, en dépit de toutes les réclamations du curé...

Juste ou non, peut-être mythique, cette dernière anecdote me fit plaisir. Elle rappelle au moins que toute race persistante, que tout peuple vivace est prosélytique. Ses caractères se répandent par adoption autant que par génération. Qui dit hellène dit par là-même helléniseur. C'était vrai du temps d'Ulysse et du temps d'Alexandre. Du temps de Marc-Aurèle et de Lascaris, c'était encore vrai ; un petit fait de l'humble chronique de Cargèse montre que cette vérité n'a sans doute pas encore fini de vivre.

VII

Le Cargésien hospitalier qui me faisait les honneurs de l'église franchit, à la porte latérale de gauche, le degré de l'iconostase et dans le sanctuaire, au-dessus de l'autel, indiqua des tableaux fort vieux, à demi effacés et extrêmement enfumés. Leurs fonds d'or éteint, occupés et comme troublés de rigides formes noirâtres, laissaient toutefois distinguer le vague souvenir des peintures premières. Je reconnus sous la rouille épaisse un ermite dans son désert, un docteur, le coude brisé à angle droit et montrant la route du ciel, des prophètes, fronts chauves ou embroussaillés jusqu'aux yeux, avec de grandes barbes descendant sur la poitrine.

— Ce sont, me dit mon guide, trois icônes emportées par nos pères de Laconie.

Dans la mobilité de certaines fortunes, des mœurs sont immobiles et soutiennent, sans se briser, l'assaut du temps ; les saints patrons qui accompagnaient sur la mer leurs pauvres dévots moréates différaient-ils beaucoup des petits dieux politiques et domestiques embarqués sur la noire nef des navigateurs ioniens ? Xoana de Diane ou d'Hercule, icônes de saint Jean ou de saint Spiridon, les mêmes parfums d'huile et de cire vierge brûlaient, aussi longtemps que durât la navigation, devant l'effigie tutélaire. Le rivage touché et la colonie établie enfin, les simulacres, quels qu'ils fussent, prenaient place, selon l'ordre et selon le rite, au-dessus du même foyer. Ni Énée, ni Protis, ni le sophiste Pythéas ne se montrèrent plus pieux, ni moins, ni autrement pieux que ce moderne et chrétien Georges

Stephanopoli de Comnène. Pour achever la ressemblance avec leurs antiques aînées, les saintes icônes cargésiennes subirent la même suite d'adversités que les grands pénates d'Iule. Après la mer, la guerre. En sortant des vaisseaux, elles eurent quelque répit ; mais une nuit soudaine elles furent, en grande hâte, déclouées, chargées à dos d'homme, car il fallait fuir Paomie assiégée et déjà fumante. Toujours respectueux des divinités poliades, nos Grecs réussirent à s'enfuir avec elles et à les mettre en sûreté. Des retraites creusées dans le ventre d'une muraille gardèrent longtemps le dépôt. On l'en fit sortir à la paix. Maintenant, ces peintures suspendues au fond d'une église toute neuve forment le titre de noblesse du pays.

VIII

Il n'y a rien au monde de plus touchant que le tableau d'une antique race qui se maintient. Cette variété de générations qui se suivent, porteuses de corbeilles et porteuses de lampes, sur la longue frise du Temps, et s'y transmettant pêle-mêle le nécessaire et le superflu de leurs biens, trésor constant des goûts, des idées et des coutumes héréditaires, donne au voyageur philosophe le double sentiment de l'antiquité de la vie et du grand courage des hommes.

En vain observons-nous que ces survivances sont naturelles et que des êtres consanguins s'engendrant les uns près des autres dans des conditions qui les resserraient trouvèrent dans la fidélité à leurs origines tout à la fois la volupté et le salut ; l'intelligence des causes conservatrices accroit, loin de l'atténuer, notre admiration instinctive, l'objet que protégea ce couvert de forces unies en demeure vénérable et comme sacré.

Il est de forts navires qui ont vu la moitié du monde et toutefois rentrent au port ; quelque simples que soient les principes hydrostatiques, les arts du constructeur et du navigateur, nous ne sommes pas maîtres de ne point calculer la puissance des océans, l'immensité et la solitude des traversées, avec la vigueur des souffles qui les tourmentent et toute cette masse des autres fortunes contraires que les nefs héroïques ont surmontées. Or, les risques de perte sur l'étendue de la planète sont en bien petit nombre, comparés ceux que coururent, sur une longueur de deux siècles, cette poignée de pauvres gens attentifs à leur frêle cargaison historique.

IX

Cette énergie préservatrice, cet esprit fidèle et sauveur, que deviennent-ils aujourd'hui ? Voilà ce que j'ai essayé de rechercher.

Il est clair que la langue particulière de Cargèse, petit dialecte hellénique importé de Laconie, perd du terrain. Pour mieux dire, elle l'a perdu. Les Cargésiens du XVIIIe siècle avaient appris notre langage avec une facilité qui est manifestement un des signes de cette race. Ils le parlaient beaucoup mieux que le patois corse, dont ils se servaient au besoin. Mais, en incorporant de nouveaux moyens d'expression, ils gardaient le premier et le plus naturel. Ce « trilinguisme » dut leur rendre des services et tout au moins tenir singulièrement en éveil la souplesse originelle de leur esprit. Je pense qu'il faut déplorer la perte du grec comme un véritable appauvrissement, tant pour Cargèse et pour la Corse que pour notre France elle-même. Il est des singularités morales et linguistiques qui, juxtaposées à notre tradition nationale, l'affaiblissent en la contrariant ; celle-ci l'accroissait, puisqu'elle tendait à fortifier les éléments helléno-latins qui nous civilisent.

Le désastre a eu lieu. M. Metaxas, qui est réputé dans tous les pays grecs un patriote et un philhellène indomptable, a dû fermer l'école qu'il entretenait à Cargèse. Mais le grec persiste à l'église et dans une foule de locutions familières ou de dictons proverbiaux. Il y a des contes grecs, un peu jargonnés et qui se transmettent, plus ou moins bien interprétés. Les chansons grecques se maintiennent également, pour accompagner certaines danses de Laconie. Partout où l'essence, le pouvoir, le timbre vivace des mots se trouvent liés à quelque chose de solide et de résistant, ces mots ont subsisté dans leur premier aspect.

J'en dirai autant de certaines coutumes publiques et privées. Si à Pâques l'on ne vient plus, au moment où le prêtre proclame l'*aspamos*, se donner le baiser de paix, le repas des morts, ou *synchoria*, s'est perpétué. Un poète corse, M. Dimarati Servô, qui a pleuré dans ses vers la désuétude du premier rite, a exposé comment s'observe encore le second :

> ... Les plus proches parents de celui que l'on pleure
> Se rassemblent le soir dans la triste demeure.
> Chacun, détail touchant, au funèbre festin
> Vient apporter sa part de vivres et de vin.
>
> D'abord le plus âgé, celui que l'on vénère,
> Pour l'absent regretté murmure une prière,
> Et l'on s'assied ; mais tous éplorés et muets,
> Étouffent leurs sanglots et délaissent les mets.
>
> Le repas douloureux rapidement s'achève,
> Tout le monde est debout ; l'aïeul aussi se lève,
> Et pour le cher défunt, ô moment solennel,
> Demande à Dieu la paix, le repos éternel.

Une chose enfin ne semble guère périssable ; c'est le rude ferment d'activité et d'intelligence pratique que ces nouveaux venus ont ajouté au sang paresseux des campagnes corses.

On connaît que les indigènes de la Corse ont le goût prononcé de la fainéantise. Il faut les transplanter dans l'administration continentale pour les résoudre au mouvement. Ils y deviennent, à la vérité, des sujets d'élite. Mais là-bas, sur leur sol, quelques plants de châtaigniers pouvant suffire à leur frugalité, et ce bon arbre ne voulant ni arrosage, ni labour, ni taille, ni engrais, quand les marrons pendent de l'extrémité de ses branches, on ne se donne même pas la peine de les recueillir ; encore qu'ils soient de grands gueux, nos gentils hommes corses trouvent dur et pénible d'avoir à se baisser. Ils en laissent le soin aux mercenaires qu'ils font venir d'Italie.

Tels étaient les hommes de Corse, tels furent les premiers indigènes qui se fixèrent chez les fondateurs de Cargèse. Ils ne valaient ni plus ni moins que leurs compatriotes, ou peut-être, si l'on écoute la chronique, furent-ils un peu au-dessous de la moyenne ; le flegme corse se compliquait chez eux de l'esprit de maraude et de vagabondage qui les avait chassés du hameau natal. Mais le contact des laborieux Cargésiens eut vite fait de transformer et de fixer ces nouveaux venus. Les Cargésiennes recherchées en mariage s'en mêlèrent peut-être ; ils changèrent de vie, prirent la charrue et la bêche, commencèrent des défrichements, s'employèrent au jardinage, s'enquirent même de nouvelles industries... Depuis que l'élan fut donné, la transformation a été si complète qu'il ne subsiste aucune différence sensible entre les deux races ; l'active a secoué l'inerte, la sédentaire a enraciné la nomade. Sans distinction de sang ni de rite, nos Cargésiens expédient tous les jours d'amples auges de figues de Barbarie dans la montagne et des paniers de légumes à Ajaccio.

Devenus ambitieux et mêmes cupides, ils se plaignent de ne pouvoir adresser leurs denrées à nos ports de Provence. Ce qu'ont été à Cargèse les Laconiens, les Cargésiens de la race mixte le seront vraisemblablement pour l'île entière ; c'est par l'un ou l'autre d'entre eux que pourra commencer la mise en valeur de la Corse. Les jardins de Cargèse, qu'ils soient de Grecs ou de Latins, passent pour les mieux tenus du département.

Sur le pont du bateau qui nous ramenait à Marseille, les yeux se trouvaient plus occupés que la réflexion, tant que nous demeurâmes dans la rade d'Ajaccio. L'on se détache malaisément de la fière enceinte de ces montagnes, couronnée des flammes du soir. À la pointe des Sanguinaires et devant la mer libre, commença seulement une méditation de tous les plaisirs du voyage.

Cargèse alors, remise à son rang, redevint la plus haute fleur de mes souvenirs. Elle riait dans ma pensée, et, tout d'un coup, en me retournant vers les côtes qui se développaient à mesure que nous fuyions, je la vis paraître elle-même sur l'avant-dernière ligne des caps qui sont visibles au nord-est. La petite ville, quoique lointaine, était distincte, pareille à un petit amas de cubes blancs posés au creux d'une table de roche fine. Transparent comme l'ongle, brillant comme le feu, le rocher azuré qui porte Cargèse dessinait par des jeux d'ombres et de lumières sa concavité naturelle. Mais, tandis que le navire nous éloignait et que descendait le soleil, le bord de cette vasque se rembrunissait peu à peu. Les adieux du couchant n'atteignirent enfin que les pointes en dentelle de la montagne qui, baignées d'éther rose ou vivement imbibées de safran léger, nous figuraient des cônes de nacre incandescente ou de blondes aiguilles taillées dans le cristal et l'or.

L'ombre enveloppait les bas lieux ; rien n'y répondait plus à la magique illumination des sommets, si ce n'est, à mi-côte, dans les violets et les bleus qui se durcissaient, la petite lueur blanchâtre des habitations de Cargèse. Bientôt même, lorsque la mer fut devenue un champ de ténèbres, et comme les montagnes disparaissaient l'une après l'autre, tout soleil s'étant effacé de leurs horizons successifs, seul, par on ne sait quel caprice de l'atmosphère ou quelle préférence des clartés diffuses dans l'air, le faible éclat de cette petite cité bienveillante ne finissait pas de mourir, mais, survivant au reste, il nous accompagna jusqu'aux plus brillantes étoiles.

Et, cette fois encore, pour la dernière fois, je me trouvai rejoint de la mémoire inévitable de la même heure ou d'une heure toute pareille, goûtée quatorze mois plus tôt en pays grec. Les extrêmes clartés flottantes dans l'air de l'Attique s'étaient réfugiées de la même manière, avec le même accent, sur les marbres de l'Acropole. Notre navire s'éloignait trop rapidement du Pirée. Sous la nuit menaçante, nous n'apercevions plus qu'une aigrette de flamme douce. Elle marquait les Propylées, le Parthénon et le temple de la Victoire. Quoique l'ombre couvrît presque sans exception les îles, les montagnes et les eaux du golfe athénien, ce linéament pur qui décroissait et pâlissait sans disparaître, ce pâle rayon, ce feu blanc, né de quelque reflet, mais qui semblait jaillir du sein des colonnades, se prolongea sur nous fort avant dans l'épaisse nuit, comme le dernier signe que nous fissent la grâce, l'amitié, l'hospitalité et l'antique gloire athénienne.

— Ô petite Cargèse, la remerciai-je tout bas. Je comprends ton dernier bienfait. Une grâce charmante, une histoire héroïque ne te paraissent pas un présent digne de ton cœur, et tu n'as de repos que tu n'aies fait songer à plus belle que toi.

Note des Éditeurs : Paru sous le titre Une ville grecque et française, ce texte fait partie du recueil Anthinéa dont la première édition date de 1901. Les illustrations que nous reproduisons sont issues d'une édition de luxe de 1927, illustrée par Renefer.

Figures de Corse

1901

À Hugues Rebell.

I

De la pointe avancée de la Provence orientale on peut voir, quand le temps est exceptionnellement pur, les montagnes de Corse élever de la mer, à l'extrême horizon, leur cime bleuâtre et dorée. Maupassant a conté, dans un récit qui reste fameux, cette apparition presque surnaturelle car c'est le propre du lointain d'ôter à la masse son poids et de donner aux formes la pureté de son éther.

La traversée est donc fort courte. L'on ne perd même pas la terre de vue. En quittant le port de Marseille et quand il a doublé le cap Cacal (que des cartes officielles appellent le cap Cacao), le navire pointe directement aux îles d'Hyères ; il passe entre elles et la côte. De là il continue sa route au levant sans obliquer le moins du monde vers le midi et la pleine mer ; si le continent parait fuir, c'est que la ligne du rivage se replie elle-même et remonte, au nord, vers Saint-Tropez, Cannes et Antibes. Le cap Corse qu'il faut doubler en allant à Bastia est sur le même parallèle que Port-Cros et que Porquerolles.

Je salue en passant l'îlot rocheux et parfumé que M. de Vogüé[114] a choisi, l'autre hiver[115], pour le paradis amoureux de son roman de *Jean d'Agrève*. Ce nom servit peut-être à rendre les dieux marins favorables. Le ciel, qui avait été maussade (quelques gouttes de pluie avaient même déshonoré cette journée d'août), le ciel jusque-là fatigué d'un humide vent d'est, redevint lumineux. Les nuages se séparèrent et prirent en fondant une teinte laiteuse qui rendait l'azur plus brillant. Vers l'Italie lointaine régna bientôt une atmosphère délicieuse et, naviguant de ce côté, il semblait que le seuil des îles fortunées se rapprochât de nous à chaque tour d'hélice. Il ne demeurait d'un peu triste, dans cet enchantement, que le corps de notre navire. Je doute qu'un navire voguant au milieu de la mer ait jamais un aspect joyeux. Promenant sur les eaux la triste fortune des hommes, il demeure toujours, de quelque couleur qu'on l'ait peint, le vaisseau noir, la nef noire du vieil Homère.

Sur le nôtre, diverses femmes corses que l'on rapatriait augmentaient la commune impression de cette tristesse. Avec leurs jupes et leurs corsages tout noirs, le vaste châle en pointe, fait de la même étoffe, qui pend des épaules aux talons, avec la rude et sombre cape qui enveloppe la tête et ne laisse paraître, comme dans le costume des plus austères communautés religieuses, qu'une très étroite lamelle du profil, elles inspirent une grande mélancolie. L'effet en est très calculé. Une fois vêtues de ce deuil, les femmes corses ne le quittent presque jamais. Elles tiennent à attrister de leur appareil de tristesse.[116] C'est dommage. Leur beauté sèche est élégante. Des vêtements plus dégagés feraient valoir la taille élevée, la peau blanchie sous les dorures du soleil, le nez maigre, aiguisé et dont l'aile creuse palpite. Telles quelles, je ne nie point leur majesté, ni leur beauté, mais elles font rêver de tragédie plus que d'idylle.

---

[114] Il s'agit d'Eugène-Melchior de Vogüé (1848–1910), diplomate devenu homme de lettres, élu à l'Académie française en 1888 et grand connaisseur de la littérature russe.
Les notes sont imputables aux éditeurs.
[115] Le voyage de Maurras en Corse date d'août 1897, et le roman de *Melchior* de Vogüé du début de la même année. Dès lors pourquoi « l'autre hiver » ? La première version du récit parut dans la *Gazette de France* le 13 septembre ; un froid précoce aurait-il conduit Maurras à s'imaginer déjà à l'hiver suivant ?
[116] Ce texte fait partie du recueil *Anthinéa* dont la première édition date de 1901. La phrase est supprimée dans l'édition Flammarion (1926). Les illustrations que nous reproduisons sont issues d'une édition de luxe de 1927, illustrée par Renefer.

Je les regardai jusqu'au soir, non sans donner un long moment d'admiration à deux marsouins splendides qui bondirent de flot en flot, durant plusieurs minutes, à gauche du navire ; leur corps souple, couvert d'une peau diaphane, aux nageoires vibrantes, semblait également accoutumé au double élément de l'air et de l'eau. Mais, leurs tours achevés, ils plongèrent et disparurent. Je repris donc ma rêverie avec ma promenade sur la plus haute passerelle. La nuit vint. Je revis une des choses les plus belles de notre vie, le mât d'un grand navire balancé entre les étoiles, quand le vent est léger, la marche cadencée et prompte. Les reflets du ciel dans la mer, l'argent de l'écume soulevée et brillante de chaque côté de la proue, le sillon double du vaisseau, heurtant, contrariant les vagues naturelles, enfin ces brusques phosphorescences qui se dégagent de l'eau mate, les ombres, les clartés du firmament liquide retiennent l'œil quand il se détache des mystères du ciel nocturne. J'aurais tout oublié sans le faible murmure d'un harmonica qui rompit soudain le silence. Un passager venait d'improviser à mes pieds, sur l'avant du bateau, un bal. Je descendis et, cependant que les femmes en deuil longeaient deux à deux le bordage et s'accoudaient ou s'accroupissaient pour dormir, je vis une douzaine de couples enlacés qui tournaient en mesure avec une lenteur et une gravité presque religieuse. Parmi les danseurs, un gendarme, trois douaniers et divers autres militaires, tous en très petite tenue. À leurs bras, des filles et des femmes que je n'avais pas distinguées à la lumière, pâles, et gracieuses, au pas langoureux. Des garçons de sept à huit ans dansaient près de leurs mères, emportés, soulevés par de petites filles d'à peu près le même âge dont les yeux brillaient de plaisir.

II

S'est-on couché ? A-t-on dormi ? J'en doute. Le ciel s'étant rembruni à l'approche de l'aube, ni l'île d'Elbe, ni l'île de Monte-Cristo, ni Capraja, ne firent, comme à l'ordinaire, au-devant de Bastia cette figure de cyclades lumineuses que célèbrent les promeneurs. De même, les hautes montagnes de l'île nous furent cachées par de jalouses nuées, nous ne vîmes que des collines de taille médiocre et d'un aspect sauvage. Un petit voilier italien, à destination de Livourne, chargé jusqu'au plat-bord de bois de construction, s'éloignait du port de Bastia, à l'instant où nous y entrâmes.

J'ai vu Bastia rapidement, n'en étant pas aussi curieux que je l'aurais dû. Le quartier nouveau, composé de maisons régulières à six ou sept étages, m'a paru propre, un peu commun ; le vieux quartier, bien que fort sale, est au contraire à peindre pour les hauts et les bas d'étroites ruelles, pour les escarpements du fort qui le domine, enfin pour la façon étrange dont les nobles verdures du jardin communal se suspendent aux aspérités du terrain.

Si le lieu a du charme, je n'ai pas laissé d'être plus vivement frappé du charme de la race. Elle m'a paru fine et pleine de vivacité.

Dès les six heures du matin, les trottoirs fourmillaient de jeunes filles aux pieds nus : paysannes et citadines, petites lavandières chargées de leur panier de linge, jardinières droites, fermes, harmonieuses sous la corbeille ou sous la claie débordante de figue violette et de raisin noir. Pourquoi le soleil refuse-t-il d'éclairer un paysage ainsi animé ? Je l'invoque tout bas. Je lui dis l'hymne de Mistral :

> Le soleil, amis, excite
> Le travail et ses chansons,
> Et l'amour de la patrie,
> Et ses plus douces langueurs.

Le soleil ne veut rien entendre des éloges que je lui donne. Quelques gouttelettes de pluie ont déjà creusé la poussière, et d'autres, plus serrées, font au sol des granules sombres. L'ondée menace. Je me sauve à la gare, dans le train pour Ajaccio.

III

Du nord-est de la Corse, Bastia fait face à la Toscane ; du sud-ouest, Ajaccio regarde la Sardaigne, la Sicile, l'Afrique, le midi espagnol. La voie qui relie les deux ports traverse donc leur île presque entière en diagonale.

Mais, entre Bastia l'ancienne capitale des « pays d'en deçà des monts » et Ajaccio qui commandait aux « pays d'au-delà des monts », s'élève un massif de montagnes étendu et ramifié jusqu'aux deux littoraux. Les cimes atteignent ou dépassent 2 000 mètres ; les cols et les passages sont eux-mêmes placés à plus d'un kilomètre au-dessus de la mer.

Dans l'épaisseur de ces montagnes, des pentes naturelles, formées par la berge d'innombrables torrents, permettent d'arriver, sans trop de peine, au pied de murailles de roche aiguë qu'il faut ou gravir ou percer. Je me suis réjoui des merveilles de la ruse et de l'industrie qu'ont dû multiplier dans les pas difficiles les conducteurs du chemin de fer corse. Grâce à eux, sans bouger de leur vagon, j'ai entrevu l'essentiel de la charpente du pays. Bien qu'il n'y eût que 157 kilomètres à parcourir, une centaine en montée presque continue, le reste en descente furieuse, ma séance a duré sept heures ; mais la machinerie de la Compagnie des chemins de fer départementaux m'a paru assez primitive, et l'étrangeté de la voie modérait l'allure du train.

Rien n'est doux comme cette pente qui mène de Bastia au bord de la première rampe. On suit le milieu de la campagne que longent les vastes lagunes de l'étang de Biguglia ; une flèche de sable les coupe de la mer. Le long du Biguglia frémit le feuillage vert pâle des eucalyptus, que cultivent tous les cantons fiévreux de l'île. J'ai aimé ce grand arbre émacié, presque languissant, dont l'écorce fibreuse s'effiloche et met à découvert un tronc lisse couleur de chair vive et de rose. De l'autre côté de la plaine quantité d'oliviers d'une bille remarquablement fière et fine agitent dans les champs leur couronne d'argent humide. Les premiers villages paraissent, perchés sur les coteaux, au milieu du maquis recouvert d'arbustes sauvages, lentisques, arbousiers, myrtes, bruyères, petits chênes.

Un peu au-delà de Casamozza, la route fait un coude et tourne au couchant. Laissant la côte orientale, le train se dirige vers les fières maisons de la colline comme pour les prendre d'assaut ; mais il n'aborde pas ces collines de front, il s'insinue dans la première vallée qui se présente et la remonte avec lenteur. C'est le lit du Golo, principal tributaire de l'étang de Biguglia. L'horizon diminue. Nous suivons la droite et la gauche du petit fleuve sur une corniche sculptée dans le rebord de la montagne. De vertes éminences, les unes menaçantes et pendantes au-dessus de nous, les autres, plus éloignées, arrondies en amphithéâtre, continuent de porter de loin en loin sur leurs gradins de petites cités farouches aux vieilles et claires maisons.

Quelquefois, ces maisons se présentent à l'œil comme les branches d'un éventail grand ouvert. Nulle ne masque l'autre. Leur façade entière paraît comme si chaque ménagère tenait à voir et à être vue ni plus ni moins que ses voisines. Ainsi le second rang des habitations aligne ses rez-de-chaussée aux points précis où le premier achève de porter ses toits. Les rues sont parallèles à l'horizon, reliées en hauteur soit par des escaliers, soit par des montées un peu âpres.

La forme du pays où sont établis ces villages déconcerte par sa richesse. Le squelette du sol est presque partout tapissé d'une épaisse tenture de terreau ample et gras. Point de ces côtes nues, au profil pur comme des temples, qui illustrent, mais qui désolent la Grèce, l'Italie et notre Provence. Comme en Béarn, comme en Dauphiné, la terre meuble n'a point glissé des hautes collines. Une végétation vivace la crampone. La nature ne semble nulle part appauvrie ni sans doute perfectionnée.

IV

Devant nous, au-dessous de nous, baignant dans le Golo, s'agrippent et s'élancent, entre les pierres de basalte, de majestueux châtaigniers. Sauf dans la pouilleuse région qui commence au Ponte Alla Leccia et se continue au-delà de Corte, les belles voûtes verdoyantes ne nous quitteront presque plus. Que de fraîcheur ! Que d'abondance ! Quel éclat scintillant et doux ! Quel mélange de pâle et de vif, d'ombre et de lumière dans ces feuilles et dans ces fruits ! Pères nourriciers de la race, un Corse ne vit que par eux. Le charmant Paul Arène se plut à démontrer comment cent-dix pieds d'orangers suffisaient à nourrir un citoyen d'Antibes ; mais ces orangers provençaux voulaient un peu d'engrais, quelque émondage et le labourage annuel. Rien du tout pour le châtaignier que la peine de récolter et celle d'écosser.

J'étais à l'admirer, quand, sur notre droite, un singulier nuage, de couleur blanchâtre et violette, parut se mêler, près de terre, aux diverses nuées qui rampaient sur le ciel. Maigre, déchiqueté en toutes sortes d'arêtes, d'aiguilles et de dents, je fus longtemps avant de me demander si le nuage n'était pas une montagne ; il fallut un quart d'heure d'attention soutenue pour me persuader que c'en était une en effet, mais d'aspect véritablement nuageux et céleste, romantique et surnaturel. La région proprement sauvage allait commencer.

Nous laissions les fraîches collines pour entrer dans une manière de désert dans lequel un ingrat terrain sablonneux alternait avec le roc brut. Abandonnant, presque à mi-chemin de sa source, le cours sinueux du Golo, on pénétrait par un tunnel, dans le bassin contigu du Tavignano. La vallée m'en a paru morne. Mais Corte, belliqueuse, derrière les remparts de sa gare fortifiée, ne manque point d'accent.

V

La Montagne. Un riant soleil se met à jouer sur les crêtes. La rampe de la voie se raidit merveilleusement. Cette montagne est parsemée de petits îlots de verdure, de villages crispés aux saillies de la pierre, au ras de vasques où débordent le pâturage vert et la châtaigneraie. Ces hameaux-ci, d'un modèle particulier, me rappellent les nids de pirates creusés dans la roche ligure de chaque côté de la rivière de Gênes. Vonaco passe et rit sur une éminence dorée. Le train halète au pied du col. Il lui reste à l'escalader.

J'ignore les mesures précises de ce passage. Mais comment oublier l'étrange chemin ? On est dans le fond d'une impasse déterminée par deux âpres murailles qui se joignent et se soudent à angle aigu ; la voie taillée sur la pente droite de ces murailles s'y élève en lacets réguliers, d'une symétrie si parfaite qu'au milieu de l'ascension le voyageur en distingue, soit en avant, soit à ses pieds, les moindres va-et-vient. Il domine les ponts sous lesquels il vient de passer, il aperçoit à cinquante mètres au-dessus de lui le talus sur lequel il roulera bientôt. On arrive de la sorte à Vivario qui marque, je crois, la limite du versant oriental. La vue alors embrasse un large océan de montagnes.

Mais nous sommes au cœur d'une sorte d'hiver. Une blanche traînée de neige luit au flanc de quelques sommets. Mêlés aux châtaigniers que rien ne décourage, s'avancent les tristes sapins. Le clair soleil, qui s'est tout à fait ranimé, n'échauffe point la vivacité métallique, le froid de l'air. On glisse maintenant sur la hauteur du col, sans hauts ni bas accentués, jusqu'à Vizzavona. La prairie naturelle étale un herbage profond. Les vastes arbres déterminent des abris à l'œil fatigué. Quelques troupeaux, semés de-ci de-là, confirment une molle impression de rusticité virgilienne. Ce pays sans histoire exhale ainsi tant de poésie naturelle que l'on voudrait nommer un pauvre ruisseau Sperchius[117], un obscur vallon le Tempé.[118]

Les arbres penchent leurs rameaux, les rochers et les terres s'infléchissent, se creusent en d'harmonieux petits cirques, formés pour retentir des flûtes pastorales. Il y a dans Gautier un poème assez ridicule où l'on voit Napoléon

---

[117] Petit fleuve du sud de la Thessalie, coulant d'ouest en est, et traversant ce que fut le royaume d'Achille.
[118] Vallée du nord de la Thessalie, située entre l'Olympe et l'Ossa, traversée par le fleuve Pénée, et chantée par Virgile.

Bonaparte soupirer après la fortune d'un berger de son île jouant, comme Daphnis, de la flûte au bord de la source, sous l'avancement d'un rocher.[119] Son soupir me paraît moins fade depuis que j'ai pénétré cette solitude.

Nous arrivons à Vizzavona. Et là commence la descente. On évite le col au moyen d'un tunnel de quatre kilomètres, dont la sortie est de quatre-vingts mètres inférieure au niveau de l'entrée. Puis la route en lacets. Puis, la brusque glissade, en moins de deux heures, jusqu'à Ajaccio.

Sur chaque palier refleurit quelqu'une des essences que nous avons laissées au fur et à mesure de notre ascension dans l'air glacial. Et cet air devient plus que tiède. L'écume du Gravona bondit devant nous à la mer ; nous le rattrapons à mi-côte, où prospèrent déjà, parmi les châtaigniers plus rares, des forêts d'oliviers puissants comme des chênes. Déjà l'eucalyptus annonce de nouveau l'amertume du marécage. Des champs de cactus écarlates, d'immenses espaces de chaume, des plaques de maquis brûlé, destinés à subir aux prochaines saisons le premier ensemencement, une brise de mer qui respire en passant le citron et la tubéreuse, l'arc de la côte bleuissante, le pourtour montueux du golfe épanoui, joint au rire enflammé des vagues qui répondent à la flamme d'un pur soleil, les antennes, les mâts, le mouvement du port, citadelles, môles de pierre étincelante, je ne sais quelle joie, je ne sais quelle ardeur, dont pétille l'air sec, tout m'annonce que la patrie est retrouvée. C'est le Midi, c'est presque le Ciel, c'est la vie heureuse et facile qui nous font un doux signe de grâce et d'amitié dans la rade d'Ajaccio.

---

[119] *La Comédie de la Mort*, dernières strophes du chapitre VIII.

VI

Ajaccio m'aura peut-être donné un avant-goût de cette Naples que j'ignore. Telles doivent bien être, au bord du golfe unique, la mollesse de l'air et la liberté de la vie.

La rue basse que j'ai suivie en entrant dans la ville longe presque la mer. Elle est d'abord triste et sordide, mais sur le port, elle s'égaye ; des ruisseaux d'une eau claire et brillante sortent de conduits souterrains et se jettent en bouillonnant sur le gravier et sur le sable du rivage. De jeunes ouvrières groupées aux embouchures ont retroussé leur jupe et, baignant leurs pieds nus dans l'écume, battent le linge.

Une autre rue, moins vaste, tortueuse et bordée de hautes maisons, me jette au milieu d'un monde d'enfants. Ils forment des monceaux véritables, grouillant au-dessus du pavé, accrochés aux linteaux des portes, aux grilles, aux croisées, saignant, pleurant, criant à même le ruisseau. Mais cette marmaille est très belle. Ne rêvez point des gras petits anges qui sonnent la trompette dans les tableaux d'église. Demi-nus sous un vague fourreau d'étoffe claire, robe ou chemise selon qu'il tombe aux chevilles ou s'arrête à mi-cuisse, ces minces corps d'enfants sont fermes, lisses, purs comme un marbre teinté d'or pâle. Le grain de la peau très serré y montre les muscles à vif.

Si attentivement qu'on regarde ces milliers de petites jambes, on ne découvre aucune trace de chaussettes. Tout au plus si quelques sybarites ont des souliers. Ce luxe oriental est dédaigné de ceux-là même qui en usent ; à tout propos, leurs pieds reviennent à la liberté. Je pense qu'ils y gagnent cette souple vivacité, cette harmonie charmante du pas et de la course qu'un regard étranger ne se lasse point d'admirer.

On se plaint de les voir malfaisants et injurieux. Mais c'est la lamentation de toutes les mères. À mesure que l'après-midi avançait, les jeux, les courses, les querelles ne faisaient qu'embellir. Formés autour des chefs, par petits pelotons, ils se lançaient violemment les uns contre les autres et les marchandes de figues de Barbarie pleuraient leurs paniers renversés. Chaque bande s'appliquait à se plier aux gestes d'un conducteur élu, se courbant avec lui, courant s'il se met à courir, avalant la poussière s'il y pose sa bouche, et se pendant à l'habit des pauvres passants. École de discipline et de brigandage, aimable pépinière de gendarmes et de bandits.

J'admirai la chaleur d'un sang demeuré jeune et chaud, avec le nombre infini de ses rejetons.

« Ah ! monsieur, les enfants ! me disait une dame corse ; c'est notre plaie d'Égypte, ce sont nos sauterelles. »

VII

Partagé entre les spectacles d'une race si obstinément populeuse et la curiosité d'en trouver de nouveaux, j'eus peine à passer mon chemin.

Un vaste cours suit la base d'une colline de hauteur modérée. Il est orné d'une double haie d'orangers. Juste à cette heure s'avançaient[120] entre les petits arbres bon nombre de paysans regagnant la campagne. Le marché venait de finir. Montés sur des chevaux aux jambes nerveuses et pures, ils avaient un air de paresse, de superbe et d'insouciance seigneuriales. Assises à califourchon sur les mêmes bêtes (une haute selle de bois leur rend la posture commode), des paysannes arrivaient sur la même route. Jeunes, vieilles, l'ampleur de la selle ajourée, le gonflement des jupes donnaient au groupe équestre qu'elles formaient une allure de majesté fantasque, bête et femme dessinant dans le soir lumineux la figure d'un dromadaire.

On ne presse pas l'animal. Et, s'il s'arrête pour lécher le sol, brouter l'écorce ou le feuillage, on le trouble le moins possible. Le cavalier bourre sa pipe. L'amazone tricote. Aucun passant ne rit de cette patience. Je ne puis m'empêcher de la trouver bien raisonnable. Mais la physionomie de deuil imprimée au costume uniforme de ces paysans a moins de justesse. Chapeaux noirs à larges rebords, les mêmes robes noires aperçues sur notre vaisseau, fichus sombres, capes de nuit, cela passe la noble gravité convenable aux habitants d'un beau pays. Tout ce noir est funèbre ; il insulte au soleil, et les puissants cyprès couverts de guirlandes de roses en sont réduits à parler comme au cimetière.

Ces réflexions et ces critiques (car pourquoi se borner à décrire un paysage ? pourquoi n'en ferions-nous le même jugement que d'un ouvrage fourni de main d'homme ?) ces jugements me conduisirent avec lenteur au centre d'Ajaccio où sont deux belles places, dont l'une est ombragée de palmiers touffus, l'autre, vraie esplanade que rien ne protège du ciel ; le vent, la chaleur y font rage, mais c'est le point de la ville qui domine le golfe et le champ de la mer. Non loin est une vieille forteresse toute dorée que le ciel et les eaux ont coloriée à plaisir.

---

[120] Dans les éditions antérieures à 1926, on lit « avançait ».

VIII

Avouerai-je que je cherchais depuis deux heures une auberge ? On s'accordait à me répondre que tout était pris, retenu, mangé et bu. Et je me demandais avec mélancolie d'où venait cet encombrement d'un lieu qui passe pour désert aux mois d'été. Un hôtelier compatissant me trouva une alcôve que je payai fort cher.

Il s'excusa de recevoir autant d'argent.

« Après tout, me dit-il, nous sommes au moment du Conseil général. »

Le Conseil ! disait-il. J'ai connu par la suite qu'il n'était pas de plus grande solennité.[121] Ni fête ni marché n'attirent dans Ajaccio une telle affluence de tous les points de l'île.

Outre que les cantons de Corse sont au nombre de soixante, leurs représentants ne descendent en ville que suivis d'un cortège d'amis, de serviteurs, et surtout de solliciteurs. Ainsi venaient à l'assemblée les anciens patriciens de Rome. Chaque conseiller général présente cette clientèle à son préfet et aux élus de sa nuance politique. Il fait valoir de vive voix les recommandations qu'il a écrites et récrites. De son côté, le client, s'il est sage, n'épargne rien qui doive rehausser le prestige de son patron.

On m'a montré le vaste édifice où tient séance l'assemblée du département. Les abords en sont assiégés. Songez au quai d'Orsay un jour de grande discussion. Mais les badauds de l'île y mettent plus de gravité que nos Parisiens ; un coup de chapeau négligé, une main illustre serrée, c'est la vie ou la mort, c'est la carrière ouverte ou close, cette belle carrière du fonctionnariat pour laquelle nos Corses ont un goût remarqué.

« Le pays est pauvre, me dit l'un d'eux. Nous n'avons aucune industrie, notre agriculture manque de débouchés. Obligés et tout à fait résignés à vivre sous le régime du patronat, il nous faut bien en recueillir les bénéfices en même temps que les ennuis. Nos grandes familles rendent en protection l'hommage que nous leur apportons ; elles nous servent dès qu'elles se sont servies, les hautes places sont pour elles, et, avec leur appui, nous pouvons espérer de petits postes suffisamment appointés. »

Ces paroles, qui me furent dites en diligence, laissent voir, sous l'absurde, un fond de bon sens. Le régime demi-féodal et demi-classique de la Corse a

---

[121] Les premières éditions ne comportent pas le mot « plus », ce qui donne à la phrase un sens contraire à ce que veut manifestement exprimer Maurras !

des parties fort raisonnables ; quelque chose y semble en avance sur l'usage du continent. Nos orateurs parlent sans cesse de solidarité ; les Corses la pratiquent de la seule façon qui soit juste et possible, c'est-à-dire à l'intérieur d'un groupe, d'une tribu, d'un petit clan organisé comme une famille. Ils ont gardé famille, clan et tribu, mais leur Napoléon nous a enlevé tout cela.

Comme chez nous au temps passé, leurs forts aident leurs faibles ; groupés autour des forts, les faibles, par leur nombre, augmentent la puissance naturelle des protecteurs. Et depuis que le monde est monde on n'a pas trouvé mieux. Si le courant industriel ou commercial détruit cet esprit chez les Corses, tout compte fait, ce sera pour eux un très grand malheur.

J'admets de moins bon cœur leur manie d'être fonctionnaires. Nous la payons de nos deniers. Est-ce par pauvreté que le Corse prend du galon ? J'en doute et je ne sais même s'il est bien vrai de dire que la Corse soit pauvre. J'ai, au contraire, l'impression d'un pays approvisionné des plus surprenantes réserves de la nature. On y voit affleurer, non seulement dans les tranchées, mais à la surface des roches, des filons de matières utiles et précieuses. L'extraction en serait aisée. La terre très féconde ne voudrait qu'un peu de travail. Mais le vrai Corse adore de travailler le moins possible.[122]

---

[122] Dans l'édition Flammarion : « Mais il plaît au vrai Corse de ne point se donner du mal. »

IX

Pourtant, depuis quelques années, ce gueux si fier énonce l'intention de sortir de son indolence. Il ne travaille pas encore. Mais il demande les moyens de travailler avec fruit. Quant au lieu de faire le trajet d'Ajaccio à Marseille en dix-sept heures, les paquebots dévoreront le même espace en un tiers de journée (il paraît que cela est tout à fait facile) ; quand en trois ou quatre heures l'on atteindra Antibes ou Nice de Bastia, la Corse entière deviendra un champ d'âpre labeur et la sueur humaine cessera d'y être épargnée. Voilà, du moins, ce qui s'est dit et répété au Conseil général d'Ajaccio. Et peut-être qu'on l'a bien dit. Changez les conditions et surtout les rétributions du travail, vous changerez peut-être un caractère de la race.

Ce qui m'incline à le penser, c'est l'effet de la transplantation chez le Corse. Loin du pays, ses belles facultés dormantes s'éveillent. Son activité se trahit au point peut-être de lui causer une espèce d'étonnement et de vertige qui lui ôte le gouvernement de sa vie.

X

J'ai visité avec la curiosité et la défiance qui convenaient quelques-unes des traces laissées ici par Napoléon et les siens. Tout y est altéré. Du mobilier de la maison modeste où naquit l'empereur, presque rien n'est contemporain de ce fatal 15 août 1769. La grotte du Casone, couverte de tant d'inscriptions bonapartistes, n'a jamais abrité le rêve de César enfant. Et l'on a discuté jusqu'à quel point est authentique, ou du moins véridique, son acte de baptême que l'on montre dans l'hôtel de ville, au musée napoléonien.

L'une des salles de ce musée est ornée des portraits d'à peu près tous les membres de la famille Bonaparte ; le fondateur de la dynastie est représenté, mais par le masque d'Antommarchi moulé à Sainte-Hélène sur un visage inanimé. Rien ne ressemble moins que ce plâtre au Napoléon des médailles. La différence est si criante que des critiques ont hésité sur le témoignage ou même l'ont traité de faux. J'ai été tenté de dire comme eux. Entre ces murailles où les frères, les sœurs, les neveux de Napoléon développent, sous des costumes variés, leurs faces ou leurs profils si uniformément frappés à la romaine, menton carré, lèvre mince, arquée et pincée, vaste mâchoire, tempes et front proéminents, arcade des yeux rectiligne, le masque d'Antommarchi, de quelque façon qu'on le tourne, ne montre rien qui corresponde au type général. Les tempes sont serrées, les pommettes en saillie, le menton aigu, le bas de l'ossature faciale assez maigre ; un air de finesse plutôt que de force est répandu sur tout le visage et rappelle, non le type romain, mais, de beaucoup plus près, le florentin et le ligure. On pourrait prendre le masque d'Antommarchi pour un portrait, usé, poli et adouci de Dante. De toutes ces images des Bonaparte, celle du seul Napoléon échappe au type napoléonien.

Comment admettre cette image ? Comment croire que Waterloo, Sainte-Hélène ou même le coup de la mort aient défiguré à ce point cette tête en son caractère ? Ou faut-il qu'Antommarchi nous ait joués ? Je n'en douterais plus, si je n'avais trouvé, quelques heures plus tard, rue Saint-Charles, dans la maison des Bonaparte, un étrange portrait de Laetitia Ramolino. Ce portrait de madame Mère répète trait pour trait, pour mieux dire, il annonce l'image de Napoléon telle qu'Antommarchi nous l'a léguée. Je retrouve ce front moyen, ces tempes rapprochées, ces fortes pommettes, et me voici obligé de me demander si le génie mourant ne fit point un retour à la première image qui s'ébaucha de lui dans le sein maternel.

On s'est querellé, ces ans derniers, sur Madame Mère. Sa vertu était en question. Avait-elle eu trop de bontés pour M. de Marbeuf, gouverneur de la Corse, qui lui-même montra plus tard pour tous les Bonaparte, père, filles et fils, un zèle qui paraît suspect ? Madame Mère est sortie absolument pure des épreuves de la critique. Mais on m'a parlé en voyage d'une lettre inédite de M. de Marbeuf, qui serait capable de réveiller les malignités. Cette lettre adressée par le gouverneur à l'un de ses amis habitant la campagne annonce l'arrivée prochaine de Laetitia. Le gouverneur demande une hospitalité de quelques jours pour cette dame et ses enfants. Et l'auteur de la lettre va jusqu'à désigner à son correspondant quelle chambre il lui plairait de voir réserver à la voyageuse. Celle-ci était jeune et belle. Il serait curieux de savoir si M. de Marbeuf témoignait en faveur de toutes ses amies un sentiment aussi rigoureux des détails de leur installation.

XI

La dernière promenade que je fis à Ajaccio m'amena dans la nécropole.

Une petite route en corniche part du pied de la citadelle. Bordée à droite d'un faubourg, elle suit la mer. Peu à peu cessent les maisons, le penchant des collines apparaît tapissé de petits enclos réguliers. Étroits jardinets d'herbe folle, sans autre plantation qu'un ou deux cyprès fort anciens qui balancent leur plume noire, ils s'étendent comme un parvis au-devant de chapelles toutes pareilles, humbles, nues, marquées de la croix.

Autant d'enclos, autant de sépultures particulières. Les Corses ont réussi à garder le droit d'acheter un peu de terre solitaire, de la fermer d'un mur et de s'y coucher au milieu des morts de leur sang. C'est le plus noble endroit qu'on puisse visiter ici. Tous ces tombeaux privés couvrent une demi-lieue de campagne, dans un paysage composé de vieux arbres et de rocs fracassés où règne l'idée de la mort.

Chez nous, qui sommes condamnés jusque dans notre cendre à des voisinages fâcheux, le cimetière a renversé ce bel et humain usage des sépultures domestiques. Je ne vois aucune raison pour qu'un jour la fosse commune ne succède à nos tombes privées. Ce sera dans l'esprit du siècle et de ses lois. Quand, au détour des Sanguinaires, sur le bateau qui m'emportait, les points blancs de la nécropole ont cessé de m'être visibles, il m'a semblé que l'un des derniers forts de notre race et le meilleur refuge qu'elle se fût donné contre l'administration de l'Égalité consulaire s'évanouissaient de mes yeux.

J'aurai quitté sur ce regret la patrie de Napoléon.

Le Génie toscan

1901

À Lucien Moreau.

I

La plaine de Florence a vraiment un air de bonheur. Il me souvient que j'y entrai le jour même où parurent les premières nouvelles alarmantes de l'Orient[123], mêlées aux bulletins de la conférence sanitaire de Venise.[124] Je vis ainsi distinctement le double fléau de la peste et de la guerre levé sur les villes d'Europe. Mais cette idée ne put tenir contre les agréments d'une si heureuse campagne.

C'était un soir de février, sur la route qui vient de Pise et franchit le mont Albano au défilé de Gonfolina. Dans cette nuit naissante, le ciel se faisait pur et doux, la terre abondante et profonde. Des vergers, des bouquets de bois couronnés d'un feuillage qui ne périt pas en hiver mêlaient une ombre

---

[123] La guerre entre la Grèce et la Turquie avait repris le 3 février 1897, à la suite du soutien apporté par l'armée grecque aux insurgés de Crète.
Les notes sont imputables aux éditeurs.
[124] Cette conférence se tint du 16 février au 19 mars 1897. Elle fut convoquée pour préparer la réponse des puissances occidentales à la menace de propagation de la peste qui s'était déclarée à Bombay en septembre 1896.

pâle à la demi-clarté. Sur les hauteurs qui longent d'une ligne à peine tremblée la rive gauche de l'Arno, surtout aux points où leur relief se creusait mollement, montaient de place en place de sveltes châteaux-forts, des clochers, de hautes tourelles élancées sur des tiges fines et gonflées au sommet comme des calices de fleurs. Coulant à notre droite, en sens inverse du voyage, le fleuve un moment rétréci baignait de longs parterres dessinés avec art au pied des maisons entr'ouvertes. L'étranger ne saurait se défendre de sympathie pour un sol si gracieux et si commodément approprié à l'homme. Volontiers, pour ma part, je l'eusse appelé mon ami.

Mais la ville approchait. Je me réjouissais de voir sa banlieue si pareille aux pensées agréables que donne le nom de Florence. Je la sentais venir dans sa grâce maigre et nerveuse, sans langueur, mais dénuée de brutalité. Tout charme, toute suavité et toute élégance, un peu molle peut-être, telle était la Florence que j'attendais.

Sous une bande de collines plus douces à la vue que ne l'est au toucher la soie, apparut enfin le clocher de Sainte-Marie-Nouvelle. Je le reconnus à ce signe qu'il se détache en avant de Florence pour qui arrive entre le nord et le couchant. Il ne manqua point de me faire souvenir des couples du *Décaméron*. Sous ce clocher, au milieu de la nef de cette vieille église, un mardi matin de l'année 1348[125], sept jeunes Florentines tinrent conseil avec trois jeunes gens de leur connaissance, aussi courtois, aussi bien faits qu'elles-mêmes étaient nobles et avenantes ; c'est là qu'on résolut d'échapper à la peste et de goûter sur la colline de Fiesole, dont l'air est salubre et subtil, la consolation de l'oubli.

Là-dessus la fatigue et l'excitation du voyage me firent rêver à moitié. Je me crus du *Décaméron*. Ou plutôt il me sembla que, cinq cent quarante-neuf ans après la grande peste, je venais chercher à Florence ce que Fiammette, Pampinée, leurs compagnons et leurs compagnes, avaient demandé à Fiesole. De jeunes dames en robe couleur du temps se contaient, les unes aux autres, des histoires ou des fables encourageantes. Puis toutes et moi-même, nous nous ranimions à ces contes et l'on reprenait goût aux variétés de la vie.

Mais, dis-je en somnolant, Boccace affirme que la rencontre de Sainte-Marie a eu lieu un mardi matin, *martedi mattina*, dit-il formellement, et ce semble, il est jeudi soir...

---

[125] Certaines éditions d'*Anthinéa* portent la date erronée *1438*.

Sur ce beau doute, le vagon[126] dans lequel je raisonnais de la sorte fit halte. Je sautai sur le quai. Ce mouvement me tira un peu d'illusion.

Cependant je croyais toujours, en entrant à Florence, pénétrer dans une espèce de paradis formé pour les délices de la vue et des autres sens.

Aussi, quand la Florence véritable apparut, l'effet de ma surprise ne fut pas médiocre. À l'angle d'une rue obscure, qui débouchait sur une place vivement éclairée, j'ai senti comme un coup au cœur la gravité, la force et la majesté florentines. Quel visage sévère, dur, aux traits anguleux et profonds, me montra le génie toscan !

---

[126] Cette ancienne orthographe sera conservée dans toutes les éditions d'*Anthinéa*.

II

D'âpres maisons de pierre nue, de hautes façades aveugles, sombres, mortes à tout, brisant ou lassant le regard, hostiles au mouvement de la curiosité et enfin presque menaçantes ; ce sont les palais de Florence. Des poings de fer sortent du mur de place en place. Il paraît que jadis on fixait là-dedans des torches. Mais on les dirait tendus contre le passant. Aucune autre saillie. Et des portes épaisses de bois dur ou de fer massif, couvertes de dessins farouches, souvent parsemées de gros clous d'un métal qui ne brille pas.

Au-dessus de ces portes, la pierre, une pierre orgueilleuse, froide, dense, insensible, que les gens du pays nomment, je crois, pierre sereine, peut-être de ce qu'elle défie le temps et l'homme. Les temples de l'Attique ont aussi un aspect de sérénité éternelle. Mais la force en est souriante ; un air léger circule autour des solides colonnes. Ici, point de colonnes. La paroi lisse, ardue.

Jusqu'à la hauteur d'un second ou d'un troisième étage parisien, ces austères façades ne montrent aucune croisée, ne supportent pas de corniche. Nul ornement, que le grain serré des matériaux et leur belle teinte d'or sombre.

Que la rue où sont établies ces forteresses soit étroite et obscure, comme celle du Proconsul, ou qu'on ait formé sous leurs murs une grande place aérée et lumineuse, toutes ont un grand air de haine. Elles gardent au front l'orgueilleux monogramme du premier Florentin qui les éleva, aussi bien pour s'y défendre du populaire que pour dominer ses égaux et imposer sa loi sur tous. Simple citoyen ou déjà tyran de sa ville, c'était une espèce de prince. C'était à tout le moins un seigneur domestique, désireux de rester le maître chez lui et de retenir les siens dans l'obéissance comme pût l'être un père de famille romain. Dans ce refuge, s'accordait une libre pâture à l'ambition, à la colère et au reste de ses passions.

En descendant le cours des âges, Florence eut beau se laisser gouverner par le menu peuple, puis tomber au-dessous de ce simple état populaire et se donner une manière de César, elle ne perdit pas l'antique marque du patriarcat primitif. Au XVIIIe siècle et encore au temps de Stendhal, ces anciens donjons de la liberté domestique passaient pour le théâtre d'inhumaines orgies. Le goût sévère et violent de ses édifices valait à Florence une renommée de science aux secrets du plaisir sanglant. La physionomie subsiste, à défaut de la renommée. Je l'ai retrouvée jusque dans les bâtiments les plus neufs des architectes florentins. Murs épais, assises puissantes, ouvertures peu prodiguées, sont encore le triple caractère de leurs maisons.

Imitation involontaire, goût réfléchi de la tradition ou souci de ne point défigurer leur ville, quelle que soit la cause de ces ressouvenirs, ils sont manifestes. Je me défendais de songer au génie d'une même race, puisqu'on abuse, de nos jours, de ce genre d'explication. Qui sait pourtant jusqu'à quel point le caractère florentin s'affranchit des anciens Étrusques ? Sans doute le premier établi en Toscane, ce vieux peuple essaya de s'y enraciner par des constructions éternelles. Ses artisans ont décidé du style de tous ceux qui leur ont succédé.

Il est certain qu'on ne rencontre dans les rues de Florence que fort peu de boutiques à larges baies vitrées, faites au goût de nos modes contemporaines. Les cafés même prennent jour par de modestes et parcimonieux carrés-longs, taillés dans la muraille comme à regret. Dans les demeures historiques, si la nécessité moderne fait ouvrir des fenêtres au rez-de-chaussée ou à l'entre-sol, ces jours nouveaux sont grillés et les treillis de fonte ou de fer se doublent, se quadruplent. Bien qu'il y ait là des chefs-d'œuvre de forge, il ne me semble pas qu'on ait beaucoup cherché, comme à Avignon par exemple, les simples effets artistiques. Autant que j'ai pu l'observer, ces grilles ne bombent guère en panses fleuries. Leur applique est rigide. Elle ferme, défend et cloître, c'est tout son service. En vain les mœurs des hommes sont-elles devenues plus douces. On dirait que Florence n'ose pas s'y fier encore et qu'enfin la patrie de la guerre civile ne perce les murailles qu'avec d'infinies précautions.

III

Ce violent appareil est au premier plan de Florence. Mais, pour arriver au second, il faut du temps, une volonté soutenue. Et cependant il ne faut que lever les yeux. L'accablement est si extrême qu'on les tient fixés près de terre.

Un nouveau sentiment se forme, au fur et à mesure que monte le regard. Ce qui naît brusquement du sol avec un aspect de prison, de citadelle ou de tombeau s'achève plus haut en dentelle. Cette pierre, qui épouvante dans son rugueux et triste soubassement, épanouit auprès du ciel de charmantes délicatesses dont la limpidité de l'air permet de compter le détail. Elle est brodée abondamment d'écussons, de corniches et d'autres reliefs d'une grâce fine. Tout en haut, les fenêtres surtout font des miracles ; de sveltes colonnettes, simples ou accouplées, soutiennent le cintre ou l'arcade aiguë ; plus elles approchent du faîte, plus leur ciselure légère étonne de richesse et de subtilité. On songe à ces grands arbres dont le tronc nu et gris, et les branches obscures, finissent par jeter une multitude de fleurs.

Tantôt paré d'une corniche, comme chez les Strozzi, tantôt ceint de créneaux fourchus, ou simplement couvert d'une toiture à pente douce, le faîte de quelques-uns de ces monuments, le Palais vieux, le Bargello, qui servit autrefois de prison à la république, est surmonté d'une haute tour à quatre angles. Celle-ci porte aux nues, comme une offrande ou un défi, la cloche et le lys de Florence.

On sent alors en quoi les modernes Toscans ne furent pas uniquement de bons ouvriers d'architecture militaire. Ce peuple orfèvre, forgeron, ébéniste, verrier a connu la passion presque fiévreuse, le génie presque maladif de l'art ornemental. La toreutique des Anciens ne servait qu'aux dieux et aux femmes. Ici, le plus brutal voulut une poignée bien ciselée pour son épée, et sur la lame des incrustations précieuses. On a souvent noté le fait ; mais j'ai compris ce caractère de recherche imprimé dans les âmes les plus violentes quand j'eus franchi le seuil de l'un des palais de Florence. Où mon œil, abusé par la rudesse des murailles, s'attendait à quelque caveau, régnait une clarté égale, une cour vaste s'étendait où ne manquait ni l'eau, ni l'air, ni le soleil. Au centre, une fontaine. Aux côtés du carré, un réseau d'arcades basses, toutes fleuries d'images et d'inscriptions. Il semblait que la main d'une femme les dût cueillir. La roche est vieille. Elle a noirci. Les figures qu'elle a reçues sont restées belles de jeunesse : glorieuses roses de pierre, corbeilles de feuilles roulées, arceaux fléchis comme des personnes humaines. Les escaliers, divisés en paliers fort étendus, mènent, selon des pentes aussi douces que magnifiques, aux étages supérieurs. Quelle merveille que le déroulement des gradins sur l'un des flancs intérieurs du Bargello !

Et quelle volupté que cet amas d'objets délicats et gracieux sur le revers des murailles inexorables ! On tenait à l'écart l'étranger animé de pensées hostiles. Mais le visiteur accueilli, tout le fête d'un sourire grave et discret. Ce sourire, il est vrai, n'est pas celui de l'hospitalité orientale. Et ce n'est que la face des murailles qui se dérident. Le palais florentin nous tient, et il nous retranche du monde. Où êtes-vous, légers entrecolonnements, aérienne liberté de la vie attique ! Ici, l'air, la lumière ne viennent guère que des cours ; l'une et l'autre appartiennent au maître du palais. Toutes les trahisons s'y peuvent consommer, l'histoire florentine est pleine de ces guet-apens.

IV

Voyant les églises, les cloîtres, les musées, le palais, je passais mes journées dans la société des morts. Mais on n'échappe nulle part à la pensée, à la présence des vivantes. Sont-elles belles ? Il n'y a pas de voyageur qui soit libre de ce souci.

Il faut, je pense, distinguer. Car les premières florentines croisées en arrivant rue des Ceretani, rue Calzaioli, me parurent charmantes avant même que d'être vues. Ce pas ferme et nerveux, ce geste souple, qu'on ne trouve guère en province, me montraient que j'étais enfin parvenu dans une ville capitale. Depuis Gênes, que j'avais quittée l'avant-veille, tant de paysages différents s'étaient succédé sous mes yeux qu'il me semblait avoir couru la campagne six mois. De là, le vif plaisir que me donnèrent ces petites Parisiennes de l'Italie.

Il eût suffi, pour continuer le plaisir, de fermer ou de baisser les yeux jusqu'au lendemain, à l'heure où je fus aux Cascines. Là, en effet, se montre la société de Florence. À l'ombre des pins centenaires, dans l'étroite et longue avenue qui borde l'Arno, à l'air tiède, au pâle soleil, j'ai vu passer un nombre infini de belles personnes et dont plus d'une, par le vigoureux accent, la grâce solide, la finesse pure des traits, par un éclat de sa pâleur mate ou ambrée et la simplicité de tout le caractère, réalisait un rêve de la beauté antique. Mais ces formes heureuses qui, en marbre, n'eussent servi qu'à nous rendre plus sages et plus religieux brûlaient de vie, hélas ! et communiquaient de leur trouble.

Les promeneuses des Cascines appartiennent pour la plupart au patriciat de la ville et forment comme un petit îlot flottant où se réfugie la fleur des beautés de l'Italie. Si on les met à part, la race florentine est loin d'être belle. Ce que j'en ai vu en d'autres quartiers est même assez laid. L'uniforme laideur du sang populaire, en un lieu si beau, me déçut.

Les villes du midi habituent, en effet, leur visiteur à tant de surprises ! Ce n'est pas seulement sur les promenades à la mode qu'on a chance de ressentir une belle palpitation. Sur un bout de trottoir, dans l'ombre d'un vieux magasin, à l'entrée d'un corridor sale, on est pris tout à coup par la beauté de carrefour, éclatant comme un astre sous les plus modestes habits. Une taille bien faite, un pas doucement balancé. Si on lève les yeux, c'est un bel œil, un teint de fleur nouvelle dans le cadre d'une croisée, qui tirent brusquement de pensée ou de rêverie et suspendent d'admiration. Jeux des rencontres du hasard communs à la Provence, à la Gascogne et à l'Italie. Ce bon hasard ne se joue guère au dedans de Florence. Le voyageur éprouve avec mélancolie qu'il manque quelque chose à tous ces plaisirs.

V

Comment une race si vieille, une campagne si féconde en nobles arbres inutiles, un ciel si doux, ont-ils disgracié jusqu'à ce point le grand nombre de leurs enfants ? Ni éclat ni finesse dans la nuance de la peau. Nulle régularité dans les traits des visages. Des corps osseux et boursouflés, souvent asymétriques et déjetés, voilà ce qui frappe.

Et l'on songe au passé, aux saintes figures de l'art :

— Jeunes gens de Florence, jaillis comme des lys de l'étroit justaucorps, orgueil et joie du statuaire ! Honnêtes dames dont la robe dessine les plis verticaux, parfaitement rigides, dans les Nativités ! Madones aux graves paupières, corps mystiques, trop minces, dont le vêtement flotte à la brise angélique, ployés, presque rompus par l'Ave Maria ! Vierges folles, figures d'un calme trompeur, que démentent bien la mollesse, robuste pourtant, de vos lignes et la langueur de vos regards, têtes méchantes et sereines, poitrines et seins florissants ! Si la race n'a pas changé depuis l'âge d'or de Florence, ce n'est point dans le menu peuple, ni même dans le peuple gras que vous ont rencontrés les Allori, les Cellini, les Botticelli, les Lippi, les André del Sarte, les Ghirlandajo ; s'ils ne vous ont rêvés, il faut que les personnes des familles les plus illustres n'aient jamais hésité à monter dans leur atelier.

Tel était, dans une forme un peu exaltée, mon premier sentiment. Mais je dus observer combien les plus laides physionomies que je rencontrais dans la rue offraient pourtant une expression de vivacité intelligente et réfléchie. Je sentis, en particulier, le luxe étonnant des nuances dans les signes de la finesse, depuis la bonhomie à peine maligne jusqu'à la ruse et la perfidie déclarée. Même variété dans les tours que donne au visage la passion. Pas un trait de ces boutiquiers et de ces ouvrières qui ne fût significatif ; pas une déformation qui ne fût éloquente et, en quelque sorte, historique, si les airs du visage racontent l'histoire de l'homme. Nos mots de laideur spirituelle et de laideur passionnée sont ici de situation.

Un regard plus profond m'embarrassa bien davantage. Comment faisaient donc ces gens-là pour être laids ? Vus d'un peu près, ils ressemblaient parfaitement aux chefs-d'œuvre de leur peinture et de leur sculpture locales. L'application, l'étude me découvraient ces ressemblances. Je m'en pénétrais chaque jour. Avec quelque stigmate de surcroît, je reconnaissais les mentons aiguisés en fourche de Botticelli ; plus loin, exagérée ou comiquement déviée, la ligne ondulée et serpentine de ses beaux corps. Je remarquais ici les maigreurs allongées des têtes faméliques dont s'inspira si fréquemment le triste et attentif Donatello, ailleurs ces larges faces, osseuses et musclées, parfois doublées d'une couche de graisse rose, que nous ramène Ghirlandajo. J'en déduisais que tout ce que Florence présente de vivant répète en laid, mais répète distinctement les choses éternelles qu'elle garde sur ses murailles. Levez le masque qui grimace et la similitude des visages éclate aussitôt.

Ce vilain masque d'où vient-il ? Croirons-nous simplement à la dégénérescence du type depuis le XVIe siècle ? J'ai parfois admiré chez des petites filles de dix ou douze ans, qui jouent dans le ruisseau en sortant de l'école, chez les garçons, jusque vers quatorze ou quinze ans, un caractère qui les oppose à leurs père et mère comme à leurs grands frères et à leurs grandes sœurs. Ces grands enfants ou ces jeunes adolescents sont très beaux. En eux, le modèle de l'art florentin apparaît dans sa fraîcheur, dans sa nouveauté sans une ombre, quelques types tellement purs qu'on les croirait descendus vifs d'une fresque du Dôme, d'un cadre du palais Pitti. Il n'y a d'un peu avivé que la couleur. On saluerait une fillette de la rue : « Bonjour, ange de Botticelli », et telle autre : « Salut, madone de Lippi ».

Ange féminin ou madone, il ne faut pas beaucoup de saisons pour les défleurir. Longtemps avant d'être nubiles, toute grâce les a quittées. Dès le premier moment de leur maturité, la ligne se corrompt et le teint se fane. J'en ai cherché et peut-être trouvé la cause dans la vive précocité de toute la race. Ai-je dit que cette beauté des petits enfants a, comme la laideur chez l'adulte, une ardente expression de passion et d'intelligence ? Cet air, commun à toute créature florentine, est peut-être le signe du génie même du pays.

Une passion, une intelligence trop prompte, voilà ce qui dévore, brûle, réduit en cendres le charme délicat des petits Florentins. Sans doute qu'ils soutiennent une vie trop active pour le commun de jeunes êtres. Trop sentir, trop penser les dessèche, les contrefait ou les empâte. Seules, de rares créatures, comme celles que j'ai aperçues aux Cascines, affinées mais fortifiées par l'hérédité du bonheur, savent briller du feu qui ravage toutes les autres. Au combat que les deux plus dures forces de la vie livrent à leur beauté, aux offenses dont la pensée et le désir les accable et les ruine, naît en elles, ou du moins dans l'aspect de leur face pâle, un air de fièvre et de langueur qui compose un charme nouveau.

Par là, tout compte fait, l'art florentin et la nature florentine ne se contrarient plus. Il est superflu de penser que le physique de la race ait perdu grand-chose depuis trois siècles. Les meilleurs artistes de la meilleure époque ont, du reste, laissé une collection copieuse de laideurs caractéristiques. Ces ouvrages d'un réalisme aigu sont à considérer. Celui qui les a médités s'aperçoit qu'ils ne diffèrent point, quant aux marques du type, d'avec les œuvres les plus idéalistes. Celles-ci montrent seulement ce type simplifié, remis d'accord avec lui-même et décoré des prestiges de la jeunesse. L'essentiel des traits qu'éternisent tous les artistes florentins leur est venu du populaire de leur ville ; pour le surplus, les enfants et les grandes dames l'apportèrent aux contemplateurs de génie.

VI

Quel désert, l'Arno à Florence ! En huit jours je n'ai pas vu trois embarcations. Unie comme un miroir, l'eau ne porte que des reflets. Maisons, palais, masures s'y regardent du haut des rives. Au midi, depuis le pont de la Sainte-Trinité jusqu'au-delà du Pont Vieux, il n'y a point de quai, le pied des édifices enfonce tout droit dans le fleuve. Il faut voir au soleil couché la couleur vigoureuse, la hautaine et forte structure de ces façades florentines, toutes blessées, lépreuses, avec leurs croisées en arceaux et leurs corniches en dentelle, se refléter fidèlement dans cette longue nappe nue, que le ciel occident trempe de rose et d'un or glauque. On dirait un recueil de souvenirs mystérieux arrêtés au poinçon sur des bandelettes de bronze.

À ce moment du soir, le vaste plateau arrondi qui domine l'est de la ville se couronne de petits feux. Ces points scintillants nous appellent. Quelque chose attire là-haut le passant de Florence. Et l'on cède, bon gré mal gré, à cet appel. On prend le pont aux Grâces et la porte Saint-Nicolas ; sans remarquer la curieuse agitation de ce quartier bien populaire, un peu pouilleux, d'un goût à ravir tous les amis du pittoresque, on s'élève, entre deux rangées de cyprès sombres flanqués eux-mêmes d'oliviers, sur une âpre montée, mi-escalier, mi-rampe douce qui conduit à San-Miniato.

La colline de San-Miniato ferme brusquement ce côté de l'horizon ou, pour mieux dire, elle l'occupe, l'emplit et le décore à la manière d'un autel ou d'un tombeau. Anatole France, dans son *Lys rouge*, vante le style ferme et pur de ce monument naturel. Peut-être que le double mont où Fiesole repose, comme un bouquet de fleurs sauvages dans le creux d'un beau sein, paraîtra d'un goût plus riant ; mais nulle part au monde l'accord de la grâce suave avec une mâle énergie ne se réalise aussi bien qu'à San-Miniato.

VII

Je dois dire qu'on y peut monter en voiture. La place Michel-Ange dont j'avais vu d'en bas s'allumer les rampes de feu forme comme un premier palier de la colline. Cette place est immense. Une copie assez fidèle du David conservé à l'Académie des Beaux-Arts orne la fontaine centrale. De là plusieurs pentes semées d'arbres sauvages mènent au deuxième palier, petite hauteur élégante et fort à découvert que surmonte l'église de Saint-François-de-la-Montagne. Michel-Ange, génie du lieu, qui défendait de là sa ville contre Charles-Quint, aimait cette chapelle pour sa rusticité. Il l'appelait, dit-on, la belle villageoise. Elle est nue, mais de proportions très agréables et les vieilles murailles jaunes recueillent ce qui reste de clarté dans le ciel après que le jour est passé.

On a planté, à gauche, sur l'arête de la colline, une forte haie de cyprès où vient se briser le regard ; en sorte que les yeux sont nécessairement rejetés à droite vers la vallée et sur la plaine. Cette fine violence était à peine utile car la vallée contient Florence épanouie avec ses clochers et ses dômes, et la plaine comprend les jardins de Florence, avec le pays tributaire. Beau et riche pays, étoffe magnifique où furent taillés les chefs-d'œuvre et les grands hommes, on veut monter plus haut pour l'embrasser dans sa véritable étendue.

Encore un petit bois, une pente légère, d'obliques chemins sommairement dessinés, et l'on parvient, sous une voûte, devant la porte du cimetière et de l'église San-Miniato. L'église revêtue de marbres noirs et blancs est antique ; le cimetière, trop moderne. Mais je négligeai l'un et l'autre, ne cherchant, à vrai dire, qu'un point central et culminant d'où mettre de l'ordre chez moi.

VIII

Dans le mystique recueillement de la nuit, il arrive parfois que les choses ont un langage. J'entendis assez bien ce que répétait cette claire nuit d'Italie.

La robuste masse apennine déployait du nord à l'est dans le lointain une draperie violette et blanchâtre. Toute la plaine illustre déroulée à ses pieds semblait dire, dans les ténèbres et le silence, en considérant la montagne :

« Voilà ma mère, ma maîtresse. Voilà ma protectrice. Et voilà mon abri contre les vents, les pluies, les nuages pernicieux. Elle est la règle de mon ciel, le tempérament des saisons et l'artisane infatigable de ma richesse. »

De leur côté, les hommes qui, par un hasard bienheureux, eurent les premiers cheminé par les hauteurs et, s'étant établis dans cette fertile région, trouvèrent tant de fruits en échange de peu de peine, me disaient, quoique morts depuis beaucoup de siècles, en désignant d'un doigt décharné le même Apennin :

« Il est notre rempart. Qui pourra le franchir ? Qui passera par là ? Nous sommes enfermés dans la tombe après nos travaux de défense, mais nos enfants nous peuvent succéder sans interruption. Sûrs de n'être jamais troublés par des intrus, ils vivront ici entre frères en faisant refleurir tous les arts amis de la paix. »

Il est assez vrai, me disais-je en recueillant ces deux discours, que l'Apennin, avec les montagnes qui s'en détachent, alpes apouanes, monts pisans et Albano, prodigue aux terres de la Toscane du nord les bienfaits d'une ample nature. Mais la race des hommes n'y a pas rencontré de vie plus paisible qu'ailleurs. À peine fixés, on sait bien qu'ils furent dans la nécessité de se retrancher. Contre qui ont été dressés les premiers murs de pierres brutes, constructions dites pélasgiques dont Fiesole conserve le vestige inquiétant ? Fut-ce contre des étrangers ou des voisins ? Ne fut-ce pas plutôt au cours d'une guerre intestine, née justement de l'abondance et de la richesse du sol, entre ses premiers occupants ?

Que j'étais fol, en arrivant, de relater comme un contraste la suavité du paysage florentin et la rude physionomie de la ville ! C'est cette douceur du pays qui fit courir aux armes, excitant les disputes par les rivalités. C'est elle qui forma l'appareil guerrier de ces murs. Lorsque le paradis régnera sur la terre, comptez que toutes les maisons seront fortifiées comme les palais de Florence ; car tout le monde aura beaucoup à perdre et à gagner. Les violences civiques, les révolutions, les émeutes et les autres calamités se comprennent par l'excellence prodigieuse de la contrée. Les hommes passionnés qu'elle avait nourris de son suc n'étaient point des méchants ; mais elle était pour eux un trop beau sujet de désir. Ils mirent à la posséder, à poursuivre leur bien en elle, une ardeur et une violence dignes d'elle, mais presque sans modèle ni imitation dans l'histoire.

IX

— *Ô ma belle guerrière !*

J'adressais à Florence le sombre salut d'Othello. Devant moi, comme sous une forêt de lances, sous ses tours et sous ses remparts, elle se donnait au sommeil. Depuis trois siècles, elle dort. Le *risorgimento* de l'Italie ne l'a pas réveillée, ni les dix années du séjour du roi de Piémont. Elle dort. Je songeais à toutes les fureurs qui la soulevèrent. Je revoyais la face de ses enfants les plus fameux, masques à fureurs peintes, âpres enseignes du désir ; tantôt douces comme des visages de femme, ne respirant que le souhait d'un repos gracieux donné aux passe-temps de la vie et des arts, tantôt dures, contractées et mystérieuses, pliées sur elles-mêmes, portant la trace vive des flagellations du Destin.

Mais le Destin n'a jamais épargné Florence, quand elle s'épargnait un instant elle-même. Quelle ville a souffert plus de sièges et plus d'invasions ?

Où les barbares ont-ils donné avec plus de furie ? Les passages de l'Apennin furent vite sondés. Les Étrusques eux-mêmes avaient bientôt cessé de rêver avec confiance du côté des monts protecteurs. Par là, en effet, débouchèrent une à une toutes les races qui devaient saccager et peupler l'Italie. Elles n'ont pas fini de glisser sur la même pente. Contre les hordes cimmériennes, Florence, mille fois, dut armer son sein délicat.

Elle avait des rivales ou des sujettes dangereuses. Cette Pistoie collée à la montagne, là-bas Lucques, et, derrière la bande des collines la triste Pise, vingt autres villes ont alarmé son instable suprématie. Tout cela la tenait inquiète et l'obligeait à un effort perpétuel.

Effort à quoi ? Pour quoi ? Pendant que j'en faisais le compte, je revoyais le plus amer des sourires du monde, celui qui éclaire d'une faible et triste clarté cet honnête visage de Michel-Ange dans tous les portraits qui nous sont demeurés de lui. Ni comme État, ni, à vrai dire, comme centre de mœurs, la vieille république n'est plus. Une dégénérescence insensible est venue à Florence, comme à l'Italie, comme à toute cette planète qui refroidit de jour en jour, s'enlaidit et se barbarise.

Dira-t-on que, du moins, tant d'effort réuni fait une belle ville et une belle histoire ? Sans doute. Il faut souscrire de tout cœur à ce jugement. Mais il faut avouer qu'une telle beauté est confuse, multiple et divisée en cent endroits contre elle-même. Elle résulte du hasard et de la nature, la nature donnant, le hasard conservant sans aucune règle précise, bien plus que de l'effort coordonné des hommes. Lorsque ceux-ci sont parvenus à mettre debout quelque monument à quadruple façade avec une corniche entière, un toit, des plafonds achevés et des fresques qui aient séché complètement avant de s'écailler, comptez qu'ils ont donné leur somme ; les pauvres gens ne bâtiront jamais une place, ni une ville entière, ni un État complet. Leur vie est courte, leur tradition sujette à se rompre sans cesse. Ils ne s'écoutent guère, et ils ne se comprennent point.

À quoi tendit l'effort surhumain de Florence ? On assure que Michel-Ange se le demandait en sculptant *l'Aurore* et *la Nuit* sur les tombeaux de la chapelle. J'avais vu les sombres figures. Mais à San-Miniato, sur cette hauteur solitaire, devant l'héroïne endormie, j'ai senti mieux qu'ailleurs la pensée amoureuse et mélancolique du statuaire. L'histoire florentine et l'histoire de l'univers m'ont souri un peu comme lui.

Il ne faut pas être vainement ambitieux pour les très belles choses. Elles sont, et cela suffit. Comme le montrent le lys ensanglanté de ses armes et le sens du mot qui la nomme, Florence aura été une fleur de la terre. Elle aura été cette fleur de paix, de plaisir et de joie, d'où sortent, par une surhumaine génération, la guerre, ses transports, ses malheurs, ses vertus. En descendant la côte de San-Miniato, il me semblait tenir en main ce lys déchiré et sanglant.

— Non ! disais-je, pourquoi demander aucun fruit à une fleur si belle ?... Notre univers est une tige dont la fleur ne fait pas de fruit.

Note des Éditeurs : Ce texte fait partie du recueil *Anthinéa* (livre V) dont la première édition date de 1901. Il reprend des textes parus antérieurement dans la *Gazette de France* à partir de 1895. Les illustrations que nous reproduisons sont issues d'une édition de luxe d'*Anthinéa* en 1927, illustrée par Renefer.

Le Retour et le Foyer
Notes de Provence

1901

AU VICOMTE DE LÉAUTAUD.

> Pourtant, l'on se montrait quelque auguste décombre,
> Quelque jeu de soleil échauffant un pin sombre,
> Par places le rayon comme un poudreux essaim,
> Lumière du Lorrain et cadre du Poussin...
>
> SAINTE-BEUVE.

Le Faux Printemps

Nous avons traversé la France couverte de neige. Le petit jour qui s'est levé au midi de Vienne nous présente le même paysage glacé ; mes yeux faits à considérer ces campagnes par des matinées de soleil cherchent inutilement à les reconnaître. Des murailles fameuses autrefois saluées au passage d'un nom ami fuyaient sans souvenir, comme des étrangères. Seuls, accablés de neige, les plans horizontaux donnaient quelque vie au regard.

À la frontière de Provence cette neige se dissipa. Dans un air coloré de longues franges roses, flottèrent, du levant au couchant, des flottilles de nuages de toute forme. Mais ces nuages s'empourprèrent ; sous leurs plis redoublés se manifesta le soleil.

La lumière jaillit bientôt, dora les écailles du Rhône et courut multipliée comme un feu subtil entre les verges noires des petits arbres qui se succédaient dans la plaine. Ces lumières du ciel sont peut-être le souverain bien. Elles apportent le courage et l'égalité à notre âme et ramènent à leur proportion les maux que centuplait chaque folle imagination de la nuit. Ô consolatrices de l'homme ! J'avais le corps, l'esprit trop malades pour les nommer ; mais elles me sourirent en se distribuant sur toutes les choses. Les vieux murs ravivés s'échauffaient sous la flamme agile. Les teintes naturelles y refleurissaient à vue d'œil.

Nous avions dépassé ces coteaux du Valentinois que baigne la Drôme, *d'aquèa Valentinès que Droumo arroso*, comme chante Mistral. Avenues de platanes et de mûriers, jardins déserts encore, maisons caduques et nouvelles adossées à la roche ou construites en plein champ, les petites villes prospères du Comtat se mirent à défiler dans cette splendeur. L'air dépouillé comme la terre nous laissa voir du haut en bas de leur structure les gloires romaines d'Orange. Ce fut un peu plus loin que la voie reprit sa tristesse. Introduits en Provence par une espèce de portique composé des nuances les plus délicates du ciel, ce portique franchi nous laissait retomber sous la loi de l'hiver. Point de neige, mais ces larges gouttes d'eau glaciale qui sont de la neige fondue, et toute la campagne pénétrée d'une demi-brume d'où sortaient çà et là des créneaux, des clochers, des tours.

Je serais retombé dans l'état de langueur qui m'avait chassé de Paris si, en suivant le fil du Rhône, sous la mélancolie de l'espace supérieur, les formes des collines ne m'eussent révélé le mérite essentiel de leur composition. À la faveur de ce gris matin de février, elles m'ont fait comprendre qu'elles n'ont pas besoin des revêtements du soleil. Oui, ce pays vaut par lui-même. Les petites hauteurs qui environnent le monastère de Frigolet, le thym modeste qui les borde et les oliviers nains alignés en pâles bosquets témoignaient d'intentions exquises, et parfaitement réussies.

J'imaginais qu'il faisait peut-être un froid vif et n'osais me risquer à la croisée de la voiture. Quand il fallut descendre en avant de Marseille, la bienveillance universelle me saisit, comme par la main. Dans l'air calme la pluie tombait légère sans répandre cette humidité pénétrante qui autre part menace de dissoudre l'âme et la chair. La pluie cessa ; l'air aussitôt devint sec et brillant. Il brillait non du lustre que laisse parfois une averse, mais, véritablement, de sa lucidité. Si le ciel restait floconneux, ces flocons se bombaient à des hauteurs divines et formaient une voûte qu'approfondissait le regard.

Entre tant de remarques faites pour enchanter un transfuge et un exilé, le hasard du chemin me présenta un vieil amandier couvert de crevasses, que l'habitude de plier sous le même vent avait allongé sur le sol. Deux semaines plus tôt, on l'aurait pris pour quelque bûche monstrueuse réservée sur le bord du talus par les paysans. Mais à peine l'écorce noire était-elle visible sous la profusion éclatante des fleurs qui en avaient jailli. Non seulement la pointe des tigelles, mais une infinité de tétines imperceptibles échappées de l'écorce crevaient en nuage de fleurs. Entre le bois inerte et cette fleur aérienne, pas une feuille. Il m'en ressouvint, ma Provence allait ouvrir ses semaines de faux printemps.

De toutes nos saisons, c'est assurément la plus belle. « Chaude, pure, dorée », trois mots d'un ancien hymne que je lui composai dans mon adolescence, me revenaient sur un rythme persécuteur. Mais, à quinze ans, tout enthousiasme exagère. À dire vrai, la pluie et le soleil se disputent ces jours charmants. Et, cette année, le soleil n'est pas assez pur pour sécher la terre amollie. Là-dessus, les paysans invoquent le mistral. Et le mistral accourt. Un fleuve aride passe sur la campagne, en boit toute l'humeur, durcit et maçonne la terre. Déjà le blé nouveau montre sa pousse d'un vert tendre et se met à trembler avec une inquiète douceur. Dans les arbres, le haut des vergettes se tend comme un mamelon trop gonflé. Des formes indécises en travail évident ponctuent la longueur des ramilles.

Ce qui bourgeonne ainsi, malgré le mistral de février, brûle facilement six semaines plus tard. Notre Mars s'applique à mériter les noms redoutables que lui ont décernés les pères latins. À peu près certains de la ruine, les paysans se défendent d'un désespoir prématuré et tout en se donnant à des précautions infinies :

« C'est la saison, assurent-ils, il faut que la sève travaille. »

Peut-être convient-il de suivre comme eux la nature. Parmi tant de sagesse émanée de ces bons rustiques, la bourrasque a beau faire, les joncs et les roseaux plier eux-mêmes en tournoyant. Des abîmes de l'air à toutes les racines végétales de l'être, le ciel renouvelé impose sa jeune vigueur. La croissance de la lumière, une tiédeur manifeste de jour en jour, les fleurs de toute sorte qu'elle fait s'exhaler avec un soupir de plaisir, le souffle retenu mais sensible de tant d'autres fleurs latentes encore ont bouleversé la face et l'intimité des vivants. Hier n'est plus et tout s'efface de ce qui n'est point l'avenir.

Ce matin, un pêcher en train de défaire sa fleur m'a tenu sans haleine et dans une espèce d'angoisse. Je ne trouvai à comparer à cet effort mystérieux que le bas-relief des divinités d'Éleusis. Mais, comme je priais ces Mères ineffables et le tendre jeune homme élu pour le signe sacré, les visibles déesses apparurent dans le ciel clair. Je les reconnaissais, la plus âgée à son sceptre trois fois fleuri, sa fille à la torche éternelle, préparant l'une et l'autre nos mortelles félicités.

« N'en doutons plus, dis-je à mon ami : il approche.
— Qui ?
— Le véritable Printemps ! »

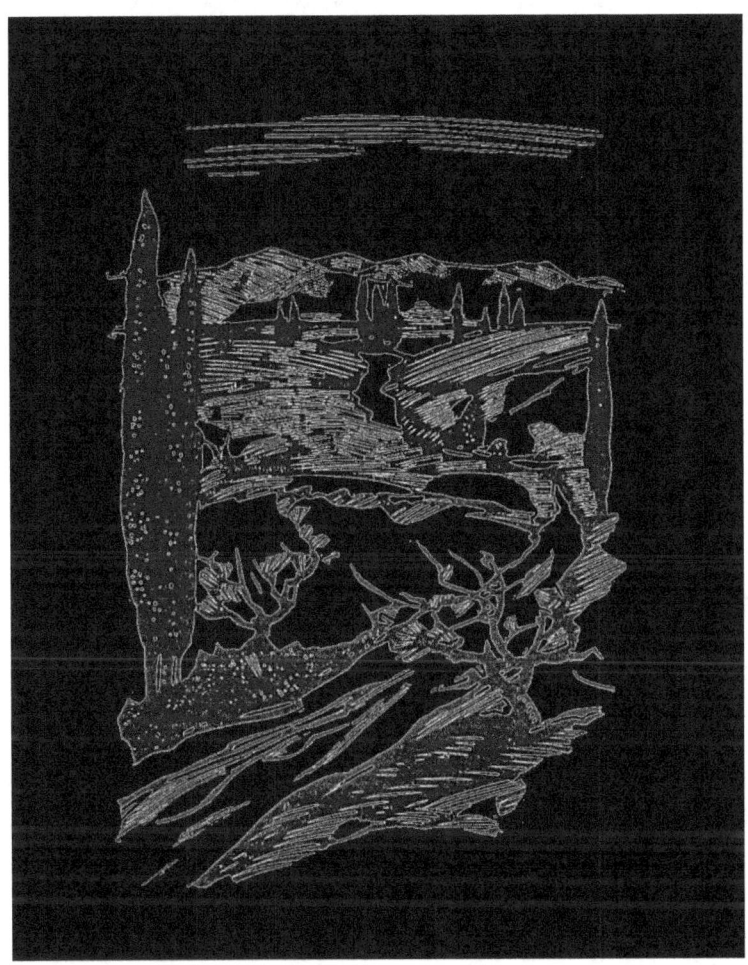

Un Vendredi à Avignon

À Henri Calté.

On conte qu'Alfred de Musset, quand il toucha à la vieillesse et à la mort, conçut un beau désir qui fut satisfait. Les conservateurs du Louvre lui permirent de visiter leurs salles au milieu de la nuit, accompagné des gardiens qui portaient devant lui des lampes. Musset avait senti qu'il y a trop de visiteurs dans les musées. S'étant mis à l'abri de ses contemporaines, il put communiquer dans la nuit solitaire avec Raphaël et Vinci.

J'ai souvent envié au poète la liberté de sa promenade. Mais il me semble en avoir connu quelque chose dans la visite que je fis un jour à Avignon, ville qui vaut bien des musées. C'était un vendredi. Les rues étaient désertes, et les boutiques qui les bordent demi-closes. On avançait presque tout seul. De loin en loin, un ouvrier, ou quelque rangée de soldats. Mais on n'apercevait aucune Avignonnaise. Et toute la ville en avait changé d'aspect.

Je tenais Avignon pour la ville du sentiment, un peu dupe du va-et-vient lascif qu'y entretiennent quelques centaines de jeunes femmes dont la beauté ressemble aux premières minutes du matin et du soir en ce que ces heures présentent de rapide et de passionné. Elles ont la peau d'une transparence céleste, le teint nacré des blondes, le cheveu brun, l'œil vif des Parisiennes et leur pied léger ; mais elles y ajoutent je ne sais quoi qui fait songer en même temps aux anges et aux bêtes des bois. On les sent princesses et fées, faunesses et dames de cour. Et, par tant de mérites, elles détournent de connaître comme il le faudrait leur patrie. Elles étendent au-devant un voile délicieux d'une vie si tentante qu'elle reste maîtresse de toutes les curiosités. Ici est le naufrage des archéologues, des critiques et des historiens.

Il débarque parfois aux portes d'Avignon des voyageurs bien possédés de ces beaux et graves métiers. À peine ont-ils passé l'octroi, qu'ils se transforment, leur cortège ne compte plus que des amants. Ils ont vu de la route quel magnifique autel gothique couronne la roche des Doms et quelle solide dentelle ceint tout le corps de la cité ; parvenus au cœur d'Avignon, c'est d'une certaine nuance de châtain clair qu'ils ont l'âme prise.

Heureusement, le vendredi, ce sortilège se dissipe, car les doux objets qui l'exercent ont disparu. En mémoire de la Passion et de la mort de Notre Seigneur, les Avignonnaises se cloîtrent, comme le faisaient leurs grand'mères, à pareil jour. Fidèlement plus que pieusement peut-être. Mais dévotes ou non, qu'on prie ou qu'on se damne sous les voûtes de leurs logis profonds et sombres, elles ne sortent pas. Pas une, sinon vieille et laide ou de vie scandaleuse, ne se montrerait dans la rue. Les portes de chêne ouvragé ne se desserrent point. On peut sonder les lourdes grilles des fenêtres recourbées, pansues et fleuries, on n'apercevra pas beaucoup de ces visages dont le ton frais, la noble ligne, la fine, harmonieuse et suave pâleur vous eussent poursuivi la veille à chaque coin de rue. Vendredi, Avignon est libre de la fièvre qu'y sèment de jeunes démons. Ils se sont envolés sur un signe de croix des vieilles maisons papalines. La pierre se révèle. Depuis dix ans que je fréquente et que j'aime Avignon, c'est la première fois qu'il m'arrive de la bien voir.

On peut donner d'abord un furtif regret aux païennes recluses. Mais quelles délices ensuite ! Avignon brille à son soleil. La merveille se sent aimée pour elle-même. Du pont Saint-Benezet, qui s'avance à pas mesurés jusqu'au milieu du Rhône, à la roche des Doms, d'où se distinguent, dit Mistral, « toutes les rivières du Comtat, toutes les villes qui hérissent la riche terre du Venaissin », du marché de la place Pie à l'église Saint-Agricol, on chemine, comme Musset à travers les salles du Louvre, entre deux rangées de lumineux et solides témoins du passé. Ce passé se ranime. J'ai retrouvé l'étonnement de ma dix-septième année, quand, arrivé dans Avignon au tomber d'une nuit d'automne, se révéla soudain, à l'angle d'une rue obscure, la ciselure délicate d'un vieux palais et avec elle toute la réalité de l'Histoire, pour attester que notre monde a connu des âges meilleurs.

Cette sensation de la fin de l'adolescence me revenait accrue par de longues années de rêve. Rien ne m'en arrachait, la séduction d'aucun désir, ni un pas trop coquet, ni les parfums d'une insidieuse jeunesse. Mais j'éprouvais l'envie de me traîner sur le pavé et de poursuivre à genoux le pèlerinage pour réaliser la figure de l'indignité de nos jours. Le passé généreux revivait jusque dans les restes de l'austère tradition catholique qui tenait sous la grille un peuple de filles d'amour. Et combien ces petites filles sont difficiles à tenir, les prophètes de Memmi me le juraient du haut de leurs fresques pontificales, en hochant leurs yeux fins et leur grêle barbe de boucs.

Il ne m'était jamais arrivé de pousser du côté du Rhône au-delà de l'île de la Barthelasse ; j'ai marché cette fois jusqu'au bout du pont, atteint la rive droite et, prenant possession de la terre languedocienne, visité Villeneuve, de loin reconnaissable à cette tour carrée dont le pied baigne dans le fleuve et dont les quatre faces font autant de miroirs aux flammes du Rhône et du ciel. Les maisons, d'une vétusté ou d'une ruine également éloquentes, montrent de solennelles fenêtres à larges baies, des arceaux en suspens et mainte ferrure brisée.

L'enceinte ébréchée du vieux fort de Saint-André couronne la colline, au versant de laquelle se développe un grand village construit avec ce qui reste d'une Chartreuse. L'olivier, le figuier percent au milieu des quartiers de pierre blanche. Les bassins et des puits couverts, encore intacts, tranchent sur les cases pouilleuses, d'où se lèvent aussi quelques troupes de beaux enfants. Il me vient en mémoire une strophe éclatante du pauvre Aubanel :

> Vieux Barroux, ton château décline,
> Par l'homme et le temps accablé,

> Mais le soleil verse à tes brunes
> La beauté...

Aux portes d'Avignon, où je rentre, le soir descend, l'heure charmante dont le soleil va disparaître sous la nappe rose et verdoyante du fleuve. S'il n'était vendredi, ces rues, ces places seraient pleines. Tout rirait de plaisir. Une lueur papillotante, faite de robes claires et de clairs visages levés, courrait de toutes parts en petites vagues brillantes. Je ne trouve partout qu'une religieuse tristesse. Avignon se compose un air plus sévère, plus morne et plus conventuel encore que tantôt. La pensée rentre en elle-même. C'est à peine si l'œil prend garde aux bandes d'écarlate, de vermeil et d'orange que le ciel développe, avant de s'amortir, sur une pyramide d'églises, de toits et de tours.

Hier, Avignon formait un temple sous le vocable de la jeunesse et de l'amour. C'est aujourd'hui la cathédrale illuminée où flotte un nuage d'encens.

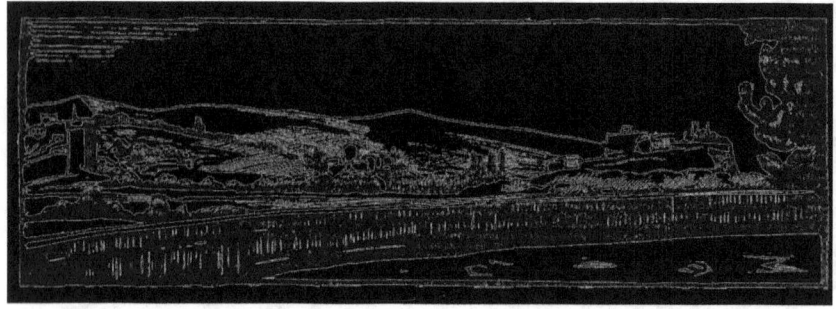

Les Collines battues du vent

À Jacques Bainville.

Passé Arles, commencent de grands pays muets, peu différents de ceux qu'aima le funèbre Vigny. Cependant cette plate et marécageuse campagne, dure plaine où, dit un poète, les derniers enfants de la terre essuyèrent les coups des puissances du ciel, ne conseille à l'esprit aucune détresse. Son silence a le caractère de la destinée accomplie. Rien ne change, tout est fixé. Entre le ciel de saphir bleu et la lointaine mer d'opale, on y semble à couvert de vicissitudes et de labeur.

Mais, après Miramas, sur la limite des arrondissements d'Arles et d'Aix, la nappe des terrains se plisse et s'ondule, les choses recommencent de souffrir et de sangloter à l'envi des choses humaines. Sur les tertres lépreux apparaissent des lots de pauvre terre jaune que parsèment des cailloux blancs. De tous côtés, le roc affleure, déchirant l'étoffe subtile du terreau. Le mistral et le vent d'ouest s'y déchaînent en liberté, au milieu de peuplades d'amandiers frêles et chétifs, tordus en des formes plaintives et levant leurs bras noirs sur la terre empourprée comme s'ils imploraient une vengeance et un pardon. Mais le ciel ne s'arrête pas de les flageller. Aucun mot ne peut dire le désespoir de ces arbrisseaux misérables, sous les coups du vent éternel. Je le perçus à l'heure du coucher du soleil, quand la voix du mistral se fait déchirante et cruelle. Ce n'est d'un bout à l'autre de cette plaine abandonnée qu'un geste et qu'un cri de pitié.

L'étang de Berre est entouré d'un demi-cirque de collines qui se plient en arc byzantin et qui s'ouvrent vers le couchant pour lui frayer une communication à la mer. Ces collines sont d'une grande sévérité. Tout le haut de leur corps est nu. Depuis de très longs âges, les ondées d'hiver et d'automne ne cessent de précipiter la terre meuble qui donnait à la pierre sa toison et son vêtement. Maintenant le squelette du sol est visible partout. Tout ce plateau élancé, du linceul végétal attaché encore à son flanc, des têtes rases et brillantes comme les ossements d'un héros déterré. Cette surface nue enduite d'une couleur livide ou sanglante, je ne sais rien d'aussi lugubre ! Sur les pentes s'agrippent des touffes de kermès et de ces chênes nains dont la verdure sombre ne cède point à la lumière, mais fait une tache éternelle par les plus beaux soleils d'été. Les arbustes enracinés dans le calcaire ne plient pas non plus sous le vent. Raidissant leurs baguettes, ils se contentent de gémir en égratignant le mistral. Musique aiguë, mais incessante, à laquelle s'ajoute le ton grave du pin.

Le train s'arrête au cœur de cette terre d'affliction. C'est là que je descends, à la petite gare que l'administration a nommée le Pas-des-Lanciers. Le nom provençal de ce lieu est *lou pas de l'ancié*, c'est-à-dire, selon les uns, *pas de l'angoisse*, selon d'autres, *du défilé*. Peut-être, après tout, que nos pères avaient voulu signifier l'âme tragique d'une solitude battue du vent. Mais leur sentiment s'est perdu, et leur mot s'est défiguré.

Les cartographes ont massacré la Provence, les ethnographes ne l'ont pas beaucoup mieux traitée. Je voudrais y conduire les esprits simples à qui tout le paysage du midi semble fait de pure allégresse et qui placent au nord le refuge définitif des cœurs tristes et repliés. Il me serait facile de leur montrer ici les tristesses de la lumière à l'heure de son agonie. La sensation s'accroît des reflets de la nappe d'eau qui étend, au milieu d'une terre maigre et dorée, ses pâles successions de nuances demi-mourantes. Sur la plage éloignée de Vitrolles et de Berre, les salins réfléchissent au fond de leurs carreaux la pulsation régulière du crépuscule. Aussitôt le soleil disparu sous les nuées fauves, un souffle d'extinction accourt en gémissant sur le monde décomposé et l'on dirait qu'eux-mêmes, les sages oliviers, aient sur leurs troncs inébranlables, cédé à la voix du chagrin qui s'exhale de tout. Leurs cimes claires sont touchées du frémissement et palpitent ensemble dans le nocturne effroi qui tourmente plus loin la plume des roseaux et l'écharpe des tamaris.

Ah ! malgré la joie du retour, quoique je me redise le beau sonnet de Joachim sur l'agrément d'un long voyage et d'une rentrée au jour dit, et bien que, moi aussi, je voie tournoyer au couchant quantité de petites fumées qui me sont chères, il m'arrive de cet air vif, de ce vent furieux, de ces champs misérables, que la vigne, rampante et malade, n'égaye plus, un serrement de cœur étrange. Non, ce n'est point de sérénité ni de paix que se trame la vie sur ces collines, au bord de ces eaux passionnées. J'ai bien peur qu'il n'y passe tout autant de souffles amers que j'en ai senti autre part. L'impression est si forte qu'à voix basse, comme un Ancien, je prie le vent furieux d'épargner, ce soir, ma colline.

L'Étang de Marthe
et les hauteurs d'Aristarché

> OPTVMO. SIVE. PESSVMO. PEIORI.
> TAMEN. ET. MELIORI. VTRIQVE
> NEFANDO. NVMINI. VEL. MONSTRO.
> SACRUM.

Ma petite ville est assise sur les confins de deux pays presque contraires, et cependant elle est l'ouvrage de l'un et de l'autre. Par Arles, par Marseille, elle tient à la plus ancienne histoire de l'Occident ; par la Basse Camargue à des terres sans nom, à peine tirées de l'abîme.

I

Vers le soleil couchant, sur un bandeau grisâtre qu'on aperçoit de la fine pointe de nos collines, travaille le Rhône divin. Il accumule grain à grain les îlots sablonneux à sa barre d'écume blanche, et les terres, gagnant ainsi d'un siècle à l'autre, ont repoussé la mer. Du temps de Constantin, la mer baignait encore le pied des remparts arlésiens. Elle est donc refoulée de plus de douze lieues dans la direction du sud-est. Il y a six cents ans, la tour Saint-Louis marquait l'embouchure ; cette tour se trouve maintenant en pleine campagne. Entre elle et le rivage s'étend un immense pays. Chaque année, le limon maçonné et consolidé allonge une pointe nouvelle au-dessus d'un fleuve de fange. Ainsi naissent autour de la première épave, dépourvus de toute fondation de rocher, les pâtés de vase liquide qui émergent avec lenteur.

Aucune origine n'est belle. La beauté véritable est au terme des choses. Élevées de quelques lignes au-dessus de l'eau et creusées de larges cuvettes où l'infiltration de la mer se mélange à celle du fleuve, ces îles ont peut-être une sorte de charme triste. La terre est grise, crevassée, la flaque du milieu y luit malignement comme une prunelle fiévreuse. Sur la rive frémit parfois un tamaris aux flexibles tigelles roses, qu'un maître vent plie et balance, rebrousse et fait tourner sans que l'arbrisseau solitaire élève un murmure de plainte, si vague et si légère est sa vie ! Plus près du sol, rampent les soudes et les salicornes humides, grasses touffes qui servent de pâture aux chevaux et aux taureaux sauvages, quand ils descendent jusqu'ici, dans la belle saison. Des chasseurs, des gardiens, des pâtres accompagnent au désert le libre bétail. Mais, à l'hiver, tous s'enfuient devant la tempête. Elle est reine de ces parages, quelquefois assez forte pour rompre les dunes et remmêler les îles, les étangs, le fleuve et la mer.

Sable mou, petits arbres maritimes, herbage salin, rompu et couché par le vent, ô l'inqualifiable et mélancolique étendue ! Cela n'ondule presque pas. Tout ce vaste lieu vide est occupé des voix contraires de l'immensité déchirée, accrues du son gémissant des vagues voisines. Saturés de sel et de miasmes, de fièvre lourde et de liberté surhumaine, la lande née d'hier nous apprend tout ce qui se peut enseigner de la Mort, car elle nous confronte, en métamorphose secrète, avec le va-et-vient continu de ses éléments. Ce sont des nouveau-nés, et déjà moribonds. Rien de fixe, tout naît et tout périt sans cesse. Nulle vie vraie ne se dégage qu'après dix mille efforts manqués. Une incertitude infinie. Des débris coquilliers demi-engagés dans le sable aux vols de goélands qui ne font que tourner en cercle inutile, des galets blancs pris et rendus, repris encore, aux ibis migrateurs dont la rose dépouille flotte avec le soleil sur le plat moiré des étangs, il n'y a rien qui n'avertisse le sage promeneur des menaces de son destin.

Il est tout seul avec lui-même. Il y est sans amis, ou les amis qu'il a disparaissant de toutes les sphères du souvenir, réduit au pauvre centre de son individu, il se répète, à chaque pas qu'il fait, pour seules paroles : « Moi et moi, nous mourrons. Moi celui qui me parle, moi, celui qui m'écoute, nous allons mourir tout entiers. » Les choses provisoires, instables, fugitives qu'il a devant les yeux imposent en lui leur chaos. Il voit, il sent, il expérimente ses propres ruines. Et, dissolu, dans l'antique force de ce beau terme, reconnaissant que sa fertile illusion s'est brisée, il ne découvre aucun objet d'assez humain, d'assez flatteur, d'assez spécieux, d'assez faux pour lui cacher la douceur sacrée de l'abîme. Le néant et la mort ont soulevé pour lui leur voile, et il les voit enfin tout nus.

Celui qui ne meurt point de cette vue en tire une nourriture très forte. Il ne craint plus le mal, il ne le connaît même plus. Le paysage pisithanate procure à celui qui le subit et s'y conserva la force nécessaire pour vaincre toute vie et, conséquemment, pour la vivre. Comme Ulysse et Enée, il est descendu aux enfers. Son cœur mortifié s'est endurci et peut rejoindre au commun cercle les actions mesurées et systématiques des hommes.

II

Que le fleuve poursuive ses travaux d'atterrissement et continue ses pilotis contre la mer, et le jour peut-être prédit où les boues de Basse Camargue auront poussé leur nappe grise jusqu'au pied de nos claires falaises de Carro[127] et du cap Couronne, aujourd'hui battues par

---

[127] 1 Ici, Maurras renvoie à une note (numéro IV) de l'Appendice d'*Anthinéa*, que nous reproduisons ci-après :

La barque de Carro

J'ai raconté l'émouvant sauvetage accompli, le 11 janvier 1901, à la bouche du Rhône, par douze matelots attachés au port de Carro. Le récit, paru dans la *Gazette de France*, m'a valu une intéressante lettre de Mistral. Toujours préoccupé d'ajouter les gloires du passé à la force de l'avenir, le grand poète provençal a proposé d'élever un nouveau marbre sur l'emplacement du bas-relief d'Aristarchê :

« *Vous dites, m'écrit-il, qu'à Carro, en 1802, fut trouvé le basrelief d'Aristarchê, représentant la prêtresse d'Artémis, qui accompagna les Phocéens fondateurs de Marseille ; pourquoi, en ce lieu, ne consacrerait-on pas une stèle de marbre à la sainte prouesse des hommes de Carro ? Et pourquoi la commission qui donne tous les ans aux élèves des beaux-arts, concourant pour le prix de Rome, des sujets tirés des fastes de l'antiquité grecque ou romaine ou biblique, ne choisirait-elle pas pour sujet de concours la Barque de Carro !*

« *Les mâles têtes de nos pêcheurs, leur costume primitif, leur superbe débraillé se prêteraient à la sculpture autant et beaucoup mieux que le conventionnel antique.*

« *Tout à vous et aux braves qui nous ont tant émus. F. Mistral.* »

L'île Marseillès où fut trouvé le bas-relief d'Aristarchê est très voisine de Carro. Le bas-relief d'Aristarchê est déposé à l'Académie de Marseille et rien, dans le pays, ne rappelle le souvenir de ce petit marbre, pas un monument, pas une inscription. Je ne l'ai connu et recherché, pour

un flot vivant. Le golfe de Fos deviendra un étang fermé. On reverra de ce côté ce que nous voyons vers Saint-Mître, une plate étendue de matière palustre, humide encore ou très gercée, interrompue soudain par un mur de calcaire qu'échauffe et dore le soleil. Ces bas et torpides terrains font témoignage d'un premier état submergé, d'où sortaient seulement les chaînons de collines blanches. Au surplus, de petits étangs achèvent çà et là d'exhaler une eau pauvre et muette. D'étroites chaussées, faites de main d'homme, quadrillent ceux qu'on exploite en marais salants.

Je connais un vallon qui donne l'image de l'ancienne configuration du pays. C'est une cuvette fort plane, spacieuse et désolée. On n'y peut faire un pas sans entendre céder la brillante croûte saline ; mais, presque en son milieu, la jetée qui s'avance entre un double marécage à peine épuisé, porte une file de puissants et noueux tamaris ; ils traînent leur feuillée avec une si grave expression d'affaissement et de deuil qu'on dirait quelque procession de royales veuves en larmes, agenouillées près du corps mort. Leur fantôme mouvant conserve le murmure de la petite mer qui rendit son âme à leurs pieds.

Cependant, du haut des éminences environnantes, collines et coteaux taillés d'un ciseau ferme et pur, on ne peut se défendre de quelque mouvement de pitié dédaigneuse pour ces extractions de marais, race triste, languissante et inférieure. Sur les degrés où ils se tiennent, l'olivier, le laurier, le figuier, le cyprès, le chêne et le pin respirent un éther salubre et leur racine pousse au roc fondamental. Çà et là, au-dessus des arbres, une crête chauve apparaît. Courbée avec mollesse ou taillée droit comme une table, elle porte sur son cristal incandescent la limpide flamme du ciel... Bien que tout soit fait de limon, il y a pourtant fange et fange ; ces quartiers de rochers montrent un meilleur ordre que la poussière du désert, et leur coulée antique prit en se condensant des figures supérieures.

Quand l'homme sera devenu assez savant et assez sage pour se rebâtir un Olympe, quelque mythe rendra sensible à la raison[128] l'excellente structure, l'heureuse fonction des hauteurs. L'homme pieux louera alors la vertu des principes ou des élémentaux qui, au lieu de briguer tous à la fois la même portion de soleil et d'air, reçurent le système d'une inégalité infinie ; car, en se soumettant de la sorte les uns aux autres, ils permirent à l'ordre et à la

---

ma part, qu'après lecture d'un chapitre de la *Statistique des Bouches-du-Rhône* du comte de Villeneuve, préfet de Marseille sous la Restauration. (n.d.é.)

[128] Pour compléter les lois, il faut des volontés (Auguste Comte).

beauté de fleurir. La plupart de ces atomes pères du monde vivent ensevelis, au ventre des roches obscures, sans se flatter d'aucun espoir qu'aucun mouvement naturel les pousse jamais au dehors, avant une multitude de siècles. D'autres, heureux, seront éternellement caressés des feux de la Nuit et du Jour. Le bonheur de ceux-ci, l'infortune des autres, conditions nécessaires à la qualité de chacun ! Le monde entier serait moins bon s'il comportait un moins grand nombre d'hosties mystérieuses amenées en sacrifice à sa perfection. Hostie ou non, chacun de nous, lorsqu'il est sage et qu'il voit que rien n'est, si ce n'est dans l'ordre commun, rend grâces de la forme qu'a vêtue son sort, quel qu'il soit ; il ne plaint que les disgraciés turbulents dont le sort est sans forme et que leur destinée entraîne à l'écoulement infini.

Le genre humain est le principal bénéficiaire de la divine économie qui distribua les hauts lieux. De quelque façon qu'il se nomme, le génie qui tailla et qui mesura leur stature, disposa leurs précipices et leurs gradins, sera loué des hommes pour avoir façonné un socle à leur pensée. Personne n'eût pensé dans le tourbillon d'une matière qui se décompose à vue d'œil. Il y faut la solidité, la durée, la constance. Par cet esprit sublime, au lieu d'errer dans la solitude, nous nous groupâmes ; au lieu de songer à la mort, toutes les industries de la vie nous sollicitèrent ; quittant le vain caprice, l'inquiétude et ses ferments corrupteurs, notre activité fit son œuvre et, Prométhée aidant, un autre monde, le nouveau monde de l'homme, brisa et recréa les formes de l'ancien.

III

Quelques historiens provençaux veulent que ma petite ville ne soit née qu'au XIIIe siècle ; d'autres la signalent au commencement du XIIe. Je dirai hardiment qu'elle est tout au moins du XIe, puisque l'année 1040 y vit naître ce Gérard Tenque, fondateur des moines hospitaliers de Saint-Jean qui devinrent les chevaliers de Rhodes et de Malte.

Quelle que soit la date de la ville fondée, toute la région supérieure du pays fut certainement occupée par les peuples antiques, dont la trace est écrite sur les monticules rocheux qui lèvent leur échine dans notre région des marais au pourtour de l'étang de Berre et qui meurent enfin au bord de cette mer, après des courbes et des détours multipliés. La plus sauvage et la moins fréquentée de ces presqu'îles forme un entablement décharné où sont les débris de trois ou quatre centres d'habitats successifs, imposés presque l'un sur l'autre. Le dernier date de la fin du moyen âge ; le premier, d'une antiquité mal évaluée. Des appareils de blocs rectangulaires dessinent des fondations de remparts, des bases de tours ; la science indécise murmure là-dessus des noms puniques, ligures et pélasgiques. Non loin, plusieurs centaines de tombeaux, creusés dans une pierre assez tendre, indiquent par la variété de leurs dimensions le séjour prolongé d'une peuplade, avec ses enfants et ses femmes. Violées maintenant, les tombes pleines d'eau de pluie servent d'abreuvoirs aux troupeaux ou portent des corbeilles de menthe sauvage et de thym.

IV

Une pièce mieux définie, plus élégante et d'un passé presque sans brume, faillit donner à ce rivage un très beau nom.

C'est un petit tableau de marbre trouvé en 1801 par un chirurgien du pays dans une île qui s'est longtemps appelée l'île Marseillès. Il représente une prêtresse qui, chargée d'une statuette, se prépare à monter dans un navire. Un jeune homme portant pour tout habit le capuchon des gens de mer, s'avance dans la barque au-devant de la passagère. Ce curieux groupe[129] acquiert tout son sens par un texte, d'ailleurs bien connu, de Strabon.

Le géographe dit que les Phocéens, quand ils s'éloignèrent de leur patrie, reçurent un oracle leur enjoignant d'aller prendre un guide désigné par la Diane d'Éphèse. Ils poussèrent donc à Éphèse, s'enquérir du guide inconnu. Mais l'une des plus illustres dames d'Éphèse, Aristarchê (nom bienheureux pour cette fondatrice de colonie), venait précisément d'avoir un songe, dans lequel Diane lui avait ordonné de suivre en mer des étrangers après s'être munie de l'image honorée sur ses autels. Aristarchê n'objecta rien, mais obéit. Les Phocéens charmés lui firent grand accueil et, plus tard, une fois fixés à Marseille, quand ils eurent bâti à Diane un temple magnifique, Aristarchê en fut constituée la grande prêtresse et comblée de tous les honneurs. Chaque colonie de Marseille eut, dit Strabon, son Ephesium ou temple de Diane, pareil à celui de la métropole. Diane y tenait le premier rang et son image était placée et honorée, suivant le rite éphésien.

Il est trop évident que le marbre trouvé au Martigue fournit un abrégé délicat de cette anecdote. Voici le rivage d'Éphèse, voici Aristarchê, comme elle finit d'obéir. Elle s'embarque. Le pied droit pose sur la terre et la quitte, le gauche appuie déjà sur le bas de la planche qui monte du sol au vaisseau... Heure sacrée, Aristarchê vient de commencer son émigration. Au-dessous, se recourbe et serpente le flot de la mer vagabonde. Nu-tête, de très beaux cheveux ondés glissant en chignon sur la nuque, les plis du manteau à la brise, elle-même emportée par son mouvement, elle semble esquisser toutefois un recul léger. C'est qu'elle a sur l'épaule la déesse éphésienne de la ville future et que, trop obligeant ou mal instruit du rite, l'homme qui la reçoit veut lui enlever cette charge. De quel geste elle la défend !

---

[129] Le Commandant Espérandieu y voit un enlèvement d'Hélène.

La statue a la forme des *xoana*, mais c'est un *xoanon* embelli, poli et dégagé, nullement la grossière idole primitive. Si elle affecte une rigide forme oblongue, un peu égyptienne, la cause n'en est point un défaut de science, mais souci d'observer un certain canon religieux. L'hiératisme a stimulé la recherche de l'élégance. Rien de mieux fait, ni qui soit indiqué plus fidèlement que cette gaine lisse dans laquelle les pieds divins sont emmaillotés. Un pan de voile est ramené en carré sur le haut du front à peu près comme dans la coiffure de nos madones. Chaque détail de barbarie, étant ici la chose sainte, y est mis en valeur de toutes les forces de l'art.

En même temps qu'elle repousse les offices du Phocéen, Aristarchê, d'un souple effort, raffermit la déesse sur son épaule. Si elle a quitté la patrie, on ne la verra point négliger le dieu paternel. Aucun autre qu'Aristarchê n'en transmettra le culte à la terre étrangère ; mais elle le fera dans les circonstances et selon le cérémonial convenus.

Si nous voulons entendre battre le cœur de l'homme antique, l'occasion nous en est proposée dans ce petit marbre. Depuis le sol éphésien, paré d'un arbre sans feuillage, jusqu'à l'élégante nef de Phocée, ce qui passe, ce qui franchit le feston de la mer sur cette planche oblique, c'est autre chose qu'une sainte femme exaltée, c'est le corps, c'est l'âme vivante de la religion, et dans ce corps, et dans cette âme, une tradition, une politique, une patrie, une intelligence, des mœurs. La ville de demain est comprise dans la déesse. Elle a chargé la délicate Aristarchê. La mer, les vents, le ciel, la destinée n'ont plus qu'à se faire propices ; moyennant quelque sourire des conjonctures, Marseille lèvera des semences mystiques enfermées dans cette poitrine et sous ce beau front.

V

Il faut bien se garder de juger Marseille antique par un coin de la ville moderne, le rendez-vous des levantins, des nègres et des juifs. Il ne faut même pas s'arrêter aux éloges que lui prodigua Rome après qu'elle l'eût occupée, quand elle la priait de lui enseigner la grammaire et les lettres grecques comme une maîtresse d'école. Avant d'être aux Romains, Marseille était comptée entre les plus polies des villes de la Grèce. On donnait en modèle sa constitution aristocratique, la sagesse de ses sénateurs, ou timouques, nommés à vie au nombre de six cents et pris dans les seules familles ayant droit de cité depuis trois générations. On vantait son hospitalité libérale, sa frugalité et sa retenue. Des lois équitables, en petit nombre, exposées à la vue de tous fournissaient une règle aux actes de la vie et ceux mêmes qui voulaient se donner la mort étaient invités à soumettre leur projet aux débats du conseil de ville. Jamais la fantaisie et l'humeur du privé ne furent à ce point tempérées pour le bien de tous.

Cette remarquable sagesse s'expliquera d'un mot. Elle était athénienne. J'entends qu'elle était venue d'Athènes tout droit. Phocée avait été fondée par un Athénien, Philogène, et Éphèse par Androclès, fils de Codrus, Athénien encore, en même temps que les dix autres colonies athéniennes de l'Ionie : Chio, Priène, Colophon, Lebedos, Myonte, Milet, Érythrée, Teos, Clazomènes et Samos. Smyrne en sortit un peu plus tard. C'est de ces émigrés athéniens de l'Ionicon qu'Homère naquit, s'il naquit. Les Phocéens qu'Aristarchê suivit à Marseille étaient donc deux fois Athéniens, par leur ligne directe et par l'adoption religieuse d'Éphèse. Comme s'ils eussent dû participer de toutes les forces du monde antique, ils s'assurèrent, en passant à la hauteur du Tibre, l'amitié du peuple romain. Ce premier traité fut conclu vers l'an 600 et sous Tarquin.

Les émigrants avaient aussi passé en Corse, peut-être en d'autres lieux de ces mers d'Hespérie qu'ils connaissaient de longue date, les ayant écumées pour y faire la pêche, le négoce et la course, qui, observe Justin, était alors en grand honneur. Le même Justin semble dire que le premier détachement phocéen, formé de jeunes gens, ne toucha point le sol gaulois à Marseille, mais bien à la bouche du Rhône ; le bon accueil qu'ils y reçurent les aurait décidés à retourner quérir le gros de leurs concitoyens qu'ils avaient dû laisser sur un autre point de la mer.

Ce texte de Justin a retenu l'attention des archéologues. Ils se sont demandé si la Marseille primitive ou, du moins, le premier établissement phocéen ne fut pas dans cette île Marseillès où le marbre d'Aristarchê a été découvert. Le nom de l'île donne à songer. Sans doute elle n'est pas située à la bouche du Rhône, comme il le faudrait pour vérifier absolument le texte de Justin. Mais les premiers colons phocéens, commettant une erreur qui fut fréquente plus tard, purent se croire au bord du fleuve même, quand ils n'étaient qu'au débouché d'une suite d'étangs traversés de très vifs courants quasi-fluviaux. Ayant débarqué en ce lieu, ils y durent bâtir leurs premiers édifices.

Soit fille de Marseille, soit peut-être sa sœur aînée, la colonie phocéenne de Marseillès fut, de toute façon, l'un des centres helléniques de la Provence. Le bas-relief d'Aristarchê ne peut avoir été apporté d'autre part. Le docteur Terlier, auteur de la trouvaille, vit la stèle encastrée dans un petit monument qu'il appelle un tombeau. Il dut l'en détacher. Le reste de l'ouvrage a disparu de l'île, que des carriers ont aujourd'hui à peu près nivelée, mais l'existence en est formellement attestée. Si quelque temple avoisina ce tombeau, c'était sans doute un Dianium, chacune des colonies marseillaises ayant le sien, et la tombe à laquelle se rapporte le bas-relief pouvait être d'une prêtresse de Diane, sans doute du même rite qu'Aristarchê. Il serait ambitieux de croire que nous possédions un fragment du tombeau de l'Éphésienne elle-même. Cependant, pourquoi pas ?

Avec cette Diane d'Éphèse, présent d'Aristarchê, avec l'Apollon delphinien, commun patron de l'Ionien en quelque pays qu'il émigré, la

Minerve athénienne devait être adorée ici. Non peut-être la Minerve de Phidias, trop postérieure aux premiers transferts d'Attique en Asie et d'Asie dans les Gaules, mais cette très ancienne image de Minerve, qui figurait la déesse assise et aux genoux de qui la vieille reine Hécube, accompagnée des plus nobles dames de Troie, porta le voile d'or et, dit Homère, *les prières qui ne furent pas exaucées*. Phocée possédait une des Minerves assises. On en gardait une autre à Chio. Homme de Smyrne ou de Chio, Homère donna aux Troyennes la déesse de sa patrie. Un texte formel nous apprend que Marseille posséda également la statue honorée par Phocée et Chio. La patronne d'Athènes a donc régné sur nos rochers et leur pure corniche connut les pompes dérivées de Panathénées archaïques. Un ciel infiniment moins brutal que celui du reste de la Provence maritime flotte sur ces promontoires bleus et dorés ; la délicatesse de sa lumière ne pouvait manquer d'enchanter des yeux ioniens, soit qu'elle s'éteignît sur les eaux du couchant, au milieu des plus vives nuances de la pourpre, adoucies d'améthyste et d'or, soit que ses premiers feux revinssent couronner de safran et de rose le cône vigoureux où se lève notre soleil.

VI

Du cône oriental de cette montagne maîtresse nommée plus tard par les Latins la montagne de la Victoire[130], parce que la victoire de Marius ouvrit de là son aile sur la barbarie cimmérienne, le pays entier se compose, exactement comme l'Attique tire toute sa loi du Pentélique protecteur, qui étend son bras sur Athènes. Les coteaux qui descendent de cette Victoire azurée, les collines qui font le cercle à son entour ne sont pas indignes de ce beau chef. La plupart se distinguent par la nervure et l'assemblage, d'une précision excellente. Leurs grands corps allongés déclinant à la mer suivant une courbe très pure m'ont rappelé parfois cette déesse que Phidias avait couchée à l'angle de l'un de ses frontons. Ils encaissent des vallons spacieux, dont quelques-uns sont égayés de vignes, de vergers, de labours et de petits bois. Là nymphes et sylvains menèrent à la danse la jeunesse des environs ; là dut s'épanouir cette fine et puissante conception de la vie qui, faisant la vertu plus vertueuse,

---

[130] Le moyen âge en a fait Sainte Victoire. Mais nos marins ne connaissent ni la Sainte ni la Déesse. Ils disent *dalubre* ou *delubre*, n'ayant gardé mémoire que du temple, *Delubrum Victoriae*, qui brillait autrefois comme le flambeau du pays.

l'innocence plus innocente, donnait aux différents plaisirs de l'esprit ou du corps un caractère de pureté ou de perfection.

Que la prêtresse Aristarchê ou ses élèves aient enseigné ici les arts de la sagesse et de la volupté, j'en ai des preuves plus certaines que le marbre, car elles vivent, elles sont de chair et de sang. Ces beautés naturelles sont issues de l'effort ardent et délicat du régime de la sélection de l'amour. Leur privilège se continue comme de lui-même ; il ne se forma point sans la palestre et les autres jeux qui sont les maîtres de l'élégance physique. Le torse, le buste divin de l'Amazone d'Épidaure à laquelle j'ai fait visite chaque jour de mon mois d'Athènes, je le revois ici, mais inflétri et sans blessure, quand la saison des bains fait accourir la troupe de nos vierges sur le rivage. De tant de beaux corps demi-nus, il en est souvent jusqu'à deux ou trois dont la forme et l'impétueux mouvement ne dépareraient point le splendide coursier de marbre aux pieds brisés que chevauche cette Amazone... « Tu es parfaite[131], arrête ! » Mais aucune ne s'est arrêtée dans sa perfection et, sans être un vieillard, j'en peux nommer plus d'une qui se délie dans l'argile du cimetière. Jamais les dieux ne cessent de dissoudre ni de créer. Mais les générations répètent la formule. Ordre de l'insertion et de l'involution, éternel au même rameau !

---

[131] On retrouvera l'écho de cette phrase « faustienne » dans *Le Mont de Saturne*, à la fin du chapitre VIII. (n.d.é.)

Aristarchê me paraît présente et comme vivante en divers autres caractères qui ne peuvent venir que d'elle, et, par exemple, un certain amour des tâches bien faites, le goût de l'achevé, du poli, du fini. Qu'il s'agisse d'une enceinte à prendre les thons ou d'un sauvetage très difficile, les pêcheurs du pays, dans la pratique de leur art, aiment, en quelque sorte, l'art. C'est une inclination qui ne fait pas uniquement des artisans habiles. C'est un principe de bonté. Celui qui sut aimer l'emploi coutumier de ses heures ne peine plus comme un esclave que plie la main d'un maître dur. L'activité résulte du jeu même de ses puissances ; elle jaillit d'une nature qui met sa force et sa gaieté à changer la face du monde. Il ne peut être homme nuisible ni mauvais homme.

Fier du produit, plus qu'intéressé au profit, ce subtil artisan peut avoir des passions, mais il n'aura point de bassesses. Nos prud'hommes disaient en calant leurs filets : « Notre Père, faites-nous prendre assez de poisson pour en manger, en donner, en vendre et nous en laisser dérober ! » Le Juif cupide, l'étroit Latin, le Celte paresseux et léger n'auront pas fait cette prière. Elle est grecque, tant par l'épigramme finale que par le beau tour généreux, et fier. Les dieux d'Aristarchê furent des génies bienveillants.

VII

On discute beaucoup des services que Rome rendit au monde. Je reprends qui les nie, mais je blâme qui les célèbre. Rome a propagé l'hellénisme, et avec l'hellénisme, le sémitisme et son convoi de bateleurs, de prophètes, de nécromans, agités et agitateurs sans patrie. Quel manque de discernement chez ses prêteurs et ses proconsuls ! Non seulement ils ne surent point distinguer l'Hellène pur de l'Hellène contaminé, mais ils poussèrent à la contagion de l'Asie.

Marius était le plus grossier des soldats. Plutarque nous apprend qu'il traînait depuis Rome dans ses camps de Provence une devineresse née en Syrie et du nom de Marthe. À Rome, les débuts de cette Marthe avaient été durs. Le sénat l'avait éconduite. Mais un jour, dans l'amphithéâtre, s'étant flattée de deviner le gladiateur qui vaincrait, son présage se trouva juste. L'événement frappa d'admiration la femme de Marius. Cette Julie était crédule, elle dépêcha Marthe à son démagogue d'époux. Celui-ci, n'ayant aucun préjugé de sénateur, avait probablement tous les autres. Plutarque, qui fait très peu de cas de la prophétesse, se demande si Marius était plus fourbe que superstitieux. Dans les deux cas Marthe convenait. Elle lui plut et fit fortune. On ne la revit dans les camps que portée en litière avec de grands honneurs. Le général romain n'offrait de sacrifice qu'après avoir pris son avis.

Marthe avait de grands dons, l'impudence, l'entêtement, la solennité de l'affirmation religieuse, et beaucoup de souplesse. Cela est juif. Mais elle avait tiré parti de son séjour parmi les peuples civilisés, qui lui avaient appris des raffinements de costume. Quand Marthe allait au sacrifice, elle portait, selon Plutarque, « une grande mante de pourpre qui s'attachait à sa gorge avec des agrafes, et elle tenait à la main une pique environnée de bandelettes et de couronnes de fleurs ». Ce brillant appareil passait naguère encore pour inscrit sur un roc des Alpilles, aux Baux. On croyait reconnaître sur le bas-relief la figure de Marthe, entre un soldat que l'on appelait Marius et une femme qui correspondait à Julie ; la pique et le manteau joints à la mitre orientale dont la fausse Marthe est coiffée, donnent de l'apparence à cette attribution. Mais on la rejette à présent. Il est admis que Marthe ne nous laissa aucun portrait, ou qu'elle l'inscrivit sur une eau indécise et trompeuse comme elle-même.

Car cette comédienne (ainsi la dénomme Plutarque) dut plutôt se fixer sur le bord de nos marécages et dans les lieux les plus stagnants de la contrée. Un territoire moins sujet à la confusion primitive aurait moins secondé l'art de cette sorcière. Les auditeurs eussent trouvé sur les rochers de la montagne et dans les figures du ciel des points de repère et d'appui contre la maligne influence. Mais surtout, la barbare aurait risqué de se heurter à la salubre sagesse de l'Ionie. L'esprit des Grecs ne s'était pas encore gâté dans ces parages, habités par Minerve, Apollon et Diane, les plus nobles de tous les dieux. Une religion comme celle d'Aristarchê faisait partie de la politique. C'était le cœur de la cité aussi bien que de la maison. Elle rejetait naturellement les prêtres libres et les prêtresses ambulantes. Le sourire public aurait consommé la justice. Marthe ne s'y exposa point et resta dans le bas pays.

En un endroit que le navigateur Pythéas aurait comparé au visqueux élément du poumon marin, près d'un étang, entre une eau épaissie de bourbe et le sol toujours détrempé, sur des lits d'une algue confuse et pestilentielle, cette femme syrienne affola tout ce que le pays contenait de rustres et de goujats. Elle les rapprocha des bêtes et ils la portèrent aux nues. Elle prophétisait, donnait le mal, l'ôtait, le rendait, et cette solitude tragique lui servant de vague trépied, le lieu impressionnant, l'opaque fumée du repaire, une fièvre pernicieuse éparse dans l'air alourdi ajoutaient à l'effet des incantations qu'elle psalmodiait du fond de la gorge. Elle agitait le cœur de l'homme. Elle l'isolait, l'égarait. On la salua bienfaitrice. Il ne fut question que de Marthe et de son étang. Si cette gloire abjecte dut se désagréger plus vite que ce corps hideux, il en resta les syllabes évocatrices qu'elle avait attachées au mauvais canton du pays. Une suite de dérivations régulières donna du *marthicum stagnum*, le moderne Marthègue ou Marthigue et Martigue.

Le véritable étang de Marthe s'est desséché comme la plupart de nos marécages, mais le nom passa et demeura fort longtemps à la nappe méridionale de notre petite mer de Berre. Le peuple apprit et conserva ce nom d'autant plus volontiers qu'une autre étrangère du même nom, venue dans la barque de Lazare et de Maximim, aborda, dit-on, dans nos parages au siècle suivant.

En ce pays de France que tant d'invasions recouvrirent, peu de terres conservent le souvenir nominatif des premiers civilisateurs. Plus une race est étrangère, mieux son passage est accusé dans la nomenclature des lieux. À l'autre bout du territoire, en Neustrie, les goths Scandinaves n'ont pas introduit dix vocables dans le patois roman de la province, mais celle-ci s'appelle de leur nom Normandie. Ces Normands ont aussi nommé un certain nombre de villes comme Harfleur, Barfleur, Honfleur, Le Havre. Et le nom général de toutes nos provinces, la France, ne désigne pas le caractère gallo-romain qu'elles ont en commun, mais la petite horde *franke* qui leur a donné quelques rois.

Qu'ils soient de Sem ou de Japhet, les barbares errants écrivent leur nom sur les murs. Ils laissent ce nom propre en manière de monument. Le gracieux petit marbre que j'ai décrit résume le précieux apport de la Grèce dans ce district. Toutes les briques du pays comme tous les mots du langage sont le souvenir des Romains dont on conserve aussi plus d'un vestige religieux ; un autel à Junon, retourné et creusé au socle et faisant ainsi office de bénitier dans une église de campagne, porte une dédicace latine à la reine des dieux. Pour tout bien, la syrienne Marthe a marqué de son nom les lagunes qu'elle infesta.

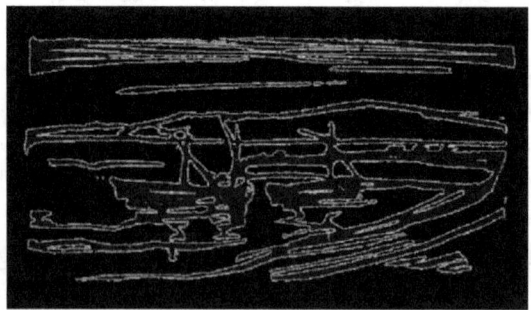

VIII

Les névropathes sont communément stériles. Est-il sûr toutefois que cette Juive l'ait été ? Son mal sacré n'est-il jamais revenu troubler la région ? N'a-t-elle une ombre maléfique, comme Aristarchê donne le rayon bienfaisant ? Et ne faut-il appréhender l'influence de ses prestiges ? Non plus sous la pourpre, les fleurs et la pique empruntées de Rome, mais nue, le poil dressé, cette sorcière ne refait-elle point son sabbat pendant les nuits d'hiver sur une plage mal séparée des étangs ? L'astrologue Nostradamus est venu mourir à peu de distance d'ici. Il a son tombeau à Salon. Le maréchal ferrant qui vint parler à Louis XIV de la part du fantôme de la reine défunte était né sur les mêmes bords. L'obscur génie de Marthe anima peut-être ces rêves. Si l'on faisait son interrogatoire en règle, il faudrait demander à Marthe quelle fut son action sur les trois grandes catastrophes qui, ayant suivi l'arrivée en Gaule des mœurs et des songes syriens, furent plus ou moins les effets de ces nouveautés douloureuses.

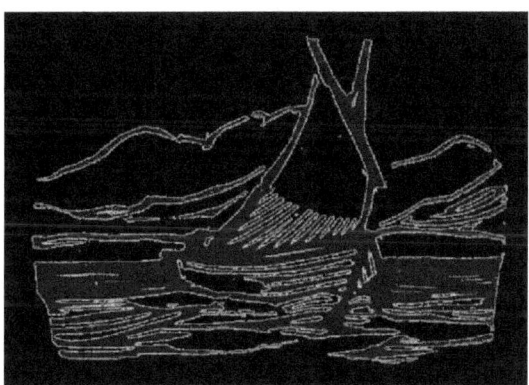

D'abord, quand une troupe de barbares, d'un autre sang que Marthe, aux corps blancs et aux cheveux roux, se montrèrent sur nos lagunes, les guidait-elle de ses yeux et de ses cheveux sombres ? Mena-t-elle le chœur des étranges pythonisses couleur de lune ? Et si, dès le IXe siècle, cette barbare d'Orient avait fait alliance avec les barbares du Nord, n'y a-t-il pas lieu d'estimer que, au seizième, Marthe dut conspirer pour ce réveil de l'esprit juif et l'impur délire biblique que nous appelons ironiquement la Réforme ? Au XVIIIe siècle, n'était-elle point l'âme de la Révolution ? Qu'une folie se fasse, qu'une faute de goût et de sens insulte au soleil, la présence de Marthe doit être retenue et scrutée avec attention. Toute déraison nous vient d'elle, la rupture des hautes traditions de l'esprit, le retour aux états sauvages. Mais l'influence fut petite. Nos Scandinaves furent vite romanisés. C'est de ligueurs déterminés plus que de huguenots que furent remplies nos murailles, et M. Taine cite un curieux document qui démontre que le pays de Marthe ne comptait pas plus de quatorze sans-culottes en pleine Terreur. Sur dix mille habitants, la proportion paraîtra faible. Elle est toujours assez forte pour témoigner des perturbations que causèrent l'âpre folie de l'Orient, et sa religion sensitive, et le goût de l'orage proposé de la sorte aux esprits fatigués. Les grands malaises historiques s'interprètent, pour notre Occident tout entier comme pour l'étroite bourgade, par les chaleurs du même miasme juif et syrien.

IX

Telle a été l'épreuve. Je ne crois pas qu'elle doive nous inquiéter. La plus ancienne Grèce a connu avant nous cette molle et funeste écume de l'Asie. Elle aurait pu la dissoudre et la rejeter ; son vif esprit jugea préférable de l'employer dans le concept sublime de sa Vénus marine et ainsi de tirer du principe de toutes les tempêtes de l'âme une divinité rayonnante qui les apaise. La lumière qui brille sur le front des héros ne vient que des luttes antiques accrues du sentiment d'un triomphe définitif. La nature des terres grecques se prononçait pour la réussite de ses enfants. Si la nature de notre pays le veut, nous aurons le même bonheur.

De nos bas-fonds déserts, de ces platitudes fiévreuses où l'enfance du monde se recommence à l'infini, il ne faut pas marcher longtemps pour gagner les hauteurs où l'ordre se construit et se continue ; tout le temps du trajet, le ciel, le vent, les astres sont des guides et des amis :

> « *Courage, disent-ils, tes premières folies sont les mères de ta sagesse. Tu veux la vérité, ton erreur en est le chemin ! Ta race antique n'est point lasse, et ton vieux sang n'est pas aigri. Le feu, tant qu'il flamboie, la vie, tant qu'elle brûle, sont la noble substance qui s'épure en se dévorant. Ton esprit qui veut vivre élimine de toi tout ce qui n'est pas le meilleur.*
>
> « *Courage, le filet des pêcheurs, tes amis, est redescendu sous l'eau vive. Le pic des charpentiers heurte à coups sourds contre la cale des navires en construction, et les calfats armés de torches de résine secouent ces lueurs dans le soir. Bientôt les jeunes filles aux hanches balancées se seront mises*

en route pour la fontaine. Au même instant qu'une agonie se résoudra, le soupir de l'amour prophétisera des semences. Tu peux vérifier qu'il n'y a nulle part une chose si humble qui ne soit animée d'un immense vœu de grandir. Va, personne n'en désespère. Rejoins donc ta prêtresse et, auprès d'elle, oublie tout ce qui n'est pas de son chœur. Plein des forces d'en bas, demande à sa lumière un modèle de leur usage. Le corps de l'Éphésienne scintille comme Diane sur le plus voisin des coteaux. Aristarchê t'attend pour t'initier au mystère et le chant de sa lyre te révèle déjà une enceinte de la cité. »

L'ÂME DES OLIVIERS

À Lucien Carpechot.

J'ai gravi aujourd'hui le tertre qui domine toute cette contrée. Son sommet, garni d'un ermitage et d'une chapelle, porte de vieux cyprès taillés par la foudre et le vent. À mi-côte s'étend un bois de pins, blond de lumière à ses touffes supérieures ; il traîne dans la nuit ses extrémités retombantes. Enfin, vers le soubassement de la colline est un long verger d'oliviers. Égales pour la gloire, ce sont trois races d'arbres bien inégales en beauté, car l'olivier passe de beaucoup les deux autres. Mais des traits qui leur sont particuliers distinguent les blancs oliviers de ce lieu.

Supérieurs au type ordinaire de ce bel arbre, ils montraient parmi les ondoiements de leur cime une beauté plus rare, un signe de vigueur et de perfection qu'ils ne font apparaître qu'en des circonstances choisies ; je leur vis le souple bouquet, frêle comme un bourgeon, dense et resserré comme un fruit, que se plaisait à reproduire la sculpture des Athéniens. Le ciseau des Attiques n'a aimé que l'exquis. Il nous conserve encore une fleur même de la fleur. Je me mis à l'étude du chef-d'œuvre de la nature éclos dans le sol maternel. Les purs rameaux me suspendaient amoureusement à leur forme, mais, en me révélant avec largesse ce trésor, les mystérieux petits arbres ajoutaient le conseil de les louer tout bas. Élevant à l'enthousiasme, ils recommandaient la pudeur.

« Pampres de Bacchus, pourquoi m'étreignez-vous ? Ôtez vos raisins, je suis vierge et ne m'enivre point. » Ainsi, se plaint chez un poète de l'*Anthologie* l'arbre chaste et sauvage qu'on voulait charger de présents. Comme il eût écarté, lui aussi, la grappe et le pampre, l'olivier provençal me faisait modérer les signes de ma religion. Mais le goût, la pudeur devaient être vaincus par la force d'un souvenir. L'olivier m'apparut, tel que je l'avais vu antérieurement un matin de jeunesse impétueuse et concentrée, épanoui dans le point central de mes songes qu'agitait le frisson de la silhouette argentée... Réminiscence de Platon, de Renan et de France, que je suivais alors tous trois, l'ancienne invocation se répéta presque telle quelle dans ma pensée.

« Petit arbre nerveux et pâle, lui disais-je, en modifiant à peine le premier texte, vous que néglige le vulgaire et qu'il a bien soin d'insulter ; un rare privilège vous défend, olivier, de flatter l'indigne regard. Je vous refuse tout honneur de la part de ceux qui n'en méritent aucun ; moins ils vous considèrent, plus il vous appartient d'exceller dans votre ordre, délice des cœurs exercés.

« Vous nouez vos racines au-dessus de la terre, mais vous les enfoncez fort avant dans un sol léger et aride comme l'esprit. Si votre tronc est court, s'il élève peu de rameaux, sous une écorce délicate, le plus frêle est solide et plein de vigueur. De tronc rugueux, de rameaux lisses, lent à croître, long à mourir, ainsi que la sagesse, le dieu qui vous habite a l'âme curieuse. Pour atteindre à la paix, il est ennemi du repos. Comme les sentinelles et les coureurs de nuit, il se maintient par la sensibilité vigilante. Mais chaque pas des heures touche sa verte lyre du frémissement infini, le moindre ébranlement de votre air lui donne la fièvre, et personne ne montre plus de résignation à ce qui n'a point de recours. Ni langoureux abattement, ni vaine révolte ; tous les fléaux ajoutent un éloge à votre vertu et, des pires injures qui lui tombent du ciel, votre automne compose un amer et généreux fruit.

« Que votre bois, olivier, ait notre cantique, car les premières crosses des pasteurs en sont façonnées. Les rois pères des peuples vous ont pris le sceptre amical. Lorsque Thersite alla prêcher une confusion de pouvoirs qui eût imposé l'anarchie, c'est avec vous qu'Ulysse punit le bavard impudent, c'est à coups d'olivier que lui furent scandées les inestimables doctrines :

— *Le gouvernement de plusieurs n'est pas bon. Qu'il y ait un seul chef, un roi...* À Ithaque, dans sa maison, au centre d'une cour, s'ouvrait le plus beau d'entre vous. Ayant été ployé et débité des mains d'Ulysse, il devint son lit nuptial et l'arbre, dont le tronc et la maîtresse branche n'avaient été ni déplacés, ni retranchés de leurs racines, mais abrités d'une toiture et clos de toute part, connut l'hymen de Pénélope, sa défense innocente et la chasteté de sa foi.

« Telle étant sa substance, votre feuille, olivier, porte en sa couleur double le signe de la vérité. Son ovale acéré défie le reproche et sa coupure nette ne redoute aucun examen. Toutefois, épaissie en touffes légères qui tremblent, elle se mêle à tous les fantômes de l'air. Des sophismes pressés y confondent leur aile grise, les nuances subtiles y décrivent agilement un mystère discret qui ne peut tenter le profane. L'œil du peuple ne voit qu'un bouquet confus et cendré ; mais, voisins des dieux, les paysans taillent ou courbent chaque plant selon la forme des cratères, et le Sage qui passe une fois ou deux chaque siècle, n'en pourra nier la leçon.

« Que l'amandier bacchique anime son branchage de grimaces désespérées ; que le cyprès, du flanc d'une métairie solitaire, élève sa colonne blanche et noire contre le jour ; que le pin turbulent se précipite en indiscernables troupeaux : ô nobles oliviers, il ne saurait vous plaire d'interrompre d'aucun dissentiment la courbe déliée des collines de nos pays. Non, vous faites corps avec elle. Ni ennui, ni orgueil ne vous jetteraient au désert, et vous vous aimez trop, car vous vous sentez trop bien vivre, pour vous mêler les uns dans les autres, comme ces pins. Énergies, mais indomptables, ô Patiences, mais redressées, Constances, Industrie, plus que fertiles Inventions, osant tout et tout supportant, mais tout méprisant au besoin, vos mépris n'ont été durables qu'à l'égard du crime inutile, l'Excès.

« Distant des bas-fonds et des crêtes, c'est en chœur, oliviers, qu'il vous intéresse d'aller. Sans vous presser l'un l'autre, sociables rameaux qui communiquez entre vous, vous aimez vous toucher en rendant un son qui ressemble aux discours de la Mer intelligemment mesurée et des hommes qui la longèrent. Vous savez une langue bien accordée à l'âme. Parole et pensée n'y font qu'un, et le même mot les révèle, pensée toujours conduite à la perfection de son signe, mais signe plein et dense, vertueux et signifiant.[132]

« De sorte, clairs feuillages, qu'il n'y a presque rien qui altère votre bonheur ! La méditation n'impose ni fatigue, ni souillure à vos transparences et la nuit ne les couvre pas. Voulant des clartés, vous en faites. En montant vers le ciel, vous formez un chapeau de mystérieuse lumière. Le phosphore divin brille à la pointe de vos tiges, comme dans l'œil des chats sacrés et des oiseaux de nuit et de tout ce qui fut conçu et procréé du sein de la Vierge elle-même.

« Fils certains de Pallas, rangées d'yeux pers fleuris des modérations éternelles, athénienne semence qui, à son tour, compose le plus délicat des boutons, vous êtes apparus par la sûre volonté de cette déesse : premiers, derniers maîtres du monde, secoués des déluges et victorieux de la nuit, pacifiques, guerriers, auteurs et enfants des cités, exterminateurs des désordres, extincteurs des barbares nuits, il n'y a point de siècle qui ne vous ait reconnus les pères et les mères de ses destinées favorables. Vos diffuses lueurs étant choses humaines, aucun trouble n'en provenait ; mais quand, formés de votre chair et bourrés de vos fruits, les pressoirs épanchèrent un rayon de chrême doré, la Déesse ouvrière en fit éclater son orgueil. Aliment ou breuvage, douce onction de l'athlète ou baume des corps déchirés, elle s'applaudit elle-même et pour que son collaborateur, le peuple athénien, eût sa part de satisfaction, elle lui prit la main et la serra, du geste que le marbre a perpétué.

« Tout autrement beau que le marbre, soyez-nous, Olivier, le garant animé des assentiments de Pallas. Redites son grand témoignage. Ne vous lassez point d'enseigner ce qu'elle aime et approuve, et comment elle sait sourire à celui qui la sert. L'homme qui la comprend n'a pas besoin d'être encouragé à la suivre. S'il connaît la sagesse, il s'y précipite après vous. Oh ! redoublez l'éclaircissement de votre sagesse ! Sous une pâle armure d'émeraude voilée, annoncez-la brillante agoniste de la raison, paranymphe

---

[132] ΛΟΓΟΣ, *VERBUM*, *RESOUN*.

de l'homme qui, digne de son nom, apprivoise, domine, conduit ses frères bestiaux. Bel ordre des Sciences et fine mesure des Arts, gardez-en, communiquez-en plus que n'en veut, plus que n'en souffre l'imbécile dégénéré. Sur les coteaux où procèdent vos théories, rien ne pourra se perdre ; du moment que vous subsistez, la Merveille du monde ne s'abîmera qu'avec vous ! »

Note des Éditeurs : Ce texte fait partie du recueil *Anthinéa* dont la première édition date de 1901. Il est paru sous le titre *Retour aux Sources* dans les *Œuvres capitales* en 1954. Les illustrations que nous reproduisons sont issues d'une édition de luxe de 1927, illustrée par Renefer.

LES AMANTS DE VENISE
GEORGE SAND ET MUSSET

1926

Je n'ai qu'à me consulter sur ce que je veux faire : tout ce que je sens être bien est bien, tout ce que je sens être mal est mal ; le meilleur des casuistes est la conscience.

... La conscience ne trompe jamais, elle est le vrai guide de l'homme ; elle est à l'âme ce que l'instinct est au corps ; qui la subit obéit à la nature et ne craint point de s'égarer.

... Conscience ! conscience ! instinct divin ; immortelle et céleste voix ; guide assuré d'un être ignorant et borné, mais intelligent et libre ; juge tranquille du bien et du mal, qui rend l'homme semblable à Dieu.

Jean-Jacques Rousseau
(Profession de foi du vicaire savoyard).

Émanée d'un père stupide et anarchique, cette jeune dame croit et dit que la vie n'a jamais besoin d'être systématiquement réglée et que le sentiment suffit pour nous conduire.

Auguste Comte
(XCe Lettre au Dr Audiffrend, 26 Aristote 69).

Introduction

Les amours de Mme Sand et d'Alfred de Musset ont tenté souvent l'analyse. Il n'est que les esprits chez lesquels le scrupule tient lieu de contenance pour bouder à l'étude de sentiments aussi connus et presque aussi fameux que ceux de Didon et d'Énée. Ni l'histoire ni la critique n'ont pris garde aux conseils de fausse discrétion. Des documents révélateurs ont ramené de ce côté l'attention générale et, depuis six ans[133], les Mariéton, les Cabanès, les Clouard, les Fontana, les Lumbroso ont dissipé toutes les incertitudes de fait. Mais, les faits établis, ces chercheurs heureux ou habiles ont négligé d'en faire voir le sens.

Qui était-il ? Qui était-elle ? Qu'étaient-ils l'un pour l'autre ? Où les témoignages nouveaux ne répondent pas, il est facile d'évoquer d'autres témoins : les *Nuits*, la *Confession d'un enfant du siècle*, les *Lettres d'un voyageur*. Que ces livres parus sous le règne de Louis-Philippe soient un peu démodés, cela est possible. Je n'ai pas eu à me donner la peine de les relire. Dans ma province, de mon temps, c'est-à-dire entre 1875 et 1880, on ne quittait pas son collège sans savoir tout cela par cœur. De ces textes restés vivants dans la mémoire et qui se composaient, sans que j'y prisse garde, au fur et à mesure que les inédits paraissaient, est né ce petit livre qui devrait paraître anonyme, car j'en fus moins l'auteur que le théâtre et le sujet. La cruelle aventure s'est rejouée sur une scène intérieure ; je publie le compte rendu des représentations.

On ne trouvera pas ici un seul fait qui ne soit connu ; si l'explication que j'en donne semble nouvelle, c'est par l'effet de la paresse des écrivains qui m'ont précédé ou de leurs lecteurs. Elle découle des données. Fidèle à un précepte de la rhétorique classique, j'ai cherché le secret des événements dans les cœurs. La réflexion, la rêverie sont les deux muses de l'histoire, nulle archive ne les remplace. Elles seules découvriront ce qui manqua à George

---

[133] Notre texte pour *Les Amants de Venise* est celui de l'édition Flammarion en 1926. Cette édition comporte une note introductive ainsi conçue : « La présente réimpression, établie depuis le texte de la plus récente édition, a été revue et corrigée par l'auteur. » Comme Maurras le précise en note à cette introduction, « depuis six ans » se réfère à 1898, le texte ayant été « écrit en 1902 », date de la première édition des *Amants de Venise*. Certaines notes des appendices faisant référence à la pagination du texte ont été modifiées par nos soins. (n.d.é.)

et à Alfred, ou ce que ces amants ont possédé de trop pour réussir l'ouvrage de leur félicité.

Mais la découverte de ces excès ou de ces lacunes dans les deux âmes en élargit l'étude. Le grand souci du philosophe et du politique français est aujourd'hui de mettre fin à ce qui subsiste ou renaît de la maladie romantique. Il faut donc la connaître. La vie et l'œuvre d'un Chateaubriand, la vie et l'œuvre d'un Michelet[134], vues d'un peu près, nous montrent comment les romantiques ont subi dans leur volonté le désordre de leur pensée. La liaison de Mme Sand et d'Alfred de Musset éclaire un sujet plus profond, puisqu'elle nous fait entrevoir quelle était, chez les romantiques, la manière de concevoir l'amour et même d'aimer.

Alfred et George étaient nés en un mauvais temps, en un temps de fous et de folles, d'ailleurs empoisonné par le sang et par la pensée de l'étranger. Eux-mêmes, ils étaient ce temps, ils le figuraient à la lettre. Enfant du siècle, comme ils disaient, cette génération devait abuser de son cœur. L'un ne se fiait qu'à l'amour et l'autre ne croyait qu'aux âpres beautés de l'orgueil. Ils méprisèrent donc les vivants mécanismes par lesquels la tradition du genre humain, fermement définie chez les peuples civilisés, a tempéré l'orgueil et enchaîné l'amour. Ils démontèrent tous les freins. Ils subirent l'un après l'autre ces nécessités naturelles qui tourmentent quiconque fait retour à nos éléments primitifs et ils vérifièrent à quel point la nature est plus malicieuse et plus cruelle dans ses vengeances que la société.

Qu'y pouvait le génie ? Il n'était pas à la portée du génie de rendre les esprits élémentaires moins féroces, ou moins aveugles. Le génie accusa avec magnificence les caractères successifs du double supplice. Il les mit en pleine clarté. La cruauté de ces passions et leur extravagance feront peut-être, pour un sage professeur de morale, des tableaux de quelque ironie. Madame Sand en avait bien le sentiment, elle y répondait d'avance. « Tout cela, vois-tu, disait-elle à son ami, c'est un jeu que nous jouons, mais notre cœur et notre vie servent d'enjeux, et cela n'est pas tout aussi plaisant que cela en a l'air ». Le plus faible des deux amants y fut brisé. Celle qui survécut ne pouvait s'empêcher d'y rêver au-delà de la cinquantaine.

Leur double fin presque également pathétique aurait dû terminer cette vénérable querelle des sandistes et des mussettistes, à laquelle reviennent toujours avec bonheur nos Gaulois affamés de guerre civile. Est-il nécessaire

---

[134] J'ai tenté cette première étude dans *Trois Idées politiques, Chateaubriand, Michelet, Sainte-Beuve*. Paris, Champion, 1898.

de dire que le sandisme est aussi étranger que le mussettisme à cet examen ? *Oh ! vous admirez cette femme,* me disait en grondant une cruelle ennemie de Madame Sand. *Ah ! vous le défendez,* m'ont écrit des anti-mussettistes farouches. Admirons-les et défendons-les tous les deux. M. Émile Aucante a juré sur l'honneur que l'on découvrirait dans la correspondance de Mme Sand le témoignage, écrit « de la main de Musset », que George « ne l'a point trahi ». M. Émile Aucante n'a pas prêté de faux serment. Mais il faut savoir expliquer son témoignage, qui est loin de contredire celui du docteur Cabanès, de la famille Pagello, de M. Paul Mariéton, en apparence fort contraire.

Comme dans l'infini, tout s'explique et se réconcilie dans l'absurde. Et cette histoire n'a rien à voir avec la raison.

Première partie
Personnages
Elle – Lui – Eux
Le médecin de Venise

Elle

On ne peut refuser à madame Sand[135] une place éminente entre les premiers écrivains de son âge et de son école ; il n'est pas impossible que la postérité détache de son fatras bien des pages belles et pures. Un ami dans le goût de qui j'ai confiance l'a relue en ces derniers temps ; nous serions surpris, me dit-il, de la fraîcheur, de la netteté, de la force de son langage. J'ai fait la même expérience, qui a tourné un peu moins bien. La déclamation, les longueurs, le mensonge fondamental des caractères et la fausseté des passions m'ont, de page en page, brisé. Pour me distraire de la fatigue du livre, je n'avais qu'un recours, c'était de songer à l'auteur. Mais, en vérité, le beau monstre !

I

George avait l'âme grande, généreuse et hospitalière ; c'est-à-dire presque incapable du sentiment que le commun des hommes appelle l'amour. Deux sortes de personnes semblent, en effet, devoir être impropres à l'amour, les premières faute de sensibilité, les secondes par un excès de ce don de sentir et de suivre le sentiment.

George a passé sa vie à tout éprouver par son cœur. Elle aimait, pour mieux dire, elle préférait tout le monde, sans en excepter ni les bêtes ni les choses. Elle avait au sublime le pouvoir de s'abandonner avec furie à tout prenant, à tout venant, rustre, dieu, système, paysage. La merveille était de

---

[135] On sait que le nom de George Sand (1804–1876) est un pseudonyme emprunté à Jules Sandeau. Née Aurore Dupin, elle avait épousé le baron Dudevant en 1822 et l'avait à peu près quitté en janvier 1831. La séparation définitive n'eut lieu que vers 1836.
Alfred de Musset était né en 1810. Il est mort en 1857. Ils se rencontrèrent au commencement de l'été 1833.

se multiplier de la sorte et de rester entière dans chacun de ses travaux et de ses plaisirs.

Dispersée, mais non divisée, il semble qu'elle ait dû vivre en un tourbillon. Elle y restait fort calme. Ses lettres, celles mêmes dont le tour paraît exalté, laissent voir une paix profonde. Rarement la passion s'y exprime pure. Elle pense ses sentiments et, comme elle pense fort mal, elle les gâte. À parler amoureusement de l'infinité des choses humaines, Mme Sand néglige de parler ainsi de l'amour.

Elle a, de temps en temps, un cri large, une haute plainte. On la connaîtrait mal si on la jugeait là-dessus : « Je ne t'aime plus mais je t'adore toujours. Je ne veux plus de toi, mais je ne peux plus m'en passer... Mon seul amour, ma vie, mes entrailles, mon frère, mon sang, allez-vous-en, mais tuez-moi en partant. » Tout cela n'est pas du ton naturel de George et l'on verra quelle suite d'événements, dont quelques-uns assez étrangers à l'amour, l'ont conduite à ces frénésies. La vraie George est celle qui écrivait après l'horrible séparation de Venise : « Ah ! qui te soignera et *qui soignerai-je ?* » George ne souffrait que d'une Immense charité sans emploi. Après la rupture avec le poète, elle eut une assez forte crise de foie ; mais, nous dit Mme Arvède Barine[136], cette crise passée, elle « en vint vite à l'indifférence ».

II

« Rétrécis ton cœur, mon grand George, tu en as trop pour une poitrine humaine. » On entend aujourd'hui quel était le sens de cette parole que lui jetait Musset dans une heure de clairvoyance. Justement le grand George n'était d'humeur à rien rétrécir. Ce qu'il lui fallait, c'était tout. Mais il le lui fallait véritablement, et personne ne savait mieux ce qu'elle voulait dire quand elle réclamait, sans précision ni cesse, du champ, de l'aise, de la vie, ou déclamait en termes vagues contre les conventions, les limitations et les chaînes. Le rôle de la démagogue est presque toujours emprunté. Mais celle-ci était sincère, c'était bien sa nature qu'exprimaient ses protestations.

Le sang de George était le plus mêlé qui fût au monde. Les classes et les races diverses s'y contrariaient. Elle comptait parmi ses ascendants un roi de Pologne[137], une danseuse de l'Opéra et un teneur d'estaminet. Elle était la

---

[136] *Alfred de Musset*, par Arvède Barine, Hachette.
[137] Par Aurore de Königsmarck. Sans doute des mêmes Königsmarck qui avaient fourni, au dix-septième siècle, le reître enrôlé par Venise tout exprès pour lancer sur l'Acropole

petite cousine de Louis XVI et d'un maître oiselier du faubourg Saint-Antoine. S'il n'est pas facile d'imaginer ce que put être, à la fin du dix-huitième siècle, un plébéien artiste de la bonne ville de Paris, on connaît du moins la grossièreté de l'aristocratie du nord de l'Europe vers la même époque : ces électeurs de Saxe dont les aïeux avaient été protecteurs de Luther, affreux soudards ivrognes et d'une luxure sans grâce ! Auguste eut bien trois cents bâtards. Son fils, le maréchal de Saxe (Maurice-Arminius), n'aimait rien tant que le beurre rance et tous ses autres goûts étaient à l'avenant, au témoignage de sa petite-fille.

De cette race impolie et forte, George tenait quelques grands traits de son caractère physique, la brutalité de la vie, l'audace impudente à la vivre, et je ne sais quoi de glouton dans le mouvement du désir. Sa biographie bien écrite pourrait servir d'évangile à nos libertaires dont elle a devancé les murmures et les révoltes. M. Lemaitre a fort bien dit qu'Ibsen et Tolstoï ont hérité les vieux thèmes de notre George, mais il faut convenir que celle-ci leur appartient par ce qu'elle a de slave et de gothique dans le sang. Ces barbares n'ont fait que reprendre un peu de leur bien chez la romantique française.

III

Telle étant la nature de George, une autre cause l'eût empêchée de rien céder ni sacrifier de son cœur. Cette pupille de Rousseau voulait unir aux ivresses de la nature un magnifique enthousiasme pour la vertu.

Assez fière de l'hérédité protestante qui lui venait d'Auguste II, elle se tenait, du haut de sa tête, pour une nature sacrée. Non comme femme, ni comme belle femme, ni comme jeune femme, ni comme femme de génie. Son sexe, son génie, sa beauté, sa jeunesse, ne lui paraissaient que des dons accidentels et secondaires, théoriquement méprisables : elle s'était sacrée dans son essence même comme créature pensante, comme chose morale pourvue du sentiment de ses droits et de ses devoirs. Maintenir la parfaite intégrité de sa personne, c'était pour George le devoir et le droit ; c'était cette vertu qu'elle définissait par la rigueur du caractère, la mâle unité du langage et la vérité de la vie.

---

d'Athènes une bombe fameuse qui éventra le Parthénon. Ce sont les harmonies de l'histoire du monde [1916].

Ces grands mots ne la défendirent d'aucune faiblesse ni d'aucun mensonge de femme. Mais elle tenait religieusement à leur lettre : si son naturel lui ôtait tous les moyens de vivre en matrone romaine, elle parla souvent ainsi et n'admira ni n'estima que les hommes nés stoïciens. Sérieusement, je crois. En amitié, on nous la montre comme un très honnête garçon. Vieille femme, ce fut le modèle de la bonté.

Le stoïcisme du langage est très commode, il confère au moindre caprice un « prix infini ». George nommait son bon plaisir inspiration ou fatalité. Plus court, elle le nommait Dieu, ce Dieu de Kant et de Rousseau qui dogmatise au fond d'une conscience sincère. « Dans George Sand, observe avec malice un vénérable philosophe, M. Pierre Laffitte, quand les dames veulent doucement céder, Dieu est toujours là pour faciliter l'affaire. »[138] Cette bonne pièce de Louise Collet avait écrit par allusion directe aux livres de Mme Sand : « Si les héroïnes des romans modernes sont si ennuyeuses et, à mon avis, si immorales, c'est qu'à propos d'amour elles parlent de Dieu ou de maternité. »

Ces héroïnes savent se tromper elles-mêmes avec beaucoup d'art. Rien de divertissant ni d'agréable qu'elles ne prétendent accomplir religieusement et par obligation, le catéchisme du moment servant ainsi de couverture à leur intérêt du moment. Elles ont le génie d'amalgamer à l'idée la plus générale des plaisirs très particuliers. Mais les personnages féminins de Mme Sand ne font guère que répéter et mettre en formules son procédé. L'*Histoire de ma vie* porte la devise à laquelle toutes les filles de son imagination ont également aspiré : « Charité envers les autres, dignité envers soi-même, sincérité envers Dieu. »

Dans un être sans passions, la charité, la dignité et la sincérité peuvent vivre d'accord, faute de trouver même l'occasion d'un conflit. Et l'accord n'est pas impossible chez telles natures ardentes, quand une forte discipline religieuse ou morale les a tenues longtemps en respect, car l'idée de Dieu, même la simple idée du Bien s'y traduit par des habitudes souvent héréditaires, en tout cas fort anciennes, d'une vive efficacité. Le Dieu de George était l'esclave et non le maître de ce cœur turbulent. Il dut donc arriver que le souci de sa dignité personnelle lui fit quelquefois oublier le précepte de charité jusqu'au point de la rendre plus que dure et presque cruelle.

---

[138] Lettre à M. Anatole France en tête de l'édition de *La Princesse de Clèves*, Paris, Conquet, 1889.

Quant à la sincérité devant Dieu, ce beau souci, tournant à l'aigre, n'a-t-il jamais nui à la dignité de George aussi bien qu'à sa charité ? Le sentiment certain d'être justifié au ciel laisse commettre sur la terre plus d'une iniquité.

IV

Voilà l'erreur née d'une espèce de mensonge qui défigure George Sand. Ce n'est qu'en essayant de se formuler une loi, loi qui se trouvait être fausse, qu'elle fut réduite à quitter son état d'innocence et connut les deux termes du Péché et de la Vertu.

Païen avec franchise, purement sensuel, répandu hors de ce barrage de déisme hypocrite, son souvenir serait imprégné d'un grand charme. La bonne George, ainsi que quelques-uns l'appellent, recevrait ce nom de nous tous. Quelle fine légende que la suite de ses amours, de ses voyages de ses danses, car elle dansa fort longtemps. On lui dédierait, comme aux princesses des deux Renaissances, le culte souriant que nos Anciens portaient aux faunesses et aux naïades. On diviniserait tout ce qui a été d'elle, en mémoire de ce beau don qu'elle avait de jouir de toutes les choses physiques, et l'on rappellerait qu'elle y joignit même un désir de les comprendre et d'avancer dans leur secret. On évoquerait son envie de ne rester, de cœur, de corps ni de pensée, étrangère à rien de vivant et comment, mal organisée pour les sciences, elle s'y appliqua avec un zèle digne d'Hypathie et de Novella.

Du moins donnons-nous le plaisir de la regarder dans ce jour qui lui est favorable.

Voir, respirer, toucher les fleurs ne lui suffisait pas, elle en avait cherché les noms et les propriétés dans les livres de botanique. Grande regardeuse d'étoiles (il y a dans son œuvre des « Nuits » en prose qui valent pour la magnificence, sinon pour la tendre passion, les *Nuits* rimées de son ami,) elle conservait en bon ordre dans sa tête la nomenclature des cieux.

« Savante ! » lui disait Musset en l'admirant, avec une pointe de raillerie.

Cette fois Musset se trompait. Même devenue astronome, George n'eut rien d'une savante. Elle était simplement égale à la Nature dont son heureux esprit reflétait la course limpide.

V

Dans la vie d'une femme ainsi faite, les hommes devaient se suivre à peu près comme ils se succèdent dans le mouvement du Grand Tout. Éphémères instants, secondes fugitives, bulles de l'écume infinie.

À demi-siècle de distance, elle paraît la Bonne Hélène du monde des lettres d'alors. À peine deux ou trois courtisans furent-ils trouvés impossibles. Encore savait-elle tirer de ses amants déçus ou remerciés des amis certains, d'étroits familiers et de bons gardiens qui, pareils à ce pauvre Planche, se consolaient de la passade dont elle les faisait témoins, en se disant non sans raison que cela aurait une fin. Oh ! cela finissait, mais afin de recommencer.

Planche disparut sans en avoir vu le terme. Elle demandait à l'amour, ou plutôt à l'homme choisi par son amour, le suc de sa propre pensée, la substance de l'œuvre qu'elle désirait enfanter.

George aimait comme elle eût regardé en voyage la teinte d'un beau ciel, la grâce d'un ruisseau, le puissant désordre d'une forêt ; c'était un nouveau coin du voile universel qui se soulevait à ses yeux. Elle y venait pour son profit presque autant que pour son plaisir.

Quant aux favorisés, ils ne pouvaient songer sans un étonnement qui les rendait presque stupides à l'extrême égalité d'âme dont elle s'employait à faire leur bonheur. Froide ? Il paraît que non. Mais un mot très formel d'une de ses lettres à Musset laisse voir que cette femme si charitable n'excella point dans l'art de rendre ses amants heureux. Elle respirait l'indifférence supérieure. On se rend compte de ce qu'elle pensa sur ce point, en relisant dans les *Lettres d'un voyageur*, cette allégorie de la barque où sont assemblés ses amis, tous beaux, tous jeunes, tous amants. « La barque est grande, et elle est pleine. *Ils ne sont pas divisés par couples,* ils vont pêle-mêle sans se choisir, et semblent s'aimer tous également d'un amour tout divin. » Laissons, s'il vous plaît, le divin.

Ayant quitté M. Dudevant pour vivre à Paris, elle sortait des bras de Sandeau et de Mérimée quand elle connut Alfred de Musset. Quel que fût l'ami du moment, elle sauta du lit pour se mettre à écrire. L'anecdote est connue. Il lui arriva une nuit de terminer un roman et d'en commencer un nouveau, sans autre répit que le temps de sceller le volume et de l'adresser à Buloz, peut-être de rouler une légère cigarette. Était-ce aux beaux soirs de Musset ? L'amant se morfondait à la rappeler près de lui. Il perdait sa peine et sa voix.

VI

On s'accorde à noter qu'elle était sotte en conversation, parlait mal et n'écoutait guère et que son regard décelait la songeuse stupidité d'une bonne génisse. Mais elle s'imposait cette réserve et ce silence. Où la grande prodigue aurait-elle amassé son trésor sans ces heures de parfaite placidité ? Une éloquence naturelle, une éloquence de sirène (le mot est de Mme Musset la mère) lui remontait au besoin de la plume aux lèvres : sa personne un peu lourde, sa physionomie de dormeuse éveillée, son regard vague, s'animaient, domptaient l'attention et prenaient de force l'amour. Le rhéteur fascinant qui revit encore pour nous dans quelques pages faisait alors sentir de vive voix son pouvoir.

Cette verve d'un beau génie éclatait dans les yeux de George : beaux yeux qui persistèrent jusque dans sa vieillesse, sombres, profonds, percés de deux prunelles mates d'un « noir doux », comme elle disait, parfois noyés avec langueur d'une sorte de fluide ambré. Celui qui en avait éprouvé la puissance en était, difficilement délivré. Près de vingt ans plus tard, Musset les revoyait encore, éclatants et fugitifs comme des flambeaux, entre les sapins qu'il avait traversés autrefois dans les transes de sa douleur.

Vers 1833, ces yeux impérissables vivaient dans un teint chaud et foncé à reflets de bronze. Cette couleur de fauve fit le premier éblouissement de Musset. Il crut voir le portrait vivant de la Rosina de *Mardoche*, telle qu'il l'avait esquissée deux années plus tôt :

> … Un peu brûlée à ces soleils de plomb
> Qui font dormir le pâtre à l'ombre du sillon,
> Une lèvre à la turque et sous un col de cygne,
> Un sein vierge et doré comme une jeune vigne.

Il ne put s'empêcher d'en parler le soir à son frère.

Ce teint, ces yeux couleur de fièvre, lui promettaient un beau et rude tempérament d'amoureuse. Il ignorait que chez plus d'une la passion ne peut se concentrer en un même objet, mais s'élance comme la prière du panthéiste au-devant de tous les êtres de l'univers.

Lui

Il ne m'est pas possible de parler d'Alfred de Musset sans mentionner d'abord, pour en tenir compte dans tous les cas, l'espèce de folie qui le marquait depuis l'enfance la plus tendre. Né inquiet, visionnaire, un peu maniaque, sujet à des crises d'épilepsie[139], mais devenu alcoolique à l'âge de vingt ans, le poète sentait qu'une imagination exaltée et des nerfs malades composaient le meilleur de son charme et tout son génie. Ses chansons vantent sa folie comme le premier bien de sa magnifique jeunesse. Il ne cessa jamais de l'observer et d'en tirer de beaux effets. Ce mélange d'hypocondrie et de poésie l'accompagna jusqu'à la fin. On lui a vu rimer, peu de temps avant de mourir, les symptômes qui l'inquiétaient :

> Et dès que je veux faire un pas sur terre
> Je sens tout à coup s'arrêter mon cœur.[140]

I

Le temps qu'il fut poète ne ressemble point mal à quelque transport au cerveau qu'il se fût donné vers la dix-huitième année et qui eût cessé vers la trente-troisième. Encore ce génie ne fut-il jamais bien constant. Le dieu lui venait par secousses. S'il trouvait à portée une plume et de l'encre et qu'il n'eût pas horreur d'en user, c'était le moment des beaux vers, sinon celui des sièges ou des verres brisés, des querelles, des larmes, des hallucinations.

Qui sortait avec lui n'était pas assuré de ne point le voir tomber tout à coup dans une extase, ou délirer passionnément en criant à la lune, ou se rouler l'écume aux lèvres sur la chaussée. L'image fantastique par laquelle les jeunes Français, à l'âge où l'on aime Musset, se représentent leur poète et, par extension, tout poète n'est donc pas d'une radicale fausseté. On a le droit de se représenter Musset d'après cette image. Sans torturer le sens des mots, la poésie signifia pour lui une démence mystérieuse et privilégiée. Tous les

---

[139] M. Paul Mariéton, dans son intéressante monographie d'*Une histoire d'amour* (Paris, Ollendorff), contesta ce détail important ; il le conteste sur le témoignage de Mme Lardin de Musset, sœur du poète, à laquelle il doit la connaissance ou la communication de curieux documents ; il dit pourtant de son héros : « *Son inégalité de caractère due à des nerfs malades...* »
[140] *L'Heure de ma mort*. (n.d.é.)

poètes, il est vrai, même Boileau qui parle de docte et sainte ivresse, en ont dit autant. Ils l'ont dit moins souvent, avec moins de chaleur, et d'un accent moins absolu. Toutes les fois qu'il arrive à ce sujet-là, Musset prend feu. Même dans le lyrisme, jusque dans l'ironie, on sent la gravité, le sérieux, la persuasion profonde de sa pensée. Il se consolait du sentiment de l'anomalie en prenant garde qu'elle était son meilleur démon.

> Le jour où l'Hélicon m'entendra sermonner,
> Mon premier point sera qu'il faut déraisonner.
> Celui qui ne sait pas quand la brise étouffée
> Murmure au fond des bois son tendre et long chagrin
> Sortir seul au hasard chantant quelque refrain,
> Plus fou qu'Ophélia de romarin coiffée,
> Plus étourdi qu'un page amoureux d'une fée
> Sur son chapeau cassé jouant du tambourin :
> ... Celui qui ne sait pas durant les nuits brûlantes,
> Qui font pâlir d'amour l'étoile de Vénus,
> Se lever en sursaut, sans raison, les pieds nus,
> Marcher, prier, pleurer des larmes ruisselantes
> Et devant l'infini joindre des mains tremblantes
> Le cœur plein de pitié pour des maux inconnus,
> Que celui-là rature et barbouille à son aise...
> ... Grand homme si l'on veut, mais poète non pas...[141]

Le premier vers des *Stances à Ninon* a été vécu et parlé avant d'être écrit. « Un matin, dit Paul de Musset dans la biographie de son frère, en marchant dans la rue de Buci, le visage soucieux, les yeux baissés, il rêvait au danger d'adresser à cette femme une déclaration d'amour par écrit. Tout à coup, il s'écria : *Si je vous le disais pourtant que je vous aime ?* Et, en relevant la tête, il se trouva en face d'un passant qui se mit à rire de cette exclamation. » C'était un bon alexandrin, qui lui en inspira cinquante autres.

> Si je vous le disais, Ninon, que je vous aime,
> Qui sait, brune aux yeux bleus, ce que vous en diriez ?[142]

---

[141] Musset, *Poésies nouvelles*, Après une lecture. (n.d.é.)
[142] Musset, *Poésies nouvelles*, À Ninon 1. (n.d.é.)

Nous savons que la scène de la *Nuit de décembre* n'a presque rien d'imaginaire. Une nuit que George Sand courait avec lui la forêt de Fontainebleau, il bien vu glisser, sur les roches et sur le gazon, le fantôme vêtu de noir qui lui ressemblait comme un frère.[143] Il tirait tout son art de ses émotions personnelles, qui touchaient à la frénésie.

Mais, cette frénésie, il en restera le poète. Jules Tellier lui a justement appliqué les mots de Properce : *ardoris nostri magne poeta* ![144] Peinture, lecture, musique, des excitations très diverses trouvaient également le chemin de son cœur et, quand son cœur battait comme il aimait à dire[145], il écrivait sous la dictée. C'est la haute leçon que Dante tenait de Guittone et que Musset trouva dans les stances du *Purgatoire* :

> *I' mi son un, che quando*
> *Amor spira, noto, e a quel modo*
> *Ch'e' ditta dentro vo signijicando.*[146]

De là, le tour supérieur du style dès qu'une émotion sincère le touche. Parmi les pauvretés et les incohérences, l'âme fait sentir le génie ; la vérité et la beauté des larmes gagnent le cœur. On entend s'élever un système de cris

---

[143] Cette vision de septembre 1833 paraît lui être revenue. Une de ses lettres de l'hiver 1831–1835 mentionne, dit Mme Arvède Barine, des visions qu'il vient d'avoir, « un monde fantastique où leurs deux spectres prenaient des formes étranges et avaient des conversations de rêve ». On lit aussi dans une lettre de George Sand à Pagello, citée par M. Paul Mariéton, cette allusion aux fantômes : « Une fois, il y a trois mois de cela, il a été comme fou toute une nuit, à la suite d'une grande inquiétude. Il voyait courir des fantômes autour de lui et criait de peur et d'horreur. »

[144] Properce, I, 7, 21–14 :
> *Tum me non humilem mirabere saepe poetam,*
> *Tunc ego Romanis praeferar ingeniis ;*
> *Nec poterunt iuuenes nostro reticere sepulcro :*
> « *Ardoris nostri magne poeta, iaces* ».

Soit : « Alors, cessant d'être à tes yeux un si mince poète, je serai souvent pour toi l'objet d'admiration, alors, de nos génies romains je serai mis au premier rang ; les jeunes gens devant ma tombe ne pourront s'empêcher de dire : " Grand poète de nos amours incandescentes, te voici étendu dans la mort. " » (n.d.é.)

[145] À sa marraine, qui l'exhortait à faire des vers : « Envoyez-moi un battement de votre cœur, je vous le rendrai. »

[146] Dante, *Purgatoire*, XXIV, 52–54 :
Soit : « Je suis un homme qui écris — Lorsque m'inspire Amour — Et qui m'exprime de la façon qu'il m'inspire en mon cœur. (n.d.é.)

plaintifs et tendres, accordés avec infiniment de justesse et de sûreté. Musset, alors, c'est vous, c'est moi ; bête ou homme, tout ce qui souffre de l'antique plaie de l'amour.

Telles étaient les heures dans lesquelles la passion le transfigura. Il connut d'autres heures, où il rima tantôt d'insupportables badineries dans le goût de *Mardoche* ou des trois quarts de *Namouna*, tantôt sa jolie *Ballade à la lune*, les vers d'*À quoi rêvent les jeunes filles*, ses deux ou trois bonnes satires : choses délicates et légères dont la grâce, l'esprit et le naturel doivent nous faire réfléchir. N'y eut-il pas chez Alfred de Musset, mélangé à son génie et à sa folie, un esprit heureux, cultivé, et des plus ouverts, placé par l'éducation au-dessus de sa maladive nature, bourgeois fils de bourgeois, Parisien fils de Parisiens, lettré à l'ancienne manière (celle de l'oncle Desherbiers), capable d'excellente critique, trop négligent pour surveiller ses propres défauts, mais éveillé sur ceux d'autrui, apte enfin à donner de bonnes leçons tant à Victor Hugo, dont il a tiré des parodies excellentes, qu'à son grand George dont il lui arriva de biffer sans miséricorde un demi-tome d'épithètes superflues ? Inférieur pour l'imagination à madame Sand, il était homme à révéler à cette barbare ce que c'était que le bon goût.

II

Un critique, un poète, un fou, ces trois personnes réunies formaient un caractère assez inégal. Mais la crise aiguë de l'amour devait exagérer cette inégalité, que la différence des âges, jointe à l'opposition des caractères, n'était pas faite pour réduire.

Il semble cependant qu'au début de leur liaison la sagesse de sa compagne l'ait sauvé du trouble natal. Elle lui fit entendre, avec une douceur sévère, dans laquelle elle s'efforça de mettre un accent maternel, l'accent même d'une Warens, qu'elle cherchait deux biens au monde, l'un fort varié, son plaisir, l'autre, unique en son genre, mais préférable à tout : la paix.

Deux ans avant de la connaître, il avait, dans un vers charmant, invoqué l'amour pacifique qui mène les couples heureux,

> Fils de la Volupté, père des Rêveries...

et sans doute elle le lui cita volontiers. Il est très difficile d'imaginer comment Musset pût jamais écrire ce vers, si l'on ne songe à sa mobilité infinie. Jamais, sauf par erreur et par vagabondage de l'imagination, il ne put en penser un mot. Au contraire, il tenait de toute l'ardeur de son âme que, bien éloigné de ce calme et de son méprisable bonheur sans rides, l'Amour, né dans le trouble, la furie et l'orage, était le fils, le père et le frère de la Douleur. Les textes concordants, sur ce sujet, abondent. « Amour, fléau du monde, exécrable folie, » au deuxième chant de *Don Paez*, date de 1829. Le poète avait dix-neuf ans. Six ou sept ans plus tard, lorsque l'épreuve l'eût mûri et lui eut imprimé sa nature définitive, au temps des *Nuits*, on se rend compte que, s'il tendait les bras à l'amour au lieu de paraître le fuir, ce n'était pas qu'il lui retirât ce caractère d'une souffrance.

J'aime et je veux pâlir, j'aime et je veux souffrir !

Cette idée lui était dans l'âme. Concevant l'amour de la sorte, il n'aima pourtant qu'à aimer, non point certes par volupté, mais peut-être par un mélange assez subtil d'un héroïsme qui tenait à vivre la vie la plus forte et d'une sorte de sadisme sentimental. Plus cet amour environné de flammes cruelles l'excitait à faire souffrir avec lui tout ce qu'il aimait, plus il croyait peut-être donner et sentir de l'amour. Il y a dans *Rolla*, qui est antérieur à sa liaison avec George, de beaux vers qui sont décisifs :

> S'il est vrai que l'amour, ce cygne passager,
> N'ait besoin pour dorer son chant mélancolique
> Que des contours divins de la réalité,
> Et de ce qui voltige autour de la beauté ;
> S'il est vrai qu'ici-bas on le trompe sans cesse
> Et que, lui qui le sait, *de peur de se guérir,*
> Doive éternellement ne prendre à sa maîtresse
> *Que les illusions qu'il lui faut pour souffrir* ...

Avec George, Alfred ne tarda point à renouveler l'essai du régime où l'entraînaient toutes ses pentes. Il chercha la douleur, celle de sa maîtresse aussi bien que la sienne, tremblant de ne plus la connaître et tremblant aussi à l'idée que ce délicieux tremblement ne vînt à cesser : tant il aimait sentir son cœur suspendu par l'inquiétude ou serré d'effroi. L'amour lui servait à jouir de soi, exactement comme à Narcisse le ruisseau.

III

Donc, auprès du grand George, l'enfant exaspéré avait, lui aussi, son système : chez lui aussi, la voix de la nature pouvait se taire, il était entraîné au péril par d'autres moteurs. N'être pas amoureux fut proprement l'état qui le fit bâiller.[147] Mais, une fois amoureux, ne pas se sentir extasié d'espoir ou fou de désir et d'angoisse lui semblait encore une des faces de l'ennui. Sortant de la plus grande épreuve de sa vie, il écrivait à son ami Alfred Tattet :

> Je crois que ce que je puis vous dire de mieux, c'est qu'il y a bientôt huit ou neuf mois, j'étais où vous êtes, aussi triste que vous, logé peut-être dans la chambre où vous êtes, passant la journée à maudire le plus beau, le plus bleu ciel du monde et toutes les verdures possibles. Je dessinais de mémoire le portrait de mon infidèle ; je vivais d'ennuis, de cigares et de pertes à la roulette. Je croyais que c'en était fait de moi pour toujours, que je n'en reviendrais jamais. Hélas ! hélas ! comme j'en suis revenu ! Comme les cheveux m'ont repoussé sur la tête, le courage dans le ventre, l'indifférence dans le cœur par-dessus Je marché ! Hélas ! à mon retour, je me portais on ne peut mieux ; et si je vous disais que le bon temps, c'est peut-être celui où on est chauve, désolé et pleurant ! Vous en viendrez là, mon ami.

Un peu plus tard, dans une sorte de confession postérieure à la *Confession d'un enfant du siècle*, il ouvrait un développement par cette maxime : « L'exercice de nos facultés, voilà le plaisir ; leur exaltation, voilà le bonheur. » Presque autant que sa définition du « bon temps », ceci donne la

---

[147] Mais que l'amour fût tel ou tel, il lui importait peu. L'Octave des *Caprices de Marianne*, qui est « si heureux d'être fou », c'est Alfred de Musset. Et c'est encore Musset, le Cœlio de la même pièce, si « fou de n'être pas heureux ». Pendant que son ami lui parle des filles, Cœlio soupire à demi-voix : « Une dette pour moi est un remords. L'amour, dont vous autres faites un passe-temps, trouble ma vie entière. Ô mon ami, tu ignoreras toujours ce que c'est qu'aimer comme moi ! Mon cabinet d'études est désert ; depuis un mois, j'erre autour de cette maison la nuit et le jour. Quel charme j'éprouve, au lever de la lune, à conduire sous ces petits arbres au fond de cette place, mon chœur modeste de musiciens, à marquer moi-même la mesure, à les entendre chanter la beauté de Marianne. » Octave libertin et buveur, mais amoureux, Cœlio, plein de mélancolie et de pudeur, mais amoureux, montrent à eux deux l'unité de la pensée du poète : elle tenait au goût conscient et systématique des diversités de l'amour.

clef de l'homme. Il ne fit jamais que cultiver son exaltation. La vieille passion de sentir, *libido sentiendi*, élevée à la dignité du principe de sa conduite, fut proprement cette idée fausse qui détermina ses malheurs.

Vivons sages ou vivons fous, ce n'a presque pas d'importance ; mais, pour bien vivre, il faut vivre sincèrement, et qui ne vit que pour son cœur doit au moins s'appliquer à y voir un peu clair ; il ne prend pas ses doctrines pour des passions, ni ses passions pour des doctrines. Par son erreur et par son vice, Alfred se trouvait comme George, bien qu'autrement que George, sur la voie de dangereuses hypocrisies.

Eux

On a conté de vingt façons leurs querelles naissantes. Ce ne fut pas la jalousie ni le retour sur le passé qui causa les premiers discords. D'après les relations, ces froissements résultèrent de leur commune profession d'écrivains, de la différence des mondes qu'ils fréquentaient ou même (les dieux les absolvent !) de la différence de leurs sentiments politiques : elle, bohème, révolutionnaire, républicaine ; lui, frotté d'aristocratie, entiché de sa petite noblesse[148] et, quoique libéral, attaché à la monarchie. Ajoutez qu'Alfred se permit de faire la caricature de George qui s'en montra vexée.[149]

Mais des menus débats ils passèrent vite aux plus grands.

I

En bonne sœur aînée, comme en femme d'expérience, madame Sand pensa à rompre tout de suite. Telle fut, nous dit-elle, sa détermination dès l'orage. Il eût fallu faire sans dire. Mais elle eut le tort de parler. Peut-être aussi ne voulait-elle que menacer. Mais la menace de rupture agit sur le poète à la manière d'un aphrodisiaque puissant. J'imagine qu'il déploya, dès lors, toutes les ruses pour obtenir qu'on le menaçât de nouveau et qu'on rendît ainsi à ses furies l'aliment qui leur convenait. En lui réitérant ces coups délicieux, on rouvrait dans son cœur le tragique Éden de ses rêves. Il pleurait, s'enivrait de ces larmes voluptueuses et révélait à George quel étrange bonheur il trouvait à se désoler. Femme et curieuse, elle demanda qu'on l'introduisît à des raffinements dont sa simplicité ne s'était jamais occupée. Ils s'appliquèrent de concert à perfectionner la torture. Il est vrai qu'en cherchant trop soigneusement les sujets de souffrance, on peut oublier de souffrir, et ces sortes de déception

---

[148] Nous avons su depuis, grâce à d'heureuses investigations de M. Henri Longnon, que Musset descendait de la Cassandre de Ronsard, ce qui vaut beaucoup de quartiers sur le Parnasse. Cassandre Salviati était fille d'un Salviati de Florence, établi dans le Blésois au seizième siècle. Elle épousa Jean de Peigney, seigneur du Pray, dont elle eut une fille qui épousa Guillaume de Musset, ancêtre direct du poète.

[149] Ce fut aussi pour une caricature moqueuse que la princesse Belgiojoso battit froid à Musset. Mme Jaubert raconte dans ses *Souvenirs* cette historiette. Voyez aussi l'étude sur *La Principessa Belgiojoso*, publiée à Milan par M. Raphaël Barbiera et récemment analysée dans la *Revue bleue* par M. Maurice Muret.

ne laissaient pas de refroidir la bonne George, moins enthousiaste qu'Alfred. La nature reprenant alors le dessus, George voulait, George implorait qu'on lui rendît une tranquillité sans phrase. Mais les pleurs ainsi redevenus véridiques l'autre se plongeait avec un farouche plaisir dans cet élément préféré.

II

Rompre ! À ce mot magique, il donnait de tels signes de regret et de repentir, il demandait un pardon si humble, s'agenouillait si bien et en s'adressant à lui-même de si âpres reproches ; puis, de la pire comme de la meilleure foi du monde, improvisait de si rudes tragédies et des drames si pathétiques que George y perdant tout son sang-froid ne se réveillait que reprise. Ou, si elle ne cédait point, c'était lui qui pliait, se déclarait abominable et indigne de vivre, jurait ce qu'on voulait, renonçait à elle par la face de tous les astres et, le pardon conditionnel une fois accordé ou ravi, les mots d'adieu étaient si vifs et chargés de telles tendresses qu'il fallait bien s'apercevoir que c'était à recommencer.

Intimidée, touchée, vaincue, pourtant lasse jusqu'à la mort, elle éprouvait chaque matin de la surprise à se trouver ressemblante dans son miroir. La surprise passée, il lui venait un grand mépris de son amour. Par la très haute idée qu'elle s'était forgée de la dignité et de la force de l'homme, elle souffrait, car l'homme de son choix n'y atteignait pas. La Sylvia de son livre de *Jacques* devait dire plus tard, à propos d'Octave : « Il est trop jeune pour moi, il est *bon sans être vertueux...* Enfin, je ne l'estime pas. *Si dans l'amour un caractère devait être plus fort que l'autre, ce ne devrait pas être celui de la femme.* » C'était à peu près ce que l'auteur de *Jacques* pensait d'Alfred de Musset, témoin ce fragment d'une lettre : « Son cœur n'est pas mauvais, et sa fibre est très sensible. Mais son âme n'a ni force, ni véritable noblesse. Elle fait de vains efforts pour se maintenir dans la dignité qu'elle devrait avoir... *Jamais je n'ai eu l'occasion de demander pardon* et quand je vois les torts recommencer après les larmes, le repentir qui vient après ne me semble plus que de la faiblesse. »

III

Fixons-les bien dans ce moment essentiel de leur crise.

Par l'infini de son désir, George se tient parfaitement sage et tranquille. Elle ressemble à l'héroïne du pot-pourri qu'il lui rima :

> George est dans sa chambrette
> Entre deux pots de fleurs...

Pour ne point chagriner son ami, elle est fidèle. Celui-ci concentre sa vie dans son amour ; mais peut-être, en raison de cette absorption amoureuse, parce qu'il en éprouve l'ardente vérité, se montre-t-il assez indulgent à lui-même, et ne s'interdit-il tous les passe-temps au dehors. Il n'est exigeant qu'avec elle. Contre celle qu'il tient pour une personne divine et ayant donc de grands devoirs, un rien l'irrite, tout est grief.

Mais de tels griefs paraissent si enfantins à George que, dans le désir naturel d'affirmer son bon sens, son bon droit et sa liberté, elle ne fait rien pour éviter qu'ils se renouvellent.

Elle s'échappe donc jusqu'à évoquer devant lui maint sujet sans rapport ni avec lui ni avec elle. Elle a des amis qu'elle voit et cultive, des livres qu'Alfred n'aime pas et qu'elle lit avec plaisir, de vieilles lettres d'amitié ou encore d'amour qu'elle prend le soin de classer, des portraits qu'elle touche avec mélancolie, du tabac d'Orient qu'elle fume avec volupté. N'oublions pas le Genre humain ; les saint-simoniens qu'elle fréquente ont commencé de l'y intéresser : « Extinction du paupérisme ! » « Émancipation ! » Non, M. de Musset n'est pas l'unique point auquel convergent les rêveries de ce qu'il aime, et cette dispersion de l'âme de George inspire au poète une indignation qui s'égaye parfois, la plupart du temps fort sérieuse. Comment souffrir tant de larcins faits au maître-autel de l'amour ?

Musset a expliqué avec beaucoup de netteté et de candeur son sentiment sur ce sujet. Il aimait l'amour, a-t-on vu, et il voulait aimer, quand cela lui chantait, comme un Blaise Pascal aima Jésus en croix. L'homme de Port-Royal portait une ceinture intérieurement garnie de pointes de fer et destinée à lui rappeler à tout heure le mystère de la Passion. Le héros de la *Confession d'un enfant du siècle*, Octave de T..., s'est pourvu d'un instrument analogue ; il a enfermé le portrait de sa maîtresse dans un médaillon hérissé de piquants qu'il porte à son cou, Il enfonce le fer aigu dans sa poitrine à chaque pas qui l'éloigne de ses amours, pour se purifier de la distraction du chemin ; cette douleur sacrée le rappelle à la présence du bien des biens.

Si Alfred lui communiqua (ce qui ne peut faire doute) de pareilles extravagances, s'il en commit pour elle, s'il en fit commettre pour lui, George ne put tarder à le considérer comme un dangereux monomane. De ce côté, il lui inspirait donc un peu de ce mépris tendre que n'exclut pas l'amour. Mais d'un autre côté, il l'inquiétait et l'intéressait de la façon dont un mauvais sujet intéresse les femmes, quand sa réputation est solidement établie.

Sa première vie dissipée allait peut-être même jusqu'à toucher en elle des semences de jalousie. Dans une lettre à Sainte-Beuve, à qui elle se confessait aussi entièrement qu'il lui était possible, elle s'occupe de ces fautes vénielles d'Alfred. Bien qu'il ne dût guère pécher que par action, elle en souffrait. L'amour-propre touché à vif la tourmentait, non sans l'humilier un peu. Quand plus tard elle s'affranchit, l'idée de se venger n'y fut pas étrangère.

À ce dépit secret s'ajoutait une autre cause d'attachement qui datait du premier printemps de leur amour : elle nourrissait le désir de lui inspirer une conception vertueuse de l'existence. N'avait-il pas été corrompu par Byron ? Bien pis : l'*enfant aux blonds cheveux*, le *jeune homme au cœur de cire*, comme devait dire un jour Lamartine, ne donnait-il pas, en 1833, le scandale du seul jeune écrivain de talent qui fît penser au tour d'ironie de Voltaire ? Le grave et ennuyeux Jean-Jacques pesait alors sur tous les fronts. Musset, en dépit des déclamations de *Rolla*, avait su conserver le rayon du « hideux sourire ». Quelle que fût sa religion de l'amour, il en parlait sans le jargon de métaphysique à la mode, avec cette simplicité un peu nue qui écorchait l'oreille aux contemporaines du *Lac*. Il se souvenait de Paray, de Crébillon fils, de Louvet et de Laclos. Il avait badiné avec le saint des saints, blasphémé le dieu, professé « l'athéisme en amour ». La chaude liberté de *Don Paez* avait choqué. Madame Sand aimait qu'on phrasât. « Les brusques changements de ton » la déconcertaient ; le badinage l'irritait. *Elle et lui* nous témoigne qu'elle n'entendait rien au naturel et à l'aisance du poète. Il osait avoir de l'esprit en vers, et la muse gauloise ne lui paraissait pas tout à fait méprisable. Encore un préjugé français que George déjà ibsénienne et tolstoïsante aurait bien voulu lui ôter !

Elle s'était donc attelée à convertir ce sceptique et à retenir ce volage. Mais, par-dessus tout, elle caressait en Alfred le poète passionné et capricieux, l'être faible et infirme, contre qui elle était sûre d'avoir raison, l'enfant qu'il était toujours facile de prendre en faute, de reprendre et de châtier ; d'ailleurs fort prompt au repentir, elle l'écrasait saintement du double éclat de la vertu et de la clémence. « Il est bon enfant », écrivait-elle à Sainte-Beuve, en soulignant le mot. Ce bon enfant servait naturellement de flambeau à la bonté de sa maîtresse : et que, dès lors, il fût contre elle tyrannique et sans équité, qu'à peine pardonné il recommençât, c'était tant mieux encore, car elle gagnait au contraste, qu'elle ne se privait pas de faire briller. Quelle mauvaise grâce avait ce libertin mal lavé de ses escapades à reprocher à son amie l'infidélité de pensée ! Et, quel pur triomphe pour elle, non point seulement devant lui, mais devant leurs amis communs, poètes, peintres, journalistes, directeurs de revues, toutes les bonnes langues de Paris et de la banlieue !

IV

On doute qu'il y ait en politique une justice. Il n'y en a pas en amour. Dans l'ordre délicat des choses du cœur et des sens, c'était cet amoureux injuste, infidèle et violent qui avait raison. Quel que fut le contraste de sa passion et de sa conduite, de ses exigences et de ses faiblesses, il croyait aimer et il était seul à pouvoir aimer sans une autre raison étrangère à l'amour. George avait beau garder le foyer comme une Lucrèce, cent fois l'heure elle le quittait au profit des gens et des choses. Ce qui la ramenait à lui, c'était, je crois, moins que l'amour, l'admiration qu'il lui inspirait.

Tempérée, si l'on veut, par toutes les réserves de confrère à confrère, mais aiguisée par un grand sens de femme et de voyante, cette admiration confinait à la religion devant l'adolescent extraordinaire qui, à vingt-deux ans, venait de faire quelques-uns des plus beaux vers du siècle. Elle vénérait en lui la présence d'une nature étrangère et comme divine, unique de grâce et de charme, telle enfin que la conscience de son propre génie ne lui montrait rien de pareil. L'exceptionnel et le bizarre, le rare et l'exquis de ce naturel eussent certainement parlé à sa curiosité, quand le reste n'eût rien dit de clair à son cœur.

« Et pourtant il y a de bien belles choses dans le cœur de cet enfant ! Quelle foi naïve dans le cœur d'autrui et dans le sien propre ! » s'écrie la Sylvia de *Jacques*. Égale et simple, il était nécessaire que George Sand aimât ces originaux, ces prodiges et ces malades ; son art excellait à les employer.

Bref, après avoir bien rêvé de ne plus le voir, elle désirait le garder. Elle pensa aux ressources d'un beau voyage tant pour se distraire de lui que pour le distraire avec elle. Un séjour dans la forêt de Fontainebleau leur avait été favorable. Il avait été fréquemment question, par la suite, de Florence, de Venise et de Naples. Au début de l'hiver 1833, ils partirent pour l'Italie.

V

Un sandiste éminent assure qu'ils n'étaient plus amants quand fut décidé ce départ. S'ils ne l'étaient plus, ils le redevinrent en route. Les premiers jours du tête-à-tête furent charmants. Aucune trace de querelle dans cette partie du voyage. Ils virent Avignon, et s'embarquèrent à Marseille pour Gênes. La mer les ayant fatigués, ils reprirent la voie de terre. « Rome et Venise furent jetés à pile et à face. *Venise face* tomba dix fois sur le plancher. »[150] Ils s'arrêtèrent à Florence, à Ferrare et à Bologne. Venise enfin, le 19 janvier 1834 ! « Venise la rouge » des *Contes d'Espagne et d'Italie*, la ville des rêves de George, « la seule au monde », devait-elle dire plus tard, qu'elle eût aimée pour elle-même, car, ajoutait-elle, « une ville m'a toujours fait l'effet d'une prison que je supporte à cause de mes compagnons de captivité ».

C'est cependant au premier jour de Venise que plusieurs critiques ont placé la grande rupture des deux amants. Il ne faut donc rien croire de la jolie chanson qui est datée de « Venise, le 3 février 1831 » dans les *Poésies nouvelles* et qui respire le bonheur :

Vivre et mourir là !

Il est au moins certain que, dès l'arrivée à Venise, Musset eut sujet de se montrer aussi dissipateur que dissipé ; mais George, non moins travailleuse qu'à Paris, réparait à force de veilles toutes les brèches faites à la bourse commune. Cette vie cellulaire dut contribuer à l'aigrir.

Ils venaient de souffrir, l'un après l'autre, d'une indisposition assez grave. George avait été la première à payer tribut, mais ce loisir forcé fut d'autant moins perdu pour la réflexion qu'Alfred y laissa voir, comme un trait de son caractère, une horreur invincible du mal physique. Elle prit pour de l'égoïsme ce qui était faiblesse ou crainte délicate de laisser voir de la répulsion. Mais, dans la solitude où il la laissait, sur le lit ou le sofa, elle se rappela tout ce que cet enfant furieux comme l'amour lui avait donné de

---

[150] George Sand, *Histoire de ma vie*.

tourment. En quelqu'une de ces minutes qui sont déterminantes justement parce qu'on ne les sent pas couler, mais où la moindre image aperçue, alors même qu'on la repousse, laisse des sillons immortels, ne se dit-elle pas quelle ne s'affranchirait jamais du bourreau délicieux, à moins de prendre le parti violent de le remplacer ?

VI

Elle guérit et retrouva la plus grande partie de ses forces ; mais Alfred, l'accès de dysenterie passé, dut se remettre au lit avec une fièvre terrible.

La plus fine des biographes, Mme Arvède Barine[151], insinue que l'intervalle de ces deux maux fut occupé par une brouille fort sérieuse. Elle n'en dit pas les motifs. Par les récits de Louise Colet, qui paraissent exacts quand on les expurge des diatribes contre George, on devine que les querelles de Paris avaient repris à Venise, sur les mêmes sujets. J'en ai fait voir le rythme constant. Mais cette fois les choses allèrent assez loin, car le poète avait été « violent et brutal », dit Mme Arvède Barine ; « il avait fait pleurer ces grands yeux noirs qui le hantèrent jusqu'à la mort, et il n'était pas accouru un quart d'heure après demander pardon ».

Huit mois après, dans une lettre[152] où s'entrelacent le mensonge et la vérité, George Sand rappelait elle-même le détail de cet épisode (« Étais-je à toi à Venise ? »), sa maladie (« C'était bien triste et bien ennuyeux, une femme malade »), les torts, les aigreurs, l'amertume, et enfin, le mot qu'elle juge, à distance, avoir été le dernier entre eux :

> Je ne me suis jamais plainte, je ne t'ai jamais caché mes larmes, et ce mot affreux a été prononcé, un certain soir que je n'oublierai jamais, dans le casino Danieli : — « George, je m'étais trompé, je t'en demande pardon, mais je ne t'aime pas. »

---

[151] *Alfred de Musset*, déjà cité.
[152] Publiée par la *Revue de Paris*, 1er novembre 1886. M. Paul Mariéton a fait une bonne critique de cette lettre : *Une histoire d'amour*, pages 89, 90, 91. Il faut tenir compte dit-il, des accusations de George. « Pourtant au lendemain de la crise, quand Musset est rentré à Paris et qu'à son silence elle a craint un moment de l'avoir perdu, ne lui a-t-elle pas écrit : *Ô mon enfant, mon enfant, que j'ai besoin de ta tendresse et de ton pardon ! Ne me parle pas du mien, ne me dis pas que tu as eu des torts envers moi, qu'en sais-je ? Je ne me tourmente plus de rien, sinon que nous avons été bien malheureux et que nous nous sommes quittés.* »

... La porte de nos chambres fut fermée entre nous[153], et nous avons essayé de reprendre notre vie de bons camarades, comme autrefois ici, mais cela n'était plus possible. Tu t'ennuyais, je ne sais ce que tu devenais le soir et un jour, tu me dis que tu craignais...[154]

... Veux tu me dire quels comptes j'avais à te rendre à toi, qui m'appelais l'ennui personnifié, la rêveuse, la bête, la religieuse, que sais-je ? Tu m'avais blessée et offensée, et je te l'avais dit aussi : *Nous ne nous aimons plus, nous ne nous sommes pas aimés.*

Ce divorce, nous le savons, n'était pas le premier, et ce ne fut pas le dernier. Mme Armède Barine déclare que « cela ne veut pas dire qu'ils ne se voyaient plus ». Mais, ajoute-t-elle, « la maladie », la grande maladie d'Alfred, « fit tout oublier ». Je n'en suis pas très sûr. Le souvenir d'une rupture de hasard ne put être étranger aux actes de George pendant la maladie d'Alfred : à l'instant décisif, ce souvenir la convainquit facilement qu'elle était libre, seule au monde et maîtresse de ses actions, quand il eût mieux valu qu'elle se tint pour étroitement engagée.

VII

Du moins se fit-elle au chevet la meilleure et la plus tendre garde-malade. Tenant tête au mal du poète et à la gêne dont ils étaient tous deux pressés, elle s'ingénia et se multiplia. Malgré le tour un peu emphatique de quelques lettres (« Qu'est-ce que j'ai fait à Dieu ? » 4 février 1834), on distingue un dévouement vrai, résistant et fort. Voici des faits : « Il y a huit nuits que je ne me suis déshabillée ; je dors sur un sofa : à toutes les heures, il faut que je sois sur pied » (22 février). D'autres ont témoigné de la vérité de ses dires.

Elle avait le droit de se savoir gré de tant de zèle ; ni ce zèle, ni la représentation qu'elle s'en formait n'eurent l'avantage de la préserver de l'ennui. Elle écrivait à ses amis, rédigeait « quelques pages » (un des deux volumes de *Jacques*) et cela ne suffisait point. Grande occasion de faute que l'ennui qui pousse à rêver ! Les caprices conçus en rêvant sont très forts, car, les rapports de grandeur et de convenance s'évanouissant dans le rêve, tout

---

[153] Elle avait donc été ouverte ? — Cette remarque, d'un bon sens exagéré, répond à M. Émile Faguet pour qui les amants de Venise n'auraient pas été amants à Venise [1916].
[154] Ici, quatre mots effacés par George Sand, au crayon bleu.

semble de plain-pied, aisé, naturel ; tout se facilite. Voilà pourquoi les solitaires, quand ils sont rêveurs, inclinent sans difficulté à de graves péchés. Madame Sand connaissait bien ce léger tournoiement de l'âme, vertige bizarre, mais doux.

Alfred délirait donc. Elle bâillait en lui apprêtant des tisanes : sa sensibilité panthéistique la disposait à s'arranger des distractions qui s'offriraient. Le docteur Pagello entra. Elle ne connaissait aucun autre homme dans la ville. La qualité du médecin le ramenait au bord du lit qu'elle ne quittait plus.

Mais c'est trop peu que d'invoquer, comme M. Paul Mariéton, « le vertige des sens auprès d'un malade ». L'imagination s'en mêla. Pagello plut à George parce que George avait conçu en le voyant une idée de goûter du fruit humain de cette Venise que le malheur présent l'empêchait de voir en détail. Le sens de l'amour n'est-il pas le premier des révélateurs ? Elle pensait ainsi compléter son voyage par l'expérience instructive. Tandis que le poète qui l'avait étonnée par la nouveauté de son âme gisait comme un livre épuisé, tout ce qu'elle savait de la forme et de la beauté de l'Italie descendit de sa tête lourde à son cœur infini et transfigura Pagello. La moins personnelle des femmes, elle était fort sensible à de vastes espaces de géographie et d'histoire. Louise Colet fait dire à Alfred de Musset une parole qui doit être authentique : « Les cris de passion vraie et caractérisée ne la frappaient pas, elle était surtout émue par les morceaux d'ensemble religieux et par les chœurs exprimant des sentiments collectifs ; on eût dit qu'il fallait un assemblage d'âmes pour remuer la sienne. »

Pagello figura cet assemblage d'âmes et ce chœur de voix réunies, une Terre, une Race, tout ce à quoi ce grand cerveau un peu diffus aimait le mieux s'abandonner. Le jeune médecin ne parlait pas le français ; ce qu'elle savait d'Italien se réduisait au vocabulaire commun. Le dialecte vénitien lui échappait. Fascinant la mémoire et tentant la curiosité, Pagello résuma les mystères de l'Étranger.

Le médecin de Venise

Le médecin Pietro Pagello, en français Pierre Sonde, semble fait à souhait pour cette scène de Venise. On le voit figurer à côté de Pancrace et de Pantalon, sous la perruque du Docteur, dans les farces de son pays.

Nous le connaissions peu, avant que l'un de ses confrères parisiens, M. le docteur Cabanes, l'eût tiré au clair en d'intéressantes communications.[155] Son personnage touche par un air de sérénité et, comme on dirait à Montmartre, de santé. Je ne sais quoi de gracieux et de florissant, qui monte de son jeune cœur à son visage, lui donne de souffrir les désagréments de la vie avec autant de constance et d'aisance que le bonheur.

Il ne va point en quelque endroit ; on l'y conduit. Il ne quitte point ses amis ; il est congédié par eux. Au demeurant, il suit toujours, mais à la place la meilleure. En amour, il se tient au juste milieu : par exemple « fort épris » de Mme Sand, mais vraiment « sans être aux nuages ». Je ne sais pas d'écornifleur moins décidé, plus innocent, d'une figure plus honnête, ni qui se soit montré, en toute rencontre, de meilleure composition. Inférieur à sa fortune, mais supérieur à ses fautes, ce brave homme est surtout plaisant. Pour le bien voir, considérons la suite de son aventure, même au risque d'anticiper sur le récit.

I

À Venise, pendant qu'il soigne le poète, Pietro Pagello est remarqué par la garde-malade.

Il conquiert la reconnaissance du premier en le rappelant à la santé, mais redouble les ardeurs de la seconde, d'abord par la lenteur de son intelligence, qu'il eut pacifique et bovine, ensuite par son extrême docilité aux vœux despotiques de George. Pour elle il manque à ses devoirs de médecin et, qui plus est, d'ami. Il rompt, en tremblant, il est vrai, sa liaison

---

[155] *Revue hebdomadaire*, 1896. Elles ont été recueillies au tome II du *Cabinet secret de l'histoire*, Paris, Charles, 1897. J'ai aussi consulté le cahier in-folio détaché par le baron Albert Lumbroso d'un ouvrage en préparation. *Notes sur Venise et la mer Adriatique*. Cet important cahier n'est pas dans le commerce.

avec une Vénitienne[156] et consent à désintéresser à prix d'or l'ancienne maîtresse jalouse. Plus tard, quand George se met à jouer la comédie, il donne à George la réplique et répète sans faute chaque leçon qu'elle lui fait : il trempe ainsi dans une machination féminine assez basse, que la complaisance d'un homme abaisse d'un degré. En fin de compte, car ses dénégations à ce sujet sont trop suspectes, il prend sur lui de signer le retour du poète en France, sous prétexte de changement d'air.

Alfred de Musset quitte Venise et l'Italie. Le médecin reste avec George et continue de la servir exactement, non plus à l'hôtel Danieli, mais dans un petit appartement loué au centre de Venise, à San Fantino. Là, il eut l'occasion d'admirer qu'un écrivain d'un si beau génie pût faire une si bonne femme : « Elle excellait dans l'art des sauces », « elle ne se fâchait jamais », a-t-il rapporté.

Comment se fâcher avec lui ? Il était l'Égalité d'âme.

II

Elle part. Il part avec elle. Il la suit à Paris comme sur le théâtre où son mérite l'appelait ; mais il manque le succès.

De loin on l'avait pris pour un personnage. Buloz parlait d'un « comte italien ». Sainte-Beuve attendait un poète ou un artiste. L'auteur des *Lettres d'un voyageur* ne pouvait aimer au-dessous. Bien qu'il eût composé de jolies stances en vénitien, le talent poétique de Pagello ne brilla point. Parfois glorieuse en amour, madame Sand essaya de le rehausser aux yeux de sa société en le donnant pour archéologue. Cet enfantillage ne soutint pas quelques minutes de confrontations parisiennes. Mais Pagello ne se sentit jamais embarrassé. Il fit un grand salut avec cette réponse à qui brocardait sa science :

— Messieurs, vous avez tort ; je ne suis pas un savant, et je ne me donne pas pour tel. Je ne suis ici que comme *l'amico, il servitor, il cavaliere de la carissima e illustrissima signora* et, à ce titre, vous devez me traiter avec courtoisie comme tout ce qui tient à elle.

N'était-ce presque de l'esprit, et fort galant ?

George, au surplus, cherchait bien à monter la tête aux autres, mais ne s'était pas mise en frais d'illusion. Dès Venise, elle avait épuisé sa réserve de

---

[156] C'était la Vénitienne pure « au sein fleuri, aux cheveux d'or ondoyant », « une femme de Veronèse », dit un de ses compatriotes.

compliments sur le physique et le moral de l'ami, dont elle vantait la « figure honnête », « bonne » et « douce », sans plus. Un peu de médiocrité ne lui déplaisait pas non plus chez un esclave préposé aux besoins de son cœur.

La nature plus fine d'Alfred de Musset, son caractère vif et généreux, son éducation moins sommaire avaient valu à George plus d'une algarade où le génie supérieur avait été battu. Avec Pietro Pagello elle reprenait l'avantage. Selon l'orgueilleuse philosophie de beaucoup de femmes d'exception, elle pouvait se rendre gloire de l'avoir haussé jusqu'à elle et se donner à demi-voix les noms de Cléopâtre et de Sémiramis. Argument qui a resservi, dans notre siècle, à des femmes de qualité qu'une surprise d'antichambre aurait exposées à rougir.

III

Mais pendant que Pagello court les hôpitaux parisiens ou s'exerce à tirer au pistolet, car il appréhende un duel, Musset revient auprès de George déjà lasse et l'on ne rêve plus que de faire revoir à l'autre le beau ciel de son Italie. Il y résiste mollement ou ne résiste plus du tout. Tant de souplesse donne à sa face le dernier tour.

Cependant, pour fin et couronne d'une si curieuse aventure, il goûte avant de repartir le plaisir glorieux de refuser une invitation pour Nohant, signée, ou peu s'en faut, par le mari de George, le baron Dudevant lui-même, car le baron et la baronne ne doivent se séparer que deux ans plus tard. « Je l'invite », avait écrit George en termes fort solennels, « je l'invite avec l'agrément de M. Dudevant à venir passer huit à dix jours à Nohant. » Le vertueux jeune homme déclina la proposition : soit qu'il eût repris la possession de lui-même, soit encore qu'ayant accepté les difficultés de la vie à trois, c'était au chiffre quatre que naquît sa délicatesse.

« Je pars », écrit-il à un ami d'Alfred de Musset, « je pars avec la certitude d'avoir agi en honnête homme. » Il ajoute qu'il tient à éviter les suites d'une rancune de femme (Toujours la Vénitienne laissée là-bas, dédommagée, non satisfaite !) *Non voglio vendette*, écrit le prudent Pagello.

Là-dessus, il fit son paquet. « Nos adieux, a-t-il raconté lui-même, furent tristes. Je lui serrai la main sans pouvoir la regarder. Ma présence l'importunait. » Il lui était à charge, cet Italien dont le simple bon sens faisait tomber toutes les sublimités incomprises dont elle masquait la lassitude de son amour ! « Je lui avais déjà fait connaître que j'avais pénétré à fond son cœur, plein de qualités excellentes, obscurcies de nombreux défauts, et cette connaissance que j'avais d'elle ne pouvait que la disposer au dépit. C'est ce qui fit abréger la visite autant que je pus... »

Après avoir « embrassé les enfants » Pagello content de lui-même, mais serviteur candide et judicieux du destin, prit le coche, non sans s'inquiéter de l'accueil que lui réservait sa patrie. La liaison, le départ avec l'étrangère avaient indisposé contre lui sa famille et sa clientèle. Il lui fallut regagner tous ces biens avec l'estime de Venise et subsister en attendant. Le montant des billets (2 500 francs) que lui avait signés la bonne George en échange de quelques tableaux de maîtres apportés d'Italie, ne put lui rendre de grands services immédiats ; car outre qu'on lui retint un millier de francs pour règlement des comptes, le reste avait été dépensé à Paris pour une boîte d'instruments de chirurgie et quelques livres. Mais ce dernier capital dut fructifier.

IV

En 1896, Pagello vivait encore. Nos journalistes l'ont contemplé et interrogé. C'était un patriarche dont les yeux reposaient sur sa postérité, jusque dans la troisième et quatrième génération. Dans une maison de Bellune, il goûtait, comme l'air du soir, le charme de la vie finissante et l'heureuse lassitude de ses labeurs. L'amour même, l'amour revenait dans ses souvenirs et se mêlait en souriant à ses propos. Il se plaisait naguère à rouvrir devant l'assemblée des enfants de ses petits-fils les épîtres familières et passionnées de ses deux célèbres clients, et l'on se disputait volontiers ces reliques, en lui jurant de ne point les laisser envoler. Mais ce serment est-il de ceux qui se puissent tenir ?

D'autres fois, Pagello considérait dans un portrait de sa jeunesse, miroir triste et joyeux, ce qu'avaient été ses vingt ans. Personne ne discute plus sur le point de savoir s'il fut véritablement beau. Seule Louise Colet ose avancer que, malgré ses larges épaules, Pagello, à le voir de près, faisait une espèce de monstre. Malice pure. Madame Colet ne nous soutient cette thèse que pour le plaisir d'insinuer aussitôt que « les femmes néo-chrétiennes se font une vertu de préconiser la laideur comme un rachat de leur chute, toujours produite, prétendent-elles, par l'attrait de l'union des âmes et non par la convoitise des corps périssables ». Jugeant Mme Sand insuffisamment accablée du reproche d'hypocrisie, le diabolique auteur de *Lui* y mêle le reproche de mauvais goût : « L'antiquité, dit-elle, fut plus naïve et plus friande en matière d'amour. »

Ce qu'on voit de Pagello dans les *Lettres d'un voyageur* où « le Docteur », comme on l'appelle, ne cesse de fumer la pipe et de verser des larmes, car cet homme paisible pouvait pleurer comme Francueil, donne l'idée d'un personnage un peu massif et d'aspect slave ou germanique, *bianco, biondo e grassotto*. « Un Prussien », observe quelqu'un. Ce type ne saurait étonner à Venise et, pour nuancer l'impression, il faut se souvenir que George aimait à comparer son docteur à une jeune fille. Quand à Musset, dans la *Confession d'un enfant du siècle*, il lui donne les traits suaves et l'âme pudique de Smith.

Deuxième partie
Tragédie

Témoignages

Le temps, le lieu précis, les circonstances de la liaison restèrent longtemps incertains. Faute de pièces sûres, il n'en était plus reparlé lorsque, en 1896, sur une indication de M. de Spœlberch de Lovenjoul, savant collectionneur bruxellois, le docteur Cabanès eut l'idée de faire interroger la famille de Pagello pour obtenir quelque renseignement direct ; l'entremise du professeur Vittorio Fontana, du lycée de Bellune, lui fut précieuse. Pour les Pagello, ils ne se firent point prier et fournirent le témoignage demandé.

I

De ce document primitif, qui pourrait s'appeler *Pagello confessé* et même *trahi par les siens*, je ne dirai que ce qui intéresse notre sujet, du point où le jeune médecin de Venise pénétra dans l'intimité des voyageurs français.

Nous sommes en février 1834, hôtel Danieli, quai des Esclavons, à Venise : Alfred malade et délirant, George éperdue, un vieux médecin du pays qui tente une saignée et qui ne trouve pas l'artère... La jeune femme, au désespoir, adjure donc ce praticien de sauver son ami :

« Alors le médecin promit de lui envoyer un médecin jeune, *et ce fut Pietro Pagello, qui n'abandonna plus le malade.*

« Une nuit, George Sand, après avoir écrit trois pages d'une prose très inspirée (M. Pagello les conserve, et elles sont inédites), prit une enveloppe sans adresse, y mit la poétique... déclaration et remit l'enveloppe au docteur Pagello.

« Celui-ci, ne voyant aucune adresse, n'y comprit rien ou feignit de n'y rien comprendre et demanda à George Sand à qui il devait porter la lettre. George Sand lui arracha alors l'enveloppe des mains et y écrivit l'adresse :

« — Au stupide Pagello.

« Depuis cette nuit, commença entre l'un et l'autre une relation... très intime. »[157]

II

D'après une seconde version des mêmes faits, la fortune de Pagello, sans être moins brillante, aurait été conduite avec plus de lenteur et de convenance. C'est la version de Pierre Pagello lui-même, dans son « Journal », pièce qu'il conviendrait d'appeler mariétonique du nom de l'écrivain qui l'a découverte et traduite ; l'intérêt de la pièce, sa faiblesse comme sa force, est de dater de soixante ans.

Les *Lettres d'un voyageur* avaient paru dès 1834 ; la *Confession d'un enfant du siècle* voyait le jour l'année suivante. Pagello estima qu'il lui convenait de mettre aussi par écrit des aveux circonstanciés. Ayant eu sa part de péché, pourquoi eût-il été le seul muet des trois ? Il se reconnaissait dans les livres de ses amis. Mais les traits de son personnage ne laissaient pas d'être arrangés selon leur intérêt ou même leurs plaisirs divers. Il songea à se composer une attitude conforme à son goût personnel et qui pût le justifier, lui aussi, devant le cercle de ses voisins.

Il écrivit donc sa *Confession*, en 1838 peut-être. M. Paul Mariéton l'a rencontrée, dit-il, « dans un volume introuvable et parfaitement inconnu, où, parmi des essais dramatiques et littéraires dus à Mme Luigia Codemo, a été glissé le Mémorial du médecin de Bellune ». L'auteur de la trouvaille a pu comparer cet étrange imprimé au manuscrit même de Pagello. L'authenticité nous en est ainsi garantie.

On aimerait savoir positivement si le carnet trouvé et lu par M. Paul Mariéton correspond à ce « Mémorial » que le docteur Pagello fils a décrit au docteur Cabanès comme « une sorte d'acte de contrition d'un bon enfant bien repenti qui déplore ses péchés de jeunesse ». L'entourage de Pagello sembla considérer ce dernier Mémorial comme une esquisse ou même comme un livre d'imagination pure : « Ni les événements dont il est parlé, ni les personnages n'y sont en aucune façon précisés ». Ainsi s'exprime le docteur Just Pagello.[158]

Quoi qu'il en soit des arrangements qu'il peut comporter, l'écrit de Pierre Pagello, tel qu'on le possède aujourd'hui, confirme sur le point capital les

---

[157] Lettre du professeur Fontana au docteur Cabanès.
[158] Just Pagello, fils de Pietro Pagello et lui aussi médecin. (n.d.é.)

témoignages recueillis de vive voix par le professeur Fontana : on n'eut pas à tenter Mme Sand, elle attaqua.

III

Après avoir conté que, longtemps avant de connaître la belle étrangère de l'hôtel Danieli, il l'avait aperçue au balcon et que cette image l'avait beaucoup troublé (mais peut-être cette préface du récit est-elle sujette à caution), Pagello poursuit en ces termes :

> Si je fus assidu au lit de ce malade, vous pouvez l'imaginer. George Sand veillait avec moi des nuits entières, à son chevet. Ces veillées n'étaient pas muettes et les grâces, l'esprit élevé, la douce confiance que me montrait la Sand m'enchaînaient à elle tous les jours, à toute heure et à chaque instant davantage. Nous parlions de la littérature, des poètes et des artistes italiens ; de Venise, de son histoire, de ses monuments, de ses coutumes[159] ; *mais, à chaque nouveau trait, elle m'interrompait en me demandant à quoi je pensais.* Confus de me sentir surpris à être ainsi absorbé en causant avec elle, *je me prodiguais en excuses, devenant rouge comme braise,* tandis qu'elle me disait avec un sourire presque imperceptible et un regard de la plus fine expression :
>
> « Oh ! docteur, je vous ennuie beaucoup avec mes mille questions ! » Je restais muet.
>
> Un soir qu'Alfred de Musset nous pria de nous éloigner de son lit parce qu'il se sentait passablement bien et avait envie de dormir, nous nous assîmes à une table près de la cheminée.
>
> « Eh bien ! Madame, lui dis-je, vous avez l'intention d'écrire un roman qui parle de la belle Venise ?
>
> — Peut-être... » répondit-elle ; *puis elle prit un feuillet et se mit à écrire avec la fougue d'un improvisateur.* Je la regardais étonné, contemplant ce visage ferme, sévère, inspiré ; puis, respectueux de ne pas la troubler, j'ouvris un volume de Victor Hugo qui était sur la table, et j'en lus quelques passages sans pouvoir y prêter la moindre attention. Ainsi passa une longue heure. *Finalement, George Sand déposa la plume, et sans me regarder ni me parler, elle se prit la tête entre*

---

[159] On peut voir dans les *Lettres d'un voyageur* que les causeries du docteur ne restèrent pas sans emploi. Il y est du reste cité comme le vivant dictionnaire de Venise.

ses mains et resta plus d'un quart d'heure dans cette attitude ; puis se levant, elle me regarda fixement, saisit le feuillet où elle avait écrit et me dit :

« *C'est pour vous.* »

Ensuite, prenant la lumière, elle s'avança doucement vers Alfred qui dormait et s'adressant à moi :

« Vous paraît-il, docteur, que la nuit sera tranquille ?

— Oui, répondis-je.

— Alors vous pouvez partir, et au revoir, demain matin. »

Je partis et rentrai droit à mon logis où je m'empressai de lire ce feuillet...

On n'acceptera pas cette confession sans critique. Plus d'un détail en est calculé au mieux des intérêts du conteur. Déjà, le préambule nous offrait tout à l'heure un Pagello amoureux de la Française à première vue et bien avant de lui avoir été présenté : c'est qu'il tenait à s'épargner dans son roman cette figure un peu passive qui semble lui avoir été naturelle. La suite du récit propose au contraire, comme on vient de le voir, un Pagello qui baisse les yeux, garde le silence, cache ses sentiments et oblige son amazone à le provoquer en face : c'est qu'il veut nous paraître un médecin trop sérieusement occupé de son art pour ruminer des bagatelles au chevet d'un malade, la plus belle des femmes fût-elle debout près de lui.

Quoique trop littéraires, certains détails que j'ai soulignés méritent d'être retenus comme l'expression de vérités prises sur le vif : les *À quoi pensez-vous ?* de George, la réserve de Pietro, faite, je crois, d'incertitude et de méfiance, la fougueuse improvisation de l'écrivain et, enfin, ce long silence méditatif que termine le dramatique « C'est pour vous. » Mais prenons garde qu'il manque un trait. Pagello ne s'est pas résigné à mettre par écrit le *stupide Pagello* que lui jeta Mme Sand. Il a bien pu, de vive voix, le relater, mi-souriant, mi-rougissant, au cours de nombreux entretiens, si bien que le souvenir s'en est conservé chez les auditeurs ; quand il a fallu le transcrire, la plume a fourché. L'excuse était bonne à soumettre au public vénitien ; l'amour-propre ne l'a pas trouvée assez glorieuse.

Que le mot ait été dit par George à Pagello, cela ne peut faire de doute. La famille du médecin ne l'eût pas inventé, et Just Pagello ne l'eût pas confirmé au docteur Cabanès : « Stupide ! expliquait le docteur Just, à vrai dire, il ne l'était point. Mais il jouait ce rôle. N'était-ce pas le meilleur parti que mon père pouvait prendre *par prudence ?* »

Le récit du Journal s'applique dès lors à marquer que la passion ainsi déclarée mit de fort longs délais à se couronner. Mais le lecteur se défend mal d'un mouvement de scepticisme car le professeur Fontana, résumant les confidences de Pagello, a dit le contraire : « Depuis cette nuit commença entre l'un et l'autre une relation... fort intime. »

D'après un mot, d'ailleurs obscur, du Journal de Pagello, vingt jours entiers passèrent avant ce dénouement et les premiers furent donnés par le jeune homme au doute, au scrupule et aux autres contremarches de la vertu. Rentré chez lui et lisant la déclaration de George, il en fut bouleversé, dit-il :

> Oui, oui, je ne puis nier que le génie de cette femme me surprît et m'annihilât. Si je l'aimais d'abord, vous pouvez vous imaginer combien je l'aimais davantage après cette lecture. J'aurais donné je ne sais quoi pour la voir aussitôt, me jeter à ses pieds, lui jurer un amour impérissable ; mais il était déjà tard, et je demeurai pourtant en face de cette feuille, et la relisant deux fois avec le même enthousiasme. Cependant, quelques phrases, l'allure de cet écrit éveillèrent en moi, après la troisième lecture, un je ne sais quoi d'indéfinissable et d'amer qui me sembla me monter au cerveau des profondeurs du cœur.

« Sera-t-elle la première ou la dernière des femmes ? » se demandait-il après avoir judicieusement observé qu'elle avait enveloppé « son épicurisme d'une fine auréole de gloire ». Il poursuivait, dans un ordre un peu différent, mais avec la même anxiété : « Garderai-je ma clientèle ? » « Jeune, initié, je commençais à me procurer une clientèle pour laquelle la science ne suffit pas : il y faut encore une conduite sévère. » Il se représentait avec vivacité ses obligations envers un client tel qu'Alfred de Musset en y mêlant le souvenir des conseils de sa défunte mère, qu'il avait perdue l'année précédente et de qui le portrait pendait justement devant lui. « Si, lui disait la sainte femme, si tu trouves dans la vie des attraits qui contrastent avec les principes moraux que je t'ai inspirés, ceux-là te rendront malheureux. » Et le bon fils se sentait un peu ébranlé. « Je me jetai sur mon lit, et passai le reste de la nuit sans dormir, travaillé par les idées contraires qui luttaient en moi. »

Le docteur compare élégamment le jeu de ces motifs contraires dans son cerveau au va-et-vient de la navette d'un tisserand.

> ... À dix heures du matin, je fus, comme de coutume, faire ma visite à Alfred de Musset qui allait visiblement mieux, après avoir couru pour sa vie un grave péril. La Sand n'y était pas. Assis au lit du patient et causant avec lui, je n'osais demander où était sa compagne de voyage ; mais un mouvement involontaire me fit maintes fois regarder derrière moi comme si je la sentais approcher, et j'épiais la porte d'une chambre voisine d'où je m'attendais à la voir apparaître. Il y avait pourtant deux désirs contraires en moi : l'un qui haletait hardiment de la voir, l'autre qui aurait voulu la fuir ; mais celui-ci perdait toujours à la loterie.
>
> Tout à coup, s'ouvrit la porte que je regardais, et George Sand apparut, introduisant sa petite main dans un gant d'une rare blancheur, vêtue d'une robe de satin couleur noisette avec un petit chapeau de peluche orné d'une belle plume d'autruche ondoyante, avec une écharpe de cachemire aux grandes arabesques, d'un excellent et fin goût français. Je ne l'avais vue encore aussi élégamment parée et j'en demeurai surpris, lorsque s'avançant vers moi avec une grâce et une désinvolture enchanteresses, elle me dit :
>
> « Signor Pagello, j'aurais besoin de votre compagnie pour aller faire quelques petits achats, si cependant cela ne vous dérange pas. »
>
> Je ne sus que bredouiller que je me tenais honoré de me mettre à son service comme cicérone et comme interprète. Alfred alors nous congédia, et nous sortîmes ensemble. Quand je me sentis au grand air, il me sembla respirer plus librement, et je parlai avec plus de désinvolture et plus d'agilité. Elle me raconta comment elle vivait depuis quelques mois en relations avec Alfred, et combien elle avait de raisons nombreuses de se plaindre de lui, et qu'elle était déterminée à ne pas retourner en France avec lui. Je vis alors mon sort, je n'en eus ni joie ni douleur, mais je m'y engouffrai les yeux fermés. Je vous fais grâce de la très longue conversation que j'eus avec George Sand, en nous promenant, trois heures durant, de-ci et de-là, sur la place Saint-Marc. Nous parlâmes comme tout le monde en semblable cas. C'étaient les variations accoutumées du verbe *je t'aime...* Mais, après vingt jours écoulés, il survint des faits plus graves.

Recevoir tel quel ce récit vieux de soixante ans nous serait d'autant moins facile que, en 1896, Pagello a confirmé au docteur Cabanès le récit tout différent et presque contraire de M. le professeur Fontana. On peut objecter à la version Fontana et à la confirmation de Pagello que toutes deux émanent d'un vieillard dont la mémoire a beaucoup baissé ; mais le premier récit émane d'un jeune homme dont les facultés d'imagination étaient dans la fleur. En 1838, Pagello avait intérêt à construire certaines fables ; deux grands tiers de siècle écoulés ont supprimé tout au contraire les intérêts qui lui inspiraient ces scrupules, ces scrupules eux-mêmes et jusqu'au souvenir des fictions qui en étaient sorties.

IV

Il faut néanmoins tenir compte du document fourni par M. Paul Mariéton si l'on veut représenter certains traits de la grande scène de cette histoire. Je crois bien, par exemple, que Pagello ne lut pas séance tenante les feuillets que George lui avait tendus d'un geste tragique. Peut-être lui conseilla-t-elle de les lire en particulier. Mais, quand il en eut pris connaissance, le pauvre garçon ne put, ou ne voulut, ou (toujours par réserve de prudence !) n'osa s'en croire le destinataire certain. Il feignit tout au moins cette hésitation devant l'excès de ce bonheur et, de son mieux, il fit la bête. De sorte qu'il rapporta les feuillets le lendemain, comme l'indique le Journal ; mais, comme l'ajoute la version Fontana, il les rendit à Mme Sand en demandant à qui était destiné ce morceau de littérature. C'est alors qu'elle mit l'écrit sous enveloppe ou plutôt le plia (car je ne sais si l'on avait facilement des « enveloppes » en 1834) et traça la suscription railleuse que nous connaissons. Cette conjecture établit un espace de douze et quinze heures environ entre la rédaction de la pièce et le libellé de la dédicace au « stupide Pagello ». Alors, nous apprend le Journal, ils sortirent ensemble. Est-il bien certain qu'ils aient fait cette sortie et l'état du malade le permettait-il ? C'est, du moins, le moment auquel il conviendra de laisser nos héros tout seuls.

M. Paul Mariéton nous a découvert le Journal de Pagello ; mais le nom de M. le docteur Cabanès sera béni des sandistes et des mussettistes pour avoir sauvé de l'oubli le texte même de la déclaration de madame Sand.

Ce qu'elle méditait dans ce triste soir où Musset, ayant envie de dormir, l'avait priée de s'éloigner, tandis que le docteur lisait distraitement un tome de Victor Hugo, ce qu'elle écrivit aussitôt avec la fougue « d'un improvisateur », de cet air inspiré mais concentré qui avivait l'éclat de son pâle visage, ce qui lui coûta une heure de rédaction, mais qu'elle remit à Pagello sans avoir hésité plus de vingt minutes, cette pièce précieuse et ce document prodigieux, le voici, ou plutôt en voici l'abrégé, car, s'il faut montrer l'essentiel de cette cendre, je n'en produirai rien de plus.

Peut-être, pour faire croire en cas de surprise qu'elle écrivait un simple chapitre de roman, le feuillet porte un titre : « *En Morée* ». Pourquoi en Morée ? La Morée a été possession vénitienne. Est-ce une allusion à quelque anecdote de Pagello ? Avait-on projeté un voyage en Morée ou ne s'agissait-il que de la Morée de Byron et cela voulait-il signifier l'embarquement pour un amour sauvage, violent et primitif, comme on en prêtait aux populations de la Grèce moderne ? Serait-ce encore un anagramme d'*En Amore* ? Ou faut-il lire *Enamorée* ? Il sera plus simple de croire que les deux mots étaient déjà inscrits en tête de la feuille quand George la saisit pour y consigner ses aveux.

Mais elle usa de termes infiniment directs qui rendent vaine l'entreprise d'expliquer ce fragment par une allégorie : « *Nés sous des cieux différents, nous n'avons ni les mêmes pensées, ni le même langage : avons-nous du moins des cœurs semblables ?... Je sais aimer et souffrir, et toi, comment aimes-tu ? L'ardeur de tes regards*, ajoute-t-elle, *l'étreinte violente de tes bras, l'audace de tes désirs me tentent et me font peur... Je ne sais ni combattre ta passion, ni la partager... Je te regarde avec étonnement, avec désir, avec inquiétude.* »

Bien que le « stupide » Pagello n'ait rien dû témoigner encore, George, aussi maligne qu'ardente, feint de répondre à des vœux déjà exprimés. C'est la première ruse. La seconde consiste à se poser en objection tout ce qui va donner une énergie nouvelle à la volonté de son cœur.

> *Tu es étranger, dit-elle en substance. Tu n'entends pas ma langue. Je sais trop mal la tienne pour que nous puissions nous comprendre. Pourrions-nous faire communiquer nos pensées par le langage, nos cœurs resteraient éloignés, étant nés de patrie, de races, de mœurs trop contraires. Qui es-tu ? Et que peux-tu être pour moi : « un appui ou un maître ? » On t'a élevé peut-être dans la conviction que les femmes n'ont pas d'âme. Sais-tu qu'elles en ont une ? N'es-tu ni chrétien, ni musulman, ni civilisé, ni barbare ? Es-tu homme ? Qu'y a-t-il dans cette mâle poitrine, dans cet œil de lion, dans ce front superbe ?*

Comme on s'y attendait, la pierre objectée au torrent en a doublé la force.

Le questionnaire continue avec un lyrisme croissant. George demande à Pierre s'il est idéaliste ou charnel en amour, brute ou poète, athée ou plein de foi, esclavagiste ou libéral ; s'il croit aux appétits indomptables et indéfinis de notre âme ; si, lorsque sa maîtresse s'endort entre ses bras, il sait demeurer « éveillé à la regarder, à prier Dieu et à pleurer ». Elle lui pose enfin une question pleine d'audace : « Les plaisirs de l'amour te laissent-ils haletant ou abruti, ou te jettent-ils dans une extase divine ?... » et, lui confessant qu'elle ignore ce grand point, elle songe dans un éclair de pensive mélancolie qu'il lui faudra peut-être en rester toujours ignorante. « Je ne sais ni ta vie passée, ni ton caractère, ni ce que les hommes qui te connaissent pensent de toi. Peut-être es-tu le premier, peut-être le dernier d'entre eux. » N'importe. Un mot éclate, qui emporte tous les doutes, et brise, et foudroie. « Je t'aime, gémit-elle, je t'aime sans savoir si je pourrai t'estimer, et je t'aime parce que tu me plais. »

Toute autre que Mme Sand s'en serait tenue là peut-être. Mais, l'obstacle renversé, roulé dans son onde et réduit en poudre impalpable, elle s'en sert comme d'un philtre. Si George se résout à aimer celui qu'elle ne peut ni connaître ni comprendre, c'est que le sentiment du risque à courir l'aiguillonne aussi.

Raisonnant sa passion du mystère et de l'aventure, elle se persuade que cela vaut bien mieux puisqu'elle sera la maîtresse de diriger à son gré son nouvel amour. Ce beau garçon silencieux, elle lui prêtera les sentiments qu'il lui plaira. « Si tu étais un homme de ma patrie, je t'interrogerais et tu me comprendrais, mais je serais peut-être plus malheureuse encore, car tu me tromperais. »

> Toi, du moins, tu ne me tromperas pas, tu ne me feras pas de vaines promesses et de faux serments. Tu m'aimeras comme tu peux aimer.
>
> *Ce que j'ai cherché en vain dans les autres,* je ne le trouverai peut-être pas en toi, mais je pourrai toujours croire que tu le possèdes.
>
> Les regards et les caresses d'amour qui m'ont toujours menti, *tu me les laisseras expliquer à mon gré, sans y joindre de trompeuses paroles.*
>
> Je pourrai interpréter ta rêverie et faire parler éloquemment ton silence.
>
> *J'attribuerai à tes actions l'intention que je te désirerai.*

... Je ne voudrais pas savoir ton nom. Cache-moi ton âme, que je puisse toujours la croire belle !

Le fils de Pagello a raison de trouver la pièce superbe. Le texte complet est gâté çà et là par quelques phrases trop mystiquement éthérées pour un cantique à la nature. Cependant, quel poète ! On n'imagine pas qu'il soit possible de mieux dire le battement d'un jeune cœur devant tant d'énigmes cachées dans le bel animal. De vieux humanistes m'assurent que c'est ainsi que dut parler à son amant la vive épouse de Minos. *Haud aliter Pasiphae tauro*[160], disent-ils dans leur langue, et les âmes qui sont établies le plus bas dans l'échelle de l'être pourraient aussi entendre l'hymne de George Sand, tant il est chaud, nombreux et rythmé sur les grandes ondes de l'univers.

Bien que mal instruit des finesses de l'idiome, le médecin de Venise devait être sensible à cette éloquence. Je ne crois guère au trouble « indéfinissable et amer » qui lui serait alors monté au cerveau « des profondeurs du cœur ». Cette impression semble imaginée après coup. Elle manque de vérité morale.

Le vrai est qu'il se réjouit de trouver George aussi éloquente qu'elle était belle et céda, s'il est possible d'ainsi parler. C'était, selon le récit véridique déjà cité, « une nuit » du temps où « le médecin n'abandonnait plus le malade ».

L'état d'Alfred était encore indécis ; quand il ne dormait pas du sommeil naturel ou du léthargique, il « extravaguait » à voix haute.

---

[160] « Pas autrement que Pasiphae au taureau. » (n.d.é.)

IMAGINATIONS

Nous avons un état précis des pensées et des sentiments du grand George ; qu'avons-nous besoin du détail de ses actions ? Le prodigieux et le sublime de l'affaire ne consistent point dans ce qu'elle fit pour le bonheur de Pagello, mais dans le fait d'en avoir conçu la pensée, le désir ou la volonté. N'admettons que ce dont nous sommes sûrs, n'ajoutons rien, demeurons-en à la simple révélation de son état d'esprit : il ne semble pas que les torts de Mme Sand puissent être aggravés par aucune charge.

I

Elle s'est défendue toute sa vie, non pas comme l'a observé M. Maurice Clouard, d'avoir été au médecin, mais d'avoir donné « le spectacle d'un nouvel amour sous les yeux d'un mourant ». L'odieux de l'histoire n'existait qu'en cela pour elle, puisque, nous le savons, elle se sentait libre depuis les infidélités et les duretés d'Alfred de Musset et qu'une rupture formelle avait eu lieu.

Mais, délivrée de toute obligation envers le premier amour, ne lui consacrant que les travaux de sa charité, le second paraît bien lui avoir inspiré une ivresse brutale, avec de sauvages oublis. « Les amants, observe-t-elle avec une lucidité judicieuse dans une lettre à Pagello dont M. Paul Mariéton a copié l'original, les amants n'ont pas de patience et ne savent pas se cacher. Si j'avais pris une chambre dans l'auberge, nous aurions pu nous voir sans le faire souffrir et sans nous exposer à le voir d'un moment à l'autre devenir furieux. » Soit que Pagello se fût fait scrupule de permettre à George, alors un peu gênée, la location d'une autre pièce et que cette dépense fût au-dessus de ses moyens, soit que l'état du malade ne permît point de le quitter, ils connurent là ces alarmes de toute heure auxquelles George fait allusion au début de la même lettre : « Aurons-nous, s'écrie-t-elle, assez de prudence et assez de bonheur, toi et moi, pour lui cacher encore notre secret pendant un mois ? » De pareils textes permettent de grands sourires en réponse à beaucoup de dénégations irritées.[161] Il faut se souvenir d'ailleurs que, à l'état

---

[161] « Cet Italien, écrivait-elle l'automne suivant, quand il s'agissait de se disculper pour reprendre Alfred de Musset, cet Italien, vous savez, mon Dieu ! si son premier mot ne m'a pas arraché un cri d'horreur ! (Décembre 1834)...

de nature et prise à l'improviste, une femme dit bien rarement ce qui est, elle dit ce qui est utile : la vérité, cette abstraction, disparaît devant la Nécessité vivante.

II

Si George a tant épilogué sur une vérité désormais établie, c'est qu'elle voulait maintenir la haute image qu'elle s'était formée et qu'elle avait imposée à d'autres de sa vertu : ses amis, son amant, ses confrères, ses lecteurs et sa conscience lui passeraient les fantaisies les plus hardies et les libertés les plus crues, mais non une faiblesse, non un entraînement, non le fait de céder à des forces supérieures. Il fallait qu'on la vît, qu'elle-même se crût, en dernière analyse, maîtresse absolue de son sort. *Elle et Lui* nous apprend comment peut et doit se donner une femme de tête. « Thérèse n'eut pas de faiblesse pour Laurent dans le sens moqueur et libertin que l'on attribue à ce mot en amour. Ce fut par un acte de sa volonté, après des nuits de méditation douloureuse qu'elle lui dit... etc. » Non contente de vivre, sans béquilles de préjugés ni de contraintes religieuses, elle se piquait d'être un modèle de liberté.

De l'année 1800 à l'année 1900, pour écrire des chiffres ronds, a régné cette curieuse règle du beau moral qui permet tout ce qui ne cause aucun mal à autrui, mais qui ordonne aussi de tenir tout être malheureux pour sacré. On a défini le mal à ce point de vue par la « douleur des autres ».[162] La religion de la souffrance humaine que prêche le comte Tolstoï en Russie et que reflète un personnage de M. Paul Bourget, la maxime du Philippe de M. Maurice Barrès, « ne faire de mal à aucun être », étaient déjà enveloppées dans les sentiments que Mme Sand se piquait d'avoir toujours nourris, professés et vécus. Sa cruelle passade de 1834 lui semblait devoir nuire à cette façon de composer sa biographie. Il en sortait de quoi répondre, comme avec un paquet de verges, à bien des plaidoyers pour la liberté de la vie et le droit divin de l'amour.

— Quoi ! George, vous nous dites, dans votre *Jacques* et dans tous vos livres, que « à des êtres sans conscience et sans vertu, il faut de lourdes chaînes » ? Il en faut donc à l'immense majorité du genre humain, la conscience et la vertu nous étant des biens aussi rares que le génie et que la beauté. Hélas ! ni l'homme ni la femme ne sont bons. L'homme et la femme

---

[162] M. Charles Richet.

ne se trouvent jamais si à l'aise pour bien agir qu'après qu'on a un peu lié leurs fantaisies par des conventions générales, des mœurs traditionnelles, toute sorte de brides, toute sorte de freins bien forgés et bien adaptés. Vieille loi, dites-vous ? Mais personne ne la démontre mieux que vous et que votre exemple tout neuf. Personne n'a été ornée de dons plus précieux ; personne plus déliée des chaînes antiques ; c'est pourquoi nulle d'entre nous n'a été moins gardée, ni moins défendue ; aucune n'est tombée plus bas et n'a péché plus gravement, je ne dis pas contre l'amour, mais contre la bonté, contre la pitié, contre, cette charité naturelle qui jusqu'ici paraissait l'ordre ou plutôt le fond même de votre cœur.

Voilà quelles réflexions menaçantes décidèrent Madame Sand au parti d'un mensonge invraisemblable et obstiné. On admire les femmes pour leur faculté d'oublier. Elle dépend de leur magnifique pouvoir de se mentir à elles-mêmes. Chez George, l'imagination dut effacer presque entièrement le vestige d'actes devenus insupportables à son orgueil. Le *non* qu'elle n'avait pas eu la force d'opposer à ses tentations de Venise, elle n'a point cessé de le superposer aux images que ressuscitait sa mémoire. Pour cette âme qui se flattait d'ignorer à la fois repentir et expiation, une dénégation soutenue et continuée avec tant de constance équivalut peut-être au rachat et au repentir ; mais c'est l'aveu indirect de la défaillance.

— Je suis incapable de faute. Si j'avais fait cela, j'aurais péché certainement. Je n'ai donc pu le faire et je ne l'ai point fait.

Ce que George jura cent fois de n'avoir jamais fait, c'est au juste ce que, dix mois plus tard et au prix même de son sang, elle eût voulu n'avoir pas fait ; c'est, plus humainement, ce qu'elle s'estimait incapable de jamais faire. Ce mal qu'elle reconnaissait et sentait bien être le mal, il lui devenait impossible de s'en reconnaître l'auteur.

— Quelle est donc cette femme qui agit à Venise d'une façon dont elle rougirait, quant à elle, mais qui, la misérable ! lui ressemblait comme une sœur ?

III

Tout compte fait, son cœur valait beaucoup mieux que sa vie, qui valait mieux que sa philosophie. Celle-ci, à la vérité, valait moins que rien, car ce que l'on préfère à cette menteuse sagesse est un long mensonge de fait.

Mais gardons-nous de tant charger les deux nouveaux amants que nous leur inventions des crimes. Je ne crois pas qu'ils aient manqué de circonspection. Ils prirent ou crurent prendre infiniment de peine pour tromper avec art. George tenait à faire publier par tous ses amis parisiens qu'elle avait respecté les délicatesses élémentaires. Mais on ne peut perdre de vue qu'elle était aussi dominée par un devoir étroit : l'état de Musset exigeait la présence continuelle de George et de Pagello. Le poète a peut-être dû la santé et la vie à ce qui nous choque le plus dans cette affreuse trinité.

Avant leur union criminelle, son médecin et sa compagne désespéraient de le sauver ; George si bonne, Pagello si peu pervers, n'ont-ils pas fait ensuite le serment d'expier cette double chute en le disputant à la mort « comme leur propre enfant » ? « Je l'aimais comme un père, et tu étais notre enfant à tous deux », lui écrivait George plus tard.

— Va, nous te sauverons !

On les entend. On les voit étendre la main et choisir la formule de quelque serment romantique. C'est en de tels moments que l'éloquence du grand George atteignait sans difficultés au sublime. Et, bien qu'assez comique à nos regards de spectateurs, la foi ainsi jurée offrait cet avantage d'endormir bien des inquiétudes et des scrupules. Elle ajoutait à la commune vie amoureuse un je ne sais quoi de tendu, d'enthousiaste et d'exalté dont le serein esprit de Mme Sand aimait à goûter l'illusion.

Les vit-il ?

Ou Musset ne vit rien tant que dura sa maladie, ou il eut le sujet de quelques soupçons.

I

Vers 1895, l'on pouvait encore soutenir ou admettre qu'il ne vit rien et, selon la version de madame Sand elle-même, qu'elle ne songea à Pagello que longtemps après la guérison du poète. Mme Arvède Barine présente encore une version de ce genre dans son *Alfred de Musset*, ou du moins lui est-il permis de glisser le plus vivement du monde sur les vérités difficiles confiées à sa discrétion. Elle n'aborde le sujet du « roman à trois personnages » qu'après avoir parlé de la convalescence d'Alfred. Cette page de notre contemporaine est un modèle de diplomatie féminine :

> ... Le vertige du sublime et de l'impossible ressaisit les deux amants (George et Alfred). Ils imaginèrent les déviations de sentiment les plus bizarres, et leur intérieur fut le théâtre de scènes qui égalaient en étrangeté les fantaisies les plus audacieuses de la littérature contemporaine. Musset, toujours avide d'expiation, s'immolait à Pagello, qui avait subi à son tour la fascination des grands yeux noirs. Pagello s'associait à George Sand pour récompenser par une « amitié sainte » leur victime volontaire et héroïque, et tous les trois étaient grandis au-dessus des proportions humaines par la beauté et la pureté de ce « lien idéal ».
>
> George Sand rappelle à Musset, dans une lettre de l'été suivant, combien tout cela leur avait paru simple... Elle lui rappelle aussi leurs émotions solennelles, « *lorsque tu lui arrachas, à Venise, l'aveu de son amour pour moi, et qu'il te jura de me rendre heureuse. Oh ! cette nuit d'enthousiasme où*, malgré nous, tu joignis nos mains en nous disant : « Vous vous aimez et vous m'aimez pourtant ; vous m'avez sauvé âme et corps. »

Après tout ce que nous avons, ce *malgré nous* acquiert la bonne saveur de Molière. Les témoignages que nous avons dépouillés montrent si George et

Pagello avaient attendu la licence de leur magnanime poète ! Cette nuit d'enthousiasme que nous rapporte, d'après George, Mme Arvède Barine, se ramène aux proportions d'une comédie dans laquelle Alfred de Musset ne fut pas seulement la dupe de son goût pour les cas étranges et de l'extrême générosité de son cœur : il le fut du grand George, il le fut du brave Pagello.

II

Mais l'avait-il toujours été ? Quoi ! pas l'ombre d'un doute ? Et chez un homme à qui l'état de jaloux fut si naturel, pas un accès, pas un réveil de l'ancienne furie ? Jusqu'au *malgré nous* admirable, jusqu'aux fiançailles mystiques, pas un soupçon ?

Sans doute la séparation était faite. George et Alfred n'étaient plus amants. Elle était libre, il n'avait plus le droit d'être jaloux. Comme si la plus forte des passions de l'amour suivait le droit et le devoir ! Comme si aucune rupture officielle pouvait être prise longtemps au sérieux par Alfred ! Les larmes de la forêt de Fontainebleau et leurs folles nuits parisiennes de septembre, voilà ce qui vivait à jamais dans son souvenir, non l'image banale des formalités de la dernière séparation ni deux tours de clef donnés à la chambre de George. Comment eût-il cessé d'aimer cette belle maîtresse quand elle lui sauvait la vie et qu'il devait reprendre si passionnément à Paris après qu'elle lui eut infligé des maux plus affreux que la mort ?

Le convalescent se leva bien plus amoureux qu'autrefois : notre affaire est de découvrir si, dans la suite de jours et de nuits qui va de la chute de George au départ d'Alfred pour la France, rien ne se produisit de net et de tranché qui éveillât dans cet amour reviviscent le frisson de la jalousie.

On peut d'ailleurs admettre une crise de jalousie sans adopter tout ce qu'a raconté Paul de Musset sur ce point.

Le frère du poète, tant dans la *Biographie d'Alfred de Musset* que dans *Lui et Elle*, obéit à trois ordres de préoccupations. Il veut diminuer les torts de son frère envers George, ce qui rend l'aventure entière incompréhensible ; il veut réduire l'importance de George elle-même dans l'œuvre et dans la vie d'Alfred de Musset, ce qui était l'impossible pur ; enfin, et l'on a oublié jusqu'ici de le voir et de le dire, il s'est efforcé de couvrir la céleste naïveté du jeune poète.

III

Selon Paul de Musset, le poète, au réveil d'une léthargie, aurait assisté aux effusions de sa maîtresse et de son rival ; posée entre George et Pagello, une tasse de thé à laquelle ils semblaient avoir bu tour à tour lui confirmait, comme un témoin matériel, leur intimité amoureuse.

Les amis de madame Sand repoussent avec dédain toute cette histoire, dont plus d'un critique a souri. L'épisode de la tasse mit particulièrement en verve M. Maurice Clouard. « Mais c'est Paul de Musset qui a écrit cela, disait-il, non Alfred, et pas une ligne d'Alfred ne fait allusion à cela ; il reproche bien des choses à sa maîtresse, mais jamais cela. » Ainsi parle M. Maurice Clouard. « Jamais cela », « pas une ligne », c'est beaucoup dire peut-être. J'accorde bien qu'on n'en ait trouvé nulle trace dans ces lettres inédites du poète que tant de regards ont violées ; j'admets pareillement qu'on ne tienne pas compte des feuillets qu'aurait dictés, de son lit de mort, Alfred de Musset à son frère, car ils ne portent aucun signe qui les authentifie parfaitement en dehors du témoignage de la famille du poète, et l'on peut se permettre de récuser ce témoignage. Mais ouvrons la dernière partie de la *Confession d'un enfant du siècle*, précisément aux points de l'ouvrage qu'on s'accorde à tenir pour une autobiographie. La tasse de thé n'en est pas absente. Je transcrirai tout le morceau.

> Un soir que Smith (Pagello)[163] avait dîné avec nous, je m'étais retiré de bonne heure, et je les avais laissés ensemble. Comme je fermais ma porte, j'entendis Brigitte (George) demander du thé. Le lendemain, en entrant dans sa chambre, je m'approchai par hasard de la table et, à côté de la théière, je ne vis qu'une seule tasse. Personne n'était entré avant moi et, par conséquent, le domestique n'avait rien emporté de ce dont on s'était servi la veille. Je cherchai autour de moi sur les meubles si je voyais une seconde tasse et m'assurai qu'il n'y en avait point.
>
> « Est-ce que Smith est resté tard ? demandai-je à Brigitte.
>
> — Il est resté jusqu'à minuit.
>
> — Vous êtes-vous couchée seule, ou avez-vous appelé quelqu'un pour vous mettre au lit ?
>
> — Je me suis couchée seule. Tout le monde dormait dans la maison. »

---

[163] Cette mention comme celle de George plus bas est évidemment de Maurras. (n.d.é.)

> Je cherchais toujours, et les mains me tremblaient. Dans quelle comédie burlesque y a-t-il un jaloux assez sot pour aller s'enquérir de ce qu'une tasse est devenue ? À propos de quoi Smith et Mme Pierson auraient-ils bu dans la même tasse ? La noble pensée qui me venait là !
>
> Je tenais cependant la tasse et j'allais et venais par la chambre. Je ne pus m'empêcher d'éclater de rire, et je la lançai sur le carreau. Elle s'y brisa en mille pièces, que j'écrasai à coups de talon.

Est-il besoin de dire que le rapprochement n'a rien d'une preuve ? En rusé fabuliste, Paul n'aura peut-être parlé d'une tasse de thé dans *Lui et Elle* que parce qu'il s'en trouvait une dans la *Confession*. Et cependant la scène ainsi racontée par Musset porte un accent de réalité douloureuse, qui retient et qui inquiète, comme si elle eût été vécue par l'auteur. Elle a, en même temps, cet air d'invraisemblance qui atteste un mauvais démarquage de la réalité. Qu'une unique tasse de thé, posée entre deux personnages qui s'embrassent, paraisse une bonne confirmation du spectacle à quelqu'un qui redoute une hallucination, qu'elle serve à rendre le spectacle plus cohérent et qu'elle lui en fasse mieux saisir la réalité, cela peut se comprendre. Mais en quoi une tasse, trouvée isolée sur la table au lendemain de la veillée de Brigitte et de Smith, peut-elle servir de prétexte à un soupçon ?

Brigitte, dont les yeux suivent le ménage d'Octave, n'a qu'à dire :

« Je n'ai pas pris de thé. »

Ou bien :

« M. Smith n'en a pas voulu. »

Il semble donc qu'Alfred de Musset, voulant incorporer un souvenir de la vie à son œuvre d'art, a voulu aussi le défigurer. Il s'y est appliqué. Mais l'opération a été malheureuse.

Ce n'est là qu'une conjecture, il ne faut pas la rejeter, ni l'adopter non plus, mais en prendre note. La critique doit s'efforcer de ne faire dire à la *Confession* ni trop, ni trop peu.[164]

---

[164] Voir, à l'Appendice second, III, *la tasse de thé du docteur Cabanès* et IV *le témoignage de Buloz*. — Depuis que madame Marie-Louise Pailleron a publié ses pièces nouvelles quelques semaines après la vingtième édition de ce livre, l'auteur des *Amants de Venise* n'a rien voulu changer à ce chapitre ni aux autres. Mais le fait est que les inductions de sa critique ne pouvaient être confirmées plus parfaitement.

IV

En cherchant bien, quelque lecteur hostile à George relèverait un autre endroit qui fait songer à la plus grave des imputations élevées par Paul de Musset contre l'amie de son frère : c'est au commencement de la *Confession*, chapitre III, quand Octave de T... raconte qu'il découvrit à dix-neuf ans la trahison de sa première maîtresse :

> Comme je me retournais pour prendre une assiette, ma fourchette tomba. Je me baissai pour la ramasser, et, ne la trouvant pas d'abord, je soulevai la nappe pour voir où elle avait roulé. J'aperçus alors sous ma table le pied de ma maîtresse qui était posé sur celui d'un jeune homme assis à côté d'elle ; leurs jambes étaient croisées et entrelacées et ils les resserraient doucement de temps en temps.

Les sandistes ont ici beau jeu à répondre que la trahison dont se plaint Musset, par l'organe d'Octave, n'a aucun rapport avec l'histoire de George. Madame Sand ne paraît qu'au troisième livre de la *Confession*, sous les traits de Brigitte, la blanche, la pure Brigitte Pierson, et la dame anonyme aux pieds légers ne sort pas du livre premier. C'est l'affreuse duplicité de celle-ci qui précipite Octave dans la débauche, c'est l'innocence de Brigitte qui l'en retire et qui lui rend les consolations de l'amour. Voilà une réponse qui paraîtra fort juste. Mais comment se fait-il que la première maîtresse d'Octave nous fasse penser constamment à madame Sand et aux journées de l'hôtel Danieli ? Nous lui voyons entonner « la chanson tyrolienne » qui commence par ces deux vers :

> *Altra volta gieri biele*
> *Bianch'e rossa com'un flore...*
> (Autrefois j'étais belle,
> Blanche et rose comme une fleur...)

et qui semble le pur écho de la « sérénade vénitienne » insérée dans les *Lettres d'un voyageur* et le chef-d'œuvre de maître Pagello.

Cette sérénade en dialecte de Venise porte ces vers :

> *Ti xe bella, ti xe zovene,*

> *Ti xe fresca comme un flore...*
> (Tu es belle, tu es jeune,
> Tu es fraîche comme une fleur...)[165]

Le portrait même de cette terrible infidèle, sa chevelure noire, « sa nuque lisse et parfumée », « cette nuque, siège de la force vitale » « plus noire que l'enfer », ce « duvet rude et abondant », tout ce je ne sais quoi d'« impudemment beau » qui fait songer à quelque brune magnifique semble aussi nommer George Sand. Un juge réfléchi estimera que le souvenir de George a dû ici se dédoubler et, si l'on veut, se réfranger, comme en un prisme, dans la mémoire de l'auteur. Ce que George lui avait donné de meilleur anima le cœur de Brigitte ; le reste alla au corps de cette maîtresse trompeuse que l'âpre prose du poète poursuit de ses malédictions. « Je t'aime, fait-il dire à cette dernière, et ne puis me passer de toi. » Cela semble inspiré la lettre de George : « Je ne t'aime plus, mais je t'adore toujours. Je ne veux plus de toi, mais je ne peux pas m'en passer. »

Ajoutez qu'on étonne beaucoup les jeunes gens qui lisent Musset en révélant que la traîtresse du début de la *Confession* n'est pas la même fausse amante qui est accablée d'invectives dans une des *Nuits*, la « femme à l'œil sombre », dont le poète déplore que les « funestes amours » aient « enseveli dans l'ombre » son « printemps » et ses « beaux jours ». Un public ingénu et neuf, d'imagination fraîche fait ce brusque rapprochement. Il ne veut, il ne peut imaginer ici qu'une seule et même personne ; en revanche, il a peine à croire que la femme à qui il est dit :

> Honte à toi qui la première
> M'as appris la trahison...

soit représentée par l'idéale Brigitte. L'incohérence de la *Confession* est du reste si explicable qu'on la trouvera expliquée tout à l'heure de point en

---

[165] D'après M. d'Ancona, cité par le baron Albert Lumbrosso, la chanson tyrolienne serait une chanson populaire du Frioul. Quant à la sérénade vénitienne de Pagello, un critique italien, M. Gilbert Sécrétant, loue cette *bella, fresca e simpatica poesia* ; il admet volontiers que le docteur la composa pour madame Sand ; mais, ajoute-t-il, *Dio sa per quante il bello e forte giovane a fatto servire quelle poesia fortunata...* [Les deux mentions en italien, respectivement : « belle, fraîche et sympathique poésie » ; « Dieu sait combien de fois le beau et fort jeune homme mit à contribution ces heureux vers ». (n.d.é.)]

point. Contentons-nous de retenir, pour le moment, les traits dignes d'être notés.

V

« Aurons-nous, écrivait l'amoureuse George, assez de prudence et assez de bonheur, toi et moi, pour lui cacher notre secret pendant un mois ? » Et dans la même lettre : « Dans deux ou trois jours, les soupçons d'Alfred recommenceront *et deviendront peut-être des certitudes.* » Il avait donc eu des soupçons, cela est acquis. « Il suffira, ajoute-t-elle, d'un regard entre nous pour le rendre fou de colère ou de jalousie. » Et elle poursuivit bonnement : « S'il découvre la vérité à présent, que ferons-nous pour le calmer ? » Le morceau finit sur une prévision qui est pleine de suc et qui fera apprécier, je le dis sans sourire, la bonté foncière de George : « *Il nous détestera pour l'avoir trompé.* » Même dans l'étrange situation où elle venait de se mettre la bonne fille ne voulait pas être détestée.

Quelques personnes bienveillantes peuvent persister à penser que les soupçons du poète ne furent cependant que des soupçons en l'air et planèrent sans poser sur aucun fait de précis. Le spectacle quotidien d'un jeune homme et d'une jeune femme debout près de son lit et si bien accordés l'un à l'autre que tous leurs gestes devaient crier cet accord, suffisait largement à rendre un poète anxieux. Cependant Alfred de Musset, dans ses livres, se plaint d'autre chose que d'affreux doutes ; il semble évoquer l'apparence flagrante d'une trahison. Certains détails très nets paraissent lui avoir sauté aux yeux : tasse de thé bue en commun, lettre oubliée, baiser surpris, signes d'intelligence arrêté au passage, on peut choisir entre ces diverses suppositions, comme on peut les adopter toutes : on ne peut les rejeter toutes à la fois.

Le récit qui aurait été « dicté par Alfred de Musset à son frère, décembre 1852 » et qui a été communiqué par Mme Lardin de Musset à M. Paul Mariéton porte les images suivantes que le poète alité, à peine sorti du délire, est du reste tenté de prendre lui-même pour une « vision de malade » :

> En face de moi, je voyais une femme assise sur les genoux d'un homme. Elle avait la tête renversée en arrière... Je vis les deux personnes s'embrasser. Dans le premier moment, le tableau ne me fit

pas une vive impression. Il me fallut une minute pour comprendre cette révélation, mais je compris tout à coup, et je poussai un léger cri...

... En les regardant prendre leur thé, je m'aperçus qu'ils buvaient l'un après l'autre dans la même tasse. Lorsque ce fut fini, Pagello voulut sortir, G. S. le reconduisit. Ils passèrent derrière un paravent, et je soupçonnai qu'ils s'y embrassaient.

G. S. prit ensuite une lumière pour éclairer Pagello. Ils restèrent quelque temps ensemble sur l'escalier. Pendant ce temps-là, je réussis à soulever mon corps sur mes mains tremblantes. Je me mis à quatre pattes sur le lit. Je regardai la table de toute la force de mes yeux. Il n'y avait qu'une tasse ! Je ne m'étais pas trompé ! Ils étaient amants ! Cela ne pouvait plus souffrir l'ombre d'un doute. J'en savais assez. Cependant, je trouvai encore le moyen de douter, tant j'avais de répugnance à croire une chose si horrible !

C'est là-dessus que sa fureur aurait éclaté. La crise cérébrale reprit de plus belle ; aux divagations de la fièvre s'ajoutèrent les tremblements d'un cœur jaloux. Une lettre de madame Sand, écrite le 8 février 1834, donne peut-être l'idée de la manière dont ces scènes tragiques furent renouvelées. « Six heures, écrit-elle, d'une frénésie telle que, malgré deux hommes robustes, il courait tout nu dans la chambre. » Le détail se rattache à la première période de la maladie ; il est permis de croire que la rechute y ressembla.

VI

Cette rechute, qui est certaine, venait-elle des causes que lui assigne Paul de Musset dans un document bien suspect ?
Alfred de Musset *les avait-il vus ?*
J'ai classé et annoté les pièces produites.

Il n'y en a point qui me semble décisive. M. Paul Mariéton a recueilli le témoignage d'un confident de Sainte-Beuve, à qui Mme Sand aurait avoué que Musset l'avait surprise dans les bras de Pagello. Mais cette confidence scabreuse nous parvient à travers beaucoup de canaux. Je n'en tiendrai pas compte. En l'absence de preuve, une critique rigoureuse prescrira de penser que Musset rêva son malheur : nous savons d'autre part, qu'il l'a rêvé tout à fait juste.

Cette hypothèse d'une véritable hallucination, qui aurait été, selon la formule célèbre, une hallucination vraie, c'est-à-dire conforme à la réalité, présente le grand avantage d'ôter à la conduite de George et de Pagello une nuance de cynisme insupportable. Il soupçonna qu'ils « s'embrassaient derrière le paravent », et cela n'était que trop vrai ; mais George et Pagello aimèrent à penser que le soupçon n'existait pas, pour la raison qu'il ne pouvait pas exister, et que toutes les précautions possibles avaient été prises pour le prévenir. Ils avaient eu l'humanité de se cacher et la simplicité de croire que la force de leur amour n'éclaterait pas, sur des myriades d'indices, dans un cerveau aussi impressionnable que celui de Musset. Là fut l'erreur de George et de Pagello ; mais elle établit leur scrupule. Il faut s'en souvenir. La question du paravent est capitale. Ce paravent n'est pas une façon de dire. Il exista. Nous avons une lettre de George Sand à Alfred Tattet (Venise, 22 mars) dans laquelle on peut lire : « N'étant séparé des secrets de notre cœur que par un paravent... » Ce meuble devait arrêter l'œil inquiet du pauvre poète, il put l'arrêter en effet. Ne serait-ce que pour charger le moins possible ces coupables ou pour nous en tenir à l'explication la plus simple, il faut penser qu'Alfred, sans avoir rien surpris du vrai, sut cependant la vérité et qu'il se la représenta, à la manière des artistes, mise en tableau vivant et passionnément coloré.

Éveillée, excitée, alarmée par mille symptômes que rassemblait un sens subtil de poète amoureux et convalescent, son imagination lui avait peint l'essentiel de son infortune. George et Pagello s'aperçurent fatalement de sa vision, mais s'ils eurent la certitude de n'avoir jamais été vus, de n'avoir point permis à l'abominable spectacle de se produire, si les plus véridiques reproches du malade enfermaient ainsi une part de fausseté, ils trouvèrent plus aisément le courage ou l'audace de nier tout.

Troisième partie
Comédie

Industrie naissante de George

« Que ferons-nous pour le calmer ? » s'était demandé George bien avant d'être découverte.
Le moment qui la trahissait lui donnait aussi sa défense : par le fait du délire, les coupables avaient beau jeu. Aux plaintes convulsives, aux larmes, à ces reproches qui faisaient écumer le malade et lui rendaient la lucidité plus cruelle que les heures d'égarement, il était désormais facile d'opposer un calmant d'une singulière énergie.
Il suffisait de lui dire qu'il était fou ou du moins qu'il l'avait été.

I

Ce n'était qu'un demi-mensonge, mais il nécessitait, du moment qu'on l'articulait, un mensonge complet.
La bonne George ne pouvait repousser aucun des reproches d'Alfred sans lui murmurer à l'oreille des mots d'amour, plus ou moins nets. Car je vous prie, comment lui dire : « Non, tu es fou, je ne saurais être à Pagello et cependant, qu'il t'en souvienne, je ne suis plus à toi » ? Un tel langage eût exaspéré les soupçons. Alfred n'aurait rien cru si George s'était, contentée de parler d'amitié et de dévouement. Pour ruiner la forte impression de son entente manifeste avec Pagello, il fallait que George affirmât, de toutes ses forces, tout ce qui l'unissait ou l'avait unie à Alfred. Et, pour établir la folie dont le nom était prononcé, il fallait accumuler dans l'accusation que l'on réfutait tous les caractères d'invraisemblance : mais, comme il est plus fou de se croire trompé par sa chère maîtresse que négligé par une simple garde-malade, George était entraînée à feindre d'oublier leur récente rupture comme à reprendre l'ancien titre de maîtresse d'Alfred.
Avec quelle douleur dut être consentie cette concession primitive !
Sa fierté en souffrit d'abord. Bien que, d'après sa devise, elle ne dût « la sincérité qu'à Dieu », la dignité « envers soi-même » n'était point satisfaite. Elle se piquait de franchise jusqu'à la crudité. Chaque fois qu'elle sentait un amour s'éteindre, il lui paraissait beau et bon de le dire « sans honte et sans

remords » et, ainsi « d'obéir à la Providence », qui l'attirait « ailleurs ». « Je ne me suis jamais imposé l'amour comme un devoir, la constance comme un rôle. » Mais aujourd'hui le soin de sa réputation commandait à son orgueil tout ce que l'état du malade implorait aussi de sa vive et chaude bonté. Le dernier point enleva à Mme Sand toute inquiétude. Elle mêla aux potions les paroles trompeuses dont chacune était un bienfait :

— Tu as été le jouet d'un rêve. Illusion ! Hallucination ! Tu gardes ta maîtresse. Tu n'as pas perdu ton ami...

Il y a dans la jalousie tant de tendresse qu'on n'y demande rien tant que d'être joué. Le poète dut accueillir avec des transports de bonheur les chères promesses de George. Elle lui présentait les preuves, les témoins et pour ainsi dire la cicatrice encore fraîche des blessures de sa raison. Il se réjouit de n'avoir été que furieux et bénit le fantôme absurde par effroi de ce qu'il avait entrevu de sensé.

— J'ai fait un mauvais rêve. Oublions, dut-il soupirer. Qu'imaginer de plus humain !

II

Toutefois le poète sentit un peu plus tard la mémoire lui revenir avec les forces. La cruelle image se précisa. Il n'était plus en son pouvoir d'y être indifférent.

Le jeune homme cultivé de 1902 sait ou du moins il croit savoir qu'entre une image cérébrale vraie et une image cérébrale fausse, il n'y a pas de différence de contexture : l'hallucination, si elle est puissante, égale la perception et le souvenir d'une image illusoire peut égaler celui de la réalité. Mais, du temps d'Alfred de Musset, les professeurs de philosophie admettaient une distinction radicale entre l'image vue et l'image rêvée : le poète était donc induit à distinguer entre ce qu'il avait cru voir, tableau exact, précis, d'une netteté absolue, et d'autres fantômes moins nets émanés autrefois du désordre de sa pensée. Quoiqu'on pût lui répondre au nom de la science que certaines hallucinations se détachent avec un relief parfait, il était exposé à recommencer soit la plainte, soit l'invective, mais avec des nuances de désespoir que madame Sand dut saisir.

Et le refrain « Tu as été fou » fut donc repris d'un air plus grave. On représenta au poète avec une énergie croissante les extrémités de la déraison dans laquelle il était tombé. Alors comme aujourd'hui un respectable préjugé faisait de la folie une sorte de maladie honteuse. Cette honte était d'un grand prix. On l'exploita. Avec quelle puissance George s'y employait, il est permis de le concevoir au ton de lyrisme sévère sur lequel, plusieurs mois plus tard, elle rappelait en public ces diverses crises d'égarement. Alfred étant rentré à Paris, elle lui écrivait de Venise dans la première *Lettre d'un voyageur* (1er mai 1834) :

> Dieu, irrité de ta rébellion et de ton orgueil, posa sur ton front une main chaude de colère et, en un instant, tes idées se confondirent, ta raison t'abandonna. L'ordre divin établi dans les fibres de ton cerveau fut bouleversé. La mémoire, le discernement, toutes les nobles facultés de l'intelligence, si déliées en toi, se troublèrent et s'effacèrent comme les nuages qu'un coup de vent balaie...

Cette évocation de la justice divine est un trait de génie, qui dut insinuer chez le poète une terreur vague et subtile, et dont l'élément surnaturel opérait. Ne doutons pas qu'on s'en soit servi à Venise. George aux abois usa nécessairement de tous les moyens.

III

Elle n'en resta point à ce souvenir menaçant du délire et de la démence : il y a dans l'antique arsenal féminin une arme plus puissante et qui blesse l'homme au point tendre. George la mania supérieurement.

Quand, presque prise en flagrant délit par maître André son époux, la rusée Jacqueline du *Chandelier*[166] a commencé par renvoyer ce jaloux à Bicêtre (« Devenez-vous fou, maître André ? ») elle ne se tient pas à ce pauvre mot, qui n'est qu'insultant. Un autre cri jaillit, à demi étouffé de larmes : « Ah ! maître André, vous ne m'aimez plus !... Vous ne m'aimez plus, puisque vous m'accusez. »

Le reproche a certainement été fait à Alfred de Musset, et de manière à tirer des pleurs au pauvre garçon. S'il aimait, s'il aimait encore, comment osait-il persister dans une accusation qui déshonorait son amour ? Écrit une année environ après le retour de Venise, le merveilleux couplet de Jacqueline

---

[166] Œuvre dramatique d'Alfred de Musset, en 1835. (n.d.é.)

est à relire, si nous voulons entendre aux subtiles querelles de l'hôtel Danieli. Le sens en est absurde ; par là même, le ton parfaitement vrai :

> Ah ! maître André, vous ne m'aimez plus. C'est vainement que vous dissimulez par des paroles bienveillantes la mortelle froideur qui a remplacé tant d'amour. Il n'en eût pas été ainsi jadis ; vous ne parliez pas de ce ton ; ce n'est pas alors sur un mot que vous m'eussiez condamnée sans m'entendre. Deux ans de paix, d'amour et de bonheur ne se seraient pas sur un mot évanouis comme des ombres. Mais quoi ! la jalousie vous pousse ; depuis longtemps la froide indifférence lui a ouvert la porte de votre cœur. De quoi servirait l'évidence ? l'innocence même aurait tort devant vous. Vous ne m'aimez plus puisque vous m'accusez.

Ces savantes paroles, tout d'abord un peu retenues, durent finir par se précipiter ainsi de la bouche de George. L'imagination du poète en repartait à pleines voiles pour les hautes mers de l'amour : il lui suffisait d'accorder une parcelle de confiance à la douce voix.

IV

Tout la servait. D'abord cette mollesse d'âme, cette faiblesse volontaire qui est propre aux convalescents ; en second lieu, l'extrême jeunesse de Musset ; en troisième lieu, la nature du poète, insouciant et par-dessus tout généreux,

> Se défendant de croire au mal
> Comme d'un crime.

Mais n'oublions pas cette gratitude naïve qu'il avait vouée aux deux « anges » de sa guérison, particulièrement à Pagello, qu'il n'appelait que son « sauveur ». Si la mémoire lui tenait un langage précis, énergique, substantiel, en lui montrant sa George et son Pagello amoureusement enlacés, sa raison se perdait dans la complexité des suppositions qu'il était obligé de faire pour s'expliquer une telle image : car comment se figurer les mêmes personnes tantôt comme des scélérats, deux fois traîtres à l'amitié et à l'amour, et tantôt comme les meilleurs cœurs de la terre ? N'avaient-ils pas veillé sur lui ? Ne lui avaient-ils pas « donné à boire dans la fièvre » ? Ne l'avaient-ils pas soulagé, puis guéri, des maux qui pesaient sur son front ? La douceur théâtrale de quelques attitudes du médecin, et l'autre visage, si beau naguère, maintenant amaigri et fané par de longues veilles, repassaient dans son souvenir et l'attendrissaient. Ces idées, fixées et méditées un instant, venaient anéantir l'image funeste. Ou celle-ci restait si vague qu'il lui était facile de la répudier, fille pernicieuse de sa fièvre et son sommeil.

Seul et malade à l'étranger, la compagnie de George et de Pagello était d'ailleurs aussi précieuse à son naturel sociable que leurs soins les plus nécessaires. Il éprouvait beaucoup de paix à se laisser couler au fil de leur amitié onctueuse. On fit tout pour lui rendre agréables les premiers pas qu'il recommença dans Venise. Bien que la ville eût son funèbre aspect d'hiver, on essaya de l'y amuser. Ils coururent ensemble de canaux en canaux, sous le toit des gondoles, ils abordèrent bien des quais et bien des îles, et se mirent même en rapport avec quelques gens du pays auprès desquels Pagello fut un truchement précieux. L'argent du ménage baissait. Il se peut que Pagello ait fait quelques avances. Alfred eut loisir d'admirer, au lieu d'en rire comme autrefois, l'activité touchante du travail nocturne de George. Né paresseux, tant de labeur régulièrement poursuivi l'emplissait d'un étonnement respectueux : cette chère maîtresse lui apparut bientôt comme une bonne mère qui sacrifiait son sommeil pour soutenir un enfant coûteux et ingrat. Il n'était fantaisie qu'elle n'essayât de lui satisfaire et je suis convaincu que, longtemps après, au vif même de sa rancune, il ne put se le rappeler sans un sourire de merci. « Ô mon grand George, toi qui gagne de l'argent si facilement !... » lui disait-il dans une lettre que je n'ai pas vue mais dont un témoignage digne de foi m'a livré le sens. Elle avait fait quelques avances qu'il ne remboursa que plus tard.

Étourderie, admiration, gratitude, haute candeur, jeunesse, faiblesse de corps et de cœur, tendresse toujours renaissante, voilà les fils de toute teinte, croisés et recroisés de la main experte de George de chaque côté de la toile, sur ce thème fondamental : « Tu as été fou. » Une lettre de Pagello nous apprend qu'elle fut habile dans tous les arts féminins. Était-il besoin de ce témoignage ?

San Servilio

Ce travail merveilleux semble avoir été rompu en plusieurs endroits par suite d'un penchant que le convalescent se découvrit pour le vin de Chypre, « ce vin sucré d'Orient que j'ai trouvé si amer sur la grève déserte du Lido », nous dit-il dans la *Confession*. Doux ou amer, tout porte à croire qu'il en abusa.

I

On ne pouvait s'empêcher de le laisser seul, car ainsi le voulait l'amour ; pendant les absences du médecin et de sa maîtresse, il ne pouvait non plus se retenir de fréquenter les marchands de ce vin au « flot d'or », qui a la couleur, la flamme et quelque saveur de soleil.

Avec l'ivresse à laquelle il n'échappait guère, Musset rapportait une humeur de défiance qui lui rendait le sentiment de son état.

« Que font-ils loin de moi ? » se demandait-il en tremblant. « C'est pourtant moi qui suis l'amant », se disait-il peut-être. Et peut-être aussi voulait-il reprendre les droits d'un amant. Elle se déroba sans peine en invoquant l'état de fièvre dont il sortait… Mais il traduisait le prétexte par de plus solides raisons. En sorte que la colère reparaissait, et le soupçon, et ses fureurs. « Eh bien ! aime Pagello ! » put-il crier encore, avec la rage du défi.

D'après M. Maurice Clouard, l'arrivée à Venise d'un ami d'Alfred de Musset, Alfred Tattet, aurait jeté dans l'esprit du poète le trait de clarté décisive.[167] Cela fut-il bien nécessaire ? Tout au plus s'il serait permis de supposer que Tattet collabora à l'œuvre du vin de Chypre, en témoignant à son ami qu'un homme sain pouvait douter de George et douter de Pagello et qu'un doute pareil ne vaudrait à personne un brevet de folie.

Tattet quitta bientôt Venise, la vie à trois recommença.

---

[167] D'après M. Léon Séché (*Alfred de Musset*, tome I) ce trait de clarté n'aurait été donné qu'à Paris. Tattet aurait tout appris « de la bouche même de Pagello » il l'aurait répété à Alfred afin de l'empêcher de se battre avec Planche pour madame Sand. Ce point est confirmé par une note de Buloz au dos d'une lettre de George Sand. (*François Buloz et ses amis*, p. 436.) Voir appendice second, IV des *Amants de Venise*.

II

Paul de Musset déclare avoir écrit en décembre 1852, sous la dictée de son frère, le récit suivant :

> Je m'expliquais un soir avec George Sand. Elle nia effrontément ce que j'avais vu et entendu et me soutint que tout cela était une invention de la fièvre. Malgré l'assurance dont elle faisait parade, elle craignait qu'en présence de Pagello, il lui devînt impossible de nier, et elle voulut le prévenir, probablement même lui dicter les réponses qu'il devrait me faire lorsque je l'interrogerais. Pendant la nuit, je vis de la lumière sous la porte qui séparait nos deux chambres. Je mis ma robe de chambre et j'entrai chez George. Un froissement m'apprit qu'elle cachait un papier dans son lit. D'ailleurs elle écrivait sur ses genoux et l'encrier était sur sa table de nuit. Je n'hésitai pas à lui dire que je savais qu'elle écrivait à Pagello et que je saurais bien déjouer ses manœuvres.
>
> Elle se mit dans une colère épouvantable et me déclara que, si je continuais ainsi, je ne sortirais jamais de Venise. Je lui demandai comment elle m'en empêcherait. « En vous faisant enfermer dans une maison de fous », me répondit-elle.[168]

Quelque suspect que soit le document produit par Paul de Musset et quelques protestations qu'ait élevées à cet égard madame Sand, cette triste parole prêtée à Georges découle avec rigueur de toutes les données de la situation. Quand elle avait fait honte au poète de ses soupçons, qu'elle en avait montré la sottise ou l'indignité et qu'une imprudence soudaine commise par elle ou par Pagello venait raviver les fureurs du malheureux, l'extraordinaire eût été qu'elle pût se tenir de parler de l'hôpital des fous.

Elle était engagée. Le mot de folie était dit, l'autre suivait et devait suivre. C'est la mélancolie de certains maux, une fois faits, d'en engendrer une multitude d'autres plus graves sans qu'on puisse les arrêter. George ayant été faible et voulant garder l'apparence de la force d'âme, avait dû mentir : pour confirmer son mensonge, elle devait jouer de la folie d'Alfred ; lui parlant de folie, elle devait le menacer du traitement ou, pour user du langage de tous les hommes, du châtiment donné aux fous. On ne croira jamais qu'elle ait

---

[168] On verra une autre version du même épisode à l'appendice second, IV.

eu le projet de se débarrasser d'Alfred par un crime de séquestration. Ce ne dut être qu'un épouvantail en parole, régime violent qui procurait un peu de calme.

Tout établit que les accès d'Alfred de Musset étaient fort sérieux. Ils purent même constituer un danger pour ses gardiens. L'Octave de la *Confession* raconte, dans le premier livre, que, cette perfide maîtresse dont on a vu la trahison étant revenue le tenter, il faillit lui ôter la vie :

> Je la regardai ; qu'elle était belle ! Tout son corps frémissait ; ses yeux, perdus d'amour, répandaient des torrents de volupté ; sa gorge était nue, ses lèvres brûlaient. Je la soulevai dans mes bras. « Soit, lui dis-je, mais devant Dieu qui nous voit, par l'âme de mon père, je te jure que je te tue tout à l'heure et moi aussi. » Je pris un couteau de table qui était sur ma cheminée et le posai sous l'oreiller.
>
> « Allons, Octave, me dit-elle, en souriant et en m'embrassant, ne fais pas de folie. Viens, mon enfant ; toutes ces horreurs te font mal ; tu as la fièvre. Donne-moi ce couteau. »
>
> Je vis qu'elle voulait le prendre. « Écoutez-moi, lui dis-je alors ; je ne sais qui vous êtes et quelle comédie vous jouez, mais quant à moi ; je ne la joue pas. Devant Dieu, devant Dieu, répétai-je, je ne vous reprendrai plus pour maîtresse, car je vous hais autant que je vous aime. Devant Dieu, si vous voulez de moi, je vous tuerai demain matin. » En parlant ainsi, je me renversai dans un complet délire. Elle jeta son manteau sur ses épaules et sortit en courant.

Au livre cinquième de la même *Confession* et à propos d'une autre femme, la volonté de donner la mort reparaît symétriquement. La page est célèbre, on y voit que Brigitte eût péri sans la découverte que fit Octave.

> Comme j'achevais ces paroles, j'avais approché le couteau que je tenais près de la poitrine de Brigitte. Je n'étais plus maître de moi, et je ne sais, dans mon délire, ce qui en serait arrivé ; je rejetai le drap pour découvrir le cœur, et j'aperçus entre les deux seins blancs un petit crucifix d'ébène.
>
> Je reculai frappé de crainte ; ma main s'ouvrit, et l'arme tomba...
>
> Que ceux qui ne croient pas au Christ lisent cette page ; je n'y croyais pas non plus, *etc.*

Ces textes comparés font venir aux lèvres la même question. Alfred n'a-t-il jamais parlé de tuer George ou son amant ?[169] N'a-t-il jamais été au-delà des paroles ? Si l'on admet seulement une tentative, cette menace de couteau appelle assez bien pour réponse la menace de la camisole et du cabanon.

Nous avons un billet italien de George à Pagello, que Musset conservait précieusement comme une pièce à conviction. Il renferme, dit-on, ces lignes qu'elle écrivait de son lit, la nuit où Alfred entra dans sa chambre. Il commence par ces mots : « *Egli e stato molto male...* » Traduisons : « Il s'est trouvé très mal cette nuit, le pauvre ! Il croyait voir des fantômes auprès de son lit et criait sans cesse : *Je suis fou ! Je deviens fou !* Je crains beaucoup pour sa raison.[170] Il faut savoir du gondolier s'il n'a pas bu du vin de Chypre en gondole, hier. Si peut-être il était gris... »

George Sand a eu l'occasion d'annoter la pièce en ces termes : « La phrase devait probablement se terminer ainsi : — S'il n'était qu'ivre, ce n'était pas si inquiétant... » Elle ajoute un peu plus bas, à propos du vin de Chypre : « Chaque fois qu'il en prît, il eut des crises épouvantables, et il ne fallait pas en parler au médecin devant lui, car il s'emportait sérieusement contre ces révélations. » Peut-être les trouvait-il de plus en plus menaçantes.

III

La menace trop répétée avait fini par glacer le sang dans les veines du poète. « J'avoue que j'eus peur », lui fait dire son frère. Il était naturellement capable d'effroi. Très courageux devant la mort, comme la plupart de ceux et de celles dont l'amour est le seul souci, il manquait trop de caractère pour envisager d'un cœur ferme et d'un sens froid certains malheurs. Comme tous ceux qui ont été sujets aux accidents cérébraux, il vivait dans l'horreur, je ne dis pas de la folie qu'il savait imminente, puisque, au contraire, il y trouvait une excitation agréable, mais des conséquences civiles d'un public accès de folie. Dans les beaux temps de leur amour, qui sait s'il n'avait pas confié à sa chère George quel vertige lui donnait la maison de fous ? L'on a pu assigner un nom à cette phobie.

Au large de Venise, dans l'archipel, est l'île San Servilio, que George Sand décrit dans la troisième des *Lettres d'un voyageur*, datée de juillet 1834. Elle

---

[169] Il a certainement voulu tuer George à Paris, l'hiver suivant.
[170] À la première période de la maladie, dans la première lettre écrite à Pagello, elle avoue déjà craindre pour « sa raison plus que pour sa vie ».

« est occupée par les fous et les infirmes », dit-elle. Avaient-ils longé, un matin de février ou de la fin de mars, ces rives tragiques ? Les avait-on montrées avec un peu d'affectation à Musset ? J'inclinerais d'autant plus volontiers à le penser que chacune des *Lettres* écrites par George de Venise semble vouloir faire revivre leurs excursions à trois. Elle y parle de tout ce qu'ils ont visité ensemble. L'itinéraire de sa gondole réveille tous les échos de leurs conversations ou de leurs disputes. George écrit, à propos d'un malade aperçu à San Servilio : « Il y a de la sérénité sur ce visage et de l'harmonie dans cette voix. *Qui sait de quoi l'on peut devenir fou ? Il ne faut qu'être né le meilleur ou le pire des hommes pour perdre la raison ou le bonheur.* » Voilà qui a le tour conciliant d'une reprise au tissu de la vie passée.

Parmi toutes les conjectures entre lesquelles hésitera l'historien attentif, celle-ci est de beaucoup la plus satisfaisante. Oui, Musset a pu être conduit à San Servilio, comme à un pèlerinage d'admonition. L'âme de ce lieu triste s'empara de sa rêverie. Il contempla ces grilles « qui donnent sur les flots ». Il se conçut à la place des malheureux qu'il avait aperçus pâles, maigres, défaits ou terribles, l'écume aux lèvres. C'était là, c'était là que pouvait le jeter un simple mot de sa maîtresse avec l'attestation de ce citoyen de Venise pourvu du diplôme de médecin. Le suprême frisson l'aura saisi, exactement, en ce lieu, à ce moment-là.

IV

Représentons-nous San Servilio comme le théâtre du revirement décisif. La vue de l'hôpital risquait de jeter le malade dans un accès de rage et de révolte sans remède. Paul de Musset eût osé dire, s'il avait suivi le fil de nos inductions, qu'on avait escompté l'accès et que tout était disposé pour prendre le furieux au mot. Mais un pareil calcul, s'il fût entré dans la pensée de Pagello ou dans celle de George, aurait été beaucoup déçu ! Le poète n'eut qu'une crise de consolation et de foi. Il s'était vu à l'heure de haïr jusqu'à la mort ses deux compagnons ; la pensée d'un emportement qui l'eût perdu le calma et le retourna.

Sous le contact de la terreur, il éprouva l'élan contraire ; un mouvement de gratitude irrésistible le jeta pour jamais du côté de ces braves gens. Tout fut changé autour de lui, la couleur du ciel et le goût de l'air, la nuance même des choses et le ton de ses souvenirs. En même temps que son cœur changeait de disposition, il vit des visages nouveaux. Les embûches qu'il en redoutait lui parurent dictées par l'affection la plus vigilante, nées du dévouement le plus pur : les deux héros qui acceptaient intrépidement de vivre exposés à ses fantaisies sanguinaires ne frémissaient, raisonna-t-il, qu'à l'idée de ce qu'il pouvait entreprendre contre lui-même dans une heure de désespoir. Le cœur lui faillit : il reconnut à haute voix que George n'avait eu en effet d'autre rêve que de le ramener vivant, sinon sain et sauf, à sa mère. L'amitié renaissait, il sentit reverdir l'amour. Sous quel flot de larmes d'extase ! Comme disait Pascal, « joye, joye, pleurs de joye ». Il récita son acte de rémission complète et de confiance absolue.

George et Pierre mêlaient leurs sanglots de bonheur à ceux dont le poète était secoué :

« Enfin, dit-elle, il est retrouvé, notre Alfred ! »

Et, là-dessus, l'on s'embrassa infiniment.

Quand la tête faiblit, la tendresse et la peur sont les deux sources immortelles de la foi qui donne la paix. Alfred de Musset crut dès qu'il eut du plaisir à croire ; après de si cruels orages, il goûta follement les délices de cette foi. Il trouva du bonheur à briser désormais jusqu'au désir et à l'envie de comprendre sa propre histoire, il fit taire les murmures du souvenir et de la raison et il extermina le doute dans ses dernières malignités.

Certains néophytes connurent ce parti bienheureux du repos et de l'inertie de l'intelligence, auquel se mêle un léger malaise, que l'on accepte ou que l'on cherche à la gloire d'un dieu. Mais c'était George et son amant qu'Alfred avait mis sur l'autel. Non seulement ils reprenaient tous les titres qu'il leur avait si souvent contestés, mais ils devenaient à ses pauvres yeux comme ses héros et ses saints.

La culture d'un scrupule

Dès l'instant qu'il ne douta plus, avec cette ardeur naturelle qui se jette aux extrémités, le malade s'étonna qu'il eût pu douter. Quoi ! douter de Pagello, de ce modèle des amis ! Quoi ! de George, modèle des amantes et des mères ! Le souvenir de ses soupçons le remplit de honte, et il s'en voulut à lui-même comme un profanateur des plus belles choses de l'âme. Il en conçut beaucoup de tristesse, d'humilité, de colère contre son cœur ; il en connut la saveur du dégoût de soi.

I

Une vision, dont il sentait amèrement la fausseté et l'absurdité ridicule, s'offrait sans cesse à sa pensée, comme un affreux témoignage contre lui-même.

« Comment l'ai-je crue ? » disait-il.

Il se rassurait en songeant que, Dieu merci, il ne la croyait plus ; mais le souci revint quand il songea que, cette foi à rebours, cette défiance malsaine, ce double crime envers l'amitié et l'amour pouvait renaître inopinément dans son cœur.

— Cela était possible puisque cela avait été. Hélas ! d'où venait donc cette faculté d'adhérer à de si infâmes mensonges ?

Alfred croyait toucher le fond même de la douleur. On lui en fit descendre d'autres degrés.

— Ces mensonges, d'où venaient-ils ? Et ces images dont l'invraisemblance égale à peine l'infamie, qui donc les avait façonnées ? Les éléments de cette hallucination dégradante, qui les avait formés, groupés ?

— Qui donc, pauvre ami, sinon toi ? Qu'importe que ta volonté y fût étrangère ? Ta volonté n'est rien, et l'important, c'est ta nature. La casuistique dit fort bien que nous ne sommes pas irresponsables des fantômes qui se glissent parmi nos songes, car ils viennent de nous, de nos heures de veille et de conscience complète. Ainsi, cette image, de toi. Elle accuse l'état des bas-fonds secrets de ton âme. Elle en sort, comme un miasme des eaux que corrompt un charnier : si tout demeurait pur en toi, rien n'en sortirait que de pur. Ah ! regarde, regarde bien. Observe si rien n'est gâté, si tu n'aperçois pas quelque corruption sans remède. »

Qui parlait de la sorte ? La conscience scrupuleuse du jeune poète lyrique ?

J'ose dire qu'elle n'était pas seule à parler ainsi, car on démêle le timbre d'une autre voix. Dans tout le cours nouveau que prirent ainsi les rêveries de Musset, on sent la main sûre et légère de l'adroite dialecticienne qui le guidait. Le lecteur qui compare attentivement le sens de la *Confession d'un enfant du siècle* à celui des *Lettres d'un voyageur* ne peut échapper à l'évidence : ce beau travail de psychologie fut entrepris à frais communs. Le procédé de George était audacieux mais commandé par la situation. Le grand mensonge originel ne pouvait s'arrêter de la déterminer à d'autres mensonges, plus compliqués et plus savants que le premier et dont le choix fait sans doute honneur à l'artiste. On ne sait qu'admirer le plus de la force de sa manœuvre ou de la simplicité avec laquelle le poète s'y confia. Il se sentit, tout aussitôt, profondément coupable de deux crimes commis dans le délire de la fièvre : le premier avait consisté à se représenter sa parfaite amie comme une perfide, le second à admettre sans hésitation cette abominable pensée. Ce double grief contre son âme fut enfoncé avec adresse à de très grandes profondeurs.

II

« **P**ourtant, se disait-il, je ne suis pas méchant garçon. On dit que j'ai le cœur gâté et c'est bien possible ; mais je ne suis pas né ainsi. »

Faire le mal ! dit l'Octave de la *Confession*. Tel était donc le rôle que la Providence m'avait imposé ! Moi, faire le mal ! Moi à qui ma conscience, au milieu de mes fureurs mêmes, disait pourtant que j'étais bon !... Moi qui partout, malgré tout, eussé-je commis un crime et versé le sang de ces mains que voilà, me serais encore répété que mon cœur n'était pas coupable, que je me trompais, que ce n'était pas moi qui agissais ainsi, mais mon destin, mon mauvais génie, je ne sais quel être qui habitait le mien, mais qui n'y étais pas né !

... L'homme qui avait aimé Brigitte, qui l'avait offensée, puis insultée, puis délaissée, quittée pour la reprendre, remplie de craintes, assiégée de soupçons, jetée enfin sur ce lit de douleurs où je la voyais étendue, c'était moi ! je me frappai le cœur et, en la voyant, je n'y pouvais pas croire...

Il se donna beaucoup de peine pour expliquer comment le sort tirait de lui un criminel.
En lui démontrant ses iniquités, George avait suggéré un rudiment d'explication. Il faut lire la première *Lettre d'un voyageur*. Mme Sand y convie son poète à examiner avec elle pour quelle faute la main du Seigneur s'était abattue sur son front, « chaude de colère ».

> Avais-tu donc quelque grand péché à racheter pour servir de victime sur l'autel de la douleur ? Qu'avais-tu fait pour être menacé et châtié ainsi ? Est-on coupable à ton âge ? Sait-on ce que c'est que le bien et le mal ?

Après avoir fait la demande, la sophiste a soin des réponses :

> Tu te sentais jeune, tu croyais que la vie et le plaisir ne doivent faire qu'un. Tu te fatiguais à jouir de tout, vite et sans réflexion. Tu méconnaissais ta grandeur, et tu laissais aller ta vie au gré des passions qui devaient l'user et l'éteindre, comme les autres hommes ont le droit de le faire. Tu t'arrogeas ce droit sur toi-même, et tu oublias que tu es de ceux qui ne s'appartiennent pas. Tu voulus vivre pour ton compte, et suicider ta gloire par mépris des toutes les choses humaines. Tu jetas pêle-mêle dans l'abîme toutes les pierres précieuses de la couronne que Dieu t'avait mise au front, la force, la beauté, le génie, et jusqu'à l'innocence de ton âge que tu voulus fouler aux pieds, enfant superbe ![171]

La pièce a de l'allure, mais on y rencontre de tout, même des débris de *Rolla*, que la belle dame s'applique à prendre au mot :

> Ce n'était pas Rolla qui gouvernait sa vie,
> C'étaient ses passions, il les laissait aller...

---

[171] Trente ans plus tard, dans la lettre qu'elle écrivit à Sainte-Beuve pour justifier *Elle et Lui*, Mme Sand rafraîchit cette bonne thèse : « *Il* était déjà mort quand *Elle* l'avait connu ! Il avait retrouvé avec elle un souffle, une convulsion dernière. »

L'enfant superbe, bien grondé sur sa paresse et sa nonchalance, entend blâmer également son ironie, sa fantaisie et enfin tous les points par lesquels il différait de Mme Sand. Le contexte où l'on se déchaîne contre « les réalités » de la vie et contre « les folles jouissances d'ici-bas », prouve que nous avons affaire à l'un des thèmes favoris de la prêcheuse.

Le poète qu'on chapitrait se souvint en effet qu'il lui était arrivé pendant les cinq ou six années précédentes, de se griser, non au Chypre, mais au champagne, de courir les cabarets, de souper chez les filles et même de jouer près des femmes honnêtes les cyniques et les roués. On aida sa mémoire par quelques textes bien choisis dans ses œuvres complètes, telle l'imprécation du brave chasseur tyrolien :

> Ah ! malheur à celui qui laisse la débauche
> Planter le premier clou sous ma mamelle gauche !
> Le cœur d'un homme vierge est un vase profond :
> Lorsque la première eau qu'on y verse est impure
> La mer y passerait sans laver la souillure...[172]

Le poète vit aisément que ces vers annonçaient la substance de son malheur.

« J'ai trouvé », pensa-t-il, ou lui fit-on penser.

« J'ai été un si terrible mauvais sujet que j'ai brûlé en moi la fleur innocente de l'âme. La débauche m'a flétri prématurément. Facilité de croire au bien, légèreté du cœur, ignorance du mal, céleste candeur, où êtes-vous ? Un libertin ne peut rien imaginer qui soit pur. Chez lui, la réflexion a suivi les mêmes mauvais chemins que la vie ; l'une et l'autre ayant plongé dans toutes les hontes, il ne cesse d'y redescendre sans y songer. Il a l'obsession infâme du mal : pour en avoir satisfait la curiosité, il en conserve le désir, la passion et le besoin même... »

Généralisation brillante, non sans portée philosophique. Une erreur sur son aventure avait mis le poète sur la voie d'une vérité humaine assez forte. Il ne faut pas trop regretter la perfide industrie de Mme Sand, puisque sa victime y trouva le sujet de développer cette thèse belle d'éloquence, plus belle encore de candeur, dans la *Confession d'un enfant du siècle.* Il convient d'admirer de quelle délicate et profonde psychologie, toute française, Musset

---

[172] *La Coupe et les Lèvres,* IV, 1.

sut revêtir le byronisme déclamatoire et un peu grossier de la *Lettre d'un voyageur* :

> La curiosité du mal est un mal infâme qui naît de tout contact impur...
> En comparant la vie ordinaire à une surface plane et transparente, les débauchés, dans les courants rapides, à tout moment, touchent le fond. Au sortir d'un bal, par exemple, ils s'en vont dans un mauvais lieu. Après avoir serré dans la valse la main pudique d'une vierge, et peut-être l'avoir fait trembler, ils partent, ils courent, jettent leur manteau et s'attablent en se frottant les mains.
> La dernière phrase qu'ils viennent d'adresser à une belle et honnête femme est encore sur leurs lèvres ; ils la répètent en éclatant de rire. Que dis-je ! Ne soulèvent-ils pas, pour quelques pièces d'argent, ce vêtement qui fait la pudeur, la robe, ce voile plein de mystère, qui semble respecter lui-même l'être qu'il embellit, et l'entoure sans le toucher.
> Quelle idée doivent-ils donc se faire du monde ?

Belle page et d'une belle âme. « Quelle idée doivent-ils se faire du monde ? » C'est au tour du lecteur de demander : — Quelle femme d'expérience à qui un homme de vingt-quatre ans savait tenir un tel langage, n'en eût admiré la fraîcheur et n'eût voulu baiser ce faux cynique sur le front ? George n'en fut pas attendrie et c'est ici qu'on est tenté de trouver cette femme un monstre ; car ce que l'homme attend de la femme, c'est la pitié. Elle n'eut point pitié, parce qu'elle était prise et serrée puissamment entre des liens nouveaux qui tiraient de leur nouveauté toute leur force et causaient, avec l'aveuglement de l'esprit, le complet silence du cœur. La bonne femme, l'ancienne amie, aimait autre part. Cet amour ne laissait plus d'un peu libre en elle qu'un acharnement d'animal. Tout ce qu'elle sut faire fut donc de tirer d'autres avantages de ceux qu'elle obtenait avec tant de facilité.

Il se frappait la poitrine avec véhémence. Elle lui dit : *Frappe plus fort !* en déplorant plus haut que lui qu'il eût quitté ce culte de la vertu pour lequel elle lui jurait qu'ils étaient formés tous les deux.

III

Les biographes ont rétabli la vérité. Ce jeune homme n'avait point abusé de la vie autant que George le lui faisait dire. C'était beaucoup de bruit pour quelques soupers sans façon. Nous connaissons de lui des gamineries, des bravades. La débauche des romantiques était volontiers en figure. Qu'est cet élégiaque petit viveur d'Octave ou même un Desgenais auprès du Valmont de Laclos ? Les bons prêtres qui ont commenté Alfred de Musset[173] seront seuls de l'avis de George ; seuls, ils auront le droit, que George n'avait guère, de froncer les sourcils. Le meilleur témoignage que la corruption de Musset n'était pas bien profonde, c'est qu'il en nourrissait un vivace remords.

Aussi, lorsque les suggestions de sa maîtresse, aidées de ses propres méditations, l'eurent ancré dans cette idée que la débauche le tenait pour l'éternité, ce remords fut si vif qu'il ne se sentit plus de force à en porter le poids tout seul. Il se persuada que la maladie du libertinage moral, mère du scepticisme en religion et en amour, ne lui était aucunement particulière, mais bien commune à toute sa génération. Il appela son mal le Mal du siècle. Il en accusa les facteurs généraux de l'état des esprits en France et en Europe dans les années 1833 et 1834, et, comme son Rolla s'était en partie excusé de ses sottises sur la méchanceté de Voltaire, l'auteur de la *Confession* allégua, pour se décharger en même temps que son Octave, les guerres de l'Empire, la paix de la Restauration et les fautes du « parti prêtre ». Par une chaîne de raisons assez imprévues, il se démontrait à lui-même que la Sainte-Alliance et la Congrégation, en l'écartant (à dix-huit ans !) des affaires publiques, l'avaient fatalement jeté dans la Débauche et que, à son tour, la Débauche, en lui fournissant une expérience précoce des honteux secrets de la vie, lui avait fait nommer ses deux meilleurs amis l'un, Pagello, trompeur, et l'autre, sa George, infidèle !

Il est trop clair que ces chapitres de la *Confession*, avant d'être écrits à Paris, furent déclamés, entre deux scènes, à Venise, dans l'hôtel Danieli ou sur le sable de « l'affreux Lido ». George et Pagello ouvraient leurs oreilles à ces belles choses et quand le poète avait été éloquent, leur applaudissement lui marquait qu'il serait peut-être lavé de l'impureté de son siècle.

Quelle page aurait ajoutée à Don Quichotte un Cervantes qui eût écouté le débat des deux seigneurs Alfred et Pierre aux genoux de leur maîtresse !

---

[173] Voir *Le Doute et ses victimes*, par Mgr Baunard.

Ainsi serait fixée l'impression de pitié profonde qui se mêle à ce comique supérieur.

Musset expie

Bourrelé du remords de ses fautes imaginaires, le jeune Musset vide alternativement le calice du souvenir et celui de la pénitence, ou philosophe sur les causes de sa dégradation. On évite de le contrarier sur la définition qu'il donne de son siècle ou sur les formules psychologiques de la débauche. Mais la pratique George et Pierre Pagello, son docile instrument, songent à utiliser ses dispositions pour l'acheminer à des actes.

Le malheureux comprendrait-il que, ce ferment de vie mauvaise lui étant monté au cerveau, son cœur ayant gâté à jamais sa tête débile, il avait cessé d'être digne d'une personne aussi parfaite que madame Sand ?

I

L'entreprise exigeait tout d'abord un nouvel historique de leurs amours avec les corrections et les révisions nécessaires. Tel passage des *Lettres d'un voyageur* laisse voir assez bien comment George pouvait s'y prendre. Après le tableau d'une vie troublée par les premières dissipations de l'adolescence et que se disputaient d'une part la vertu et les muses chastes, de l'autre, l'ironie, le blasphème et les vains plaisirs, une amitié supérieure, une passion céleste et tendre était entrée au cœur « solitaire et superbe », mais sans pouvoir prétendre à le renouveler :

> — Tu daignas croire à un autre qu'à toi-même, orgueilleux infortuné ! Tu cherchas dans son cœur le calme et la confiance. Le torrent s'apaisa et s'endormit sous un ciel tranquille, Mais il avait massé dans son onde tant de débris arrachés à ses rives sauvages qu'elle eut bien de la peine à s'éclaircir. Comme celle de la Brenta, elle fut longtemps troublée, et sema la vallée qui lui prêtait ses fleurs et ses ombrages de graviers stériles et de roches aiguës. Ainsi fut longtemps tourmentée et déchirée la vie nouvelle que tu venais d'essayer. *Ainsi le souvenir des turpitudes que tu avais contemplées vint empoisonner de doutes cruels et d'arrière-pensées les pures jouissances de ton âme encore craintive et méfiante.*

En entendant ces choses, le poète convalescent passait quelquefois la main sur son front, et se disait avec angoisse :

— N'étais-je plus capable d'aimer ?

La voix de George répondait, plus imperceptible qu'un souffle :

— Non mon ami. Non, si l'amour est abandon, confiance parfaite, rémission dans un autre cœur ; non, ami, non, tu n'aimais plus. Et tu ne pouvais plus aimer. On n'aime pas sans élever ce que l'on aime jusqu'à ce pur éther où ne pénètre pas l'air grossier du soupçon. Si tu avais eu l'amour, tu aurais eu la foi.

La dernière sentence est presque textuelle.

— Et maintenant ?

— Maintenant, pauvre ami, il me semble qu'il est bien tard.

— Je t'aime.

— Tu le dis, sans doute tu le crois et je le croirai si tu veux ; dis-moi, m'aimeras-tu demain ?

— Je t'aimerai.

— Tu le promets. Et que de fois cette promesse m'a menti ! Qui me garantit ta promesse ?

— Mon cœur qui se repent et que le repentir a purifié.

— Il se repent, et, tout à l'heure, qui le sait ? l'être ancien se réveillera. Tu le disais toi-même : c'est le fond qui est malade, c'est ton cœur qui se décompose. Tu n'y peux rien, ni moi.

— Je veux t'aimer.

— Je suis à toi. Aime un cadavre. Sache que ton amour, dont je vois les faiblesses et dont je connais le néant, a perdu toute force pour animer ce cœur.

II

Ces propos qu'une femme saine et vigoureuse tiendra impunément à un homme qui meurt d'amour et relève de maladie agirent peu à peu, comme il convenait. Pourtant on aurait tort de supposer que l'œuvre fut longue. Moins d'un mois a suffi à tant d'évolutions. Les sentiments ne pouvaient que se succéder en grande hâte dans cet air agité par le souffle de trois passions. Venise et son ciel coloré de nuages imperceptibles, son eau morte au faible remous, un espace silencieux traversé seulement du vol et du cri des ramiers, les barques presque funéraires, la majesté des édifices immobiles, à la rose lumière de leur soleil d'hiver, tout devint aiguillon à la mélancolie et au trouble, comme aux brusques éclats des volontés impétueuses.

Trois semaines de ce feu doux et violent consumèrent plusieurs années.

III

Le temps qu'avaient duré les soupçons, puis les menaces du poète avaient causé une vive gêne à madame Sand et au médecin. Ils avaient dû parfois s'éloigner l'un de l'autre et se surveiller. Mais cet embarras disparut et toute communication devint facile quand, dompté et charmé, Alfred commença de gravir de son pas d'hostie volontaire les cimes douloureuses de la perfection de l'amour.

En effet, le poète prit un plaisir ardent à voir George près de Pagello. Il s'appliquait à encourager de son mieux une intimité si évidemment innocente. Ne fallait-il pas expier bien des pensées viles ? Ne fallait-il pas satisfaire aux deux chères victimes de la corruption de son cœur ?

« Regarde, disait-il ; regarde, libertin ; regarde, cynique et blasé, deux honnêtes gens rapprocher d'honnêtes visages et, sans penser à mal, se sourire et sympathiser. Vois la sérénité de deux consciences sans tache. Trouves-tu dans leurs yeux le plus léger flocon d'une idée impure ? Ô juste école de vertu ! »

Alfred de Musset en suivait les leçons avec une docilité qu'il faut bien appeler pieuse. Il l'aimait comme le moyen naturel de sa rédemption. Il l'embrassait comme le bois d'une croix salutaire. Que si le vieux serpent de la jalousie remuait dans quelque bas-fond, il ne pensait qu'à l'écraser. Une douleur divine promenait dans son cœur le fer et le feu qui guérissent. Il se voyait racheter de son mal du siècle par la vertu de ces épreuves : aussi s'imposait-il de les accepter sans murmure, dans l'esprit d'une foi saintement aveuglée.

Ce n'est pas moi qui mêle, ici au langage de l'amour un vocabulaire sacré ; je ne fais que vous condenser, pour en rendre le tour plus net, d'innombrables paroles éparses dans les documents littéraires ou biographiques dont je m'inspire. On sait que ce mélange du profane et du religieux faisait partie de la poétique du temps.

Musset répare

Un rédacteur de l'*Illustrazione italiana*, cité avec réserve par le docteur Cabanès, place ici une scène d'aveux infiniment brutale qu'il déclare tenir du Vénitien Jacopo Cabianca, homme bien informé, paraît-il, et d'une « autre personne de relation directe avec Sand ».

Un soir où Pagello, George et Musset étaient réunis, George aurait commencé froidement en ces termes :

« Croyez-vous, docteur, qu'Alfred soit capable de supporter une forte émotion ? »

Et, sans attendre la réponse de Pagello, George aurait « parlé franchement ». Elle aurait dit à Alfred :

« Cher Alfred, désormais je serai seulement votre amie... J'aime le docteur Pagello. »

Cette histoire est inadmissible. Après tant de ménagements, on ne saurait s'expliquer tant de cruauté, d'ailleurs superflue. La trame arachnéenne tissée autour d'Alfred n'avait pas à être brisée d'un coup si grossier ! Que madame Sand, énervée d'impatience, ait songé à cette extrémité, nous le savons par un mot d'une de ses lettres ; mais qu'elle n'ait pas exécuté son dessein, c'est ce dont sa correspondance peut aussi faire foi.[174]

La mystification se développa jusqu'au terme.

I

Quand on eut jugé le poète suffisamment instruit et pénétré de l'indignité de son âme, trempé dans la résignation, macéré dans la pénitence et quand il sembla prêt à égaler toutes les hauteurs de l'immolation, George se garda bien de le conduire à l'autel sublime : elle lui inspira seulement d'y monter.

Le premier chapitre de la dernière partie de la *Confession d'un enfant du siècle* fournit l'idée exacte du revirement qui se fit :

Tout était prêt, nous allions partir.

---

[174] Elle écrivait un jour à Pagello : « Je crois que le parti que j'avais pris aujourd'hui était le meilleur. Alfred aurait beaucoup pleuré, beaucoup souffert dans le premier moment, et puis il se serait calmé... » Mais elle écrivit plus tard à Musset, pour lui rappeler que c'était lui qui avait découvert l'amour de Pagello et marié son médecin à sa maîtresse.

Tout à coup, Brigitte languit ; elle baisse la tête, elle garde le silence. Quand je lui demande si elle souffre, elle me dit que non, d'une voix éteinte ; quand je lui parle du jour du départ, elle se lève froide et résignée et continue ses préparatifs ; quand je lui jure qu'elle va être heureuse et que je veux lui consacrer ma vie, elle s'enferme pour pleurer quand je l'embrasse, elle devient pâle et détourne les yeux en me tendant les lèvres ; quand je lui dis que rien n'est encore fait et qu'elle peut renoncer à nos projets, elle fronce le sourcil d'un air dur et farouche ; quand je la supplie de m'ouvrir son cœur ; quand je lui répète que, dussé-je en mourir, je sacrifierai mon bonheur s'il doit jamais lui en coûter un regret, elle se jette à mon cou, puis s'arrête et me repousse comme involontairement. Enfin, j'entre un jour dans sa chambre, tenant à la main un billet où nos places sont marquées pour la voiture de Besançon. Je m'approche d'elle, je le pose sur ses genoux, elle étend les bras, pousse un cri et tombe sans connaissance à mes pieds.

George Sand et Alfred de Musset parlaient comme Octave et Brigitte de départ prochain. Pas un mot n'avait été dit encore qui pût faire penser que les deux voyageurs ne retourneraient pas dans leur pays par la même berline, ainsi qu'ils en étaient partis. « Nous partons pour Paris dans huit ou dix jours », écrit-elle encore le 22 mars à Alfred Tattet. Et elle ajoute ces lignes qui ne seraient point déplacées dans une lettre de Brigitte à quelque ami commun d'Octave et de Smith, au sujet de ce prochain retour à Paris : « Nous allons être inquiets et tristes. Nous ne savons pas encore à quoi nous forcera l'état de sa santé physique et morale. » Le programme à suivre se dessine ici en un trait léger. Le docteur Pierre devait être du voyage. « Il (Alfred) avait désiré beaucoup que nous ne nous séparions pas et il me témoigne beaucoup d'affection. Mais il y a bien des jours où il a aussi peu de foi en nous deux que moi en ma puissance, et alors je suis près de lui entre deux écueils : celui d'être trop aimée, et de lui être dangereuse sous un rapport, et celui de ne pas l'être assez, sous un autre rapport, pour suffire à son bonheur. La raison et le courage me disent donc qu'il faut que je m'en aille à Constantinople, à Calcutta ou à tous les diables. »

Alfred Tattet était ainsi préparé à l'événement. Mais ce fut Alfred de Musset qu'on entreprit d'expédier à tous les diables et, six jours plus tard, c'était fait.

II

Ce n'était pourtant pas facile. La lettre de George confirme ce que nous savons par la *Confession :* le poète traversait une heure de recrudescence amoureuse. « Ce que j'éprouvais, écrit-il, ressemblait à de l'avarice. Je la serrais avec des bras tremblants : — Ô Dieu ! m'écriai-je, je ne sais si c'est de joie ou de crainte que je frissonne. Je vais t'emporter, mon trésor ! Devant cet horizon immense, tu es à moi ; nous allons partir. Meure ma jeunesse, meurent les souvenirs, meurent les joies et les regrets ! Ô ma bonne et brave maîtresse, tu as fait un homme d'un enfant ! Si je te perdais maintenant, jamais je ne pourrais aimer. » Ainsi la vertu toute neuve attisait cet ancien amour, dans l'instant même où l'on s'occupait de l'éteindre.

L'air vibrait de l'échange qui se faisait sans cesse entre ces trois cœurs passionnés ; la comédie et son secret, la tragédie et son mystère en étaient au degré de tension extrême : cependant George réussit en quelques journées.

Il leur arrivait d'accompagner Pagello à la fin d'une soirée passée en commun, jusque sur le palier de l'hôtel Danieli. Le médecin disait adieu. Le poète, penché sur la rampe, écoutait, tout pensif, le bruit des pas diminuer et se perdre dans l'escalier.

> Je rentrais alors dans ma chambre, dit l'auteur de la *Confession*, et je trouvais Brigitte se disposant à se déshabiller. Je contemplais avidement ce corps charmant, ce trésor de beauté que tant de fois j'avais possédé. Je la regardais peigner ses longs cheveux, nouer son mouchoir et se détourner lorsque sa robe glissait par terre, comme une Diane qui entre au bain. Elle se mettait au lit, je courais au mien ; il ne pouvait me venir à l'esprit que Brigitte me trompât ni que Smith fût amoureux d'elle. Je ne pensais ni à les observer ni à les comprendre. Je ne me rendais compte de rien. Je me disais : — Elle est bien belle, et ce pauvre Smith est un honnête garçon ; ils ont tous deux un grand chagrin, et moi aussi... Cela me brisait le cœur et en même temps me soulageait.

Et c'est alors que George, vivant modèle de Brigitte, s'efforça d'attirer l'attention de son compagnon : languissante, muette et les yeux longtemps baissés, elle obligeait le bon Pagello à répéter ses mouvements. Soutenu par l'amour, le docteur vénitien ajoutait son jeu à celui de la jeune dame française, dont la consomption augmentait à vue d'œil.

III

Sans faire chanceler la foi robuste du poète, de telles scènes lui inspiraient des émois d'un ordre nouveau. Il ne songeait plus à incriminer le passé. Mais le pressentiment de l'avenir serra son cœur. S'il avait entrevu des changements dans la pensée de sa fidèle maîtresse, du moins l'espérance de la reconquérir lui était restée, malgré tout... Voilà qu'une alarme nouvelle accourait lui ravir ce dernier brin demeuré vert. L'opération était commencée. Il en sentait les sourdes attaques, le souffle lent et continu. « Chaque jour, dit son sosie de la *Confession*, chaque jour, un mot, un éclair rapide, un regard me faisaient frémir ; chaque jour, un autre mot, un autre regard, par une impression contraire, me rejetaient dans l'incertitude. Par quel mystère inexplicable les voyais-je si tristes tous deux ? »

Sûre que la tristesse réfléchie dans les yeux de ses deux compagnons l'attristerait, l'attendrirait, et sûre aussi que cette énigme le toucherait profondément sans réveiller les jalousies du temps passé, l'ingénieuse femme accentua tant qu'elle put cette expression de secret et d'angoisse.

De graves mouvements de perplexité se firent alors chez Musset ; le héros de la *Confession* parle d'un vif débat élevé entre son esprit et sa conscience. Le morceau pourrait s'appeler un dialogue de la pensée critique et de la foi du charbonnier :

« Si je perdais Brigitte ? disait l'esprit.

— Elle part avec toi, disait la conscience.

— Si elle me trompait ?

— Comment te tromperait-elle, elle qui avait fait son testament, où elle recommandait de prier pour toi ?

— Si Smith l'aimait ?

— Fou, que t'importe, puisque tu sais que c'est toi qu'elle aime ?

— Si elle m'aime, pourquoi est-elle triste ?

— *C'est son secret, respecte-le.* »

Ce n'est pas un caprice ni une prévention qui nous a fait invoquer comme de purs fragments d'autobiographie certains mots de la *Confession*. Si l'appareil des preuves devait être ici mentionné, il serait aisé d'invoquer, presque à toute ligne, la correspondance des deux amants. La naïve réponse « C'est son secret » est historique, et George l'a faite à Alfred, comme l'établissent ces phrases d'une lettre écrite à Paris, l'hiver suivant, par Musset : « Ô mon enfant, dit-il à George, souviens-toi de ce triste soir à Venise où tu m'as dit que tu avais *un secret*. C'est à un jaloux stupide que tu croyais parler. Non, non, George, c'est à un ami. »[175]

Il est admirable que, dans le débat de la *Confession*, George ait changé son nom contre celui de Conscience.

Si les demandes de l'Esprit portent sur des objets très nets, les réponses de la Conscience sont vagues. Ces dernières insinuent toutefois dans les réflexions de Musset une faible lumière : « Pourquoi, quand cet homme la regarde, semble-t-elle craindre de rencontrer ses yeux ? Pourquoi, quand elle le regarde, cet homme pâlit-il tout à coup ? » Quelques semaines plus tôt, il eût distingué à ces signes un jeu concerté, clair aveu de cœurs criminels. Cette idée raisonnable ne pouvait plus tenir en lui. Il se félicitait d'avoir laissé le mal du doute. Il s'enorgueillissait de ce que la souffrance acceptée avec foi lui eût ouvert la vue profonde de lui-même et du monde entier.

Tout ce qu'il put d'abord fut donc de ne rien se répondre et de se contenter de poser des questions, suivies de répliques en l'air : « Parce qu'elle est jeune, et parce qu'il est jeune. » « Parce qu'il est homme et qu'elle est belle. » Ou : « Ne demande pas ce qu'il faut que tu ignores. » Si la voix de la curiosité insistait (« Pourquoi faut-il que tu ignores ces choses ? ») il trouvait un bon argument : « Parce que tu es misérable et fragile, et que tout mystère est de Dieu. »

Le tour religieux de cet acte de résignation aux ténèbres indique bien que le poète se jugeait à proximité d'un arcane prêt à se rompre et qu'il présumait d'un agrément assez médiocre pour lui. En effet, l'amoureux redoublant d'attention pieuse, sa scrupuleuse surveillance redoubla. Le triple tête-à-tête se chargea d'une électricité plus lourde, et la mélancolie devint plus significative : les attitudes de madame Sand redoublèrent d'expression, l'expression, d'éloquence ; le pire aveugle eût vu. C'est pourquoi la vérité creva les nuées.

Alfred s'écria donc avec un comique très pur :

---

[175] « C'était mon secret », dit aussi George dans une lettre de l'hiver 1834–1835.

« *Les malheureux souffrent : ils s'aiment !* »

Ces mots sont dans la *Confession*. Ils commandent et décident le dénouement. Car le poète s'immola comme devait le faire le héros de la *Confession*.

« Lorsque j'ai vu ce brave Pagello, dit-il dans une lettre utilisée plus tard dans son livre, j'y ai reconnu la bonne partie de moi-même, mais pure, mais exemptée des souillures irréparables qui l'ont empoisonnée en moi. *C'est pourquoi j'ai compris qu'il fallait partir.* » Il écrivit à George un billet d'adieu dans lequel se trouvent ces mots : « J'ai senti que j'avais mérité de te perdre et que rien n'est trop dur pour moi ! »

IV

Il n'avait presque pas hésité dans le sacrifice. Il trouva naturel d'unir ces deux amants héroïques dont la pudeur, et les combats, et le silence l'enivraient d'une admiration qu'il ne contenait plus. Le désir de les égaler s'était emparé de son cœur. Il écrivait plus tard : « S'il y a quelque chose de bon en moi, si jamais je fais quelque chose de grand, de mes mains ou de ma plume, dis-toi que tu sais d'où cela vient. Oui, George, il y a quelque chose en moi qui vaut mieux que je ne pensais. »

Dans une lettre de l'été suivant, datée encore de Venise, George rend à Alfred ces guirlandes de l'héroïsme :

« Tu as bien raison de te dire que mon bonheur a pris sa source dans tes larmes, non pas dans celles de ton désespoir et de ta souffrance, mais dans celles de ton enthousiasme et de ton sacrifice. Tu aimeras peut-être mieux par la suite, tu auras peut-être un caractère plus égal et plus heureux, mais tu ne seras jamais plus grand que tu ne l'as été dans ces tristes jours. N'en déteste pas la mémoire et, quand l'ennui de la solitude te prend, rappelle-toi que tu m'as laissé un souvenir plus cher et plus précieux que tous les plaisirs de la possession. » Il devait mettre en vers cette sentence et l'ennoblir jusqu'à la pure poésie :

> Un souvenir heureux est peut-être sur terre
> Plus vrai que le bonheur 44.

Toujours par une lettre de madame Sand, qui n'est pas récusable ici, nous avons un tableau rapide de la scène des fiançailles de George et de Pagello, bénies par Alfred de Musset. On nous en a donné le texte complet en 1896. Après une querelle que lui avait faite Alfred à Paris, George écrit : « Adieu donc le beau poème de notre amitié sainte et de ce lien idéal qui s'était formé entre nous trois, lorsque tu lui arrachas à Venise l'aveu de son amour pour moi et qu'il te jura de me rendre heureuse. Ah ! cette nuit d'enthousiasme où malgré nous tu joignis nos mains, en nous disant : — Vous vous aimez et vous m'aimez pourtant, vous m'avez sauvé âme et corps ! » Elle ajoute cette plainte, incroyable après tout ce que nous savons : « Tout cela était donc un roman ? Oui, rien qu'un rêve, et moi seule, imbécile enfant que je suis, j'y marchais de confiance et de bonne foi... »

Le Journal de Pagello, la Déclaration de George, cent autres traits épars dans la correspondance seront excellents à relire après ces dernières paroles. Mais celles-ci nous laissent voir que la grande artiste ne feignit pas une résistance trop vive, le jour où le poète eut proposé de s'immoler. Le *malgré nous* doit être réduit de proportions. Sans doute, fallait-il que cette scène d'acceptation fût bien menée ; mais l'offre précieuse d'Alfred pouvait être unique ; savait-on si elle se renouvellerait ?

Celui devant qui se jouait l'acte final ne songeait qu'à se pénétrer de la gravité du rôle consécrateur. Il donna sa bénédiction aux amants avec l'ampleur, la majesté, la solennité liturgiques. Il a conté, en la transposant à peine, tout l'essentiel de cette « nuit d'enthousiasme » dans le dernier chapitre de la *Confession*. Une dernière fois, Octave se met à table auprès de Brigitte. Ayant rompu le pain, il la conduit chez un joaillier, choisit deux bagues pareilles, et, les anneaux bien échangés, le jeune homme et la jeune femme se séparent après s'être serré la main : Brigitte rejoint Smith ; Octave monte en chaise de poste en remerciant Dieu « d'avoir permis que, de trois êtres qui avaient souffert par sa faute, il ne restât qu'un malheureux ».

Musset aurait quitté Venise à peu près de même façon si les soins de convalescence ne l'eussent empêché d'égaler la promptitude de son Octave. Il passa deux ou trois jours de trop sur la lagune. Après les accordailles peut-être eut-il sujet de voir, non sans une pointe de mélancolie ironique, que l'on observait assez mal les délais d'usage. Le bonheur légitime ressemblait trop aux apparences de l'amour scélérat qu'il avait d'abord soupçonné. Il leur donna à redouter, jusqu'au dernier moment, un brusque retour. L'incertitude est bien sensible dans le dénouement de la *Confession d'un enfant du siècle*, et l'œil de lynx de Sainte-Beuve avait déjà discerné le peu de solidité des suprêmes résolutions du héros : « Qui nous répond, dit-il, que, l'autre lendemain, tout ne sera pas bouleversé encore, qu'Octave ne prendra pas des chevaux pour courir après les deux amants fiancés par lui ?... »

Rien de tel n'arriva. Pagello déclara qu'il était médecin, et fit sonner très haut le devoir de sa profession. Il avait, d'ailleurs, bien raison. Le séjour de Venise ne valait plus rien au poète. Musset se mit en route le 28 mars 1834, selon les uns : selon d'autres, le 29. On a dit le 31 ou même le 1er avril. Une lettre de George, datée du 30 mars, témoigne que, la veille au moins de ce jour-là, la séparation était faite.

Alfred passa les Alpes « le cœur plein d'un triste et doux mystère », un peu foudroyé, mais serein, un peu distrait aussi de ses autres misères par le délabrement physique. Un enthousiasme le soutenait. Quelques jours après son départ de Venise, madame Sand recevait de Genève la lettre où se trouvent ces mots :

> Quand tu passeras le Simplon, pense à moi, George. C'était la première fois que les spectacles éternels des Alpes se levaient devant moi dans leur force et leur calme. J'étais seul dans le cabriolet et, je ne sais comment rendre ce que j'ai éprouvé, il me semblait que ces géants me parlaient de toutes les grandeurs sorties de Dieu : « Je ne suis qu'un enfant, me suis-je écrié, mais j'ai deux grands amis, et ils sont heureux. »

Le pauvre fugitif s'applaudissait de leur bonheur comme d'un gage assuré de sa rédemption. Toute cette lettre respire un certain calme, celui dont il était capable, et beaucoup de résignation, bien mêlée d'ahurissement : « De quel rêve je me réveille ! disait-il. Pauvre George, pauvre chère enfant ! Tu t'es crue ma maîtresse, tu n'étais que ma mère. J'emporte avec moi deux étranges compagnons, une tristesse et une joie sans fin. » La tristesse de sa déchéance, sans doute ; la joie de son immolation.

Vingt ans plus tard, évoquant la même heure de sa vie dans le plus incohérent de tous ses poèmes, il donne encore l'idée confuse de ce mélange :

> Ôte-moi, mémoire importune,
> Ôte-moi ces yeux que je vois toujours.
> Pourquoi dans leur beauté suprême,
> Pourquoi les ai-je vus briller ?
> Tu ne veux pas que je les aime,

Toi qui me défends d'oublier.[176]

Quant à madame Sand, très peu de jours après leur séparation, elle écrivit à un ami qu'elle ne regrettait pas d'avoir aimé cet homme, ayant contribué à le rendre meilleur. Avec elle (je serre à peine le sens du texte), « il était devenu bon, affectueux et loyal de jour en jour. » On vient de voir par quelle savante méthode elle avait obtenu, en temps si court, de si notables progrès. Lui, cheminait brisé, mais en s'applaudissant d'avoir confié sa maîtresse à un homme dont le cœur était digne d'elle. « Dis-lui combien je l'aime, écrivait-il toujours, et je ne puis retenir mes larmes en pensant à lui. »

« Brave jeune homme ! » ajoutait-il. Alfred de Musset ne se doutait pas que le brave jeune homme fût si proche de lui.

Il rentra chez sa mère, perdant ses cheveux à poignées.

---

[176] *Souvenir des Alpes*, 1852. (n.d.é.)

Quatrième partie
Vérité et poésie

Les Retours

« Il semble, dit Mme Arvède Barine en parlant de l'arrivée d'Alfred de Musset à Paris, qu'en remettant le pied dans cette ville gouailleuse il ait eu un vague soupçon que le lien idéal dont tous trois étaient si fiers pourrait bien être une erreur, et une erreur ridicule. » Il visitait pieusement la petite chambre commune, quai Malaquais, 19. Il communiquait à son amie son projet de lui élever un autel, « fût-ce avec mes os », disait-il. Mais on a observé que l'amitié pour Pagello se refroidit sensiblement, il réfléchit.

Rien de plus périlleux pour George qu'une crise prochaine de clairvoyance chez Alfred. Car, la machination découverte, que dirait-il ? Que penserait-il ? Et que ferait-il ? Les explications absurdes peuvent servir à l'occasion, elles ne durent pas. Quand il saurait tout, ce qui ne pouvait manquer d'arriver, quel châtiment pour elle dans un mot ou dans un regard !

Toutes ses lettres tendent à maintenir à la température de Venise l'amitié passionnée dans laquelle ils s'étaient quittés : dût leur amitié redevenir de l'amour, dût le souvenir douloureux réveiller des désirs plus douloureux encore ! Était-ce là pure réflexion de la part de George ? N'était-ce qu'un instinct ?

Elle était traversée de souffles divers.

I

Jusqu'à l'été, la douleur presque publique du poète trouva son aliment dans les courriers étranges qui lui arrivaient de là-bas. Une de ces pages, imprimées dans la *Revue des deux mondes* portait une dédicace « à un poète » que tout le monde reconnut. George Sand s'est vantée de l'avoir écrite avec le secours de Pagello, à qui Buloz reconnaissant aurait fait un peu plus tard des offres flatteuses. Il serait amer de songer que Pagello collabora à ce passage :

> ... Quand je t'eus déposé à terre, que je me retrouvai seule dans cette gondole noire comme un cercueil, je sentis que mon âme s'en allait avec toi. Le vent ne ballottait plus sur les lagunes agitées qu'un corps malade et stupide.
>
> Un homme m'attendait sur les marches de la Piazzetta. — Du courage ! me dit-il. — Oui, lui répondis-je, vous m'avez dit ce mot-là une nuit, quand il était mourant dans nos bras, quand nous pensions qu'il n'avait plus qu'une heure à vivre. À présent, il est sauvé, il voyage, il va retrouver sa patrie, sa mère, ses amis, ses plaisirs. C'est bien : mais pensez de moi ce que vous voudrez, je regrette cette horrible nuit où sa tête pâle était appuyée sur votre épaule, et sa main froide dans la mienne. Il était là entre nous deux, et il n'y est plus. Vous pleurez aussi, tout en haussant les épaules. Vous voyez que vos larmes ne raisonnent pas mieux que moi. Il est parti, nous l'avons voulu ; mais il n'est pas ici, nous sommes au désespoir.

Que ce morceau constitue, en lui-même, un modèle d'inconvenance, il n'est même pas utile de le noter. Tel est le ton de la première *Lettre d'un voyageur*. Du sein de Pagello George ne cesse de rappeler à Alfred qu'il a conservé la meilleure part d'elle-même, que toute jalousie doit être bannie et qu'elle est à lui, tout en étant au docteur. Les lettres intimes données soixante-deux ans plus tard par la *Revue de Paris*[177] portent le même caractère, à un degré supérieur :

> Ne crois pas, ne crois pas, Alfred, que je puisse être heureuse avec la pensée d'avoir perdu ton cœur. Que j'aie été ta maîtresse ou ta mère, peu importe ; que je t'aie inspiré de l'amour ou de l'amitié, que j'aie été heureuse ou malheureuse avec toi, tout cela ne change rien à l'état de mon âme à présent. Je sais que je t'aime, et c'est tout *(Ici trois lignes supprimées à l'encre par George Sand)*...[178] Ô mon enfant ! Ô mon enfant ! que j'ai besoin de ta tendresse et de ton pardon ! Ne me parle pas du mien, ne me dis jamais que tu as eu des torts envers moi : qu'en sais-je ?[179]

---

[177] Revue de Paris, 1er novembre 1896.
[178] Lettre de Venise, 15 avril 1835.
[179] Même lettre.

Est-il au monde un ton de sincérité qui soit reconnaissable ? S'il existait, on pourrait dire : le voici. Mais, outre qu'elle avait toujours été de fort bonne foi dans son rôle de « Frère George », comme elle disait, ces lignes font penser que la fiction du « lien idéal » et de l'amour supérieur s'était emparée d'elle et qu'elle s'était un peu prise à sa propre industrie. Cette lettre écrite quinze jours après la séparation et d'un accent si pathétique, l'eût-elle seulement conçue le mois précédent, quand elle répondait en termes dédaigneux presque durs, au pauvre Pagello qui la suppliait d'être douce, d'épargner les yeux d'un malade et de se montrer généreuse ?

La vue du sacrifice consommé par Alfred, peut-être aussi la honte de l'avoir abusé, avait ému en secret cette âme robuste : une de ses fibres de mère vient de frémir, la pitié céleste a gémi. Elle conseille à son poète d'aimer une autre femme et de la choisir mieux. Elle prie pour qu'il soit heureux. Quant à elle, il lui suffira d'un peu de tendresse : « Je trouverai toujours ton cœur, n'est-ce pas, mon petit ? »

II

On entrevoit d'ailleurs que maître Pagello faisait vers ce temps-là des actes d'initiative et se mettait assez clairement dans son tort. Les lettres vénitiennes des 15 et 29 avril portent que « l'ange de la vertu » a « quatre femmes sur les bras », amies ou maîtresses. Mais son défaut principal, ou le plus manifeste, semble de n'être pas Alfred de Musset ou de trop bien montrer qu'il ne le vaut point.

Grande découverte de George effectuée dans le courant des mois d'avril et de mai :

> Un grand point, écrit-elle à Musset, un grand point pour hâter ma guérison, c'est que je puis cacher mes vieux restes de souffrance. Je n'ai pas affaire à des yeux aussi pénétrants que les tiens et je puis faire ma figure d'oiseau malade sans qu'on s'en aperçoive. Si on me soupçonne d'un peu de tristesse, je me justifie avec une douleur de tête ou un cor au pied. On ne m'a pas vue insouciante et folle, on ne connaît pas tous les recoins de mon caractère, on n'en voit que les lignes principales. Cela est bien, n'est-ce pas ? Et puis, ici, je ne suis pas madame Sand. Ce brave Pierre n'a pas lu *Lélia*, et je crois bien qu'il n'y comprendrait goutte. Il n'est pas en méfiance contre

l'aberration de nos têtes de poètes. Il me traite comme une femme de vingt ans, et il me couronne d'étoiles comme une vierge. Je ne dis rien pour détruire ou pour entretenir son erreur. *Je me laisse régénérer par cette affection douce et honnête ; pour la première fois de ma vie j'aime sans passion.*

... Mon oiseau est mort, et j'ai pleuré, et Pagello s'est mis à rire, et je me suis mise en colère, et il s'est mis à pleurer, et je me suis mise à rire. Voilà-t-il pas une belle histoire.[180]

« Envoie-moi, lui dit-elle, envoie-moi dans ta prochaine lettre tous les vers que tu as faits pour moi, depuis les premiers jusqu'aux derniers. » Ce « voyageur » qui vient d'être tourmenté par la mer, à peine à terre a ressenti la nostalgie de l'Océan : le pernicieux auteur de *Rolla* et la vie à trois dans Venise ont laissé dans le cœur de madame Sand le souvenir et même le besoin de leur charme trouble ; quel que soit son premier équilibre natif, elle vient regarder la mer orageuse en pleurant. Quel étrange sel de regret et de désir au fond de ces larmes ! Elle écrit le 24 mai :

... Ton souvenir est une relique sacrée. Ton nom est une parole solennelle que je prononce le soir dans le silence des lagunes et auquel répond une voix émue et une douce parole simple et laconique, mais qui me semble si belle alors ! — *io l'amo !* — peu importe, mon enfant, aime, sois aimé, et que mon souvenir n'empoisonne aucune de tes joies. Sacrifie-le, s'il le faut.

Io l'amo, dit Pagello. Ou comme George l'écrira plus tard, le docteur évoque *il nostro amore per Alf.* Alfred répond de loin, un peu sèchement : « Brave cœur ! » Mais George se répond aussi à elle-même : « Tu es bon, et tu m'aimes ; Pietro aussi ; mais rien ne peut empêcher qu'on soit malheureux... »

Voilà, écrit-elle toujours le 24 mai, j'ai là près de moi mon ami, mon soutien : il ne souffre pas, lui ; il n'est pas faible ; il n'est pas soupçonneux ; il n'a pas connu les amertumes qui t'ont rongé le cœur ; il n'a pas besoin de ma force, il a son calme et sa vertu ; il m'aime en paix ; il est heureux sans que je souffre, sans que je travaille

---

[180] Lettre de Venise, 12 mai 1834.

à son bonheur. Eh bien, moi, j'ai besoin de souffrir pour quelqu'un, j'ai besoin d'employer ce trop d'énergie et de sensibilité qui sont en moi. J'ai besoin de nourrir cette maternelle sollicitude qui s'est habituée à veiller sur un être souffrant et fatigué. Oh ! pourquoi ne pouvais-je vivre entre vous deux et vous rendre heureux sans appartenir ni à l'un ni à l'autre ! J'aurais bien vécu dix ans ainsi. Il est bien vrai que j'avais besoin d'un frère ; pourquoi n'ai-je pu conserver mon enfant près de moi ? Hélas, que les choses de ce monde sont vaines et menteuses, et combien le cœur de l'homme changerait s'il entendait la voix de Dieu !...

Pagello, se révélant un mari parfait, l'avait donc, on le démêle, désappointée. Et ces yeux de Musset, qu'il avait été si facile de décevoir, lui paraissaient, à distance, plus pénétrants que ceux du médecin pour qui elle l'avait perdu. Elle faisait le compte des puissances mises en œuvre pour obtenir quelques semaines de solitude avec l'amant nouveau ; franchement, se demandait-elle, était-ce la peine ? Le souvenir de son effort la dégoûtait de l'œuvre, le produit paraissait sans rapport avec le travail.

De même que Pagello lui avait été l'Inconnu, Alfred de Musset lui devint le Disparu. Il redescendit dans son cœur comme la figure souffrante d'une passion plus délicate et plus violente que celle que le pauvre Pietro pouvait accorder : idéale statue d'un souvenir cruel, mais révolu à tout jamais et inaccessible. Jamais, se disait-elle enfin, jamais ne se retrouvera sujet plus magnifique de poignantes expériences ! Elle tenait de lui des secrets de souffrir, d'aimer, de vivre en profondeur que sa propre sensibilité ne lui aurait pas découverts, justement à cause de sa force indéterminée et vagabonde. Avec lui, le tragique était retiré de sa vie.

III

Ainsi, le malade éloigné, le cœur de George se retourne vers lui d'un jour à l'autre : pour expliquer pareil reflux, nous suffira-t-il de conclure qu'avec les personnes d'imagination ce sont les absents qui ont raison ?

Une autre cause dut agir. Les cancans parisiens arrivaient à Venise en même temps que les réponses de Musset. Les amis de George, Buloz, Boucoiran, la tenaient au courant de certains bruits défavorables. Avec un sens pratique qui nous montre à quel point cet esprit viril avait gardé son sexe de femme, elle avait tout organisé pour que Musset eût à Paris la qualité, les fonctions et surtout la figure de son meilleur ami. Il s'y pliait avec bonheur et, même à contre-cœur, il s'y serait plié encore, ainsi que c'était son devoir. Mais le luxe de précautions que prend ici madame Sand ne laissera pas d'amuser l'observateur. Elle traite l'ancien amant comme son fondé de pouvoirs et universel factotum, non sans faire sentir qu'elle s'est mise en mesure de le servir d'un autre côté. Il fera ses démarches auprès de Buloz ; elle lui propose en revanche les services de Pagello comme traducteur de *Fantasio* et des *Caprices de Marianne*. Alfred lui achètera, chez Leblanc, rue Sainte-Anne, en face le numéro[181], un quart de patchouli, « Ne te fais pas attraper, cela vaut deux francs 50 » ; il visitera le jeune Maurice Sand, alors au collège, et, en retour, on aidera le poète de Paris à devenir « célèbre à Venise ». Tout cela dès le 15 avril.

Trois mois plus tard (le 10 juillet), il juge encore nécessaire de la tranquilliser sur l'article des bruits du monde : « *Dites-moi, Monsieur, est-ce vrai que Mme Sand soit une femme adorable ?* — Telle est l'honnête question qu'une belle bête m'adressait l'autre jour. La chère créature ne me l'a pas répétée moins de trois fois pour voir si je varierais mes réponses. — Chante, mon brave coq, me disais-je tout bas, tu ne me feras pas renier comme saint Pierre. »

George méprisait naturellement ces voix du public. Le 24 avril, elle en était au point où l'on n'entend plus, écrit-elle à Alfred, que la « voix de Dieu ».

> Moi, je l'écoute (cette voix) et il me semble que je l'entends, et pendant ce temps les hommes me crient : horreur, folie, scandale, mensonge ! Quoi donc ? Qu'est-ce ? Et pourquoi ces malédictions ? De quoi encore serais-je accusée ?

---

[181] Madame Sand paraît avoir été fidèle au patchouli. Six ans plus tard Chopin, qui fut un des successeurs d'Alfred et de Pagello, demandait de Nohant, en 1840, à un ami qui lui servait de correspondant parisien, « un flacon de patchouli » et « un flacon de bouquet de Chantilly ». Il n'est pas téméraire de supposer que le premier flacon était pour l'usage de George. C'est vers la même époque, quelques années plus tard peut-être, qu'Alfred de Musset écrivait, rêveusement, à sa marraine : « Pourquoi l'odeur du patchouli me rend-elle mélancolique ? »

Mais tout en dédaignant accusateurs et accusations, elle s'en soucie. Son avenir de mère est en cause. Elle n'est pas encore séparée de M. Dudevant : ce mari complaisant pouvait changer d'humeur. Comment serait jugé leur inévitable procès ? Il faut bien qu'elle en tienne compte, elle veut garder ses enfants. Elle se sent donc obligée de songer au monde, il lui faut, d'une part, soutenir en Pierre Pagello l'honneur du beau choix qu'elle a fait, puisque ce choix est ébruité et qu'on ne peut plus s'en dédire ; mais, d'une autre part, s'assurer fortement du jeune homme avec qui on l'a vue partir. Le poète constituera la meilleure de ses défenses contre l'opinion irritée. Avec lui elle était à l'abri de nouveaux scandales. Et sans lui, elle pouvait se croire perdue. « Songe, mon enfant, écrit-elle, songe que tu es dans ma vie à côté de mes enfants, et qu'il n'y a plus que deux ou trois coups qui puissent m'abattre, leur mort ou ton indifférence. » Voilà Alfred uni par le fil d'une même phrase au destin des deux innocents.

Et, dès lors, Pagello nous est montré dans l'appareil du sacrifice, avec les bandelettes et la couronne de fleurs : « Je souffre encore souvent et beaucoup, mais jamais par lui, dit-elle le 15 juin. N'ayant pas une petite pièce de monnaie pour m'acheter un bouquet il se lève avant le jour et fait deux lieues à pied pour m'en cueillir un dans les jardins du faubourg. Cette petite chose est le résumé de toute sa conduite, il me suit, il me porte, il me remercie. » Mais elle ajoute sans aller à la ligne : « Oh ! dis-moi que tu es heureux, et je le serai. » Le 26 juin : « L'ami auquel tu m'as confiée » devient « un ange de douceur, de bonté et de dévouement » ; mais, s'il lui arrive de parler d'elle-même, c'est pour mettre en avant l'idée du suicide, « triste compagne errante auprès de moi ». Et ce qui lui inspire ce désir de mourir, c'est l'idée d'un « affront », d'une « souillure », d'une « fange dégoûtante » qu'on « jette au-devant d'elle » pour l'empêcher de passer.

Avis au chevalier français.

« L'affection et la vertu de Pagello sont immuables comme les Alpes. » Mais, se retournant vers Alfred : « Ce qui pourrait me faire mal et ce qui ne peut pas arriver, c'est de perdre ton affection. Ce qui me consolera de tous les maux possibles, c'est encore elle. »

Elle avait écrit le 15 mai : « À quelle époque vas-tu à Aix ? Arrange-toi, je t'en prie, de manière à ce que je sache où tu seras afin que, si je ne te trouve pas à Paris, je te rencontre du moins en route. » Mais, le 26, au point de quitter Venise, elle lève un pan du rideau : « Je ne sais pas encore si Pagello pourra m'accompagner. » Non sans ajouter, il est vrai : « Il a pourtant bien envie de ne pas me quitter, et il se fait une joie de t'embrasser. J'espère que cela l'emportera sur les embarras de sa position. »

En même temps, elle s'efforçait de reprendre les plus dangereuses paroles qu'elle avait jadis prononcées et d'atténuer tout ce qui avait poussé à la séparation. Elle efface, elle efface, d'un doigt léger, avec une aisance admirable : « Vois, lui dit-elle, combien tu te trompais quand tu te croyais usé par les plaisirs et abruti par l'expérience ! » La Pénélope si habile à tisser la tapisserie est encore plus prompte quand il faut l'effiler.

IV

Comme le poète était revenu à la foi amoureuse par le chemin de la terreur que lui avaient tracé les amants, la crainte du public aurait-elle été, à son tour un principe des regains d'amour de madame Sand ? On n'oserait pas l'affirmer. Mais c'est peut-être de cette inquiétude que lui vint au moins le courage de faire certains pas. Jugeons mieux ces coquetteries : si elles n'étaient pas tout à fait désintéressées, la nécessité les dicta.

Eut-elle seulement à feindre ? Si elle connut ce malheur, George en fut vite châtiée. Qui ne veut pas aimer sera sage et prudent de ne jamais feindre l'amour ; car l'amour invoqué peut venir dans toute sa force. Les actes religieux sont les générateurs directs de la religion. *Prenez de l'eau bénite,* disait Pascal. En mettant les choses au pis, Mme Sand fit comme le croyant forcé de Pascal, dans l'instant même où elle se trouvait disposée à l'action de toutes les grâces.

Mais parce qu'elle avait à se reprocher de cruels mensonges et qu'il lui fallait à tout prix en conjurer l'éclat, madame Sand forma ici le rêve audacieux et beau de donner à Alfred une profonde impression de sincérité : très finement, elle sentit qu'il lui suffirait de devenir sincère en effet.

L'aimer, l'aimer vraiment, et, par cet amour, le reconquérir ; une fois reconquis, le tenir, l'occuper et le subjuguer : abolir le drame passé sous des drames nouveaux, créer de si violentes disparates morales, se montrer sous un jour si neuf, se procurer ainsi de tels alibis, former entre Venise et Paris de tels désaccords que la raison du poète en fût déroutée à jamais et qu'il se sentît incapable de risquer aucun jugement sur l'ensemble de l'aventure ; en outre, le contraindre à se donner, tant en réalité qu'en imagination, d'immenses torts nouveaux : tel fut le beau programme élaboré par les circonstances et par le calcul dans cette âme trouble, mais forte. Elle avait assez d'énergie pour le remplir au naturel, c'est-à-dire, oubliant qu'elle l'avait conçu, au point de s'y donner, de s'y aliéner tout entière. Elle avait été à Venise tout force et tout orgueil, elle va ici nous paraître tout force et aussi tout amour.

V

L'arrivée à Paris de George, accompagnée de Pagello, remettait donc en présence trois être bien différents de ceux qui s'étaient quittés à Venise. Une correspondance incendiaire avait étouffé l'esprit de réflexion dans l'âme d'Alfred, et l'amour d'autrefois y reparaissait sans partage. Pagello, averti par le ton de la correspondance (car on lui montrait tout) et non moins éclairé par les nouveaux visages qu'il trouvait à Paris, entrait en défiance. « Du moment qu'il a mis le pied en France, il n'a rien compris », disait George. La lucidité de notre air, chassant les brouillards vénitiens, mettait à nu des vérités médiocrement belles. George d'ailleurs est rassurée, Alfred de Musset aime encore et, Dieu merci, plus que jamais : car ses billets et ses visites la poursuivent.

Elle le repousse d'abord, de crainte de Pagello, de crainte des méchants ; cependant, elle ne peut résister aux nombreux éléments qui, en elle et hors d'elle, ont disposé de son destin. Ils se revoient. Elle lui confesse la survivance de son amour, elle le lui prouve après avoir juré et fait jurer que cette preuve vaudrait un adieu éternel. Alfred, le lendemain, en lui annonçant qu'il s'éloigne, écrit : « Celui qui est aimé de toi ne peut plus maudire. » Il est résigné à son sort, que George demeure maîtresse de régler comme elle voudra. Il lui demande seulement de ne pas expirer sans lui si elle renonce à la vie.

Mais, en attendant, il écrira ; il fera leur histoire :

> Non, non, j'en jure par ma jeunesse et par mon génie, il ne poussera sur ta tombe que des lis sans tache. J'y poserai de ces mains que voilà ton épitaphe en marbre plus pur que les statues de nos gloires d'un jour. La postérité répétera nos noms comme ceux de ces amants immortels qui n'en font qu'un à eux deux, comme Roméo et Juliette, comme Héloïse et Abélard. On ne parlera jamais de l'un sans parler de l'autre. Ce sera là un mariage plus sacré que ceux que font

les prêtres, le mariage impérissable et chaste de l'intelligence. Les peuples futurs y reconnaîtront le symbole du seul Dieu qu'ils adoreront. Quelqu'un n'a-t-il pas dit que les révolutions de l'esprit humain avaient toujours des avant-coureurs qui les annonçaient à leur siècle ? Eh bien, le siècle de l'Intelligence est venu. Elle sort des ruines du monde, cette souveraineté de l'avenir ; elle gravera ton portrait et le mien sur une des pierres de son collier.

Ce « mariage de l'intelligence » manqua. D'autres stimulants que celui de leur esprit pur se faisaient sentir. L'unique rencontre en avait fait souhaiter de nouvelles. Le poète était allé se promener à Bade, et la romancière à Nohant. « Ah ! George, écrivait le premier, ah ! George, quel amour ! Jamais homme n'a aimé comme je t'aime. Je suis perdu, vois-tu ; je suis noyé, inondé d'amour. Je ne sais plus si je vis, si je respire, si je parle ; je sais que j'aime... »

Mais il nous faut bien percevoir dans la réponse de George le développement logique d'un nouvel acte de comédie. Pour mieux dire, c'est le prologue de la dernière reprise. Elle raconte tout au long les scènes de jalousie de Pagello. Elle parle de ses enfants. Et, par un comble de prudence politique, elle a soin de rappeler très précisément des souvenirs qui, en aiguisant la jalousie du poète, lui spécifient qu'il a perdu le droit de récriminer.

Dans cette lettre de Nohant se trouve en effet le fameux passage, plusieurs fois cité, des accordailles de Venise : « Ah ! cette nuit d'enthousiasme... » Il peut être traduit : — *Pagello m'ennuie, tu le vois, et c'est bien fini. Je t'ai déjà repris, je puis revenir toute à toi ; y consentir, c'est reconnaître que le passé n'existe plus et que tu n'as pas le plus léger reproche à m'en faire...* L'habile plaideuse se souvient d'ailleurs de sa robe, qui n'était point d'un avocat : « Oh ! que je suis malheureuse, je ne suis point aimée, je n'aime pas ! Me voilà insensible, un être stérile et maudit ! Et toi, tu viens me parler de transports d'ivresse... »

Elle conclut : « Il faut nous quitter, vois-tu, il le faut, puisque tu arrives à te persuader que tu ne peux guérir de cet amour pour moi et que tu as pourtant si solennellement abjuré à Venise avant *et même encore* après ta maladie. » Avec cela, promesse ou rappel de la promesse d'une entrevue prochaine à Paris.

Ils se reprirent donc, et leur hiver de 1834-1835 paraît avoir été aussi malheureux que possible : « J'en étais bien sûre, dit-elle quand ils se sont revus, que ces reproches-là viendraient dès le lendemain du bonheur rêvé et promis, et que tu me ferais un crime de ce que tu avais accepté comme un droit... Qu'est-ce que tu veux à présent, qu'est-ce que tu me demandes ? Des questions, des soupçons, des récriminations, déjà ! déjà ! Et pourquoi me parler de Pierre quand je t'avais défendu de m'en parler jamais. De quel droit d'ailleurs m'interroges-tu sur Venise ? Étais-je à toi, à Venise ? »

Et, après avoir raconté le passé à sa manière, elle éclate en cris d'étonnement et d'indignation aux exigences toutes fraîches du pauvre garçon.

> Eh bien, à présent, tu veux l'historique jour par jour et heure par heure de ma liaison avec Pierre, et je ne te reconnais pas le droit de me questionner. Je m'avilirais en me laissant confesser comme une femme qui t'aurait trompé. Admets tout ce que tu voudras pour nous tourmenter, je n'ai à te répondre que ceci : « Ce n'est pas du premier jour que j'ai aimé Pierre et même après ton départ, après t'avoir dit que je l'aimais peut-être, que c'était mon secret et que, n'étant plus à toi, je pouvais être à lui sans te rendre compte de rien, il s'est trouvé dans sa vie à lui, dans ses liens mal rompus avec ses anciennes maîtresses, des situations ridicules et désagréables qui m'ont fait hésiter à me regarder comme engagée par des précédents quelconques. Donc il y a eu de ma part une sincérité dont j'appelle à toi-même et dont tes lettres font foi pour ma conscience. Je ne t'ai pas permis à Venise de me demander le moindre détail, si nous nous étions embrassés sur les joues, sur l'œil ou sur le front, et je te défends d'entrer dans une phase de ma vie où j'avais le droit de reprendre les voiles de la pudeur vis-à-vis de toi.

Ainsi, chargée des voiles de la pudeur vis-à-vis de lui, elle se remet à mentir : effrontément, charitablement, efficacement. Mais pour refrain : « Voyons, laisse-moi donc partir. » Ou encore : « Que nous restera-t-il donc, mon Dieu ! d'un lien qui nous avait semblé si beau ! ni amour, ni amitié ! mon Dieu ! »

VI

Elle pourrait partir. Le but de sa politique, si elle s'en était fixé un, était atteint en somme. Le poète se trouvait de nouveau lié et comme annulé par l'amour : l'audacieuse lettre qu'on vient de lire montre bien que les volontés de sa maîtresse n'ont plus qu'à lui dicter leur loi. Mais, à ce moment même, ces dures volontés ont faibli.

La puissance d'une habitude physique retrouvée, jointe aux grandes dépenses d'énergie qu'elle avait dû faire, avait tout à fait brisé George. « Je songe, gémit-elle, que je vais t'aimer encore comme autrefois. » Plus qu'autrefois, hélas ! Les chaleurs de l'entraînement s'étaient communiquées peu à peu à son âme. Au bout de quelques semaines sans doute, elle dut éprouver que ce qui n'avait été qu'une province exiguë de sa vie la couvrait, cette fois, la soulevait et la pénétrait tout entière. Dure revanche de l'amour. La victorieuse était prise au milieu du triomphe, les rôles étaient renversés. Celui qui la poursuivait, elle le poursuivit. Le pouvoir de prononcer de fausses paroles s'éloigne d'elle. Elle ne sort plus de cette sincérité profonde que lorsqu'elle lui parle de séparation. Comme jadis Alfred, dont elle devient l'élève accomplie, elle affectionne sa douleur.

Mais, à son tour, se sentant devenir le plus fort, l'enfant du siècle cède à un âcre désir de rendre quelque chose du mal qu'il a reçu. On l'a fait souffrir par l'amour et par l'orgueil. À George maintenant de souffrir d'orgueil et d'amour. Est-ce la peine de donner un extrait du journal intime dans lequel la pauvre femme se désole de ne point retrouver « sa féroce vigueur de Venise » et se traîne lentement aux pieds du cruel qui, le cœur las, a voulu rompre ? M. Paul Mariéton l'a publié presque en entier et nous en connaissons d'autres fragments par Mme Arvède Barine. Il contient des pages touchantes : quelques-unes sont pleines d'humilité !

> Mardi 24 décembre 1834.
>
> Je ne guéris pourtant pas... Je m'abandonne à mon désespoir. Il me ronge, il m'abat.
>
> Hélas ! il augmente tous les jours comme cette horreur de l'isolement, ces élans de mon cœur pour aller rejoindre ce cœur qui m'était ouvert. Et si je courais, quand l'amour me prend trop fort ? Si j'allais casser le cordon de sa sonnette jusqu'à ce qu'il m'ouvrît sa porte ? Si je m'y couchais en travers jusqu'à ce qu'il passe ? Si je me

jetais, non pas à ses pieds, c'est fou, après tout, car c'est l'implorer, et, certes, il fait pour moi ce qu'il peut, il est cruel de l'obséder et de lui demander l'impossible ; mais si je me jetais à son cou, dans ses bras, si je lui disais : « Tu m'aimes encore, tu en souffres, tu en rougis, mais tu me plains trop pour ne pas m'aimer. » Tu vois bien que je t'aime, que je ne peux aimer que toi ; embrasse-moi, ne dis rien, ne discutons pas.

... Eh bien, quand tu sentiras ta sensibilité se lasser de ton irritation, revenir, renvoie-moi, maltraite-moi, mais que ce ne soit jamais avec cet affreux mot : *Dernière fois !* Je souffrirai tant que tu voudras ; mais laisse-moi quelquefois, ne fût-ce qu'une fois par semaine, venir chercher une larme, un baiser, qui me fasse vivre, et me donne du courage. — Mais tu ne peux pas ! Ah ? que tu es las de moi ! Et que tu t'es vite guéri aussi, toi ! Hélas, mon Dieu, j'ai de plus grands torts certainement que tu n'en eus à Venise, *quand je me consolai.*

Mais tu ne m'aimais pas, et la raison égoïste et méchante me disait : *Tu fais bien !* À présent, je suis encore coupable à tes yeux, mais je le suis dans le passé. Le présent est beau et bon encore : je t'aime ; je me soumettrais à tous les supplices pour être aimée de toi et tu me quittes ! Ah ! *pauvre homme !* vous êtes *fou*. C'est votre *orgueil* qui vous conseille.

Nous savons le son de ces mots :

> Ah ! faible femme, orgueilleuse insensée !...
> ... Partez, partez, et dans un cœur de glace
> Emportez l'orgueil satisfait.
> ... Ah ! pauvre enfant qui voulez être belle
> Et ne savez pas pardonner !

Qui se doutait que ces sanglots de *La Nuit de décembre*[182] eussent été versés d'abord par George Sand ? Mais qui se fût imaginé que cette statue de

---

[182] Le Journal intime de madame Sand est de décembre 1834. *La Nuit de décembre* est de novembre 1835. Le poète a utilisé, en les retournant, les cris de désespoir échappés à sa maîtresse. On n'observe bien que ce qui est hors de soi. Alfred de Musset a commis quelques emprunts d'un tout autre genre. Par exemple, la fameuse phrase de Perdican : « C'est moi qui

l'orgueil pût traiter quelqu'un d'orgueilleux ? Elle disait autrefois au poète : « Tu n'en as pas trop. » Maintenant, elle crie : « Vous devez en avoir, le vôtre est beau, mais votre raison devrait le faire taire et vous dire : — Aime cette pauvre femme, tu es bien sûr de ne pas l'aimer trop à présent, que crains-tu ? Elle ne sera pas trop exigeante, l'infortunée ! Celui des deux qui aime le moins est celui qui souffre le moins. C'est le moment de l'aimer ou jamais. »

D'autres passages sont moins simples et portent, cependant, sous le romantique criard de la langue et du style, les stigmates du vrai :

> Ange de mort, amour funeste, ô noir destin sous la figure d'un enfant blond et délicat ! Oh ! que je t'aime encore, assassin ! Que tes baisers me brûlent donc vite, et que je meure consumée ! Tu jetteras mes cendres au vent, elles feront pousser des fleurs qui te réjouiront.
>
> Qu'est-ce que ce feu qui dévore mes entrailles ? Il semble qu'un volcan gronde au dedans de moi et que je vais éclater comme un cratère. Ô Dieu, prends pitié de cet enfant qui souffre tant !
>
> Doux yeux bleus, vous ne me regardez plus ! Belle tête, je ne te verrai plus t'incliner sur moi et te voiler d'une douce langueur ! Mon petit corps souple et chaud, vous ne vous étendrez plus sur moi, comme Élisée sur l'enfant mort, pour me ranimer... Adieu, mes cheveux blonds, mes blanches épaules.

---

ai vécu et non pas un être factice créé par mon orgueil et par mon ennui », est plus qu'inspirée, copiée, d'une lettre de George. Et d'une autre lettre de George (Venise, 12 mai 1834) semble prise toute la pensée de *La Nuit d'octobre* : « Peut-être est-ce (l'amour) une faculté divine qui se perd et qui se retrouve, qu'il faut cultiver ou qu'il faut acheter par des souffrances cruelles, par des expériences douloureuses. Peut-être m'as-tu aimée avec peine pour aimer une autre avec abandon... »

C'est une dure loi, mais une loi suprême.
Vieille comme le monde et la fatalité,
Qu'il nous faut du malheur recevoir le baptême
Et qu'à ce triste prix tout doit être acheté. (1837.)

Des indices fort délicats, et dont l'analyse serait ici hors de place, me donnent à penser que le poète ne faisait guère, en tout ceci, que reprendre ce qui lui appartenait : que de fois, dans ses lettres de Venise, George paraphrase des vers qu'Alfred a publiés les années précédentes !... Toutes les questions d'emprunt et de plagiat sont complexes. Alfred de Musset était grand causeur. Après les causeurs, ce sont peut-être les journalistes que l'on pille le plus. S'il était permis de mêler les petites choses aux grandes, j'avertirais que la matière de ce petit livre courut les journaux et les revues pendant six ans entiers ; j'ai dû aussi reprendre de-ci de-là ce qui provenait de mon fonds quand je le publiai en 1902.

« Elle ne s'en tenait pas aux paroles », dit Mme Arvède Barine. « Elle coupa ses magnifiques cheveux et les envoya à Musset. Elle venait pleurer sur sa porte ou sur son escalier. » « Caresse-moi », lui écrivait-elle au retour, avec une grâce navrante, « caresse-moi, puisque tu me trouves encore jolie malgré mes cheveux coupés, malgré les deux grandes rides qui se sont formées l'autre jour sur mes joues.

Ils se revirent et rompirent de nouveau, suivant un mécanisme qui différait peu de celui de l'année précédente. Toute la nouveauté de la dispute consistait en ce que les amants s'occupaient un peu de savoir lequel serait l'auteur de l'abandon définitif. Chacun tenta de renouer pour ce triste avantage. Vaine querelle où les ferments de l'amour-propre, avivés par les commérages du monde, parvinrent à aigrir ce qu'ils pouvaient garder d'heureux. Tout Paris en suivait les phases d'un œil amusé ; on riait du poète quand George était en état d'écrire à son ennemi, à Tattet, un bulletin de triomphe comme celui du 14 janvier 1835 : « Alfred est redevenu mon amant » ; et l'on riait de George lorsque c'était Alfred qui prenait la fuite.

Il est meilleur de négliger la succession de ces monotones alternatives.

La haine et le pardon

C'est au printemps de 1835 qu'ils eurent la sagesse et la force de se quitter. C'est à l'automne de la même année qu'un fragment de la *Confession d'un enfant du siècle* parut chez Buloz. On a beaucoup dit que ce livre est un pur monument de chevalerie, le poète ayant tenu à s'y donner tous les torts mais rien ne prouve que sa volonté eut à triompher de son sentiment ; les admirables illusions de Venise n'étaient pas tout à fait détruites en 1835 ni l'année suivante.

I

Certes, il avait réfléchi. Il avait hésité, douté, souvent tremblé d'entrevoir la vérité affreuse. Quand George, prise à son propre piège, devenue, après le départ de Pagello, la plus passionnée des amantes, se fut rejetée au parti des supplications, quelles confidences ne lui furent point arrachées ! Elle put bien se confesser tantôt par bravade, tantôt par ce besoin d'épanchement qui naît du plaisir. Mais, là encore, que de réticences possibles ! Elle dut se plaire à donner à l'aveu formel cet accent du mensonge qui enlève toute certitude à la vérité quand elle est un peu forte et l'éloigne du vraisemblable. Le souverain instinct de conservation féminine lui interdit probablement d'être jamais complète, explicite, satisfaisante.

On a vu plus haut qu'elle lui écrit : « À Venise... Je me consolai... » Plus il fut éclairé des rayons décevants et de la douteuse lumière de ces lambeaux de vérité, plus il dut se sentir troublé. Dans ce trouble, il prit naturellement l'habitude de chercher son refuge dans sa première foi. Par les conseils de l'amour-propre que la réalité éprouvait trop cruellement, par ceux de l'habitude, par goût de romanesque aussi, et crédulité naturelle, enfin par les ensorcellements de l'amour, il revenait s'endormir au vieil oreiller. La pauvre George, en costume de pénitente, la tête rase et ses beaux yeux noirs éplorés, lui avait donné quelques-unes des plus touchantes preuves d'amour. Si malgré tout elle l'aimait, que pouvait-il vouloir de plus ? Et sur quoi l'aurait-il jugée coupable de mensonges radicaux et de perfidies sans mesure ?

Ainsi, dans la dernière saison de leurs rencontres, en dépit du malheur final, elle n'avait pas perdu la partie : sa douleur, son amour portaient juste le fruit qu'elle en avait rêvé. Elle avait réussi à donner le change, au point de déconcerter et d'attendrir peut-être la malice du monde. Pour le poète, il était dérouté. Il ne savait plus rien, du moins de science certaine.

La *Confession d'un enfant du siècle* n'est si diffuse et si flottante que parce qu'il n'y eut pas de cohérence possible dans le personnage central de madame Sand, tel que pouvait se le figurer son ancien amant ; mais l'intention du livre est une : il est écrit pour demander pardon à une maîtresse parfaite des injustes soupçons, des jalousies pleines d'outrage et des persécutions aussi stupides que cruelles dont elle avait été victime de la part d'un furieux.

Quelquefois, un soupçon, de sa lueur timide projetée au travers de ce premier dessein, l'interrompt et rejette le cœur de l'écrivain dans une autre voie ; son repentir et son remords semble alors décrits de souvenir, plutôt qu'éprouvés dans l'instant, car, à cet instant même, un doute puissant le déchire. La part de volonté, chez l'auteur consista à surmonter les tentations dont l'homme souffrait.

Le malicieux Sainte-Beuve, qui connut presque tous les secrets de la liaison, note dans la façon du livre « quelque chose de successif ». Hélas ! c'était la succession des partis auxquels le poète devait s'arrêter pour expliquer les diversités d'une si étrange aventure : aimé, trahi, aimé encore, trompé dans ce dernier amour ! Nous avons remarqué qu'il y a dans ce livre deux reflets de madame Sand : la première maîtresse d'Octave de T... et la seconde, Brigitte Pierson. Mais cette Brigitte, elle-même, manque d'unité, au sentiment de Sainte-Beuve qui note une certaine « substitution subtile » :

> Madame Pierson, durant toute cette première situation attachante, est une personne à part...
> Pour bien apprécier et connaître cette charmante Mme Pierson, il faudrait, après avoir lu la veille les deux premières parties de la *Confession*, s'arrêter là exactement ; le lendemain matin, au réveil, commencer la troisième partie et s'y arrêter juste sans entamer la quatrième : on aurait ainsi une image bien nuancée et distincte dans sa fraîche légèreté. Plus tard, il y a un moment où tout d'un coup, à propos d'une grande promenade nocturne, nous découvrons que Mme Pierson, pour ses longues courses, prend une blouse bleue et des habits d'homme. Le trait est jeté au passage, comme négligemment ; mais l'œil délicat le relève, et toute illusion a disparu, car l'auteur a beau dissimuler et ne faire semblant de rien, la nouvelle Mme Pierson, fort charmante à son tour, n'est pas la même que la

première ; celle qui a la blouse bleue n'est plus celle qui, un peu dévote et très charitable, parcourait à toute heure, en voile blanc, les campagnes qui l'avaient vu couronner rosière...

La rosière était George, telle que la voyait aux heures de piété l'imagination de Musset. Le petit homme en blouse bleue était cette George un peu différente, « fort charmante à son tour », qu'il lui arrivait d'apercevoir quelquefois des mêmes yeux que Sainte-Beuve et leur cercle d'amis dans ses jours de lucidité. J'oserai ajouter, après le maître de la critique, qu'il y a dans les deux dernières parties de la *Confession* d'autres points inintelligibles, notamment le point essentiel : le lecteur n'y est pas amené à comprendre comment, après avoir aimé Octave d'un amour qu'elle est seule à pouvoir donner et qu'il est également seul capable d'inspirer, Brigitte en arrive à distinguer le pâle Smith. Musset a beau noircir son infortuné prête-nom, dire pis que pendre d'Octave : le mauvais caractère de son Octave ne lui explique point, à lui-même qui tient la plume, qu'Octave ait cessé d'être aimé de la seule femme pour qui Dieu l'eût fait et qui fût faite pour lui. Musset n'arrivait pas à percer le triste mystère, et c'est précisément ce dont il se plaignit à Lamartine dans la *Lettre* de février 1836 :

> Ô toi qui sais aimer, réponds, amant d'Elvire,
> Comprends-tu que l'on parte et qu'on se dise adieu ?
> Comprends-tu que ce mot, la main puisse l'écrire
> Et le cœur le signer, et les lèvres le dire,
> Les lèvres qu'un baiser vient d'unir devant Dieu ?
> Comprends-tu qu'un lien qui, dans l'âme immortelle,
> Chaque jour plus profond, se forme à notre insu,
> Qui déracine en nous la volonté rebelle,
> Et nous attache au cœur son merveilleux tissu ;
> Un lien tout-puissant dont les nœuds et la trame
> Sont plus durs que la roche et que les diamants ;
> Qui ne craint ni le temps, ni le fer, ni la flamme,
> Ni la mort elle même, et qui fait des amants
> Jusque dans le tombeau s'aimer les ossements ;
> Comprends-tu que dix ans ce lien nous enlace,
> Qu'il ne fasse dix ans qu'un seul être de deux,
> Puis tout à coup se brise et perdu dans l'espace

Nous laisse épouvantés d'avoir cru vivre heureux ?

« Dix ans » sont mis là pour deux ans, car les amours de George et d'Alfred ont duré d'août 1833 à mars 1835. Non plus que cette légère déformation, les termes généraux de l'éloquente plainte ne doivent pas nous égarer : elle a un sens particulier, celui-là même que la *Confession* vient de nous dévoiler et qui fait le secret du livre ; le livre tout entier n'existe que par ce secret, « le secret de Brigitte », qui était demeuré un secret pour l'auteur.

Que dire, au surplus, de ce personnage de Smith, si gris, si effacé, et, en même temps, si étrange qu'il en est devenu presque louche ? Le peintre semble concevoir et garder certains doutes sur la vérité du portrait qu'il nous offre de l'ami de Mme Pierson. Ainsi se glissa-t-il une équivoque extrême dans les sentiments de Musset envers Pagello, quand il le revit à Paris. On a pu dire qu'il traitait l'Italien en ami, on a pu dire le contraire. Pagello, qu'il faut bien écouter, a déclaré que leurs derniers rapports furent « courtois », mais « dépourvus de toute expansion cordiale ».

Telle était l'oscillation de la pensée chez ce crédule si sceptique. Smith la représente fort bien.

La Nuit de mai, écrite en 1835, fait corps avec la *Confession*. *La Nuit de décembre,* qui est de la même année, correspond au même état d'esprit.[183] Le poète parle à genoux ; il demande pardon d'une voix qu'étreignent la honte et le repentir, que le soupçon traverse à peine. En accusant l'orgueil de son amie, *(Ah ! faible femme, orgueilleuse insensée)*, il ne témoigne que de vagues défiances peu exprimées :

> *Pourquoi*, grands dieux, mentir à ta pensée,
> *Pourquoi* ces pleurs, cette gorge oppressée,
> Ces sanglots, *si tu n'aimais pas ?*
>
> Oui, tu languis, tu souffres et tu pleures,
> Mais ta chimère est entre nous...
>
> ... Partez, partez et dans ce cœur de glace
> Emportez *l'orgueil satisfait...*

---

[183] On verra plus loin, par la préface de l'édition de 1916, que Paul de Musset a essayé de donner le change et de faire croire qu'il s'agissait dans cette *Nuit* d'une autre que madame Sand. La découverte de M. Ernest Seillière a achevé de faire justice de cette fable.

C'était plus de huit mois après la dernière rupture. Qui croira que ces strophes, tour à tour humbles et redressées, pleines de soupirs pénitents, furent aussi écrites par scrupule de galant homme ? Non, non, le jugement d'Alfred de Musset sur son malheur manqua longtemps de fixité. « J'ai souffert un dur martyre », disait-il. Il ne pouvait préciser au juste lequel et ne trouvait d'assiette ferme que dans l'illusion de Venise. Mais la moindre réflexion l'en dépossédait. Ses vers et sa prose d'alors donnent le ton troublé de tant d'appréciations différentes, dont on n'ose même plus dire qu'elles aient été successives : il admettait et rejetait tout à la fois.

II

Au milieu de 1836, fut composée *La Nuit d'août* qui célèbre avec flamme un vif désir d'amours nouvelles ; elle marque aussi le moment où le poète commença d'écouter le langage sinistre de la raison. *La Nuit d'août* nous parle, en effet, de la plaie d'orgueil « qui le dévore ». Comprenons que cet orgueil ne ronge plus l'amante infidèle comme dans *La Nuit de décembre* : c'est bien l'amant désespéré, le poète en larmes qui a besoin de faire taire des souvenirs humiliants pour reconquérir le bonheur.

Avant cette date précise, il avait songé à bien des noirceurs, et il y avait même cru, mais comme on croit à des fantômes ; il ne les avait pas encore incorporées à l'essence de sa pensée. Il n'en avait pas la présence certaine, le solide contact. Sans parler de celles qui, en succédant à madame Sand, concevaient le désir ou l'espoir, aussi naturel qu'insensé, de la détrôner tout à fait, son frère, ses amis, surtout Tattet, contribuèrent de leur mieux à l'éclaircissement qui se fit dans ses souvenirs. Le poète ne disposait pas comme nous du texte de la Déclaration de George, ni de ses lettres à Pagello, ni du Journal de ce dernier : mais les faits qu'il avait saisis, les paroles précises qu'il avait méditées se composaient et s'enchaînaient dans sa pensée, en dépouillant l'appareil artificieux dont les avait ornés la rhétorique de l'amour. Il revécut l'ancien passé, heure par heure, depuis Fontainebleau et Venise jusqu'aux malheureux actes de contrition épistolaire qu'il expédiait de Paris. Il se revit dupé plus encore qu'« abandonné », « abusé » bien plus que trahi ; berné, moqué par-dessus tout et, pour tant d'outrages sanglants, se frappant la poitrine dans la *Confession d'un enfant du siècle* et dans la seconde des *Nuits*.

Cette revue dut le briser. Tout ce qu'il avait de justesse dans l'esprit, de droiture dans l'âme, était soulevé. Certes, ses propres fautes en France, en Italie, avaient pu être de la dernière gravité : qu'étaient-elles en comparaison de ce qu'il devait bien appeler le crime de George !

Elle avait, comme on dit, le *droit* de quitter Alfred pour Pierre, comme plus tard de quitter Pierre pour Alfred. Les circonstances même du premier abandon du poète, quoique atroces, peuvent ou doivent être admises comme de purs effets de concours malheureux. Ce qui faisait la principale horreur de ces souvenirs n'était point en cela, et la pire infidélité, n'eût jamais revêtu certaine couleur odieuse. L'odieux, le tragique, était dans le comique de cette dure histoire : c'était d'avoir été conduit par des pentes si douces à des sentiments d'un ridicule si pur qu'il ne pouvait s'en réveiller sans quitter aussitôt tout respect de lui-même, toute dignité, « tout orgueil ». Le grief, son vrai grief contre George, celui qui apparaît au travers des invectives de la vieille passion toujours prête à renaître, ce grief profond est là : George l'avait joué comme un vieillard, comme un enfant. Elle l'avait rendu aussi sot à ses propres yeux qu'aux yeux de leurs innombrables amis communs. L'astuce, l'artifice et jusqu'à la sincérité finale de la sirène lui avaient inspiré et, qui le sait ? presque dicté ces longues pages d'excuse et de repentir, ces cris d'humilité et de supplication qui, confrontés avec les faits désormais certains et déjà vaguement soupçonnés de Paris entier, devaient déshonorer l'auteur de ces monuments de naïveté, si toutefois l'on peut être déshonoré par un excès d'erreur où précipite la perfidie d'une femme.

Ce sentiment d'abord vague et obscur, puis très net, mais intermittent, finit par s'établir en lui, car il le chanta.

III

Il le chanta après avoir longtemps moralisé dessus, c'est-à-dire, suivant l'ordinaire des esprits de race française, après avoir composé à ce sentiment une cour d'idées générales : il publia que son malheur tout entier provenait des maux de Venise.

Sa défiance et son scepticisme, sa lassitude et l'amertume qui lui gâtait le cœur ne découlaient point d'autre source. Deux ans plus tôt, il accusait un être impersonnel qu'il appelait Libertinage ou Débauche ; mais, il s'en aperçoit enfin, les trahisons multipliées d'une créature menteuse sont les seules causes de sa détresse. D'elle, d'elle seule, par l'illusion qu'elle a fait concevoir, par la désillusion qu'elle a fait éclater, dérive ce flux noir de mauvais sentiments qui ont flétri son cœur sans même le mûrir. Il n'était pas méchant, mais il l'est devenu par la faute de George. Les invectives de *La Nuit d'octobre*[184] donnent un raccourci des cent reproches de ce genre que l'on voit épars dans son œuvre :

> Honte à toi qui la première
> M'as appris la trahison
> Et d'horreur et de colère
> M'as fait perdre la raison.
>
> Honte à toi, femme à l'œil sombre,
> Dont les funestes amours
> Ont enseveli dans l'ombre
> Mon printemps et mes beaux jours !
> C'est ta voix, c'est ton sourire,
> C'est ton regard corrupteur
> Qui m'ont appris à maudire
> Jusqu'au semblant du bonheur.
> C'est ta jeunesse et tes charmes
> Qui m'ont fait désespérer...

À supposer qu'il eût été débauché depuis son enfance, la plus folle débauche ne l'eût jamais blasé que sur quelques aspects superficiels de l'amour ; mais, depuis que George l'a parodié devant lui, le plus pur des amours, l'amour douloureux et souffrant reste terni d'une méfiance éternelle. Le poète ne peut plus croire à ce beau visage éploré.

Voici un distique sanglant :

> *Et si je doute des larmes,*
> *C'est que je t'ai vu pleurer.*
>
> *Honte à toi ! j'étais encore*
> *Aussi simple qu'un enfant,*
> *Comme une fleur à l'aurore*
> *Mon cœur s'ouvrait en t'aimant.*
> *Certes ce cœur sans défense*

---

[184] Publié dans la *Revue des deux mondes*, du 15 octobre 1837.

Put sans peine être abusé...

Honte à toi ! tu fus la mère
De mes premières douleurs
Et tu fis de ma paupière
Jaillir la source des pleurs !
Elle coule, sois-en sûre
Et rien ne la tarira.
Elle sort d'une blessure
Qui jamais ne guérira...

Rien de plus net : dans cette *Nuit d'octobre*, si tout le récitatif *(elle ne venait pas ; seul, la tête baissée...)* ne parle que d'infidélité amoureuse ou, tout au plus, d'audacieuse perfidie, l'invective du poète témoigne qu'il souffrit beaucoup moins d'avoir été laissé pour un autre que surpris lâchement dans la simplicité d'un cœur plein de foi. La tendresse est meurtrie ; par-dessus tout, l'orgueil est décapité.

Sept années plus tard, même nuance d'inflexion dans les strophes : *À mon frère revenant d'Italie*. Le badinage qui ouvre la pièce est un peu long, mais le poète arrive au fait, il nomme Venise, Venise lui évoque le tombeau de son « pauvre cœur » :

Là, mon pauvre cœur est resté...

Mon pauvre cœur l'as-tu trouvé
Sur le chemin, sous un pavé,
Au fond d'un verre... ?

L'as-tu vu sur les fleurs des prés... ?

L'as-tu trouvé tout en lambeaux ?
Sur la rive où sont les tombeaux ?
Il y doit être.
Je ne sais qui l'y cherchera,
Mais je crois bien qu'on ne pourra
L'y reconnaître.
Il était gai, jeune et hardi,
Il se jetait en étourdi
À l'aventure

> Librement il respirait l'air,
> Et parfois il se montrait fier
> D'une blessure.
> Il fut crédule étant loyal,
> Se défendant de croire au mal
> Comme d'un crime.
> Puis tout à coup il s'est fondu...

Musset a bien dû s'exagérer la métamorphose. Tous les défauts ne lui venaient pas de Venise, ni tous les malheurs. Avant d'avoir connu madame Sand et souffert de tant de prestiges, il n'était pas si innocent ni si heureux qu'il nous le jure ; on raconte que la Jacqueline du *Chandelier* fit sa première entrée dans la vie du poète quand ce Fortunio n'avait que dix-huit ans.[185] Son désespoir d'enfant avait bien laissé quelque trace. Mais on peut estimer qu'auprès de madame Sand il perdit cette confiance dans son cœur et dans tous les cœurs, ce facile abandon à la grâce d'autrui qui sont les principes d'amour. Ils subsistaient certainement quand George le connut, puisqu'elle les avait admirés et aimés, la Correspondance en fait foi. L'abus savant, continué et méthodique qu'elle en fit consuma tout ce qu'il gardait de ce don de jeunesse. Que de fois il l'a dit ! Le souvenir d'avoir été dupe à ce point resta en lui comme un ulcère et saigna toujours.

Tous les succès du monde et toutes ses « bonnes fortunes » ne tinrent pas contre la sensation cuisante de l'humiliation. Il rit amèrement de son ancienne réputation de roué et jeta des soupirs de haine contre celle à qui il devait de s'être méprisé avant de se prendre en pitié.

IV

Ce ne furent pas ses derniers mots. Bien avant qu'il eût vu le cercle de la lune, humide de larmes d'amour, sourire un soir d'été au-dessus des bouleaux et des trembles paisibles de sa chère forêt, il avait, dès la *Nuit d'août,* conçu en rêve le pardon :

> Dépouille devant tous l'orgueil qui te dévore,
> Cœur gonflé d'amertume...

---

[185] C'est Paul de Musset, toujours, qui le dit.

Ce pardon germa lentement, comme se dépouillait l'orgueil : et peu à peu la douce image d'un amour éloigné, mais non perdu puisqu'il durait en souvenir, se restitua toute seule. Musset se dit que sa douleur avait été bien peu de chose auprès de son bonheur ; l'humiliation n'était rien. Sa George redevint la Brigitte des beaux jours. Il écouta la Muse lui dire :

> Ô mon enfant ! plains-la, cette belle infidèle !
> Plains-la, c'est une femme...
> Plains-la ! Son triste amour a passé comme un songe,
> Elle a vu ta blessure et n'a pu la fermer :
> Dans ses larmes, crois-moi, tout n'était pas mensonge !

Peut-être, en cherchant des excuses, se souvint-il de celles qu'il tirait, pour un personnage de *Namouna*, des complexités de toute âme humaine :

> ... c'est qu'on trompe et qu'on aime ;
> C'est qu'on pleure en riant, c'est qu'on est innocent
> Et coupable à la fois ; c'est qu'on se croit parjure
> Lorsqu'on n'est qu'abusé ; c'est qu'on verse le sang
> Avec des mains sans tache et que notre nature
> A de mal et de bien pétri sa créature...

Une sorte de prophétie s'était fait jour dans ces vers de 1832, un peu au hasard. Mais voici le fruit de l'expérience, consigné dans un petit ouvrage postérieur : « Connaissez-vous le cœur des femmes, Perdican ? Êtes-vous sûr de leur inconstance, et savez-vous si elles changent réellement de pensée en changeant de langage ? Il y en a qui disent que non. Sans doute, il nous faut souvent jouer un rôle, souvent mentir ; vous voyez que je suis franche ; mais êtes-vous sûr que tout mente dans une femme lorsque sa langue ment ?... »

Ainsi parle Camille, d'*On ne badine pas avec l'amour*. Mais qu'importait cette Camille, ou sa rivale Rosette ? Qu'importait George ? Pauvres femmes, poupées de caprice, qu'importez-vous ? Dans son nouvel état d'esprit, le poète se souciait de bien marquer que l'essentiel n'est pas d'avoir inspiré de l'amour, mais de l'avoir senti soi-même. Le vers du *Spectacle dans un fauteuil* :

> Que la terre leur soit légère, ils ont aimé.

sera désormais sa devise. Rien en ce monde n'est plus digne de sympathie, de respect, et d'envie peut-être, qu'un pauvre cœur sincère qui vit et meurt du trait délicieux qui le perce. Clavaroche se rengorgera des faveurs de Jacqueline ; mais, le front appuyé sur la vitre et suivant du regard, au milieu des fleurs du jardin, la promenade de la belle indifférente, c'est encore Fortunio, un pauvre petit clerc, qui choisit la meilleure part. D'ailleurs, cette frivole, cette coquette Jacqueline deviendra sincère à son heure. Chacun a son moment de sincère noblesse, s'il a sa minute d'amour, Perdican le publie :

> Tous les hommes sont menteurs, inconstants, faux, bavards, hypocrites, orgueilleux et lâches, méprisables et sensuels ; toutes les femmes sont perfides, artificielles, vaniteuses, curieuses et dépravées ; le monde n'est qu'un égout sans fond où les phoques les plus informes rampent et se tordent sur les montagnes de fange, mais il y a au monde une chose sainte et sublime, c'est l'union de ces êtres si imparfaits et si affreux. On est souvent trompé en amour, souvent blessé et souvent malheureux ; mais on aime et quand on est sur le bord de sa tombe, on se retourne pour regarder en arrière, et on se dit : J'ai souffert souvent, je me suis trompé quelquefois, mais j'ai aimé. C'est moi qui ai vécu, et non pas un être factice créé par mon orgueil et mon ennui.

Dans ce charmant Théâtre d'Alfred de Musset, beaucoup de scènes comme celles-ci tendent à pénétrer le spectateur de cette pensée qu'il y a dans l'amour une dignité de nature qui se suffit à elle-même, quelle que soit l'indignité de son objet. Le véritable amant se contente de son amour.

Comme on le voit par la fin de *La Nuit d'octobre*, il s'efforcera de bannir l'obsession délirante,

> Mystérieuse et sombre histoire
> Qui dormira dans le passé !

il invoquera, pour obtenir ce bienfait de l'oubli, le sourire d'une nouvelle amie qui semble avoir été assez différente de George,

> Par les yeux bleus de ma maîtresse

> Et par l'azur du firmament,

enfin, il prononcera les paroles suprêmes d'absolution, que l'on sait par cœur. « Tu dis vrai, la haine est impie... »

> Pardonnons-nous ; je romps le charme
> Qui nous unissait devant Dieu.
> Avec une dernière larme
> Reçois un éternel adieu :

Le finale de *La Nuit d'octobre* est sans doute ce qu'Alfred de Musset a écrit de plus frais et de plus chantant, comme le renouveau d'une âme purifiée pour reverdir.

> — Et maintenant, blonde rêveuse,
> Maintenant, Muse, à nos amours !
> Dis-moi quelque chanson joyeuse
> Comme au premier temps des beaux jours.
> Déjà, la pelouse embaumée
> Sent les approches du matin ;
> Viens éveiller la bien-aimée
> Et cueillir les fleurs du jardin.
> Viens voir la nature immortelle
> Sortir des voiles du sommeil ;
> Nous allons renaître avec elle
> Au premier rayon de soleil.

Le poème du *Souvenir* sert de couronne à ce beau cycle. La Douleur et la Consolation s'y remplacent avec une exquise lenteur. Musset veut discuter la maxime de Dante et montrer tout ce que comporte de joie la mémoire d'un bonheur vrai, eût-il été cruellement interrompu. Il faut toucher par sa longue cime ondoyante ce magnifique gémissement musical.

> J'ai vu sous le soleil tomber bien d'autres choses
> Que les feuilles des bois et l'écume des eaux,
> Bien d'autres s'en aller que le parfum des roses
> Et le chant des oiseaux.

> Mes yeux ont contemplé des objets plus funèbres
> Que Juliette morte au fond de son tombeau...
> ... J'ai vu ma seule amie à jamais la plus chère
> Devenue elle-même un sépulcre blanchi...
> Une tombe vivante...
> Oui, jeune et belle encor, plus belle, osait-on dire,
> Je l'ai vue, et ses yeux brillaient comme autrefois ;
> Ses lèvres s'entr'ouvraient, et c'était un sourire
> Et c'était une voix.
> Mais non plus cette voix, non plus ce doux langage,
> Ces regards adorés dans les miens confondus
> Mon cœur encor plein d'elle errait sur son visage
> Et ne la trouvait plus.

chez un poète romantique les paroles d'apaisement auront toujours grand-peine à égaler la voix sonore de la plainte. Cependant le prélude infiniment simple et tendre était allé au cœur :

> Les voilà, ces coteaux, ces bruyères fleuries
> Et ces pas argentins sur le sable muet,
> Ces sentiers amoureux remplis de causeries
> Où son bras m'enlaçait.
> Les voilà, ces sapins à la sombre verdure,
> Cette gorge profonde aux nonchalants détours,
> Ces sauvages amis dont l'antique murmure,
> A bercé nos beaux jours ;
> Les voilà, ces buissons où toute ma jeunesse
> Comme un essaim d'oiseaux chante au bruit de mes pas ;
> Lieux charmants, beau désert où passa ma maîtresse,
> Ne m'attendiez-vous pas ?
> Ah ! laissez-les couler, elles me sont bien chères,
> Ces larmes que soulève un cœur encor blessé !
> Ne les essuyez pas, laissez sur mes paupières
> Ce voile du passé !
> Je ne viens pas jeter un regret inutile
> Dans l'écho de ces bois témoins de mon bonheur...
> Voyez ! la lune monte à travers ces ombrages

Ton regard tremble encor, belle reine des nuits,
Mais du sombre horizon déjà tu te dégages
Et tu t'épanouis.
Ainsi de cette terre, humide encor de pluie,
Sortent, sous tes rayons, tous les parfums du jour ;
Aussi calme, aussi pur, de mon âme attendrie
Sort mon ancien amour.
Que sont-ils devenus les chagrins de ma vie ?
Tout ce qui m'a fait vieux est bien loin maintenant...
Ô puissance du temps ! Ô légères années !

Le voile du passé, ce subtil nuage de larmes, ne laisse plus filtrer que l'idée du bonheur enfui : par un chef-d'œuvre de « bonté consolatrice », cela reste un sentiment doux. La blessure dont on a souffert se transforme en une longue bénédiction sur la vie entière. C'en est le feu central ou l'étoile supérieure :

Oui, les premiers baisers, oui, les premiers serments
Que deux êtres mortels échangèrent sur terre,
Ce fut au pied d'un arbre effeuillé par les vents
Sur un roc en poussière.
Ils prirent à témoin de leur joie éphémère
Un ciel toujours voilé qui change à tout moment,
Et des astres sans nom que leur propre lumière
Dévore incessamment.
Tout mourait autour d'eux, l'oiseau dans le feuillage,
La fleur entre leurs mains, l'insecte sous leurs piés,
La source desséchée où vacillait l'image
De leurs traits oubliés.
Et sur tous ces débris joignant leurs mains d'argile,
Étourdis des éclairs d'un instant de plaisir,
Ils croyaient échapper à cet être immobile
Qui regarde mourir.
— Insensés, dit le sage. — Heureux, dit le poète.
Et quels tristes amours as-tu donc dans le cœur,
Si le bruit du torrent te trouble et t'inquiète,
Si le vent te fait peur ?

Le courage du poète est d'une autre trempe. Il tient son image sacrée. « Jamais ce souvenir ne peut m'être arraché. » Que la mort et la vie se disputent le monde, il conserve, il consacre l'épave de salut. À qui ? Précisément à « l'Être immobile », spectateur de la mort.

En ai-je moins aimé ? ose-t-il s'écrier en défiant la foudre :

> Je ne veux rien savoir ni si les champs fleurissent,
> Ni ce qu'il adviendra du simulacre humain,
> Ni si ces vastes cieux éclaireront demain
> Ceux qu'ils ensevelissent.
> Je me dis seulement : À cette heure, en ce lieu,
> Un jour, je fus aimé ; j'aimais, elle était belle ;
> J'enfouis ce trésor dans mon âme immortelle
> Et je l'emporte à Dieu !

À cette hauteur de métaphysique amoureuse, que font les torts passés d'une créature mortelle ? Nous sommes au milieu des statues du Mal et du Bien, de l'Être et du Néant, de la Fidélité et de la Détresse. Ce n'est pas le pardon, c'est l'oubli dans le Nirvana. Mais le pardon réel avait été donné en route.

Aux beaux vers de la *Nuit d'octobre*, s'est ajouté un témoignage plus éloquent peut-être, en simple prose. Madame Sand, dans une lettre à Sainte-Beuve citée par le docteur Cabanès pourrait bien nous l'avoir conservé elle-même. Elle conte, en effet, que leur correspondance avait été mise à la disposition du poète. Mais il ne se soucia point d'aller la reprendre.

Il dit seulement à l'ami de George qui en avait le dépôt :

— *Il n'y a qu'une chose que j'exige de vous. Donnez-moi votre parole d'honneur que jamais vous ne remettrez rien à mon frère.*

C'était dire, qui ne le sent — Voici avec les traces de ma propre débilité, quelques preuves certaines du mal que me fit ma maîtresse. Ce que je lui en ait dit ou écrit demeure une affaire entre nous. Nous nous sommes jugés avec des balances que les jugements du monde n'emploient jamais. Et mon frère même est du monde. Il se croirait tenu par un devoir de s'indigner contre elle, en mon nom. Sa piété fraternelle s'exercerait contre ce qui fut autrefois tout mon cœur. Je ne veux pas l'armer pour l'abominable querelle.

L'histoire des Amants ne renferme rien d'aussi mémorable que le pardon qui la termine. Un temps vient où toute rancune doit tomber, aucun être bien né ne pouvant se sentir l'éternel ennemi d'une vieille part de lui-même. George elle-même pardonna et se montra plus généreuse encore que son amant, car dès 1836 elle parut tout oublier de la plaie qu'elle avait ouverte. Elle confiait le 25 mai à sa chère amie, Mme d'Agoult, que sa « profonde tendresse de mère » pour Alfred de Musset n'était pas éteinte.

« Il m'est impossible, ajoutait-elle, d'entendre dire du mal de lui sans colère. »

Conclusion

L'amour Romantique

Les plus hautes bienséances sont satisfaites. Avec une sincérité qui ne peut plus faire de doute, les amants se sont témoigné en paroles et en actes leur volonté de se garder la foi du souvenir. Ils ont usé et abusé de ces mots solennels par lesquels l'antique civilisation catholique marque le renouvellement et la renaissance de l'âme : confession, repentir, satisfaction, pardon, oubli. Mais la foi religieuse donne seule de la vertu à ces belles et nobles fictions d'ordre moral. La nature n'oublie pas ; elle ne peut pas faire que ce qui fut n'ait pas été et, mêlé au présent, n'affecte et n'oriente le cours de l'avenir. Elle agit donc en nous au-delà de nos sentiments, et l'on jugerait mal de son œuvre profonde par la rumeur confuse ou par le son distinct qu'en démêle notre pensée.

Là, dans les profondeurs de l'être de chacun, la police de la nature, qui s'exerce par la disgrâce, par les échecs, par la maladie, par la mort, développe les simples conséquences de nos délits. La suite des malheurs issus d'une faute première accompagne jusqu'au tombeau. Quelque parole qu'ils eussent dite et de quelque geste attendri que fût relevé leur adieu, les amants de Venise devaient se ressentir de la tare de leur amour.

Leurs premières résolutions ne tinrent même pas vis-à-vis l'un de l'autre.[186] *L'Histoire d'un merle blanc,* qui n'est pas précisément tendre pour madame Sand, est de l'époque des serments de fidélité éternelle.

Sur la fin de ses jours, Alfred regardait George comme sa plus dure ennemie. Deux ans après la mort d'Alfred, George publiait *Elle et Lui*, dont quelques pages sont impies. Mais ces signes publics de rancune et d'aversion furent peu de chose auprès du travail intérieur qui les consuma.

Pas à pas et sans rien marchander de la complaisance et de l'admiration que demande une œuvre bien faite, nous avons suivi le détail du « mal que peut faire une femme ». Pour être exact, il faut ajouter que le mal infligé à l'amant ne fut point sans répercussion sur la maîtresse ; quand elle flétrit à jamais ce cœur d'enfant, elle frappa aussi le sien. Sans doute, elle sauvait sa

---

[186] Comme on le verra par la préface de 1916, la nouvelle édition de *Lélia* avait rouvert les hostilités.

vie et son génie. Mais il est une gerbe de chères illusions qu'il lui fut probablement impossible de préserver.

Elle ne pouvait plus ni s'ignorer, ni se méconnaître, ni ignorer, ni méconnaître ce qu'est la vie. Comment croire à l'infaillibilité de son propre cœur après sa défaillance entre les bras de Pagello ? Et si elle estimait cette faute sans importance, il lui fallait donc avouer que par le jeu normal de mille forces étrangères l'aventure avait déterminé des maux sans proportion avec l'origine ; dans cette succession d'effets rigoureux, ni sa bonté, ni sa morale de la bonté n'avait été d'autre secours que de compliquer, d'aggraver et de précipiter toutes ces misères fatales.

Prise entre son système et les actions dont l'avait pressée le feu de son sang, il lui avait fallu tour à tour se désavouer pour l'amour de ses idées ou quitter ses idées pour l'amour d'elle-même. Très douce, résolue à n'affliger qui que ce fût, elle avait dû être inhumaine ; très fière, s'amoindrir et s'humilier jusqu'à mentir souvent, longtemps et de sang-froid ; amie du calme, heureuse seulement par la possession de soi-même, errer et flotter sous l'orage et se sentir liée misérablement à ses maux. Son être entier lui échappait et sa doctrine ne constituait même plus une bonne mise en système de ses faiblesses. Elle ne se reniait point, et cependant devait vouloir, avec une extrême énergie, être et paraître tout autre qu'elle n'était.

Il lui était désormais interdit de croire que des sentiments bienveillants puissent suffire à mettre de l'ordre et du bonheur dans la vie d'une femme, mais elle devait maintenir ce qu'elle en avait prétendu, avec une espèce de rage où bientôt flamboya l'éloquence du désespoir. Sur la contexture du monde et sur le train des choses, sur les lois essentielles du cœur humain, elle n'eût pu se rétracter sans se trahir, ni se corriger sans souscrire à sa condamnation. Commencée avec foi entière, son œuvre fut continuée avec une foi au moins chancelante que soutint seul un fanatisme surexcité. On ne sera pas étonné qu'un tel esprit de femme, dans les fermentations de notre âge décomposé, ait paru à Auguste Comte le mauvais génie de son sexe : inquiet des ravages que cette anarchie romantique imposait au cœur féminin, il ne rêvait que de former une troupe de saintes femmes qui en neutralisât la pernicieuse influence. La mort de madame de Vaux, qui devait en être la première supérieure, ne permit point au nouvel Institut de venir au monde, et George, corrompue, eut la liberté de corrompre une infinité d'autres cœurs.

Quant à Musset, les rêveries du Souvenir sont belles, mais elles furent trouvées fausses à l'expérience ; celles de *La Nuit d'octobre* ne tinrent qu'une faible part de leurs promesses. Le malheur ne fertilisa le poète que pour peu de temps, et la tragédie de Venise ressemble à ces révolutions qui paraissent transfigurer un peuple, mais pour lui infliger un épuisement séculaire. Il produisit beaucoup dans les trois ou quatre ans qui ont suivi la crise, et il se tut ensuite comme un homme frappé dans les sources de l'intelligence et du sentiment. Son travail perdit toute joie. Il cessa d'attendre la muse comme une maîtresse, dans une chambre illuminée. S'il lui fallait écrire en prose, il se comparait au galérien traînant son boulet. Quelques années plus tard, dans un écrit que nous avons, il se reconnaissait amoindri, usé, desséché, et se nommait, non sans emphase, mais non sans vérité, le « poète déchu ». Certains mots de ces confidences semblent dire que sa mémoire et sa faculté du langage devinrent revêches et lentes. L'épreuve l'avait annulé.

Enfin, le rude Dante eut raison contre les protestations optimistes du moderne contradicteur : les souvenirs heureux firent bien « la pire misère » des jours de malheur de Musset. Ils fournirent le thème d'un cauchemar qui l'accompagna jusque dans la veille. C'est qu'aucun de ces souvenirs, si beaux qu'ils fussent, n'était pur. Une passion normale, une amour franche, pleine, qu'il eût perdue ou par sa faute ou par celle de sa maîtresse, aurait pu lui laisser le souvenir qu'il souhaitait, quelquefois douloureux, à cause des regrets, mais ces regrets suivis d'un sourire de complaisance. Comme il rêvait de pouvoir le dire, il se fût dit et redit les syllabes sacrées : « J'étais aimé, j'aimais, elle était belle… »[187]

Mais, en fait, chaque évocation précise le laissait songeur, perplexe et dévoré de doute, comme au temps de la possession. Car de quoi était-il certain ? À quelle heure de quel jour et en quel lieu était-il assuré d'avoir été aimé de George ? Plus profondément, quand pouvait-il se dire lui-même sans hésitation : *J'ai aimé ?*

D'autres liaisons de Musset eurent par la suite à souffrir de ces retours inévitables. Un trait farouche s'inscrivit sur son visage, et sur son cœur les plis amers que rien ne défit. Les consolations triviales le tentèrent infiniment plus qu'autrefois ; il y céda, pour se diminuer encore. De décadence en décadence, il connut par le trouble de la pensée et la décomposition de la volonté, une sorte de mort vivante. Le poison de Venise, comme disait Paul de Musset, lui remonta aux lèvres jusqu'à la fin.

---

[187] *Souvenir*, 1841, déjà cité supra. (n.d.é.)

Mais, à voir les choses de haut, le poison n'était, après tout, qu'un extrait concentré d'expérience humaine qu'il était condamné à goûter tôt ou tard. Madame Sand fit boire en un coup, à Musset, ce qu'une foule d'autres lui eussent distillé à des doses moins énergiques, mais à peines un peu moins cruelles. Il était destiné à son mal par une illusion qui ne lui venait pas de George, et, en bonne justice, les embûches de celle-ci pourraient être comprises comme une revanche fatale des perversions qu'elle avait apprises de lui. Il professait le goût passionné des passions, l'amour forcené de l'amour et de ses tempêtes. Le docile esprit de la femme lui composa le ciel, les flots et l'atmosphère qu'il appelait de ses souhaits. Tous les sucs vénéneux qu'elle lui broya dans la coupe, le poète les a toujours implorés par leur nom. Elle le fit désespérer de la vérité de l'amour et de l'amour lui-même, mais ce n'était pas elle qui lui avait nommé l'amour comme le seul dieu de la vie. Elle servit à faire éclater une erreur ; mais cette erreur fondamentale, il se l'était forgée tout seul.

L'amour n'est pas un dieu, enseignait la sagesse antique ; l'amour n'est qu'un démon, tout ensemble bon et mauvais. La sagesse moderne nous apprend que l'amour n'est pas une règle de vie, mais un de ces principes qui composent la vie, qu'il faut traiter comme la vie, diriger et accorder au reste du monde. Il agite l'univers et le perpétue, mais, mouvant « le soleil et les autres étoiles », il n'est point en état de les détruire et de les rétablir à lui seul, même dans la retraite de deux cœurs enivrés.[188]

L'homme y reste le vieil animal politique occupé de la société et ne cessant jamais de l'occuper de lui. Qu'un amour se prétende affranchi de l'ordre de la nature et des conventions du monde ; qu'il se glorifie d'étonner le vulgaire en le choquant ou de le déconcerter en le dépassant : cela signifie simplement qu'il a négligé un certain genre de considérations, mais il n'a pas aboli la réalité qu'elles représentent ; plus que tout autre amour, celui-ci sera traversé à l'improviste de sentiments et d'intérêts indignes de lui ou de soins presque indélicats. En négligeant les plans sur lesquels se meut tout amour, en le traitant comme une pure et mystique communion des intelligences

---

[188] Un moraliste catholique venu du proudhonisme et du syndicalisme, M. George Valois, qui ne s'est certainement pas inspiré des méthodes de ce petit livre, à écrit cependant dans son traité du *Père* une page sur « la misère de l'amour » qui confirme notre point de vue : « l'amour conçu comme seul objet de la vie... Il appelle la haine, il appelle la mort... » Mais il faut lire cette remarquable méditation.

sans rapport avec les milieux matériels et les milieux humains, les romantiques se sont trompés gravement sur les conditions de l'amour.

Ils ont même ignoré jusqu'à sa nature, si préoccupés qu'ils parussent de la voir et de la fixer.

L'amour naturel cherche le bonheur. Il est donc inquiétude, impatience, désir. Il est une poursuite de tout autre que lui et se rue d'abord hors de lui. Quelles que soient ses passions ou ses énergies, c'est à leur propre fin, c'est à un calme heureux, à un traité de paix et d'accord interne qu'aspirent toutes ces guerres intérieures. Elles seraient moins vives sans la volonté d'y échapper et de les finir. L'homme amoureux n'avive la cuisson de sa plaie qu'en tentant d'arracher une pointe qui le déchire.

Pour bien aimer, il ne faut pas aimer l'amour. Il ne faut pas le rechercher, il est même important de sentir pour lui quelque haine. S'il veut garder toute la douceur de son charme et la force de ses vertus, l'amour doit s'imposer comme un ennemi qu'on redoute, non comme un flatteur qu'on appelle. *La Phèdre malgré soi...*[189] du théâtre classique reste le modèle du véritable mal sacré : non souhaité, subi. Le « J'aimais à aimer » des *Confessions* de saint Augustin témoigne de l'ivresse d'un jeune barbare, excitée par une civilisation qui déclinait à la manière de la nôtre. Mais née dans un siècle meilleur l'âme d'Alfred de Musset se fût sentie trop fine, trop polie et trop vigoureuse pour élever un vœu semblable. Elle n'eût jamais nommé force une faiblesse. Elle eût connu les joies supérieures de l'âme noble qui se règle et qui s'appartient. Sa sagesse, sa culture, son ironie, autant de défenses précieuses élevées du fond d'elle-même et fortifiées autour d'elle contre cette naissance de l'orage à demi divin auquel l'esprit naturel de conservation voudra toujours s'opposer dans les êtres sains. Tous les êtres d'élite seront jaloux de ce genre de liberté. C'est par un tremblement de l'Esprit de la vie que, dans la *Vie nouvelle*[190], s'annonce la présence de la messagère d'amour.

Sans doute, quand l'objet est fort, quand il est digne et quand la passion est puissante, est-il bon que ce soit le trouble, en fin de compte, qui l'emporte ; plus l'obstacle aura été élevé, énergique la résistance, plus ce trouble victorieux aura gagné d'éclat ou de durée et pourra donner de délices. Telle est la grâce de la sagesse, tel est le prix de la raison, que leur frein serré constitue la condition dernière de tout plaisir un peu intense et pénétrant. Elles seules composent une volonté ferme, un corps pudique et un cœur vrai.

---

[189] Écho de l'acte I, scène 3 de la *Phèdre* de Racine. (n.d.é.)
[190] De Dante. (n.d.é.)

Hélas ! à force de se relâcher, les romantiques ont créé leur vil Olympe de héros dissolus, d'où semblent retombées des générations toutes faites d'argile. À force de poursuivre l'occasion de l'amour, d'en entretenir le désir et d'en cultiver les mélancolies et le désespoir, ils ont plutôt voilé qu'enflammé et plutôt abaissé que sublimé l'image de l'antique démon. Leur langage déclamatoire, leurs attitudes théâtrales pouvaient les abuser eux-mêmes et leur laisser une idée de sincérité, mais, précisément, l'appareil nous offusque, et nous ne pouvons nous défendre de douter d'eux.

La postérité éloignée sera plus sévère que nous. Voilà, se dira-t-elle, des hommes et des femmes qui sont bien enragés d'aimer ! Mais qu'est-ce qu'un amour qui ne fait que se rechercher et se reposer en lui-même au lieu de se fuir ? Est-ce l'amour ? Ont-ils aimé ?

MCMII

APPENDICE PREMIER

PRÉFACE DE L'ÉDITION DE 1916

Dans l'effort et les douleurs de la longue guerre, je rougirais d'écrire un seul mot sur ce livre, même de le réimprimer, si l'on ne nous disait que parfois les combats sont rares et qu'on lit beaucoup entre deux alertes au cantonnement et dans la tranchée. Nos défenseurs demandent même qu'on leur envoie des poèmes, des contes, des discours, des études, souhaitant que chacun continue son métier, les faiseurs de livres comme les autres. Peut-être ces feuillets d'un vieux livre épuisé pourront-ils intéresser et divertir quelque héros, faire rêver les uns et réfléchir les autres à deux ou trois points de vue utiles connus depuis longtemps, mais qui n'ont pas beaucoup vieilli, car il s'en faut que l'erreur du siècle soit liquidée.

Les Amants de Venise avaient six ou sept ans de tiroir quand ils parurent voilà près de quinze ans. Cela leur donne vingt ans d'âge. Longue vie pleine de traverses ! Ils ont connu et provoqué les difficultés, presque la dispute, à peine étaient-ils annoncés ; leur titre seul a suscité plusieurs querelles[191], et la suite répond à l'orage de ce début.

I

On ne se serait jamais donné la peine de faire un livre où sont tentés et abordés quelques-uns des plus délicats problèmes de l'histoire du sentiment et de la poésie si l'on ne se flattait d'avoir vu et montré un peu de vérité. Qu'il soit donc pardonné à l'auteur d'oser revenir sur les principales contestations qui lui ont été adressées. Il essaiera de voir ce qu'elles valent aujourd'hui. Le désir de proposer une lecture courante et même agréable lui faisait éviter les broussailles de justification et de critique, mais ne l'avait pas affranchi du vœu passionné d'être exact.

Malgré l'absence de tout appareil de notes au bas des pages, de papiers inédits et des autres colifichets à la mode, aucune source utile n'avait été ignorée, oubliée ni mise en œuvre sans réflexion ; on n'a à regretter en somme que la précipitation qui fit paraître ce livre fin 1902, quelques

---

[191] Voir appendice second, I, *le premier incident*, et II, *le drame lyrique*.

semaines avant que M. Octave Teissier, bibliothécaire de la ville de Draguignan, m'eût fait connaître ses *Documents généalogiques sur Alfred de Musset* : car j'aurais su et dit qu'un ascendant direct du poète, Simon de Musset, eut le titre de conseiller et maître de la Chambre des comptes du très ancien duc d'Orléans qui fut le père de Louis XII, ce charmant et mélancolique prince-poète Charles qui a si bien chanté *La Prison*, *Le Printemps* et *Les Obsèques de sa Dame*. Mon ami Henri Longnon ayant découvert d'autre part que Cassandre Salviati, la première amie de Ronsard, avait marié l'une de ses filles à un autre Musset de qui notre poète descend aussi, il eût été facile de nous représenter l'ancienne Ballade française, le Rondeau et le Chant royal donnant la main au noble Sonnet ronsardien pour rire avec les muses au berceau de la race prédestinée.

La précieuse *Généalogie* de M. Teissier contient une lettre de la sœur d'Alfred de Musset, madame Lardin, qui raconte un repas de noce où le bambin fit sa réponse d'enfant prodige :

> Le petit Alfred, qui était assis près de sa mère sur une chaise haute avec une planche sous les pieds, se levait à chaque instant pour regarder la mariée. « Tiens-toi donc tranquille, Alfred ! lui dit sa mère...
> — Maman, je veux voir son joli cou blanc ! » La mariée sourit à ce compliment de l'enfant dont on ne pouvait pas suspecter la sincérité, et elle lui a toujours témoigné une bienveillance toute particulière.

Il n'avait pas quatre ans. Ainsi fut préparée l'obsession du joli distique :

> Sous votre aimable tête, un cou blanc, délicat Se plie, et de la neige effacerait l'éclat.

Admettant volontiers que cette tradition de famille n'est pas trop contemporaine des vers d'*Une soirée perdue*, j'aurais aimé à la rapporter dès le premier jour, et je regrette de ne l'avoir pas connue, bien qu'elle n'apprenne rien du sujet de ce livre et n'ajoute rien au dossier ni au procès des amants de Venise. Mais il est vrai, c'est ce dossier publié, c'est ce procès dont l'excellent M. Teissier (comme notre confrère Henri Chantavoine, dans un beau sonnet douloureux) a déploré l'éclat, la publicité, le scandale, à quoi je ne peux rien. Le mal est fait. On sait, on parle. Tout le monde a parlé, écrit et imprimé. De mon temps il ne s'agissait plus que de bien juger.

Cet honneur nous est reconnu par autorité de justice en termes qu'il est impossible de ne pas rapporter ici.

Un poète et auteur dramatique avait imaginé de traduire à la scène quelques épisodes de l'aventure vénitienne. Les héritiers de madame Sand protestèrent avec vivacité contre ce qu'ils jugeaient offensant pour la mémoire de leur grand-mère. N'obtenant rien, ils intentèrent un procès qu'ils ont gagné. L'indiscret dramaturge allégua pour défendre sa pièce un certain nombre de livres composés sur le même sujet. M. le président Bricout répliqua dans son jugement que les livres cités par les défendeurs n'ont pas le caractère d'une pièce de théâtre ; il ajouta que « notamment le principal d'entre eux », (ici le nom de son auteur) « paru sous le titre *Les Amants de Venise*, n'est nullement, comme on l'a prétendu, une œuvre d'imagination, qu'il est, au contraire, comme l'expose exactement la préface, une œuvre de critique historique et littéraire, d'analyse psychologique, exposant le pour et le contre, permettant au lecteur de se prononcer en connaissance de cause. »[192] Je n'ai jamais été si bien traité au Palais de justice. Mais les propos trop obligeants du président Bricout doivent être équitables, car ils ne sont pas démentis par tout ce qui a été publié depuis l'utile brochure de M. Octave Teissier.

En 1904, M. Félix Decori nous donnait la *Correspondance* complète des amants. Elle n'a rien montré de neuf à qui que ce soit.

En mai 1907, toute l'œuvre du poète est tombée dans le domaine public, le demi-siècle étant écoulé depuis le jour de sa mort. On attendait quelque trésor exhumé. Rien du tout.

En 1910, M. Léon Séché put ouvrir le précieux coffret confié au secrétaire de Sainte-Beuve, M. Troubat : là reposaient les lettres d'Alfred de Musset à Aimée d'Alton.[193] De ces documents inédits, pas un fait, pas un mot qui puisse nous convaincre d'une erreur, même vénielle ; il en sort au contraire plus d'une confirmation des idées soutenues ici.

Sur l'essentiel et l'important des points controversés, sur celui qui au fond est le seul débattu, il faut en prendre son parti. Alfred de Musset a bien été le céleste innocent qui, retour d'Italie, pouvait écrire à George demeurée

---

[192] Jugement du 29 janvier 1914. Première chambre, troisième section.
[193] *Lettres d'amour à Aimée d'Alton*, avec une introduction et des notes par Léon Séché, au Mercure de France.

là-bas : « Tu ne mens pas, voilà pourquoi je t'aime... (30 avril 1834) ». Et George reste à jamais la simulatrice inouïe qui réussit à se faire écrire par son poète berné, renvoyé mais subtilement égaré sur la forme de son malheur : « *Dis-moi plutôt, mon enfant, que tu t'es donnée à l'homme que tu aimes...* (19 avril) ». Il y avait deux mois pleins qu'elle avait improvisé l'étonnante déclaration à Pagello et filé les savantes et folles scènes de tragédie-comédie qu'on va lire ! Tel donc elle l'avait voulu ; tel il fut : « bête et bon »[194] par la simple et profonde autorité d'un charme assujetti lui-même à de rudes soucis d'amour et d'orgueil. « George, George » dit-il, à une autre heure plus lucide, « tu sauras que la femme que j'aime est celle des rochers de Franchard, mais que c'est aussi celle de Venise, *et celle-là, certes, ne m'apprend rien quand elle me dit qu'on ne l'offense pas impunément* ».

Des rares notes ajoutées à cette nouvelle édition, aucune n'a eu pour objet de rectifier une assertion douteuse, ni de consolider un ensemble de conjectures qui se défend par son ordre et par la vraisemblance de sa couleur, indices presque certains de la vérité.

II

Nous avions refusé de prendre le parti d'un amant contre l'autre. Mais on peut être partial sans le savoir.

Notre précieux ami M. le président Bricout cite au bénéfice des héritiers de madame Sand un de mes témoignages sur l'auteur de *Lélia* : « Et qui, a écrit Maurras, fut le modèle de la bonté », et je dois avouer que la famille d'Alfred de Musset m'accuse d'avoir fait de l'auteur de *Mardoche* un « imbécile ». Cela nous classerait sandiste. Mais, sans consentir à nous aveugler sur la prodigieuse candeur du plus spirituel et du plus intelligent des poètes, nous ne croyons pas avoir fait le moindre mystère de la rouerie, involontaire, inconsciente, mais certaine, de son amie ; l'ensemble du récit établit, en définitive, la réalité d'à peu près tous les faits matériels articulés contre la bonne George par l'accusateur implacable de *Lui et Elle*. Voilà qui nous classerait mussettiste. Pourtant aucun des griefs de Paul de Musset, qui n'était pas frère à demi, n'a été adopté par nous de confiance, chacun d'eux a été soumis aux discussions d'une incrédulité préalable, le doute méthodique n'ayant jamais été mieux placé. Non que les discours de Paul de Musset soient menteurs. Ils disent vrai, mais une vérité tempérée, gazée,

---

[194] Lettre de George à Alfred, 12 mai 1834.

décorée par la plus vigilante et la moins scrupuleuse des raisons d'État domestiques. Il faut bien contredire, tout en admettant la substance des accusations.

Ainsi devons-nous nous féliciter d'avoir dénié toute créance à Paul de Musset quand il a retiré à madame Sand sa juste part dans l'inspiration de l'une des *Nuits*.

Si l'on écoutait Paul, l'héroïne de *La Nuit de mai* et de *La Nuit d'octobre* aurait disparu de *La Nuit de décembre*. Celle dont le visage, la forme, le doux nom reviennent à tout bout de strophe pour resplendir dans les paroles de la Muse, soupirer et gémir dans les réponses du poète, la maîtresse qu'il pleure, supplie, menace, insulte même, mais qu'il ne peut cesser d'aimer, devrait changer de nom à certaine page des *Nuits* ! Paul le dit et, sans daigner s'embarrasser des objections de la vraisemblance et du goût, sans même s'inquiéter de porter une si vive atteinte à l'unité des quatre poèmes, il développe en grand détail aux chapitres VIII et IX de la *Biographie* de son frère la chimère de cette étonnante infidélité poétique.

> Je sais, déclare-t-il, que beaucoup de personnes ont cru voir dans *La Nuit de décembre* un retour sur les souvenirs d'Italie et une sorte de complément à *La Nuit de mai* ; c'est une erreur qu'il importait de rectifier ; il importait de ne point laisser place à un doute sur le passage de cette poésie où l'amant abandonné adresse des reproches à une femme qui ne sait pas pardonner. Connaissant la vérité, je ne pouvais point permettre de confusion entre deux personnes très différentes, dont une seule avait quelque chose à pardonner et le droit à refuser son pardon.

Paul de Musset écrit plus loin que « la situation » était celle de la nouvelle d'*Emmeline*. Il insiste à propos de la *Lettre à Lamartine* :

> Ces vers font suite à la *Nuit de décembre*. Ils s'adressent à la même personne. Le temps des méprises est passé. Rendons à chacun ce qui lui appartient. Je renoncerais à écrire la vie de mon frère s'il m'était interdit de jeter un peu de lumière sur les plus belles pages... etc.

Il est moralement impossible de laisser à la « Locuste vénitienne » le bénéfice du distique :

Ah ! pauvre enfant qui voulez être belle
Et ne savez pas pardonner.

C'est la grande raison mise en avant par la famille.

L'idée que le poète ait pu implorer le pardon d'une si cruelle ennemie est insupportable aux Musset. Lui, cependant, a rédigé en prose des supplications plus ardentes encore. La *Confession d'un enfant du siècle* est une longue prière. À qui ? Il n'a jamais été contesté que ce fût à madame Sand. Paul de Musset lui-même l'admet. Il avoue encore, page 132 de la *Biographie*[195], que de retour de Venise Alfred écrivait à George des lettres « où il ne craignait pas de se donner tous les torts », Vraiment, la crainte d'avoir tort, de se donner des torts, fut assez étrangère à toutes les phases de ses liaisons et de ses ruptures avec George. Je crois bien avoir montré pourquoi dans ce petit livre. Paul de Musset nie l'évidence. Dès les premiers vers de la pièce contestée,

Un jeune homme vêtu de noir
Qui me ressemblait comme un frère,

l'apparition du spectre sur la bruyère oriente l'imagination du lecteur averti du côté de madame Sand et du séjour à Franchard.[196] Puis, selon un autre rapprochement qui s'impose, cette *Nuit de décembre*, écrite en 1835, semble apporter un écho distinct, quoique retourné comme un argument qu'on rétorque, à certains mots de ce Journal que George avait donné à lire à Alfred en décembre 1834.[197] Il y a même des similitudes de rythme et d'accent : Journal de George :

Ah ! pauvre homme, vous êtes fou, c'est votre orgueil qui vous conseille...

Nuit de décembre :

Ah ! faible femme, orgueilleuse, insensée,
Malgré toi, tu t'en souviendras...

---

[195] Édition in-12.
[196] Voir note 11 *supra*.
[197] Voir note 51 *supra*.

Simples indices. Mais pour un esprit exercé, ils en montrent assez pour jeter un doute sur les dénégations jalouses de frère Paul.

Avec son sens subtil, son tact divinateur de critique et de femme, Mme Arvède Barine m'avait donné l'exemple ; elle a toujours admis que c'était au « grand George » qu'allait le flot amer des soupirs, des regrets et des invectives mêlées d'imprécations :

> Va, tu languis, tu souffres et tu pleures,
> Mais ta chimère est entre nous.
> Eh ! bien, adieu, vous compterez les heures
> Qui me sépareront de vous.
> Partez, partez, et dans ce cœur de glace
> Emportez l'orgueil satisfait...

Une récente découverte avant laquelle on aurait pu chicaner encore achève de donner raison à cette prudente critique.

III

Cela est simple comme tout ; le bout de dialogue ne s'est pas arrêté à la réplique de Musset. Personne n'y avait pris garde, mais voici qu'un chercheur habile a tiré de la poussière le texte qui démontre que madame Sand elle-même ne s'était pas trompée sur la voix qui l'apostrophait. Elle a lu *La Nuit de décembre* comme nous l'avons lue, elle y a vu la réponse tardive, mais directe et précise, à son manuscrit de 1834 et à son tour, elle a copieusement répliqué. Où ? Dans *Lélia*.

— Mais ce roman est de 1833.

— Mais il a été refondu entre 1836 et 1839. Tel est le sens de la révélation que M. Ernest Seillière a faite au *Journal des Débats* le 7 septembre 1910.

> La première édition de *Lélia*, datée d'août 1833, est devenue depuis si longtemps une rareté bibliographique qu'elle est aujourd'hui presque ignorée et qu'on ne s'attarde guère à noter les additions qui furent faites au texte primitif en vue de l'édition définitive, la seule qui soit aujourd'hui entre les mains des lecteurs. On se contente d'apprendre par les historiens de la littérature romantique que la

conclusion en fut démesurément allongée, au grand détriment de la valeur artistique de l'œuvre, afin de donner carrière aux convictions socialistes mûries dans l'âme de l'auteur après 1835. Mais si l'on prenait la peine d'établir une comparaison critique entre les deux rédactions de l'ouvrage, on ferait dans la seconde des découvertes bien significatives et l'on y rencontrerait en particulier plus d'une riposte directe, plus d'une botte en pleine poitrine détachée par l'orgueilleuse insensée et par la perfide audacieuse à son accusateur des deux *Nuits* automnales. Ripostes plus hautaines et plus dédaigneuses même que celles dont on s'étonna dans *Elle et Lui* vingt ans plus tard, parce que, la gloire de Musset n'étant nullement consacrée par l'opinion en 1839 comme elle devait l'être en 1859, George voyait alors dans Alfred un « poète déchu » comme il a cru l'être lui-même au seuil de sa maturité inféconde.[198]

Pour comprendre toutefois la forme et la portée de ces ripostes, il faut se rappeler avant tout que le caractère du poète Sténio, l'amoureux dédaigné de Lélia, avait frappé tous les lecteurs de la première édition par sa ressemblance prophétique avec Alfred de Musset, bien que le personnage eût été en réalité conçu et dessiné par l'auteur avant sa rencontre avec le poète des *Contes d'Espagne et d'Italie*. Musset lui-même en vint à se reconnaître dans le premier Sténio, comme en témoigne une de ses dernières lettres à son amie avant leur rupture définitive. Cette ressemblance peut s'expliquer d'ailleurs soit par l'uniformité du tempérament romantique et par les traits que put fournir au portrait de Sténio le souvenir de Jules Sandeau, exactement de l'âge de Musset et fervent de la même école littéraire : soit parce que Sand aurait déjà peint Musset sans le connaître, et sur les seules confidences de ses premiers ouvrages, comme un des types de la nouvelle génération littéraire. Quoi qu'il en soit, remaniant son œuvre en vue d'une édition nouvelle, elle devait trouver toute facilité pour plaider sa cause et répondre au réquisitoire des *Nuits*, sous prétexte de reprendre et de développer le débat philosophique et sentimental qui se déroule entre Lélia et Sténio dans le roman. Une attentive étude des deux textes successifs ne laisserait aucun doute à cet égard.

---

[198] C'est en cette même année 1839, d'après Paul de Musset en personne, que Musset écrivit son *Poète déchu* dont nous connaissons les fragments posthumes recueillis dans la *Biographie*.

On trouverait par exemple, dans la rédaction nouvelle, une transposition de l'aventure nocturne de Franchard qui fut plus tard racontée tout au long dans *Elle et Lui* : affreuse hallucination de Musset qui se retrouve également, bien qu'atténuée et poétisée, dans *La Nuit de décembre*. On lirait ailleurs une phrase bien significative sur Sténio dépensant désormais tout son génie dans les albums des femmes du monde, ses adulatrices. On y rencontrerait des appréciations plus précises et plus appuyées que par le passé sur la déchéance morale du jeune poète abêti par la débauche : « Sténio est perdu, ou plutôt Sténio n'a jamais existé », proclame désormais Lélia. C'est nous qui l'avions créé dans nos rêves. Sténio est un jeune homme éloquent, « rien de plus ! »

Enfin et surtout la seconde rédaction de *Lélia* nous apporte une réponse plus directe que tout le reste à l'épithète irritée de *La Nuit de décembre* et aux déchirantes invectives de *La Nuit d'octobre* : c'est ce chapitre admirable qui porte le titre de « Lélia au rocher », et qui seul parmi les additions faites à l'ouvrage demeure à ce point d'accord avec la conception première qu'il mériterait d'y être incorporé pour en compléter l'impression d'art.

Dans un magnifique paysage nocturne, Lélia marche à grands pas en compagnie de son confident Trenmor, levant vers le ciel un front plus audacieux que de coutume et prêt à exprimer par sa voix la colère céleste. « Le souffle de la débauche a tué mon Sténio, gronde-t-elle. Il y a là-bas un spectre effaré qui hurle dans une taverne. Comment l'appelle-t-on maintenant ? Ô toi, spectre, lève ton bras chancelant. Porte à tes lèvres souillées la coupe d'onyx de la bacchante. Bois par défi à la santé de Lélia. Raille l'orgueilleuse insensée qui méprise les lèvres charmantes et la chevelure parfumée d'un si beau jeune homme. Va, Sténio, ce ne sera bientôt plus qu'une outre propre à contenir les cinquante-sept espèces de vins de l'Archipel. Lélia n'est pas foudroyée parce qu'un homme l'a maudite. Il lui reste son propre cœur et ce cœur renferme le sentiment de la Divinité, l'intuition de l'amour et de la perfection. Depuis quand perd-on la vue du soleil parce qu'un des atomes que son rayon avait embrasés est rentré dans l'ombre ? »

« Oui, » poursuit la pythonisse raidie par la fureur sacrée sur ce piédestal rocheux qui est peut-être un souvenir de Franchard, oui, « je l'aimais, cet enfant gracieux et doux et j'avais résolu souvent de vaincre ma terreur de l'amour pour essayer avec lui un hymen sanctifié par de nobles convenances... Mais je savais aussi comme l'amour cesse en moi ! Je me souvenais du jour où le dégoût et la honte avaient balayé le premier de ma mémoire comme le vent balaye l'écume des flots. »

Pour qui connaît la correspondance entre Sand et Musset, ajoute M. Seillière, ces dernières lignes sont caractéristiques de la préoccupation défensive[199] qui inspire en cet endroit Lélia. Et cette superbe invective se termine par un hymne effréné à l'Orgueil, conçu comme le sentiment et la conscience d'une force surabondante, comme le levier digne et saint de l'univers !

On aura remarqué dans la déclamation de Lélia, le terme d'*enfant gracieux*, qui rentre tout à fait dans le vocabulaire des correspondances privées ou publiques échangées entre les amants de Venise. Un peu plus loin, Lélia parle de « vérités hideuses », en réponse aux « hideuses vérités » de son Sténio, qui s'était exprimé comme le Don Juan de Musset dans *Namouna* (1831) :

Tu retrouvais partout la vérité hideuse...

Enfin « l'hymne effréné à l'orgueil » indiqué par M. Seillière est précédé de ces mots :

Et toi, Sténio, comment as-tu pu être assez aveugle pour songer à m'aimer ? Comment as-tu osé tenter d'être le rival de Dieu, de remplir une vie qui n'est qu'une fureur, une extase, un embrassement, une querelle et un raccommodement d'amante jalouse et absolue de la Divinité.

C'est à toi qu'il faut renvoyer l'épithète d'orgueilleux...

---

[199] M. Ernest Seillière a plus raison encore qu'il ne le dit. Dans toute une tirade qui suit, Lélia développe la grande thèse de Venise, reprise par Musset dans la *Confession*. L'amie parfaite voulait ennoblir Stenio : « Je voulais lui enseigner l'amour, folle que j'étais !... Oh ! je fis bien de ne pas me presser et de donner attention au développement de cette plante précieuse ! Hélas ! elle avait un ver dans le cœur, et le démon de l'impureté n'a eu qu'à souffler dessus... », etc.

Ainsi *La Nuit de décembre* avait répondu au Journal de George. Dans la nouvelle *Lélia*, George répondit à la *Nuit*. Que fit alors Musset ? Donna-t-il à entendre que l'on se méprenait, ainsi que l'eût voulu la thèse de son frère ? Mais point du tout. Les juges du camp purent voir, au contraire, que le duel continuait, car l'auteur de la *Nuit* répliquait à son tour dans l'*Histoire d'un merle blanc* par les dix lignes d'épigrammes dures et blessantes dont l'intention fut admise par tous : « Aucun effort ne coûtait à son esprit, aucun tour de force à sa pudeur ; il ne lui arrivait jamais de rayer une ligne, ni de faire un plan avant de se mettre à l'œuvre. C'était le type de la merlette lettrée... »

En voilà assez non seulement pour fixer l'attribution du poème contesté mais pour établir la constance de l'obsession et des rancunes : nul point d'honneur de famille ou de clan n'en saurait détruire le fait ; à quoi bon d'ailleurs, pourquoi faire ? Le pardon théorique fut certes très sincère, mais, homme ou femme, on oublie peu, surtout son mal. *Haeret et angit*, dit Lucrèce.[200]

IV

Certains amis de madame Sand qu'il serait légitime d'appeler politiques, puisqu'ils défendaient en elle la muse de la Révolution et du Romantisme, ont cru pouvoir tirer de la Correspondance publiée par M. Decori je ne sais quel argument contraire à ma version des fautes de George. Ils ont mal lu nos textes. Une phrase (page 161 de la Correspondance) dont ils ont prétendu arguer, comme d'une nouveauté inédite, se trouvait citée en toutes lettres par moi.[201] Cela démontrerait leur légèreté passionnée si, dès l'apparition des *Amants*, la preuve n'en eût été faite, imprimée toute vive par un de leurs agents.

Ce sandiste intéressé avait mandat de me convaincre de fantaisie. Mais les seules articulations qu'il ait consenti à préciser furent malheureuses. Il n'est pas inutile de les citer. Elles aideront à comprendre quels semblants et

---

[200] Lucrèce, III, 1081-1082 :
Hoc se quisque modo fugit ; at, quem scilicet, ut fit, Effugere haud potis est, ingratis haeret et angit...
Soit : « Voilà comme chacun cherche à se fuir, mais, on le sait, l'homme est à soi-même un compagnon inséparable et auquel il reste attaché tout en le détestant. » (n.d.é.)
[201] Pages 31-32 de la présente édition.

quels simulacres usurpent le nom de critique littéraire sous le règne d'une prétendue liberté d'esprit asservie à des intérêts.

La première objection distincte qui fut faite porte sur le petit problème de la signification des mots *En Morée*. On n'a peut-être pas oublié que, tout en haut de la feuille sur laquelle madame Sand écrivait la fameuse déclaration à Pagello, sont inscrits, comme un titre, ces deux mots qui ne présentent aucun rapport avec le sujet. J'avais écrit :

> Pourquoi « En Morée » ? La Morée a été possession vénitienne. Est-ce une allusion à quelque anecdote de Pagello ? Avait-on projeté un voyage en Morée ou ne s'agissait-il que de la Morée de Byron, et cela voulait-il signifier l'embarquement pour un amour sauvage, violent et primitif comme on en prêtait aux populations de la Grèce moderne ? Serait-ce encore un anagramme d'*En Amore ?* Ou faut-il lire *Enamorée ?* »

Sur quoi, mon critique se mit à sautiller comme un jeune animal : « Voilà-t-il pas de merveilleuses conjectures ? M. Maurras les exprime seulement parce que cela lui plaît. »

Mais non. Je les ai recueillies par déférence pour l'opinion des critiques italiens et français qui ont traité le sujet. De ces diverses conjectures, la première appartient à M. Raphaël Barbiera, la seconde au docteur Cabanès et la troisième à M. Félix Franck. Or il en reste une quatrième que mon critique appelle « une réflexion de bon sens qui vaut mieux que tout ». La voici :

> Il sera plus simple de croire que les deux mots étaient déjà inscrits en tête de la feuille quand George la saisit pour y consigner ses aveux.

« C'est tout à fait mon avis », note le critique d'un air capable. La vérité m'oblige à déclarer en rougissant que si cette explication naturelle est la bonne, personne ne s'en était avisé avant moi.

Le même pauvre esprit, cherchant à prouver que je forme des inductions gratuites, se jette sur la première page venue ; il tombe ainsi sur une hypothèse que j'avais tirée de remarques de Mme Louise Colet. Naturellement, j'avais transcrit les remarques de cette dame au milieu du passage[202] que mon critique feint de citer. On les voit donc en toutes lettres dans mon livre. On les cherchera inutilement dans l'extrait qu'il en a fait. Elles l'embarrassaient, il les a remplacées par des points. La base de l'observation se trouvant ainsi retirée, celle-ci apparaît naturellement sans appui et la soustraction frauduleuse permet de déclamer sur mon arbitraire, mon parti pris et mes passions funestes, car pourquoi se gêner ? Ces insanités sont frivoles. Elles ont l'avantage d'affirmer le sens du livre qu'on veut ébranler. Un ennemi qui dit des riens est celui qui n'a rien à dire, et il fait présager pour l'écrivain de bonne foi que le temps qui s'écoule fortifiera son édifice au lieu de le ronger.

V

Au précieux encouragement indirect de cette espérance est venu s'ajouter le sentiment de quelques maîtres dans l'art de penser et d'écrire, que je tiens à remercier.

Sur une piste un peu flairée par Sainte-Beuve, je m'étais hasardé, en tremblant, je l'avoue, à soutenir que la *Confession d'un enfant du siècle* comportait deux portraits distincts de la même madame Sand. Chacun la reconnaît dans le personnage de Brigitte. Il faut la voir aussi dans la femme du premier chapitre, la perfide par qui la corruption d'Octave avait commencé. J'ai eu la haute satisfaction de voir M. Anatole France se ranger à ce sentiment. Si une ancienne bienveillance put entraîner ce maître à louer sans réserves la philosophie et l'art de mon livre, son esprit examinateur ne pouvait adhérer à la solution d'une difficulté de lecture sans avoir exigé la plénitude de la preuve. Dans les notes de sa belle glose aux *Poèmes du Souvenir*[203], M. Anatole France dit qu'il faut lire la *Confession* en tenant compte de ma critique : « Madame Sand y est deux fois, en Brigitte et en la belle maîtresse infidèle du début. » Une pareille approbation accroît la valeur de mon inférence. Ainsi l'adhésion de Barrès[204] à l'essentiel de ma critique du Romantisme et de ce qu'il y eut « d'anarchique et peu français dans cette ardente fièvre » multiplie l'autorité de nos études sur la discipline générale de la France : classicisme, nationalisme.

---

[202] Pages 32–33 de la présente édition.
[203] *Les Poèmes du Souvenir*, dans *Lamartine, Hugo et Musset*. — Pelletan, éditeur.
[204] *Gaulois* du 16 novembre 1902.

Pour des motifs semblables et divers, il m'a été précieux de voir le subtil et fort Henry Bidou sensible à l'émotion, au jeu, au drame de ce récit composé sur le plan d'une comédie héroïque. Mais rien ne se compare à la profusion généreuse des marques d'amitié que mon ami et compagnon Léon Daudet a données en plusieurs circonstances aux vivantes réalités de ce duel humain qu'il a su retrouver sous les replis d'une analyse dont la sécheresse ne l'a pas rebuté.[205] Son âme de poète lui a même fait respirer entre ces feuilles le parfum, le goût et les tons de ce ciel de Venise, en l'honneur duquel j'avais essuyé les railleries d'autres amis moins imaginatifs ou moins perspicaces :

— Des *Amants de Venise* qui ne parlaient pas du Lido !...

Deux ou trois épithètes égarées çà et là du côté d'un paysage que je n'ai jamais vu font écrire à Léon Daudet, dans ses éblouissants souvenirs de l'*Entre-deux guerres* : « Quand j'ouvre le livre j'entends, prolongé par l'élément liquide, le cri nostalgique des rameurs, j'ai dans le nez cette odeur mêlée d'aromates, de coquillages, de croupissure qui est l'atmosphère de la lagune, je vois, par transparence des marches de marbre sous le clapotis d'une eau vénérable. » Suggestions dignes d'enorgueillir l'auteur d'un livre aussi médiocrement descriptif.

Sous les cyprès de sa solitude, le grand Mistral lisait tout, sans jamais tarder. Un matin de décembre 1902, sur un carton qui répondait à l'envoi des *Amants*, j'eus la vive surprise de lire, écrit pour mon livre, « *escrit pèr lou libre de Charles Maurras* », ce quatrain :

L'amour vòu estre vierge
L'amour viéu qu'en pantai
E, quand ie dise : « T'ai »
S'amosso comme un cierge.

C'est-à-dire : « L'amour veut être vierge, — l'amour ne vit qu'en rêve. — Quand on lui dit : *Je t'ai*, — il s'éteint comme un cierge. » Verset sentencieux qui règle une fois pour toutes la querelle des sandistes et des mussettistes. Il expédie pareillement le débat posthume de madame Sand et d'Alfred de Musset, en les renvoyant dos à dos, de chaque côté de la double pente déroulée du paradis perdu. Mais le grand poète réfléchit-il que son arrêt péchait par l'outrance de la rigueur ? Ou bien fut-il sollicité de

---

[205] Voir *La Mésentente*, roman de mœurs conjugales de Daudet. Plus récemment, son *Hérédo*.

l'adoucir ? L'atténuation fut légère. Cependant la version recueillie, après neuf ans, dans l'*Armana prouvençau* de 1911, introduit deux variantes très sensibles :

> *L'amour es un diéu vierge*
> *L'amour viéu de pantai*
> *E, quand ie dise : « T'ai »*
> *Se brulo comme un cierge.*

Selon cette version, la nature et la volonté de l'amour n'exige plus aussi impérieusement de ses serviteurs et de ses victimes la nouveauté intacte des âmes et des corps. Il vit ailleurs qu'en rêve, s'il reste le dieu vierge que le rêve seul assouvit. Cependant la possession qui, dans le premier texte, l'éteignait sans cérémonie, est devenue bien moins cruelle car enfin elle le consume : que peut-il souhaiter de mieux ?

VI

Il est satisfaisant que l'auteur de *Mireille* ait ainsi opposé à la complication de l'esprit romantique la fraîcheur naturelle du premier rayon de la vie. Mais il n'est pas sans intérêt de nous souvenir que l'ancienne poésie médiévale, celle qui naquit en Provence, n'eût pas ratifié le point de vue de Mistral : bien des arrêts de Cours d'amour soutiennent un avis contraire, et c'est un peu celui que nos contemporains peuvent retrouver dans le fameux Sonnet des rêveries du Ve livre *À l'Amie perdue* d'un élégiaque français enlevé aux Lettres quelques années avant Mistral.

D'après Auguste Angellier,

> Les premières amours sont des essais d'amour,
> Ce sont les feux légers, les passagères fêtes
> De cœurs encore confus et d'âmes imparfaites
> Où commence à frémir un éveil vague et court.
>
> Pour connaître l'amour suprême et sans retour,
> Il faut des cœurs surgis de leurs propres défaites
> Et dont les longs efforts et les peines secrètes
> Ont, par coups douloureux, arrêté le contour.

> Il n'est d'amour réel que d'âmes achevées.
> D'âmes dont le destin a fini la sculpture,
> Et qui, s'étant enfin l'une l'autre trouvées,
>
> Se connaissant alors dans leur pleine stature
> Échangent gravement une tendresse sûre
> Et des forces d'aimer par degrés éprouvées.

Du savant compatriote de Sainte-Beuve ou du grand Maillanais, qui a raison ? Ou plutôt lequel a pu se tromper ? Je connais un héros de la guerre de 1914, très grande âme éprouvée par son sublime même, qui portait sur son cœur les deux tercets du sonnet d'Auguste Angellier la veille du jour où la mort et la gloire le recueillirent. Heureux qui put laisser, et heureuse qui retrouva, replié avec soin au fond d'une doublure de l'habit consacré, ce gage souverain d'une fidélité supérieure aux catégories de la vie et aux aventures de l'être ! Mireille et Vincent ont raison. Mais l'Amie perdue et son poète n'ont pas erré non plus. Ces deux réussites humaines ne font pas la contradiction que l'on pense. Tout est possible et tout arrive. Il existe sans doute une céleste ardeur réservée au premier amour ; et la maturité de sa perfection n'appartient qu'aux âmes complètes. Dans l'un et l'autre cas, le tort et peut-être le charme du poète divin aura été d'imaginer une règle de conduite très générale prise sur le modèle de l'expérience chérie qui s'imposait à sa raison, à son rêve et à tous ses sens : qu'il y eût autre chose, que le monde immense existât, c'était bien le moindre souci ! Un seul rameau couvert de fleurs lui a fait oublier la variété des essences qui peuplent la sombre forêt.

L'histoire des poètes et des moralistes foisonne de ces fausses règles, fugitives et péremptoires, qui se poursuivent et s'annulent comme font les nuages sur un ciel de printemps.

En essayant d'extraire ici la leçon précise de la lutte que je raconte, il ne me semble pas m'être arrêté beaucoup à ces formations éphémères, et j'espère en revanche avoir montré, par le geste ou par la parole, l'arcane de diamant qui conserve une grande loi.

Ainsi aurai-je abandonné toute vaine législation du variable ou du secondaire et concentré la vigilance sur des erreurs plus importantes, qui intéressent le vrai fonds commun de la vie. C'est ce que Maurice Barrès entendait sans doute, lorsqu'il voulait bien souligner dans nos conclusions ce qui y était dit de la nature, plus malicieuse et plus cruelle en ses vengeances que la société : ses traits plus rudes, parce qu'ils viennent de plus loin et de plus profond, portent aussi des coups plus sûrs, parce qu'ils sont lancés vers une cible plus étendue.

VII

L'erreur certaine des Amants de Venise ne tient ni à l'âge ni à aucune circonstance personnelle ou sociale de leur état. Ce fut une erreur de principe, consacrée par le poids des misères qu'ils en souffrirent et ne cessèrent de traîner toute la suite de leur vie. Ils ne connurent pas l'oubli. Sa consolation ne leur fut jamais accordée, et ce ne fut pas faute de l'avoir appelée et sollicitée tour à tour. Ni l'amour de l'amour qui épuisait Alfred, ni le bizarre amour de soi qui agitait la pauvre George n'étaient ce qu'ils voulaient tous deux. Mais l'amour fuit ceux qui se cherchent, comble et couronne ceux qui se sont oubliés.

George avait bien écrit, assez gaillardement : « Crois-tu donc qu'un amour ou deux suffisent pour épuiser et flétrir une âme forte ? Je l'ai cru assez longtemps, mais je sais à présent que c'est tout le contraire. » (13 juin 1834). Pour se renouveler, l'amoureuse oublia. La femme, non. L'écrivain et la philosophe, non. Un cuisant souvenir réfugié dans les régions supérieures de l'âme continua de lui peser et d'affecter certains replis profonds de son œuvre et de son caractère.

Ce fut aussi le cas plus manifeste encore chez Alfred de Musset, peut-être en raison de l'ardeur avec laquelle son génie aspirait à la vie nouvelle qui permît de recommencer l'épreuve d'amour.

Nous avons tous lu dans *La Nuit d'octobre* l'appel qu'il se faisait adresser par la Muse avec une verve presque immorale, mais si frais, si sincère, et débordant d'espoir dans les ressources indéfinies de son cœur :

> N'as-tu pas maintenant une belle maîtresse,
> Et lorsqu'en t'endormant tu lui serres la main,
> Le lointain souvenir des maux de ta jeunesse
> Ne rend-il pas plus doux son sourire divin ?
> N'allez-vous pas aussi vous promener ensemble
> Au fond du bois fleuri sur le sable argentin,

> Et dans ce vert palais le blanc spectre du tremble
> Ne sait-il pas le soir vous montrer le chemin ?
> Ne vois-tu pas alors, aux rayons de la lune.
> Plier comme autrefois un beau corps dans tes bras ?
> Et si dans le sentier tu trouvais la Fortune,
> Derrière elle, en chantant, ne marcherais-tu pas ?

Eh bien ! ces vers charmants qui prennent le monde à témoin de l'éternelle reviviscence de l'homme, tels autres vers qui, dans la même *Nuit*, nous attestent certains yeux bleus comme l'azur du firmament, nous savons maintenant à qui ils pensent, qui ils désignent. Nous n'ignorons plus celle à qui ils étaient adressés, metteuse en œuvre et personnage du *Caprice*, héroïne du *Fils du Titien* :

> Béatrix Donato fut le doux nom de celle…

Béatrix Donato, qui s'appelait Aimée d'Alton, eut part aussi à l'inspiration de plusieurs nouvelles. L'austère et pathétique *Espoir en Dieu*, les vers aériens de *La mi-Carême* qui charmèrent si curieusement M. Taine ont été faits sous son règne nouveau… Mais, quelle qu'ait été la valeur de cette maturité presque féconde où le poème rit par toutes les fossettes à « ces plaisirs légers qui font aimer la vie », le recueil des Lettres écrites par Musset à sa nouvelle amie, dans ces années 1837-1838, achève et perpétue néanmoins le tableau de l'extrême délabrement moral et peut-être physique auquel l'être supérieur avait été condamné.

VIII

Une page datée du 14 avril 1837 est à peu près la seule que dore ce soleil de l'arrière-saison. Le poète propose à sa jeune conquête l'aventure de venir le rejoindre chez les siens, à l'heure où tout le monde dort. « Cette maison si peuplée ronfle sur les deux oreilles invariablement jusqu'à huit heures et demie ou neuf heures, maîtres et valets. »

« Tu sais », ajoute-t-il, « que je demeure à la Fontaine. »

C'est la Fontaine de Bouchardon[206], élevée cent deux ans auparavant par la Ville de Paris à la gloire du roi Louis XV, pacificateur des Germains, des Russes et des Turcs, comme le dit une grave inscription latine. La Ville de Paris, assise sur un trône, en couronne le faîte. Dans les niches voisines fleurissent les Saisons. Par une rencontre, le visage de la Déesse aux classiques bandeaux, à la moue ennuyée, porte un faux air de ressemblance prophétique avec madame Sand. C'était là, sous les yeux de la Ville de marbre, que la vraie George était accourue, un terrible soir de l'automne 1833, en voiture fermée pour une visite secrète à la mère de son poète : madame de Musset descendit, écouta et se laissa arracher l'autorisation du fatal voyage à Venise.

Un souvenir de l'entrevue restait-il attaché à la forme du seuil ? Ce portique élégant est traité par Musset d'assez vilain monument. Il avertit la folle amie de bien prendre la porte à droite :

« Tu traverseras la cour sans rien dire au portier, la maison étant dans le jour une espèce de passage public. Trouver la porte dans la cour n'est pas facile, attendu qu'il y en a une quantité. C'est au fond de la cour à droite, il y a écrit : Escalier, en grosses lettres au-dessus... » Rien de plus facile à reconnaître aujourd'hui.

Le paroissien de Saint-Thomas-d'Aquin, tournant le dos à son église quand il a traversé le boulevard Saint-Germain, n'a qu'à prendre la jeune rue de Luynes et à franchir le nouveau boulevard Raspail pour arriver rue de Grenelle à la cité de la Fontaine ; il laissera à main gauche un escalier qui ne mène qu'au percepteur ; il dédaignera de même à sa droite le spacieux local de la Société des Architectes français : l'appartement cherché sur la trace légère d'Aimée Alton et du Prince Phosphore de Cœur-Volant, s'ouvre tout au fond, vers l'angle de droite. Ce logis brillait peut-être d'un éclat neuf sous le ministère Molé quand le premier duc d'Orléans, père du comte de Paris, songeait à confier au poète je ne sais quelle mission diplomatique en Espagne. Tout a beaucoup vieilli. Mais on y revoit Musset en robe de chambre, et tel qu'il se montra dans le pli mouvant des tentures : « Comme je serai à la fenêtre, derrière un rideau, je guetterai mon amour et j'irai au-devant d'elle jusqu'au bas de l'escalier... »

---

[206] Il s'agit de la Fontaine des Quatre-Saisons, aux numéros 57–59 de la rue de Grenelle, dans le septième arrondissement de Paris. (n.d.é.)

L'appartement n'est pas bien grand, et il y a dedans une mère, une sœur, un frère et trois domestiques. As-tu peur, beau chérubin ?... Il n'y a qu'une clé à mettre en dedans... Tes lettres me rendront fou... À tout instant il faut que je les relise pour croire à mon bonheur, pour être sûr qu'un si beau rêve n'est pas un rêve...

Tant que le beau rêve s'exprime seul, le flot de poésie gamine chante et joue librement ; mais s'agit-il d'un peu de confiance ou de constance véritable, rien ne peut exprimer la fatigue de cet amoureux de vingt-sept ans. Les lettres ainsi commencées donnent très vite un sentiment de pitié amère, presque de dérision. Ce ne fut pas la faute d'Aimée, dont les vingt-cinq ans rayonnaient la meilleure volonté de la vie, le bel accueil de l'intelligence et du cœur. Mais la succession de George était difficile. Le poète lui écrit un jour de janvier 1838 à propos d'un nuage : « Ces sortes de choses-là me font frissonner malgré moi — ne te fâche pas. — *Elles sentent la femme et me rappellent le passé.* » Et voilà pour elle.

La « bonne, belle et blanche fille, » ne pouvait pas ne pas fléchir. Il eût fallu avoir éternellement de l'entrain, du bon sens, du sens pratique, du courage, de la gaîté et même de l'amour pour deux. Elle était fine, aimable, si fidèlement dévouée à la gloire de son poète qu'elle finit par devenir madame Paul de Musset. Alfred de Musset paraît bien s'être exalté parfois à ses douces promesses de vie heureuse et de joie facile ; un appel, bien trop court — en tout, huit vers — à ce qu'il appelle sa « belle Muse païenne » nous en garde la trace :

> Vois-tu ce sentier vert qui mène à la colline ?
> Là je t'embrasserai sous le clair firmament
> Et de la tiède nuit la lueur argentine
> Sur tes contours divins flottera mollement...

Mais tous ces verbes à des futurs extrêmement vagues tombent aussi vite que l'élan de cette poésie. Elle est suave et hors de souffle. Selon la forte expression populaire, il n'allait plus et la confiance en lui-même descendait au-dessous de ses faibles forces. L'engagement qu'elle lui offrit pour le ranimer (mariage ou quelque chose d'approchant) lui permit seulement de se voir et de se reconnaître. Il répondit le 18 mai 1838 :

Non, je suis trop faible pour ces grandes résolutions ; si je voulais les prendre, je manquerais de parole à moi-même ; je serais héroïque pendant quinze jours, puis mon courage s'en irait avec la sécurité, une misère, une folie m'en distrairait, et qu'arriverait-il ? qu'en voulant être ferme et brave, je n'aurais été que vil.

... Ce serait un crime dans la force du terme de t'entraîner après moi. Non seulement une maladie, une mort imprévue me feraient manquer à mes promesses, mais la santé, le repos de l'esprit, la confiance m'y feraient manquer.

Même la confiance. Ce paresseux exténué se voyait à fond.

... Ta lettre me donne du courage et m'oblige à avoir quelque estime pour moi-même en me prouvant que tu en as... Ne m'en veuille pas. Je t'aime, je te baise le cœur.

Mais le 30 août :

Tu me dis qu'il y a un mois que je ne t'ai pas vue. Je le sais bien ; s'il y avait un moyen quelconque d'avoir un appartement, crois-tu que nous resterions un mois sans nous voir ?

IX

L'histoire, assez sinistre, ne serait pas complète si l'on n'y jetait, au travers, les noms de la princesse Belgiojoso, dont les entreprises de coquetterie sont connues, et celui de mademoiselle Rachel. Il est à croire qu'Aimée d'Alton, peu à peu, préféra la tristesse de s'abstenir à la disgrâce d'insister. Le charme du génie, sans s'évanouir, avait trop pâli pour dissiper les premières ombres de l'insénescence rapide. Déjà, il ressemblait à un triste portrait que sut tracer d'après nature une autre amie, très dévouée, mais beaucoup plus lucide, appelée dix ans plus tard, comme il approchait de la quarantaine, au même rôle ingrat que cette pauvre Aimée.

La pièce, curieuse, n'est pas très connue, bien qu'elle ait été publiée par M. Legouvé. Ce sont les principaux passages d'une lettre de madame Allan Despréaux. Madame Allan est cette artiste de la Comédie-Française qui, revenant de Saint-Pétersbourg, en rapporta « dans son manchon » la comédie du *Caprice* et fit ainsi la fortune du Théâtre d'Alfred de Musset quand personne ne soupçonnait que les dialogues de la *Revue des deux mondes* pussent aller jusqu'à la scène. Le poète, fort reconnaissant, le témoigna comme il put à son interprète. Ils devinrent amis, et plus. D'après les feuilles de cette confession intime d'une liaison postérieure de quinze années à l'aventure de Venise, on peut voir le fort et le faible, le doux et l'amer du caractère final de Musset. Il est apprécié avec bienveillance et indulgence, avec amitié, par ce juge d'esprit supérieur, peut-être trop supérieur, peut-être aussi trop *juge*, mais qui dut mieux valoir en témoin qu'en amie.

10 septembre 1849

J'ai mené depuis ce temps une vie fort retirée tantôt calme et douce, tantôt fort orageuse : elle durera plus ou moins, mais je doute qu'elle puisse durer trop longtemps (j'entends plusieurs années), cela viendrait de moi uniquement et c'est pour cela que mes doutes sont fondés.

Je suis aimée et même adorée, plus encore maintenant qu'au commencement, mais il est des points par lesquels nous nous touchons si rudement qu'il y a douleur pour tous deux et si insupportable que dans ces moments, ni l'un ni l'autre n'en peuvent plus.

S'il se montrait toujours du côté que j'aime, il n'y aurait rien de si doux et de si beau, mais malheureusement, il y a *l'autre lui* auquel je sens que je ne m'habituerai jamais. Déjà deux fois j'ai brisé ou voulu briser ce lien qui, par instants, n'est plus possible ; *ce sont des désespoirs auxquels je ne sais pas résister,* des attaques de nerfs qui amènent des transports au cerveau, des hallucinations et des délires ; ma présence, ma main dans les siennes, un mot d'affection font disparaître tout cela comme par enchantement.

Puis ce sont des repentirs tout aussi exaltés, des joies de me recouvrer, des reconnaissances qui m'émeuvent et qui me font, de nouveau, rentrer dans la voie que j'ai voulu quitter.

Quelle tête à l'envers, ma chère Adèle ? l'amour le grise aussi bien qu'autre chose, par moments l'ivresse en est sublime ; mais que d'autres instants où elle n'est presque pas tenable ! J'ai cependant sur certaines choses obtenu des résultats réels et qui étaient bien difficiles à obtenir, mais, en vérité, comme il me l'a dit lui-même dans des jours de bon sens et de franchise, c'est un labeur de se laisser aimer par lui. Enfin, je laisse couler mes journées sans faire de projets ; je tâcherai d'éviter la douleur et de jouir du présent s'il est doux sans m'occuper de l'avenir. Vous voyez que vous m'avez convertie. C'est par l'orgueil immense de son caractère et la fierté incontestable du mien que nous nous froissons.

Cet orgueil n'est pas justement celui devant lequel je plierais avec bonheur ; celui du poète, celui du talent et de la renommée. Point du tout, ici il n'y en a pas.

Votre père serait bien étonné d'entendre apprécier ainsi, par l'auteur lui-même, ces œuvres qu'il n'aime pas.

Il est vrai que ces jugements si modestes et très sincères, je vous le jure, ne sont portés que devant moi, c'est dans l'épanchement de l'intimité qu'ils se font jour — devant le public, ce n'est pas si humble. Mais c'est dans les petites choses de la vie que cet orgueil ou plutôt cet amour-propre se montre dans des niaiseries sans importance, dans des fictions même qui ne se passent que dans sa tête et qui à ses yeux prennent les apparences de la réalité. Il me faut combattre ces moulins à vent-là ; pour un être dont l'esprit est aussi clair que le mien, il y a parfois une incroyable fatigue.

Ensuite ce caractère, extrême en tout, se choque perpétuellement à la raison et à la réserve du mien — puis ce passé désordonné laisse des traces indélébiles — avec un caractère ombrageux, la méfiance et le soupçon ne se présentent qu'au milieu d'un cortège de ressouvenirs très amers à entendre et qui, à tout prendre, sont ceux que doit avoir un ex-libertin ; je ne les supporte pas, *et alors, querelles, pardons, réconciliations, voilà !*

Je n'ai jamais vu de contrastes plus frappants que les deux êtres enfermés dans ce seul individu. L'un, bon, doux, tendre, enthousiaste, plein d'esprit et de bon sens, naïf (chose étonnante), naïf comme un enfant, bonhomme, simple, sans prétention, modeste, sensible, exalté, pleurant d'un rien venu du cœur, artiste exquis en tout genre, sentant et exprimant tout ce qui est beau dans le plus beau langage, musique, peinture, littérature, théâtre ; retournez la page et prenez le contrepied, vous avez affaire à un homme possédé d'une sorte de démon, faible, violent, orgueilleux, despotique, fou, dur, petit, méfiant jusqu'à l'insulte, aveuglément entêté, personnel, égoïste autant que possible, blasphémant tout et s'exaltant autant dans le mal que dans le bien ! Lorsqu'une fois il a enfourché ce cheval du diable, il faut qu'il aille jusqu'à ce qu'il se rompe le cou !

L'excès, voilà sa nature soit en beau, soit en laid. Dans ce dernier cas, cela ne se termine jamais que par une maladie qui a le privilège de le rendre à la raison et de lui faire sentir ses torts. Je ne sais pas comment il a pu faire pour y résister jusqu'ici et comment il n'est pas mort cent mille fois. Rien de plus fantasque et, de plus mobile que son humeur et cependant une grande constance d'affection au fond.

Gai et hypocondre, poétique et trivial.

Athée et croyant, brave l'épée à la main, poltron devant une robe blanche accrochée la nuit à une fenêtre. Ayant envie de se tuer et se soignant par moments comme M. Argan. Ruinant sa santé sciemment avec une inconscience parfaite et criant qu'il va mourir dès qu'il a la fièvre. Que d'autres contrastes encore : prodigue et se laissant voler de tous côtés, dédaigneux de la fortune, pauvre comme Job, plein de besoins aristocratiques et aimant mieux être tourmenté de créanciers et assailli de nécessités que de travailler pour vivre. Avare envers sa gouvernante qui est la probité même ; s'ennuyant de tout et s'amusant d'une mouche, prenant des résolutions qu'il ne tient pas, reconnaissant et ingrat, délicat et brutal. Je vous dis que je n'en finirais pas si je voulais vous énumérer tous ces défauts et ces qualités qui ne s'amalgament jamais. C'est tantôt l'un et tantôt l'autre qui dominent ; j'ai vu ces contrastes se succéder dix fois en une heure, sans jamais se confondre et se mélanger.

« Voilà, ma chère, l'être multiple, bizarre, qui s'est lié à moi. »

Ce témoin inattendu vérifie quelques-unes de nos conjectures les plus discutées.

Mais le poète avait déjà porté lui-même l'arrêt qui vérifie, pour une part, le témoignage. C'est un quatrain d'un sens sublime qu'il paraît avoir composé pour se rendre compte du genre de félicité qu'il était encore capable de donner et de demander à l'amour.

L'aveu chantant s'est échappé du coffret mystérieux de M. Troubat. Il date de l'époque d'Aimée d'Alton. M. Léon Séché le publie à son rang, postscriptum d'un billet de novembre 1837 adressé à la pauvre infirmière sans illusion :

> Si la flèche envenimée
> Ne peut sortir de mon flanc,
> La main de ma bien-aimée
> Peut en essuyer le sang.

On citerait ces quatre vers si l'on voulait donner un exemple de la poésie la plus contraire au vol brillant et enthousiaste des *Nuits*. Il n'est rien d'aussi éloigné du ton naturel d'Alfred de Musset, de son large cours normal aux belles époques. Un Gautier qui aurait été sensible et humain ou quelque frère aîné du Moréas qui était encore à naître aurait su imprimer à sa condamnation la même cadence. Cette stance immobile, sonnée sur la corde étrangère, trahit l'homme désintéressé du Destin. C'est pour n'en plus parler qu'il l'évoque une fois pour toutes. Sa tristesse implore seulement la pitié, qu'elle décourage.

4 novembre 1913–14 septembre 1916.

NOTE DE 1919

Dans son livre de 1909 sur George Sand, M. René Doumic a regretté que l'auteur des *Amants de Venise* se fût appliqué à « voir partout le calcul et l'artifice sans croire assez à la sincérité ». Quoi qu'il en soit de ce reproche, on peut, aujourd'hui, essayer de faire le dosage exact du calculé et du sincère, de l'artificieux et du naturel dans une personne aussi complexe que la « grande Romantique » et la « bourgeoise régulière et laborieuse », dont M. René Doumic a subi le charme alterné.

Deux livres pourront y aider : l'un, paru en 1914, *Un Voyage*, de madame Jacques Vontade (c'est « Fœmina » du *Figaro*) donne en cinquante pages magnifiques, sur Moritzbourg et les Königsmarck, la généalogie saxonne de madame Sand, le tableau éloquent des « énergies de la race » : « passion, mépris de la loi, instinct anarchique, ample bonté chaude, imagination, rêve immense » ; l'autre, paru en 1919, *François Buloz et ses amis*, de madame Marie-Louise Pailleron, verse au même dossier les documents incomparables tirés des archives du fondateur de la *Revue des deux mondes :* ils sont éclairés par une spirituelle chronique des longues et étroites relations d'une famille parisienne avec le monde de *Mardoche* et de *Lélia*.

Je ne puis que renvoyer pour le premier livre au texte de madame Jacques Vontade qui, sans paraître vouloir y toucher, donne à la fois l'histoire et la légende de la sensibilité de notre héroïne et comme le poème de son inconscient. Toute analyse de cette Chanson du Sang courrait le risque d'être grossièrement inexacte.

Au contraire, il faut nous saisir des trésors de faits et de pièces que nous apporte madame Marie-Louise Pailleron. Son grand-père a été en quelque sorte et comme ils le disaient eux-mêmes le patron des Amants de Venise. Entre les deux poètes, clients, amis et familiers il apparaît comme une personnification amicale et paternelle du juste sentiment des biens de la terre, il brille à leurs regards unis comme le génie qui commande à la réalité. Quand il frottait sa lampe merveilleuse, Aladin n'éprouvait-il pas la même émotion que George et Alfred évoquant leur Buloz à l'heure du pain quotidien : l'un lui demande de s'arranger comme il voudra, mais d'envoyer 50 francs par retour du porteur ; l'autre lui adresse successivement sa couturière, son propriétaire, sa domestique, son marchand de bois, son libraire et le libraire de son enfant au collège. Comme dit madame Marie-Louise Pailleron, cela se passait sans cérémonie : « Maurice, la bonne, le marchand de charbon »...

Où pouvait s'arrêter, en ces temps pastoraux, cette fonction de pourvoyeur universel ? Car il ne s'agissait pas de petites notes : certain compte de sept mois, en 1836, passe dix mille francs. Ce qui n'empêche pas l'antienne de reprendre : *Mon vieux Buloz !... Mon bon Buloz !... Mes cinq cents francs ! Mes mille francs !* « Je serai à Paris vers le 3, sans un sou, mais avec du manuscrit ».

Ne méprisons pas cette histoire de *Phynances*, comme dit *Ubu roi* ; justement parce qu'elle se développe en marge de la grande passion, elle servira à saisir tout ce que le type d'Alfred de Musset comporte d'insouciance, de détachement, d'ignorance pleine de péril, en même temps qu'elle peut montrer ce qu'il y eut de souverain esprit pratique, oh ! spontané, oh ! sincère, chez le grand George. Mon mot sévère et disgracieux d'*industrie* a déplu. Comme le serpent domestique mêlé aux fleurs du thyrse qui blesse et qui guérit, la chose existe, se voit, se touche. Qu'on l'appelle comme on voudra.

Le livre de madame Pailleron a apporté à la psychologie des Amants de Venise une autre confirmation précieuse en produisant deux pièces de grande valeur ; je les ai classées dans un appendice nouveau qui porte le numéro quatre.

On voudra bien me pardonner un goût peut-être excessif pour la précision en des faits dont la gravité semble douteuse. Mais aux faits bien connus et bien notés se trouve lié le sort de nos jugements ; pour raisonner des choses humaines, il faut commencer par les savoir. Tous les critiques du romantisme seront reconnaissants à madame Marie-Louise Pailleron de ces importantes clartés de fait. Les esprits attentifs aux idées et aux hommes, ne s'étonneront pas de l'importance que nous donnons à ce conte d'amour. Il tient aux profondeurs de la structure morale du pays, tel que le voilà, dans la première moitié du XXe siècle. Le rapport en est si étroit, la liaison si forte, que mademoiselle Henriette Charasson, dans une étude approfondie parue à la *Revue de Hollande*, a dû s'étonner que l'on puisse adhérer à la doctrine des *Amants de Venise* sans être tenté de partager nos vues politiques. La critique du Romantisme et celle de la Révolution ne font qu'un.

Il sort du drame de Venise un tel flot d'éloquence et de poésie que l'on a pu y voir l'une des heures culminantes de l'art romantique. Plus que l'art, la sensibilité romantique s'y laisse atteindre et mesurer dans ses deux esprits d'individualisme orgueilleux et d'individualisme amoureux : sous la forme stoïque chez madame Sand, sous la forme hédoniste chez Alfred de Musset, la double image de Narcisse explique tant de choses qu'on se lasse difficilement d'y rêver. Âme unique de l'anarchie dans la littérature, dans la politique, dans la sensibilité, dans les mœurs, une philosophie du sentiment sans règle s'y laisse prendre et reconnaître comme en un même point de secrète incidence : on y saisit à nu quelques-unes des passions élémentaires dont le monde d'alors et le monde qui a suivi ont été formés et, naturellement, déformés.

Cette mise au courant serait très incomplète sans la mention du livre publié en 1919 par mademoiselle Vincent, docteur ès lettres.

Je m'étais appliqué à épaissir les voiles fleuris au-devant du mystère féminin de madame Sand, chercheuse insatisfaite, doña Juana[207] désappointée. Avec prudence et retenue j'avais écrit de l'âme de George, grande, généreuse et hospitalière, qu'elle était presque incapable du sentiment que le commun des hommes appelle l'amour. Ces réticences, antiphrases et métonymies ont été déchirées par la vigoureuse critique de l'auteur de *George Sand et le Berry, La langue et le style de George Sand dans*

---

[207] Soit une féminisation de Don Juan. (n.d.é.)

le roman champêtre ; car son *George Sand et l'amour* forme bien le plus probant, le plus vif, le plus clair et le plus chaste recueil de textes d'aveux, et ces aveux tendent à dire que, dans sa longue vie amoureuse, l'amante de Venise ayant bu à la volupté sans pouvoir s'y désaltérer, a dû en épuiser la coupe sans y connaître le bonheur.

Être incomplet, avide et aride, enivré de ses mécomptes et de ses désirs, puissant par le cerveau, pauvre par les sens, imagination brûlante, tempérament froid, elle a été presque malade d'une « affection qui commence par un n… » et, dit le physiologiste appelé en témoignage, anaphrodisiaque jusqu'au terme d'une vieillesse qui en resta « machinalement agitée ».

Son portrait de 1842, au cabinet des Estampes, ne trahit pas trop mal cette déçue aux yeux gloutons dont mademoiselle Vincent nous peint le désespoir, qu'elle explique par le recul indéfini de satisfactions trop rêvées. Cette nouvelle démonstration conduite avec la rigueur de la science est faite selon toutes les règles de l'art. Et cependant elle a laissé quelques sceptiques. M. Émile Henriot n'a pas craint d'affirmer sous le vocable de la *Minerve française* que « toutes disent cela… »

Il serait trop plaisant que tant de cris d'insatiabilité furieuse n'eussent été que l'alibi d'une fabuliste puissante.

APPENDICE SECOND

I – LE PREMIER INCIDENT

> « Leur titre seul a suscité plusieurs querelles. »
> Page 137.

I — C'est au courant de l'été 1896 que parurent dans les revues et les journaux, des documents restés jusqu'alors inédits relativement à la liaison de madame Sand et d'Alfred de Musset. Je dus admirer à quel point l'abondance des trouvailles avait paralysé la réflexion des chercheurs. Ma « vie littéraire » de la *Revue encyclopédique Larousse*, nota le 5 septembre 1896 :

> Les journaux ont beaucoup parlé, ces jours derniers, des amants de Venise et Pagello, leur para-nymphe aujourd'hui encore vivant et florissant dans une maison de Bellune, au milieu de ses fils et de ses petits-fils, a obtenu, entre le poète et la romancière, un réel succès de gaieté. Le docteur Cabanès dans la *Revue hebdomadaire*, et M. Maurice Clouard, dans la *Revue de Paris*, viennent de publier de curieux documents sur le litige historique qui pend encore. À vrai dire, aujourd'hui, il ne pend plus du tout, ou tout au moins le juge, et je veux dire le public ou quelqu'un du public, n'aurait qu'à se lever, qu'à dire un mot, qu'à prendre deux ou trois conclusions fort simples[208] pour être approuvé d'un chacun. Ces conclusions sont maintenant placées au-dessus de tout débat.
>
> Mme Arvède Barine a écrit, l'an dernier, sur ce curieux sujet un chapitre d'une singulière finesse de touche, vrai chapitre à la Sainte-Beuve mais qui serait encore à éclaircir, à compléter, à préciser peut-être. Les femmes, en ces sujets, sont tenues par la discrétion, par la pudeur, par un respect un peu extrême de l'amour et des apparences de l'amour, peut-être aussi par la franc-maçonnerie féminine. Il

---

[208] Le 28 août 1896, dans un article du *Figaro* intitulé « Une histoire d'amour », M. Paul Bourget venait de prendre ces conclusions. Mais nos lignes étaient écrites et remises à l'impression ; la *Revue encyclopédique* étant illustrée, comme la *Revue universelle* qui lui a succédé, se préparait de longue main.

faudrait qu'un homme intervînt... J'ai un ami (je ne saurais dire ici son nom) qui s'est mis à faire lui-même ce petit travail. Il a trouvé mille idées inespérées, etc.

Le titre et le sujet des *Amants de Venise* étaient donc indiqués dès le 5 septembre 1896, dans la *Revue encyclopédique* Larousse. Le 5 octobre suivant, dans un feuilleton de la *Gazette de France*, je donnais, après quelques considérations sur l'affaire de Sainte-Beuve et de madame Hugo, une esquisse générale du livre rêvé. Le feuilleton était intitulé : « Petits ménages romantiques », et j'écrivais en manière de préambule à l'histoire de Sand et de Musset :

> Il y a au monde des amis de Musset et des amis de George Sand qui ont fait pour l'une et pour l'autre d'éloquentes apologies. On n'a pas encore vu un ami de la vérité entrer dans cette affaire et en donner le sens exact.
>
> Les personnes respectueuses de la vérité historique déclarent qu'elles attendront jusqu'au jour où les lettres authentiques des deux amants se trouveront entre leurs mains. C'est une défaite assez pauvre. On a publié cette année dans *Cosmopolis*, dans la *Revue hebdomadaire* et dans la *Revue de Paris* de quoi les rassasier. Comment lire ces documents sans rien en tirer ? Ils sont cependant assez forts, et je ne sais ce que cette pauvre correspondance qu'il vaudrait mieux laisser dormir par respect pour la volonté bien exprimée de l'un des correspondants[209], y pourrait ajouter de neuf. On a les confidences de Mme Sand à Sainte-Beuve. On a la confession de Pagello et, par-là, le rôle de Pagello presque en entier. Et je ne compte pas tout ce que l'on aurait si l'on voulait se donner la peine de relire les *Lettres d'un voyageur* et la *Confession d'un enfant du siècle*. Les esprits sont si paresseux qu'ils n'ont rien su faire sortir de tant de documents fertiles en suggestion.

II — Les 16 et 17 octobre 1896, M. Paul Mariéton fit paraître dans *Le Gaulois* deux articles intitulés : « Histoire véridique des *amants de Venise*. »

---

[209] Alfred de Musset.

III — Le 31 octobre 1896, dans ma « vie littéraire » de la *Revue encyclopédique* Larousse, j'écrivais :

> ... À mon sens, la question des rapports de madame Hugo et du critique des *Lundis* est toute privée : il faut s'en taire à jamais. Si je touche à la question des amours de madame Sand et de Musset, c'est que la question est publique de la grâce des deux amants...
>
> Je fis remarquer ici même que nos curieux collectionneurs oublient un peu les ouvrages dans lesquels s'étaient confessés, bien avant qu'on les confessât, les fameux « Amants de Venise ». Sous ce titre qu'il nous a fait l'honneur de nous emprunter, M. Paul Mariéton a publié depuis dans *Le Gaulois*, mais non sans l'encadrer d'un récit synthétique, des extraits d'un « Mémorial de Pagello » très heureusement retrouvé.
>
> Cette publication a été continuée dans *L'Écho de Paris*.

IV — Le même jour d'octobre 1896, pour mieux affirmer, s'il était possible, la propriété du titre déjà contesté, je publiais en tête du *Soleil* un article intitulé : « Les Amants de Venise ». Le voici :

Les Amants de Venise

Si désireux que l'on puisse être de penser comme tout le monde, d'abonder dans l'idée reçue et de ne pas s'enfuir hors de l'humanité, il y a, en vérité, des moments où le plus docile écrivain, l'esprit le plus timide et le plus résigné éprouve le besoin de s'élever contre le sentiment commun et de rectifier une opinion courante. Depuis deux semaines entières, on ne peut ouvrir un journal sans y trouver quelque invective contre les curieux, les chercheurs, les collectionneurs, les historiens, les moralistes, qui ont remis sur le tapis la vieille affaire du voyage de madame Sand et d'Alfred de Musset : ce sont des indiscrets, et je crois même qu'on les accuse de desservir la pure gloire des amants de Venise en y joignant des bavardages de portières.

Voilà qui montre beaucoup de délicatesse, ou peut-être de l'ignorance ; ces critiques si délicats n'oublient, j'imagine, qu'un point : c'est de montrer qu'il y ait là une histoire privée, analogue, pour prendre un exemple, au triste et honteux incident qui brouilla Sainte-Beuve et Victor Hugo, ils oublient de prouver que le voyage de Venise, entrepris au grand jour par madame Sand et Musset, raconté, commenté et rimé par eux de mille façons (Musset y consacrait encore un poème en 1850, seize ans après ! George Sand donnait *Elle et Lui*, en 1839), que ce voyage, dis-je, n'ait pas été chose publique et ne fasse pas un épisode essentiel de l'histoire littéraire et morale du romantisme. Ils oublient de dire, faute peut-être de l'oser, que des amours aussi fameuses que purent être celles d'Énée et de Didon ne nous peuvent donner ni un renseignement utile, ni une leçon instructive. La vérité est que nous avons tous dans nos bibliothèques, sinon dans nos mémoires, la *Confession d'un enfant du siècle*, les *Lettres d'un voyageur*, *Jacques*, les *Nuits*, *Le Souvenir*, *Consuelo*, *Elle et Lui*, et chacune de ces œuvres étranges demande, à chaque mot, à chaque ligne, un commentaire de l'histoire. Ce ne sont pas là de ces merveilleuses œuvres classiques, qui se suffisent à elles-mêmes et composent, soutiennent, accomplissent en elles un monde à la fois égal et supérieur au monde réel. Non, non, tous les ouvrages dont j'ai donné le titre se trouvent de la même espèce et, si l'on veut, du même acabit que le Mémorial de cet honnête Pagello qu'a retrouvé et publié, ces derniers temps, M. Mariéton. Ce sont, en vers tout aussi bien qu'en prose, des « journaux » à peine plus arrangés que celui des frères Goncourt. La fiction et la réalité y sont distribuées à peu près à même dose que dans les souvenirs d'un Retz ou d'un Saint-Simon.

Or, ces mémoires historiques, on ne juge pas inutile de les confronter avec ce qu'on a de certain sur les faits contemporains de Saint Simon et de Retz. Mais il en doit être de même pour les mémoires psychologiques d'une Sand ou d'un Musset.

La raison ? Le profit ? Cela est simple à dire. C'est avec ces Mémoires qu'on nous a élevés. Nous en avons sucé le sens. La sensibilité et l'imagination de ces deux âmes illustres revivent en des milliers d'âmes contemporaines. Pour juger et pour améliorer toutes ces âmes, il est bien nécessaire de juger et d'examiner du plus près possible, avec une attention et une application ardentes, les sensibilités, les imaginations qui furent leurs maîtresses, leurs guides, leurs modèles.

Cette aventure de Venise, si l'on y réfléchit, renferme toute la philosophie morale du romantisme. Elle en renferme aussi toute la condamnation. Il conviendrait de retourner contre ce romantisme, les graves paroles de Paul Bourget sur la Révolution. « Défaire systématiquement toute l'œuvre politique de la Révolution », c'est le rêve de l'éloquent analyste d'*Outre-mer*. Je n'y contredis certes pas. Mais je pense que toute l'œuvre morale du romantisme est de même à défaire non moins systématiquement. Ç'a été une maladie de l'esprit français. Guérissons-nous du romantisme.

Madame Sand croyait, comme à une source de résistance suffisante, à ce qu'elle nommait la vertu, à la force du caractère, à l'énergie propre de l'âme : un peu d'ennui, quelques fatigues jointes à une tentation, la livrèrent désemparée et dans un concours de circonstances presque odieuses, à mille pièges de passion pour le premier venu... Alfred de Musset, lui, ne croyait qu'à l'amour, à l'amour libre et infini ; et cette conception, s'ajoutant à l'humeur qu'il tenait de la nature, fit, de lui, le plus triste, le plus incommode, le plus amer, et enfin le plus malheureux de tous les amants.

Sand et Musset croyaient tous deux que des êtres un peu nobles n'auraient que faire des conventions, des préjugés et des béquilles qui soutiennent l'ordinaire de notre vie. « À des êtres sans conscience et sans vertu, écrit l'auteur de *Jacques*, il faut de lourdes chaînes. » Il faut donc des chaînes très lourdes à l'immense majorité du genre humain. Il n'y a pas de droit divin de l'amour ni de liberté de la vie qui puissent prévaloir contre ce principe évident. Ni l'homme ni la femme ne sont jamais si à leur aise pour faire le bien, que lorsqu'on a lié un peu leurs fantaisies et borné leurs caprices par des institutions publiques, par des mœurs traditionnelles, et enfin toutes sortes de brides et de freins bien forgés et bien adaptés.

C'est faute de tels freins qu'on se réveille un jour capable d'écrire à un homme la prodigieuse « déclaration de George Sand à Pagello », que vient de publier la *Revue hebdomadaire*, ou qu'après s'être vu plus berné que Géronte, on va finir comme Musset, dans un misérable gâtisme.

Voilà, ou je me trompe fort, deux témoins, deux images et deux symboles d'une vérité assez forte... Assurément, la mémoire des intéressés y perd un peu. Je m'en afflige. Je m'associe à l'impatience qui dévore deux familles ; je comprends les plaintes aiguës qu'elles poussent de tous côtés. Mais, quoi ! n'est-ce pas un dommage attaché après tout à la dignité de leurs noms ? Le souvenir des avantages naturels que ce nom leur a procurés pourra, sinon les consoler, du moins apaiser leur chagrin.

Dans une belle tragédie que je connais[210], l'héroïne, arrière-petite-fille d'un coupable fameux, s'élève contre un astrologue qui lui a rappelé la faute de son bisaïeul.

« Non, dit-elle, il serait affreux de payer pour ses pères !

— Par Jupiter ! réplique-t-il à la princesse, ces privilèges royaux qui t'ont couronnée, l'éclat, la majesté qui te ceignent d'hommages, ton charme, ta beauté et même ton cœur généreux, est-ce qu'ils ne sont pas, dis-moi, une faveur, un souvenir, un héritage de tes pères ? Si donc des pères tu as en héritage tant de lustre et de biens, pourquoi ne paierais-tu pas aussi les dettes qu'ils ont contractées ? »

La grande reine à qui s'adresse la leçon en reconnaît bien la justesse, et tendant à la destinée une belle tête innocente : « J'ai de quoi payer, répond-elle, toute la dette de mon sang. »

Je ne demande pas aux héritiers de Mme Sand et d'Alfred de Musset de s'offrir en holocauste à la destinée. Il suffit qu'ils prennent courage et se résignent à souffrir de légères disgrâces, suite naturelle et juste compensation de l'agrément qu'ils durent goûter tant de fois : c'est ainsi qu'il convient d'accepter un noble héritage. On ne parlerait pas comme on fait des amours de ces deux écrivains, si l'un et l'autre n'occupaient une place éminente dans l'histoire du sentiment.

(*Le Soleil* du 31 octobre 1896.)

V — Le livre de M. Paul Mariéton parut en décembre 1896.

Il ne s'appelait plus *Histoire véridique des amants de Venise*, mais bien *Une histoire d'amour*.

Cependant quelques-uns continuèrent à douter que le titre de mon livre fût ma propriété. Plusieurs affectèrent de penser qu'il était devenu commun à tout le monde.

Il y a souvent un noyau d'erreur sincère à la source du mensonge effronté. L'opinion que ce titre était du domaine public reposait sur quelques lignes de catalogue lues de travers : en dressant une bibliographie si soigneuse qu'il n'y a pas omis le moindre entrefilet de journal, M. Maurice Clouard nota, pour la journée du 31 octobre 1896 dans la presse parisienne et, pour les jours suivants, en province, je ne sais combien d'articles qui, tous, étaient

---

[210] *La Reine Jeanne*, de Mistral.

intitulés uniformément *Les Amants de Venise*. Il faut y regarder de près pour se rendre compte que ces articles divers n'en faisaient qu'un et que c'était la reproduction du mien, l'article du *Soleil* que l'on vient de lire : communiqué dans la nuit par le secrétariat à nos confrères du matin et aux agences qui l'avaient fait suivre en province, extrait, découpé, reproduit avec le titre de mon journal mais sans mon nom, selon les usages de la presse d'alors, cet unique article ainsi multiplié fit apparaître sur la liste de M. Maurice Clouard une miraculeuse profusion d'*Amants de Venise* éclos aux quatre coins du territoire dans les journaux les plus différents ! Arrivé tard à la source de la méprise, il me fut facile de la démontrer sans pouvoir en détruire les conséquences qui courent encore.

II – Autre incident le drame lyrique

> « La suite répond à l'orage de ce début... »
> Page 137.

On lisait dans la presse parisienne de février-mars 1907 :
Plusieurs journaux ont annoncé, voici trois semaines environ, que MM. Jules Bois et Camille Erlanger venaient de terminer un drame lyrique intitulé *Les Amants de Venise*, sur les amours de George Sand et d'Alfred de Musset.

En apprenant le fait, le 6 février dernier, M. Charles Maurras a écrit à M. Jules Bois, qu'il connaît depuis fort longtemps, un billet qui disait :

> ... *Les Amants de Venise* ne peuvent être un drame de toi, puisque c'est un livre de moi ; il a paru chez l'éditeur Albert Fontemoing, rue Le-Goff, 4, à Paris, fin 1902. Le titre en a été choisi, fixé et publié par moi dès 1896 ; précisément parce qu'il a obtenu tout de suite une grande vogue, je n'ai pas la moindre envie de m'en dessaisir.
>
> Pour n'avoir plus à nous occuper de cela, écris-moi que tu adoptes un autre titre, et reçois, avec les regrets que l'incident me cause, mes souvenirs tout dévoués.

M. Charles Maurras a reçu, le 21 février, la réponse de M. Jules Bois, ainsi conçue :

... Tu penses bien que je ne demande qu'à t'être agréable. Malheureusement en la circonstance cela m'est impossible.

Au reçu de ta lettre recommandée, je suis allé voir mon collaborateur Erlanger et lui ai transmis ta réclamation. Il m'a répondu que nous ne pouvions renoncer à ce titre : *Les Amants de Venise*, pour notre pièce, car il est excellent pour l'affiche, qu'il ne gêne en rien ton volume, et qu'en le gardant nous sommes dans notre droit.

J'ai dû me rendre à ses raisons et je te prie de croire toujours à ma fidèle amitié.

Jules Bois.

M. Charles Maurras récrit à M. Jules Bois :

Il ne s'agit pas de m'être agréable, il s'agit de ne pas prendre ce qui est à moi. Tu estimes que cela ne peut me gêner. C'est ce dont tu n'es pas le juge. Tu ajoutes que mon titre est excellent, et je t'en remercie, je l'ai su avant tout le monde, c'est même pour cela que je l'ai choisi et gardé... Je ne me laisserai pas dépouiller.

Réponse de M. Jules Bois, dimanche 24 février :

Personne ne songe à te « dépouiller ». Tu te crois lésé, je suis sûr que non. Mais il ne tient qu'à toi de porter notre différend devant la Société des auteurs et devant la Société des gens de lettres, — ou, si tu es plus intransigeant, en justice.

J'ai choisi pour ma pièce le titre *Les Amants de Venise* avant de l'offrir à Erlanger pour qu'il en écrive la musique. Lorsque m'est arrivée ta protestation, j'ai consulté mon collaborateur, comme je devais le faire. Nous sommes d'accord pour garder le titre — à moins qu'il nous soit démontré que nous sommes dans notre tort au lieu d'être, comme nous en sommes persuadés, dans notre droit.

Le Temps du 26 février annonçait que MM. Jules Bois et Erlanger l'avisaient qu'ils allaient proposer à M. Maurras l'arbitrage de la Société des gens de lettres et des auteurs dramatiques.

M. Charles Maurras avait adressé, d'autre part, à M. Serge Basset, du *Figaro*, dont le « Courier » fait autorité dans le monde des théâtres, une première lettre où on lisait :

> MM. Jules Bois et Erlanger ont annoncé dernièrement qu'ils venaient de tirer un drame des amours de George Sand et d'Alfred de Musset qui sont le bien de tout le monde, mais sous ce titre : *Les Amants de Venise*, qui n'est qu'à moi...
> C'est ce que j'ai dû faire observer à ces messieurs.
> Ils me répondent que leur emprunt ne saurait me gêner. Qu'en savent-ils ?
> Ils ajoutent que mon titre leur revient de « droit », pour cette raison qu'il fera « excellent effet sur leur affiche ».
> Cette opinion est extrêmement flatteuse pour moi. Je dois dire qu'elle n'est pas originale. Avant MM. Jules Bois et Erlanger, le titre d'*Amants de Venise* avait trouvé un amateur. Il a dû se retirer devant l'évidence. Je souhaite aux derniers venus d'en faire autant. Je protégerai ma propriété.

MM. Jules Bois et Erlanger, ont répondu par cette lettre à M. Serge Basset :

> Mon cher ami,
> Nous ne croyons pas opportun d'entrer en polémique pour une question de droit et de fait.
> En réponse à la lettre de M. Charles Maurras que vous avez publiée hier, nous avons décidé tous deux, d'un commun accord, de transmettre le cas aux autorités les plus compétentes : le président de la Société des gens de lettres — puisqu'il s'agit d'un livre — le président de la Société des auteurs — puisqu'il s'agit d'une pièce.
> Nous garderons pour notre drame lyrique le titre des *Amants de Venise* ou nous y renoncerons, selon le verdict prononcé.
> Croyez, mon cher ami, à nos sentiments cordiaux.
> Jules Bois, Camille Erlanger.

M. Charles Maurras répliqua dans *Le Figaro* du 27 février.

Monsieur et cher confrère,

Jugeant la discussion publique inopportune on difficile, MM. Jules Bois et Erlanger vont demander confidentiellement à de hautes autorités, — M. le président de la Société des Gens de lettres, M. le président de la Société des auteurs dramatiques, — s'il est permis de s'adjuger ce qui appartient à un tiers.

Il plaît à MM. Jules Bois et Erlanger de faire leur démarche. Mais elle les regarde seuls. Une chose est certaine, car aucun doute n'est possible, le titra des *Amants de Venise* est à moi depuis 1896 ; je l'ai utilisé en 1902.

Ce n'est pas ma seule raison de le défendre. Bien qu'on ait crié au roman, parce que l'interprétation que propose mon livre était assez nouvelle, ce livre est d'abord une histoire du drame qui s'est joué à Venise entre George Sand et Alfred de Musset. Mais j'ai voulu surtout y mettre une vue générale de l'amour romantique.

Si vous voulez bien considérer, monsieur et cher confrère, que la moitié au moins de ma vie intellectuelle s'est dépensée à la critique du sentiment et du goût romantiques, et que le livre représente la synthèse de mes remarques sur ce point, peut-être l'importance que j'y attache vous semblera-t-elle assez naturelle de ma part.

Il peut me convenir un jour de tirer un ouvrage dramatique de mes *Amants de Venise*. Le travail ne serait pas grand. La table des matières montre la pièce à peu près conçue dans la division même de mon sujet ; car la première partie s'appelle *Personnages*, avec les subdivisions *Elle, Lui, Eux, le Médecin de Venise* ; la deuxième est intitulée *Tragédie*, et la troisième *Comédie* ; quant aux dernières, elles sont visiblement traitées à la manière du dénouement d'une pièce à thèse.

Abandonner le titre des *Amants de Venise* à d'autres dramaturges ne serait donc pas seulement perdre le bien que j'ai, mais m'interdire de faire servir ma propriété d'aujourd'hui et mon travail d'hier à la diffusion des idées que je sers.

On ne discute pas de semblables affirmations. J'interdis à MM. Jules Bois et Erlanger, l'usage du titre des *Amants de Venise*.

Les journaux publièrent quelques jours après la décision du jury d'honneur unilatéral.

Voici la lettre que M. le président de la Société des auteurs et compositeurs dramatiques et M. le président de la Société des gens de lettres ont adressé à MM. Jules Bois et Camille Erlanger.

> Messieurs,
>
> Vous nous demandez notre avis sur le différend qui s'est produit entre vous et M. Charles Maurras au sujet de l'emploi du titre : *Les Amants de Venise.*
>
> Nous devons reconnaître que jusqu'à ce jour, la jurisprudence vous est plutôt favorable ; il y a des cas assez nombreux où les tribunaux n'ont pas reconnu les droits créés par la priorité du titre.
>
> Nous estimons cependant qu'il serait souhaitable de voir cette jurisprudence se modifier et nous ne pourrions que vous féliciter si vous preniez dans ce sens une heureuse initiative.
>
> Victor Margueritte, Alfred Capus.
Samedi, 2 mars 1907.

L'oracle joliment tourné me donnait gain de cause au fond, accordait à mes adversaires le bénéfice d'on ne sait quelle iniquité juridique et, pratiquement, leur conseillait de laisser mon titre tranquille. Ce qu'ils firent.
MM. Jules Bois et Camille Erlanger répondirent en effet :

> Messieurs,
>
> Nous vous remercions d'avoir bien voulu nous donner votre avis sur le différend qui s'est produit entre M. Charles Maurras et nous.
>
> Malgré les avantages que nous offre la jurisprudence, nous faisons bien volontiers de votre souhait une réalité, en n'hésitant pas à prendre l'initiative d'une solution confraternelle. Nous donnerons donc à notre drame lyrique un nouveau titre que nous ferons connaître bientôt.
>
> Jules Bois, Camille Erlanger.
Samedi, 2 mars 1907.

Ainsi triomphèrent « les droits créés par la priorité du titre » selon la spirituelle expression de l'aimable jury devant lequel il eût été inadmissible de me présenter. Chose curieuse une partie de la presse, mécanisée par mon larron, avait protesté avec violence contre des réclamations aussi naturelles que justes, et avantageuses pour les écrivains quels qu'ils soient. J'ai conservé longtemps une chronique omnibus qui a fait le tour des journaux de France et de Belgique où l'on reproche à l'auteur des *Amants de Venise* d'exiger un péage de qui voulait user de ce titre commun à tous. La comparaison injurieuse était du reste parfaitement inexacte : ni péage ni libre pratique ; on ne passait pas *au nom de* droits *créés par la priorité*. Personne n'a encore expliqué comment ce qui est à moi pourrait être à un autre, ni quel intérêt avouable il peut y avoir à désigner par un même titre deux livres différents.

Pourtant, un bon libraire des boulevards ne parla jamais des *Amants de Venise* sans inculper leur historien de plagiat : de qui ? dieux bons !

Ces batailles autour du titre avaient fini par jeter sur le livre une espèce de défiance irraisonnée. J'attribue à cette atmosphère défavorable les mouvements nerveux de certains critiques. À Bruxelles, le fameux collectionneur Lovenjoul, homme bienveillant s'il en fut, me traitait couramment d'impie. Peu après, surgissant, avec ses gambades, M. Emile Faguet, toujours gai, commençait une bonne étude sur madame Sand et Alfred de Musset par sa farce : « On les appelle Amants de Venise parce qu'ils n'ont jamais été amants à Venise. » Heureusement, notre ami l'éditeur Arthème Fayard publia peu après *Les Amants de Venise* de M. Michel Zevaco qui sauvèrent la situation en imaginant de s'aimer, d'aller à Venise et de n'être ni George Sand ni Alfred de Musset.

III – La tasse de thé du docteur Cabanès

> « Ce n'est là qu'une conjecture... »
> Page 60.

Il est également question de tasse de thé dans le récit de la conversation du docteur Cabanès avec Pagello, à Bellune, en 1896.

Pagello dit :

> « George Sand buvait beaucoup de thé pour s'exciter au travail... »
> Ce disant, le vieillard se penche vers une armoire vitrée, à laquelle son fauteuil se trouve adossé, en retire une tasse à larges bords, de contours élégants, munie de sa soucoupe, d'une profondeur inusitée. Cette tasse présente cette particularité qu'elle semble être d'étain fin, alors qu'au toucher il est aisé de reconnaître que la matière qui la constitue est une poterie vernissée, une de ces terres à reflets stannifères comme on en fabrique, nous a-t-on assuré depuis, dans les environs de Venise.
>
> Après l'avoir considérée avec attention, nous la restituons à M. Pagello, qui nous prie de la conserver, en souvenir de notre entrevue.
>
> « De tout le service, il ne me reste plus que quatre tasses », nous dit le vieillard, qui veut sans doute nous témoigner de la sorte quelle valeur il attache à son cadeau ; nous l'en remercions d'autant plus vivement et le prions, pour mettre le comble à sa gracieuseté, d'accompagner son don de quelques lignes qui lui serviront comme de certificat d'origine. D'une écriture un peu tremblée, le docteur Pagello trace ces caractères :
>
> « *All' Egregio Dr Cabanès.*
> *In memoria della visita che mi faceste oggi, a Belluno, vi offro questa tazza, nella quale molte volte la Sand ha bevuto il the quando abitata con me a Venezia.*
> *Pietro Pagello. Belluno, 4 settembre 1896.* »
>
> Ce qu'il est aisé de traduire :
>
> « En souvenir de la visite que vous m'avez faite ici, à Bellune, je vous offre cette tasse, dans laquelle bien des fois la Sand a bu le thé, quand elle habitait avec moi à Venise.
> Pietro Pagello. Bellune, 4 septembre 1896. »

On peut penser que le service avait six tasses, que l'on conserva avec soin, mais dont l'une aura pu périr par un accident, bien naturel en soixante ans. La seconde a été donnée au docteur Cabanès. Il en reste trois à Bellune. Pourquoi la sixième et dernière n'aurait-elle pas eu le sort marqué par l'auteur de la *Confession d'un enfant du siècle* : « Je la lançai sur le carreau. Elle s'y brisa en mille pièces, que j'écrasai à coups de talon » ?

IV – Un témoignage de Buloz

« Le livre de Mme Pailleron a apporté une autre confirmation précieuse... »
Page 160.

Pour écrire l'intéressant et spirituel chapitre « Elle et Lui » dans son livre sur *La Vie littéraire sous Louis-Philippe*, madame Marie-Louise Pailleron a tiré des archives de son grand-père François Buloz une pièce qui mettra désormais en fuite les principales obscurités du sujet et qui dispensera tout à fait des prudences critiques observées par nous jusqu'ici. M. René Doumic en avait donné, dès 1909, dans sa *George Sand*, une partie, dont l'importance m'avait échappé faute d'explications circonstanciées. Le récit de madame Marie-Louise Pailleron fait valoir le document en le replaçant dans son cadre originel. Les feuilles qu'on va lire ont passé de François Buloz aux deux générations de ses héritières : 1o la collaboratrice de la *Revue des deux mondes* ; 2o sa mère qui était toute jeune du vivant de nos personnages, grande enfant sans indulgence qui battait froid à madame Sand et à qui George surprise et piquée se laissa aller à dire un jour : « Ah ! je comprends... on vous a parlé de moi... » Elle ajouta : « Plus tard vous comprendrez », Ou : « vous absoudrez ».

Dans la partie du document que madame Marie-Louise Pailleron a publiée pour la première fois, un trait nouveau est rapporté, fort croyable. Nous ne connaissons guère les reproches et les plaintes d'Alfred de Musset retour de Venise que par des témoins suspects, peu consistants, d'une amitié trop passionnée pour être impartiale. Tattet joua son rôle ; comment lui faire une confiance absolue ? Nous nous sommes aussi raisonnablement défiés de Paul de Musset. Le sérieux de Buloz, la précision de son esprit méthodique et net, la vive amitié qu'il garda assez longtemps aux deux partenaires permettent d'accepter son témoignage écrit et contemporain des événements.

Sa petite-fille le présente en ces termes : « Si je parle ici, après tant d'autres, de cette aventure, c'est pour y ajouter un document intact : les confidences que François Buloz reçut de Musset après son retour en France, et qu'il nota, assez curieusement, sur le dos d'une lettre d'Alfred de Vigny. Celle-ci porte le timbre de la poste : juin 1834. Cette lettre est sectionnée en deux parties ; l'une a été publiée déjà, l'autre, égarée, est restée inédite : elle est maintenant entre mes mains. »

La voici :

> ... à son retour au sujet des recherches qu'on avait faites pour retrouver le docteur. Comme on voit, la confiance avait disparu entre les deux amants : le soupçon tourmentait A. de M. ; souvent, il avait surpris des signes d'intelligence entre G. S. et le docteur ; il devinait jusqu'au moindre mouvement et ne ménageait pas S. « Tu es... lui dit-il un jour... »
> (Ici, d'affreuses insultes que j'aime mieux ne pas reproduire.[211])
> ... On se ferait difficilement une idée des cris et de la violence des apostrophes à de pareilles scènes. Mais ce qui faisait le plus grand tourment de G. Sand, c'était l'instinct, si profond avec lequel A. de Musset pénétrait le moindre signe, la moindre démarche. J'ai en horreur les hommes qui devinent tout, disait-elle. A. de Musset eut bien à souffrir pendant cette maladie ; souvent il surprenait des caresses dérobées, de tendres attouchements entre les nouveaux amants. Dès qu'il put se traîner, il se faisait presque porter à un café voisin, et abandonnait la place à l'amour naissant du docteur.

De pareils textes révélés sont la récompense de l'historien.

Mais voici mieux ou presque. C'est la seconde partie de la pièce. Elle se décompose en récit du matin et récit du soir.

Le récit du matin donne de l'épisode de la tasse de thé une version qui, d'après un pareil certificat d'origine, semble définitive :

---

[211] Reprenons le texte de Marie-Louise Pailleron, dans *François Buloz et ses amis, la vie littéraire sous Louis-Philippe, correspondances inédites*, Calmann-Lévy, 1919, p. 415 : « Tu es une catin, lui dit-il un jour ; tout mon regret, c'est de n'avoir pas mis vingt francs sur ta cheminée, le jour où je t'ai eue pour la première fois. » (n.d.é.)

> Enfin, un matin à son lever, il découvrit dans une pièce voisine une table à thé servie encore, mais avec une seule tasse.
> « Tu as donc pris le thé hier soir ?
> — Oui, dit G. Sand, j'ai pris le thé avec le docteur.
> — Ah ! comment cela se fait-il, il n'y a qu'une tasse ?
> — On aura enlevé l'autre.
> — Non, on n'a rien enlevé, vous avez bu dans la même tasse.
> — Quand cela serait ! Vous n'avez plus le droit de vous inquiéter de ces choses-là.
> — J'en ai toujours le droit, puisque je passe encore pour votre amant. Vous devriez encore au moins me respecter, et puisque je pars dans trois jours, attendez ce départ qui vous mettra si à l'aise ! »

C'est la version même de la *Confession* avec quelques mots qui ajoutent un degré de vraisemblance trop absent du texte de l'épisode dans le roman.

Buloz a pris note ensuite du récit de la soirée. Ces lignes règlent une autre question de fait :

> Le soir de cette scène A. de M... surprit G. S., accroupie sur le lit et écrivant une lettre.
> « Que fais-tu là ?
> — Je lis », et elle souffla la chandelle.
> « Si tu lis, pourquoi éteindre la chandelle ?
> — Elle s'est éteinte d'elle-même, rallume-la. »
> A. de M. la ralluma en effet.
> « Ah ! tu lis, dis-tu, et tu n'as a pas de livre. Dis plutôt... que tu écris à ton amant. »
> G. S. eut recours à ses cris ordinaires, elle voulut s'échapper de la maison, A. de M. la devina. Tu nourris une pensée horrible ; tu veux courir chez ton docteur, me faire passer pour fou, dire que je veux attenter à tes jours. Tu ne sortiras point, je veux te garantir d'une lâcheté. Si tu sors, je te plaquerai sur ta tombe une épitaphe à faire pâlir ceux qui la liront, lui a dit Alfred avec une horrible énergie. G. S. pleura et se plaignit ensuite de coliques.
> « Je ne t'aime plus, disait Al. à G. S. C'est le moment de prendre ton poison ou de te jeter à l'eau... »

Aveu à Alfred de son secret sur le docteur ; rapprochement. — Départ d'Alfred. Lettres de G. S. tendres et enthousiastes.

Grâce à madame Pailleron, ceci vient combler une autre lacune de nos données et transformer une induction en certitude.

La vue que nous proposions de cette phase du drame de Venise n'était peut-être pas dépourvue de raison, ni de cohérence, ni même de plausibilité morale et les *Lettres d'un voyageur* y venaient corroborer nos soupçons par une attitude et une inflexion de George ; mais quoi que l'on pût dire, il y manquait le contrefort matériel d'un texte formel permettant d'attribuer à Musset l'appréhension cruelle de ce qu'il appelle la « pensée horrible » chez son amie.

Mon chapitre de San Servilio, a été écrit en quelque sorte, dans l'attente du rapport de Buloz : chapitre condamné à flotter entre ciel et terre, hypothèse indécise tant que ce texte n'était pas découvert et communiqué ; chapitre enfin promu à la dignité de l'histoire moyennant quelques lignes d'une ancienne écriture presque effacée. La phrase : « Tu veux courir chez ton docteur et me faire passer pour fou » recueillie et notée en 1834 tranche à tout jamais le débat.

Préface à
La Musique intérieure

1925

Cher Monsieur[212], pour donner un sens à l'Excuse préliminaire dont un livre pareil ne saurait se passer, il me faut bien vous dire comment vous sont tombés des nues tant de vers de toute cadence ! Mais je vous prie de ne pas traiter en mémoire justificatif ce mémorial pur et simple, qui, sans prétendre à légitimer des chansons, ni soutenir le moins du monde leur droit à la vie, essaye de vous en expliquer la naissance. Telle chose arriva, l'aventure d'un homme pourra servir à d'autres. Ceux qui n'en feront rien me pardonneront-ils de me raconter sans mesure ? Aidez-moi à le souhaiter, presque à l'espérer.

---

[212] Le texte de cette préface s'ouvre, se clôt, et par endroits brièvement se réordonne, sous la forme d'une lettre à Daniel Halévy, 1872–1962, historien français, ami de Charles Péguy, qui collabora aux *Cahiers de la quinzaine*. L'auteur s'adresse à son éditeur, en l'occurrence le directeur des Cahiers verts. Cette présentation perdurera dans les éditions suivantes, toujours chez Grasset, mais en dehors de la collection des Cahiers verts. Dans les deux cas, le texte est précédé d'une page de garde portant la mention « À M. DANIEL HALÉVY ». (n.d.é.)

I. Le Secret

S'il m'était offert de revivre l'une de mes heures passées, je n'hésiterais pas à choisir ma petite enfance. Aussi loin que j'y peux descendre, seul désormais, sans le secours des mémoires qui sont éteintes, je vois de longs jours filés d'or que l'hiver même éclaire d'un soleil *luysant, cler et beau*[213] que nul printemps ne me ramène. Des saveurs, des parfums, des contacts de toutes les choses se dégage l'esprit de la surabondance accordé au jeune désir. L'événement et le souhait, la réalité et le rêve se tiennent et se suivent par des liens délicats qui ne rompent jamais ; tout a son sens, son lustre. Ah ! comme dit le Grec optimiste, il était bon et doux de voir la lumière ! Pour l'amertume que cette douceur recouvre, elle compte pour rien quand elle est bien cachée : je dois dire qu'elle le fut supérieurement pendant ces années de délices.

Un mot dira tout : mes yeux s'ouvrent, et le monde visible verse en se révélant je ne sais quelle fête de surprise enchantée. Quelquefois, et je le vois bien, mes bons parents me raillent pour l'impatiente avidité de ma joie, mais à d'autres moments cela fait dire à leur tendresse que « le petit est intelligent ». Pas du tout. Il veut vivre, s'emparer, s'assurer d'une multitude de biens. Il est tout yeux, tout âme pour les astres, la mer, les prairies, les jardins, les vignes et les blés, un peu ivre de tout ce que lui manifestent la terre et le ciel.

Mais, de ces douces félicités du regard, il n'y en a pas une que je puisse revoir ni me rappeler en silence. Même aujourd'hui, elles reviennent comme elles m'arrivèrent, précédées et suivies d'une mélodie continue ; chacun des mouvements que je surprends ou j'imagine sur le palier supérieur où marchent les grandes personnes affecte aussi les apparences d'un chœur perpétuel soutenu de concerts qui ne s'arrêtent pas. Autant l'avouer tout de suite : je rêve de la vie comme d'une salle de bal, et n'ai pas souvenir d'une seule minute où ma joie et ma peine aient cessé de dépendre de la rumeur chantante qui se noue, se dénoue, autour de mon berceau ou de mon petit lit.

Tout à fait différent en ceci de ma mère, grande liseuse, mais qui fredonnait à peine, mon père était véritablement possédé de la danse et du chant.

---

[213] Charles d'Orléans, *Le Temps a laissié son manteau...* (n.d.é.)

Il m'avait annoncé l'arrivée de mon jeune frère en chantant et en dansant. Mon frère aîné étant mort avant ma naissance, j'avais les mœurs du fils unique et regardais d'un œil jaloux le petit rival nouveau-né : que de caresses maternelles perdues pour moi ! Mon père me prenait la main. — *Allons, viens, disait-il, nous sommes les hommes !* Si je traînais un peu, il me faisait sauter et rire au moyen d'une vieille petite chanson que j'ai retrouvée depuis dans l'*Itinéraire*3 (les demoiselles Pengali, filles de notre consul à Zéa, la chantèrent en grec pour M. de Chateaubriand).

> Ah ! vous dirai-je maman,
> Ce qui cause mon tourment...

Tels ont été mes premiers pas dans les jardins et dans les vergers de Martigues, grâce à l'humeur ingénieuse et gaie que me montrait mon père. De condition modeste et de profession sédentaire, il formait un type accompli du petit fonctionnaire très appliqué à des devoirs que l'amour du bien public ennoblit, mais non moins passionné pour les livres, les arts et tous les autres jeux et délassements de l'esprit. Il avait couru la France, visité Londres, revu souvent Paris, rapporté les idées générales qui stimulaient encore son désir de se cultiver. J'ai été surpris de vérifier dans ce qui me reste de sa correspondance à quel point lui étaient présents son Racine, son La Fontaine, son Voltaire ! Le sens du plaisir et le goût d'apprendre se rencontraient en lui au point de se confondre. *J'étudie toujours*, disait-il. Si je dois à ma mère ce que j'ai de sérieux et de volonté, je tiens de lui le goût de voir et de savoir et en général ce qui se rapporte au sentir. La passion des petits vers me vient aussi de lui. Il en rimait à l'occasion pour fêtes, anniversaires ou mariages. J'ai retrouvé six strophes délicates et tendres composées pour ma mère au moment de leurs fiançailles. Il avait cinquante-trois ans.

Sa vivacité naturelle, unie à la passion de la vie de société, recouvrait certain fond grave, même triste, du caractère, et lui imprimait ce tour aimable, enjoué, que l'on voyait seul. Il n'était pas né dans notre petite ville. Bien avant qu'il s'y mariât, le pays lui avait plu par l'accent généreux de vitalité souriante que, jadis, les Provençaux de la Renaissance ont beaucoup remarqué dans ce modeste centre de jeux et de travaux, de musique et de poésie, enfoncé et perdu dans la solitude palustre. Un murmure de fête heureuse ne s'en est jamais évanoui tout à fait.

Était-ce que mon père voulût me le transmettre comme un hôte fidèle et un fils adoptif pieux, était-ce seulement qu'il suivît sa nature, sa chanson ne s'arrêtait pas. Le sacré, le profane, tout ce qui se module à l'église ou à l'opéra, français, latin ou provençal, ou méli-mélo des trois langues, il sait tout, n'oublie rien, et, du même esprit libéral qui donne aux pauvres et rend service aux passants, il confie ce mouvement d'une âme sonore à l'oreille de son enfant émerveillé. De vieux sang provençal, noueux comme nos chênes, sensible et ondoyant comme nos tamaris, l'antiquité l'eût reconnu pour un véritable Ligure, peuple si musicien qu'il avait donné son nom à la Muse. Que de petits et de grands airs, rencontrés par la suite m'ont fait penser à lui qui me les chanta le premier ! Le temps lui a manqué pour entreprendre l'éducation qu'il rêvait et la pousser méthodiquement dans toutes ses voies, mais je conserve l'enchantement et le charme de son rythme incarné m'appelant, m'attirant vers les hauteurs mystérieuses qu'il me faudrait atteindre au fur et à mesure que je saurais grandir.

Cette impression ne faisait qu'un avec l'ample douceur de la tendre lumière dont je me sentis enveloppé aussi longtemps qu'il fut là, c'est-à-dire pendant mes six premières années. Tout ce que l'on m'a dit de la vigueur de son esprit, tout ce que me redisent de la gravité latine de son visage quatre ou cinq portraits conservés n'y pourra vraiment rien, non pas même le souvenir direct de ce que j'appelais sa « figure du bureau », car cette image un peu durcie ne me revient qu'éclairée et comme dorée d'un sourire et d'une cadence dont la forme s'accorde avec celle qui a flotté tout au fond des pensées de mon jeune frère, orphelin au berceau, qui ne manquait pas de répondre à qui lui demandait ce qu'il se rappelait de son pauvre père : — Il me chantait et il me dansait.

Dans le grand deuil, les voix de la maison ne se taisent pas. Dès la belle saison que nous passons à Roquevaire, je retrouve mon vieux Marius emballeur de son état et notre fermier à ses heures. Je ne le quitte pas. Il me mène partout. Nous suivons dans les champs les jeunes cueilleuses de câpres qui ramassent leurs dots en récoltant le bouton vert. Nous dansons pieds nus dans la cuve où les vendangeuses répandent leurs grappes de toute couleur. Après les festins de moissons où ma mère m'envoie pour répondre aux invitations des voisins, quand, sur l'aire odorante, j'ai fini de conter mon histoire romaine ou mon histoire sainte aux vieux paysans épanouis, c'est Marius qui me ramène et nos pas sont scandés, comme l'était la danse, par le chant vigoureux que sa voix élargit dans la direction des étoiles. S'il s'assoit pour tresser les oignions et les aulx sur la terre ameublie de nos bosquets de Saint-Estève ou, dans son échauguette obscure, pour clouer en cadence les cassetins de figues sèches, parsemées d'immortelles et de sombres lauriers, Marius continue son inextinguible chanson. Je n'en perds pas une syllabe, et le demi-siècle écoulé n'a pas éteint la vibration des roulades de la romance qu'il a rapportée de Toulouse où il a été voltigeur :

Enfants de la même chaumière !

La voix qui lui répond est plus ancienne encore. C'est notre vieille bonne, celle qui m'a reçu dans son tablier, comme elle dit, le jour de ma naissance, et qui, ce jour-là, comme tous les autres, fit avouer à l'auditoire résigné que « Sophie est en chant ». Le chant ne cessait guère que lorsqu'il lui fallait écouter la lecture d'une recette de cuisine : alors elle chaussait de grandes lunettes de fer sous lesquelles son œil rapide rayonnait un magnifique esprit d'illettrée qui happait et conservait tout. Partie à quinze ans de ses montagnes du Diois, elle est venue jusqu'à la Mer de pays en pays, de condition en condition, et en route elle a ramassé tout ce qui se dit et se chante. Je l'ai recueilli de sa bouche. Si je connais quelque chose de ma Provence, je le dois presque tout entier à Sophie. Elle en sait plus long que tous mes bouquins. Son répertoire est inépuisable. Quand il n'y en a plus, elle mêle et invente. J'entends encore un pot-pourri sur les variations de la température :

Il tombe de la neizou[214]

Cela finissait par une ritournelle de ce *Cantique de la Passion* descendu de l'orgue de l'église à l'orgue de la rue, et qui scandait la ronde autour des feux de Carnaval :

Adiéu paure, adiéu paure,
Adieu, pauvre Carmentrant !

Cela m'a été bien utile vingt ans plus tard. Sans ce vieux souvenir, quel air juste eussé-je adapté à la *Complainte* de Laforgue :

---

[214] L'accent de *neizou* doit être mis sur la première syllabe, *ou* est atone.

> Tu t'en vas et tu nous laisses
> Tu nous quitte et tu t'en vas... ?[215]

Une fille plus jeune nous gardait dans les mois d'été. Comme elle avait pour père un républicain forcené, victime du Deux décembre, je ne tardai point à connaître quelques-uns des couplets qui couraient le pays depuis la Guerre et la Commune :

> Bismarck si tu continues...

et surtout les chants politiques inspirés de la résistance à l'Ordre moral : À bas les Philippistes

> Et les Bonapartistes !
> À bas la Royauté
> Vive la Liberté !

Mais ces fureurs n'empêchaient point ma douce Émilie de m'instruire d'autres paroles qui ouvraient les portes du rêve :

> Ma *s*andelle est morte
> *Z*e n'ai plus de feu,
> Ouvre-moi ta porte
> Pour l'amour de Dieu

Émilie soupirait, chantant et mimant avec grâce :

> Madame à sa tour monte...

Ou, plus passionnément :

> — Mon pa*z*e, mon beau pa*z*e

---

[215] Jules Laforgue, *Les Complaintes* (1885), *Complainte des pianos qu'on entend dans les quartiers aisés* :
> Tu t'en vas et tu nous laisses,
> Tu nous laiss's et tu t'en vas,
> Défaire et refaire ses tresses,
> Broder d'éternels canevas.

Quel' nouvelle apportez ?

Ainsi de la cuisine à la rue, au jardin, était guetté, reçu, accueilli, conservé tout ce qui courait ou rôdait, refrains nouveaux, refrains vieux et antiques : tout m'était bon, j'y mettais la seule condition que parole et musique fussent, l'une et l'autre, bien claires. C'est de ces jours lointains qu'émergent en moi, pêle-mêle, le psaume provençal des pèlerins de la *Sainte-Terre*, partis chaussés de neuf, rapportant des souliers perdus, mais s'étant régalés de fèves fraîches, de saucisson et de jambon « à la barbe du vieux Cambon », le cantique des *Pénitents blancs qui vont devant et des pénitents bleus qui vont derrière*, l'absurde récitatif de l'oiseau de mer dont la mère est morte et que les prêtres vont enterrer, l'*Alleluia pour les maçons* et tous les autres corps de métier, puis cette vive et jolie ronde à laquelle Mistral adaptera plus tard les paroles sublimes du *Chant des Aïeux* : « Isabeau — tes mollets — sont pleins de sciure — Isabeau — tes mollets — de sable sont pleins. » À ces modulations populaires s'embrouillent naturellement quelques bribes de *La Muette de Portici*[216] ou de madame Angot[217] : mais de façon ou d'autre, voilà l'excitation et l'amusement préférés ! De saison en saison, je me sens devenir un être dans le genre de Marius, qui ne parle, ne marche, ne boit, ne mange ni ne dort qu'aux brillantes mesures de l'orchestre invisible qui lui fait cortège partout.

Mais s'il n'est pas de joie plus vive, il n'en est pas de plus secrète. Le langage parlé m'avait plu en raison de tous ses *parce que* suspendus à tous ses *pourquoi* : qu'il me rendait bavard ! Au contraire, le chant, l'humble chant naturel, celui qui ne jaillit que pour faire naître son inexplicable mélange d'ébriété fugace et d'équilibre satisfait, le chant, par le mystère de sa douceur peut-être, me tenait farouche et muet. — La voix fausse ? — Parbleu ! Mais l'oreille était juste, et je ne me contentais pas de garder précieusement pour moi les airs entendus, j'enfermais mon ravissement comme s'il eût souffert d'une inavouable pudeur.

---

[216] *La Muette de Portici* est un opéra de Daniel-François-Esprit Auber, 1828, qui met en scène une révolte du peuple napolitain contre les Espagnols au XVIIe siècle. Le livret est de Scribe et Delavigne. (n.d.é.)

[217] Personnage de théâtre, archétype de la « poissarde », elle apparaît une première fois en 1767 dans *Le Déjeûner de la Rapée*. La référence précise de Maurras est sans doute à l'opéra comique *La Fille de madame Angot* composé par Charles Lecocq en 1872 et régulièrement repris ensuite. (n.d.é.)

Un jour du mois de Marie que nous nous amusions sur le cours, une petite fille qui était mon aînée d'un an ou deux et que l'on appelait, je crois, Dorothée, Thérèse ou Élisabeth, mais en tout cas, Tisthée, nous fit une distribution de lilas en fleur et de branches vertes qui devaient venir de l'église. Nous ayant rangés sur deux files, comme à la procession, elle commanda de chanter : *Je suis chrétien, c'est là ma gloire*. Une à une, timidement et puis à l'unisson, les voix obéissantes d'une dizaine de petits garçons s'élevèrent. Je me taisais. Il me paraissait suffisant de goûter à ce doux accord et d'admirer le juste mouvement des petites robes et des petites jambes dans le pas mesuré que prit notre colonne d'enfants musiciens. Tisthée s'en aperçut. Elle fondit sur moi, la griffe en l'air : — À toi ! Et toi ? Tu ne chantes pas ? — Moi, non. — Pourquoi ? — Je ne veux pas... — Tu ne veux pas chanter *Je suis chrétien ?*... — Je ne veux pas. Pas, pas... — Eh bien, alors, nous autres, nous ne te voulons pas... Et la petite fanatique me chassa en disant bien haut que, lorsqu'ils seraient grands, ses jeunes compagnons sauraient toute chose, mais, pour n'avoir pas voulu chanter le cantique, le seul Charles ne saurait rien.

De cette esplanade du cours à la petite maison natale, située sur le quai, je rentrai seul, pensif, le cœur un peu gros. La malédiction me préoccupait. Quand je l'eus contée, non sans peine, ma mère, à ma surprise, ne fit pas les gros yeux, mais elle sourit à demi. Il était fâcheux, me dit-elle, d'avoir laissé voir son mauvais caractère en refusant de chanter... *Je suis chrétien* était un très joli cantique, il serait bon de le savoir. Néanmoins, la petite Tisthée avait exagéré : un enfant qui travaille bien, et surtout s'il est sage, peut devenir aussi savant que les autres sans avoir chanté tous leurs airs... Elle dit. Je sautai de joie, car la sentence était entendue au sens large. Je gardai l'habitude d'éviter de chanter, de me plaire follement à toute chanson et de n'en rien laisser percer.

Devenu homme, et puis vieil homme[218], et changé médiocrement, la belle musique religieuse a pu me secouer de la tête aux pieds ; par la suite, on a pu me chanter, de très près[219], des mélodies plus riches, plus libres, plus ardentes, plus compliquées ; l'implacable fidélité de mon souvenir auditif peut me permettre de reconstituer, point par point et nuance à nuance, tout

---

[218] Charles Maurras se dit vieux, alors qu'il est en pleine forme sans doute parce que c'est depuis peu qu'il parle de lui-même, de son enfance. Il a alors 57 ans. (n.d.é.)

[219] Charles Maurras est devenu sourd à l'âge de treize ans, à la suite d'une labyrinthite aiguë. (n.d.é.)

ce que j'ai perçu des airs populaires de France et de Provence, le *Chansonnier* du Félibrige tout entier, le « J'ai perdu » d'*Orphée*[220] ou « l'Amour, l'Amour » de *Carmen*, ou certaine *Prière d'Elsa*[221] : toujours cette effusion de bonheur et de joie a commencé par me sembler beaucoup trop pénétrante pour être avouée clairement ; la douceur de son flot semblait heurter quelque défense de rocher, comme le seuil d'une volonté réticente, jalouse de le refouler ou de le couvrir. Plutôt que de trahir les délices de ma défaite, mon premier mouvement pour la tenir cachée eût été de la contester, de la nier même. Était-ce horreur de rien laisser voir d'un fond de nature essentiel ? Ou la vibration trop puissante menait-elle trop près de la source des larmes vers ces défaillances de cœur déjà estimées un peu « filles » par mes six ans de petit garçon sourcilleux ? L'excès de l'émotion m'inspirait-il la vague crainte de me laisser efféminer, comme autrefois les Grecs par la flûte lydienne ? Mais ils ne boudaient pas à la lyre, je boudais à l'orgue comme au piano. Tant il est vrai que ces explications ne règlent pas tout !

J'incline donc à demander s'il n'y eut point ici comme l'obscur avis des préparatifs du destin. Une crise de déception violente approchait avec le moment où j'allais avoir à faire mon deuil de la carrière de voyages et de batailles sur la mer que le souvenir de plusieurs des miens m'avait fait caresser dès l'enfance. Qui sait si, en organisant le silence et presque la honte sur toutes ces extases où me plongeait le mystère de la musique, d'instinctives prudences, de vigilantes charités ne tendaient pas à m'épargner un surcroît d'affreuse amertume ? Il était vraiment temps d'éloigner de mon cœur jusqu'à la pensée d'une ambition musicale ; j'étais en train de perdre avec le véhicule organique du son tout moyen de me développer en ce sens.

II. Initiation

Heureusement, rien de pareil n'aura gêné en moi le libre cours de la poésie. Je la connus d'aussi bonne heure que le chant. Je parle de la poésie sérieuse, celle du grand vers tragique, élégiaque ou lyrique, soumise à l'artifice fondamental de la rime, à ces douceurs du rythme qui me bouleversaient.

---

[220] Sans doute le célèbre air « *Che faro senza Euridice...* » de l'*Orfeo ed Euridice* de Christoph Willibald Gluck. (n.d.é.)
[221] À l'acte premier du *Lohengrin* de Richard Wagner. (n.d.é.)

Deux des sœurs de ma mère me remplissaient d'admiration pour la beauté et la majesté de leur taille. L'aînée surtout par la grâce de son visage me ravissait. Mais ni l'une ni l'autre ne savait comme leur cadette, ma marraine, petite et qui boitait, me retenir indéfiniment attentif : il lui suffisait de se mettre à déclamer une pièce étonnante intitulée *Pigeon vole*,

> La lune m'entendra, la lune est une femme
> Qui cherche quelque chose et qui parcourt les cieux.
> Quand l'homme est endormi la lune solitaire
> Sème les champs de l'air de magiques couleurs
> C'est la reine des nuits, c'est le dieu du mystère
> Qui fait parler le soir les arbres et les fleurs.

« Avez-vous vu s'ouvrir un buisson de belles de nuit ? Avez-vous vu perler les premières étoiles ? » Je ne puis comparer qu'à ces éclosions naturelles l'effet magique du Nocturne en simili-lamartinien sur l'éveil de mon imagination consciente. J'ai retrouvé, il y a peu, le texte complet de *Pigeon vole* recopié sans nom d'auteur dans un beau cahier vert un peu plus foncé que celui de la collection où doivent paraître ces pages. Le poème que je crois pouvoir imputer à madame Anaïs Segalas[222] y figure à la suite d'une chronologie en alexandrins mnémoniques. Mais, bien avant la découverte et sans secours de mnémonie, ces grands vers avaient continué leur vie dans mon souvenir : ils n'ont guère bougé des profondeurs auxquelles les avait confiés le débit mélancolique et grandiloquent de ma tante Félicité.

Je pouvais bien avoir quatre ans. À cette heure où j'écris, ai-je plus ? ai-je moins ? voici les syllabes chantantes qu'on égrène comme il me plaît. J'écoute, et redemande : — *Pigeon vole, marraine, dis ?* Puis, attachant un œil stupide sur la rainure du parquet, je rumine ce que j'écoute avec un intérêt qui n'a d'égal que l'attention de mon petit chien blanc, le nommé Fidèle, qui ouvre des yeux tendres en remuant la queue. L'animal n'a de goût que pour l'alexandrin romantique. Quand, soucieuse de varier nos plaisirs, ma marraine prend le fablier et me fait faire la grosse voix pour imiter le loup : *Tu la troubles, reprit cette bête cruelle*, Fidèle s'enfuit en hurlant.

Et, moi qui ai besoin de savoir clairement ce que chanter veut dire, voilà que je me livre à la grâce des vers sans me soucier beaucoup de leur sens. Ma jeune marraine, attentive aux liaisons grammaticales, m'avait fait prononcer

---

[222] Poétesse et romancière, 1814–1894. (n.d.é.)

le *lou-pet-l'agneau* : une rêverie nonchalante évoqua peu à peu un loup qui se serait appelé Pélagneau. Telle fut tout d'abord l'insensibilité mallarméenne de mon cœur à tout ce qui n'était point la poésie pure. Henri Ghéon[223] en sera triste, Albert Thibaudet[224] réjoui. Mettons-les d'accord en disant que tel est le délicieux engourdissement que la langue des dieux insuffle à de jeunes cervelles dont on a cru remarquer la précocité.

Croyez-moi, même au prix de contre-sens de ce calibre, marraines, nourrices, mamans ne diront jamais trop de vers dorés aux enfants quand ils sont encore tout petits. La correction, la mise au point viendront à l'heure, et les erreurs grossières s'en iront quand il le faudra : quelque chose de bon, de doux et d'utile sera gagné.

Principalement, les belles personnes seront bonnes et sages de mêler de leur mieux l'accompagnement de la poésie au sillage de feu que leur splendeur nous laisse. Je n'oublierai jamais la visite que nous fîmes, mon père et moi, à une jeune institutrice adjointe, nouvellement promue, que l'inspecteur d'académie avait beaucoup recommandée à mes parents. Mademoiselle Elise, souffrante et alitée, nous reçut dans sa chambre où elle était soignée par sa mère. Sur le seuil, je dus m'arrêter, le cœur suspendu. Qu'elle était belle ! Je ne vis tout d'abord que les cheveux châtains très foncé et tendant au noir absolu qui s'épandaient sur l'oreiller en ondes, boucles et anneaux d'une inépuisable magnificence. Elle m'appela, m'embrassa et, tandis que mon père l'écoutait et l'interrogeait, elle me souriait et jouait avec moi. Paroles et sourires la faisaient étinceler tout entière. Je m'accoutumai peu à peu. Bientôt, du front uni comme un croissant de marbre à la bouche décolorée dont la forme parfaite rendait la pâleur plus touchante, je me permis un long regard d'admiration, si fervent que j'aurais joint les mains de bonheur ! Alors, elle prit garde de ne pas nous laisser partir que je n'eusse dit une fable et, comme j'en savais beaucoup, au premier signe de mon père, *La Cigale et la Fourmi*, *Le Chêne et le Roseau* succédèrent au *Lou-Pélagneau*. L'obscur désir de plaire secondait la politesse et la volonté d'obéir. Pour récompense, ma nouvelle amie me reprit dans ses bras et, m'ayant fait asseoir près d'elle, proposa de m'apprendre quelque chose d'encore plus joli que

---

[223] Henri Vangeon, en littérature Henri Ghéon, 1875–1944, écrivain français, à la fois poète, auteur dramatique et critique littéraire. (n.d.é.)
[224] Critique littéraire, 1874–1936. (n.d.é.)

mes Fables, ce qui me parut osé ou chanceux, bien que je fusse disposé à la croire les yeux fermés. Elle commença gravement :

> À qui réserve-t-on ces apprêts meurtriers ?
> Pour qui ces torches qu'on excite ?[225]

Bien qu'une douce voix vibrante fit valoir le nombre enchanté, ce ne fut pas tout à fait clair aux premières rimes. Peu à peu l'histoire se dégagea, le sujet m'apparut, je vis s'élever le bûcher, briller le feu du sacrifice, j'entendis passer le grand cri de la Pucelle dont les cheveux épars ne ressemblaient que trop à ceux que ma main caressait :

> Ah ! pleure fille infortunée
> Ta jeunesse va se flétrir
> Dans sa fleur trop tôt moissonnée !
> Adieu, beau ciel, il faut mourir.[226]

J'écoutais, je suivais, essayant de redire, l'esprit perdu, le cœur serré. Mademoiselle Élise poursuivit son succès : elle fit apporter le livre de classe qui contenait ces vers et m'en fit présent, « pour quand je saurais lire ». J'ai gardé longtemps le petit cartonnage rosâtre et l'ai perdu à grand regret, mais le meilleur demeurait en moi pour toujours : la vue et la pensée de la jeunesse endolorie et radieuse, le doux son de la voix que soulevaient pour la briser les enthousiasmes de la pitié, le ton d'autorité de la belle maîtresse d'école adolescente ajoutait aux célestes inflexions de la poésie. Si Casimir Delavigne eut le plus grand profit de cette journée, le mien n'était pas méprisable quand, mon livre à la main, je sautai à bas de ce lit, le cœur victorieux ployant sous la dépouille et gonflé du trésor. La moins bien partagée fut la pauvre Mademoiselle Élise. Que n'étais-je né peintre, statuaire ou moins médiocre poète ! Cette beauté couchée dans la grâce abattue de sa force dolente ouvrant les horizons d'un lyrisme nouveau au petit garçon fasciné méritait de partir pour l'une de ces maisons du ciel des étoiles d'où les noms de mortelles ne redescendent plus. Du moins, que son fantôme évanoui retrouve l'hommage malhabile de ma reconnaissance, tel que je me permis

---

[225] Jean-François-Casimir Delavigne, 1793–1843, *Les Messéniennes, La Mort de Jeanne d'Arc*. (n.d.é.)
[226] *Ibid.* (n.d.é.)

de le lui adresser sans mot dire, un peu moins de quarante ans plus tard, lorsque, dans un coin d'évêché, devenue vieille et non flétrie, mais un peu tournée en dévote, elle se fit reconnaître tant bien que mal à de longues paupières demi-baissées sur les beaux yeux que la vie n'avait pas éteints !

L'initiation aux poètes ne fut pas ralentie par le grand deuil qui coupe en deux les paysages de mon enfance. Je devais approcher de l'âge de raison quand M. le curé-doyen[227], alors tout jeune prêtre et qui fait aujourd'hui le plus bel évêque de France, chargea monsieur l'abbé (on nommait ainsi nos vicaires) de nous prévenir que, mon tour arrivant de réciter au maître-autel l'acte de consécration des enfants de mon âge, il allait falloir m'apprendre pour ce jour-là l'*Hymne de l'enfant à son réveil*[228] :

> Ô père qu'adore mon père
> Toi qu'on ne nomme qu'à genoux

Mais le volume qu'apportait monsieur l'abbé ressemblait à un catéchisme de quatre sous. Comme si elle eût compris mon dégoût secret, ma mère alla choisir entre les livres de mon pauvre père l'in-octavo original imprimé sur papier glacé par Furne et Pagnerre et vêtu d'une demi-reliure violette. C'est à même les *Harmonies* que fut ainsi apprise la première leçon. Bien que déjà fort en lecture, on me lisait, je suivais et je répétais. Mon goût avait un peu changé : le plaisir de l'élan et de la mesure se doublait de la fière joie de comprendre jusqu'à la fin. La pièce n'est pas des plus belles de Lamartine mais les vers coulent bien d'accord sur les déclivités de l'esprit et du cœur. Un seul mot accrocha :

> La chèvre s'attache au cytise...[229]

Jusque-là, je rangeais sous le nom général de bouquet des collines ces tigelles que nos paysans nomment *aubour* ou *sanjanet*. Lorsque l'on m'eût fait voir et toucher des brins de cytise, je sus vite mon *Hymne* et le récitai sans broncher, quoique, à la vérité, un peu vite, me fut-il dit.

---

[227] Il s'agit très certainement de Félix Adolphe Camille Jean-Baptiste Guillibert, évêque de Fréjus-Toulon de 1906 à 1926. Il est évoqué dans les *Quatre nuits de Provence* (*L'Enthousiaste*). (n.d.é.)
[228] Alphonse de Lamartine, *Harmonies poétiques et religieuses*, 1830. (n.d.é.)
[229] *Ibid.* (n.d.é.)

J'avoue que ces vers pleins de grâce me laissaient un plaisir mêlé. Ils m'avertissaient un peu trop que le poète balançait son *urne embaumée* pour une main *d'enfant comme moi*. Comme tous les enfants, je n'aimais bien que ce qui pouvait convenir aux grandes personnes. Mais, depuis quelque temps, je savais où trouver et où respirer un extrait de poésie vraie, pure d'affectation, libre de bégaiement ; je connaissais des vers qui, valant ceux des *Harmonies* pour la douceur des mots, les passaient par la force et l'intérêt du sens. On ne me les avait pas donnés à apprendre, il suffisait de les recueillir de temps à autre sur les lèvres de ma mère, à qui je n'osais pas les redemander comme ceux de ma petite marraine, mais ils revenaient si souvent que je les sus vite :

> ... Ô mon souverain Roi
> Me voici donc tremblante et seule devant toi...[230]

Quand elle se voyait entendue, ma mère ajoutait pour m'amuser qu'elle avait joué dans *Esther* au pensionnat. Elle avait fait Aman, avec une longue barbe sous le menton : « Nous riions, nous riions... Quand on est jeune fille !... » Elle me nommait ses amies, dont je connaissais quelques-unes, qui faisaient Mardochée, Assuérus, ou la jeune reine. À tous ces gracieux souvenirs, je préférais une reprise du texte sacré :

> À ces vains ornements je préfère la cendre
> Et n'ai de goût qu'aux pleurs que tu me vois répandre.[231]

C'était dans notre cher jardin fermé de Saint-Estève, où tant de vie et de bonheur tint en si peu de place ! Il y a longtemps que nous avons quitté, vendu ce petit paradis, mais rien n'en chassera le murmure des récitations éloquentes, qui souvent commençaient dès que la première hirondelle se mettait à tourner de son vol d'âme en peine sur le ciel à demi éteint. Accoudés sur le banc de pierre qui fait face à la maisonnette du paysan, nous laissions la veillée se prolonger dans la nuit noire jusqu'à ce que la voix du rossignol partie des tilleuls et des arbousiers emportât comme une aile au pays de mes songes, cette prière des prières où ce qui m'échappait était, sûrement, le plus beau.

---

[230] Jean Racine, *Esther*, Acte I, scène 4. (n.d.é.)
[231] *Ibid.* (n.d.é.)

Esther ne connut de rivale que le matin de mon arrivée au collège catholique d'Aix. M. l'Économe m'avait remis, entre autres livres de classe, un certain petit *Choix de lectures* si parfaitement « graduées » qu'il se terminait par le texte complet d'*Athalie*. Depuis que la dramaturgie de Berquin[232] m'avait enchanté, toute page de dialogue me tirait à elle comme un aimant : quel bonheur, une comédie ! Mon *Choix* fut ouvert par la fin, je m'enfonçai dans la comédie inconnue et, la cloche ayant sonné la fin de l'étude, je ne pus m'arracher au secret du grand prêtre, au destin de la reine impie, et menai tout ce monde dans la cour de récréation. Tant d'application inquiéta un de mes nouveaux camarades, le seul dont je fusse connu. Il accourut, ne put me tirer de mon livre et s'en fut raconter que j'aurais tous les prix... Ainsi continuai-je à lire en paix jusqu'au coup de théâtre :

> Soldats du Dieu vivant, défendez votre roi
> ... Seigneur, le temple est vide et n'a plus d'ennemis
> L'étranger est en fuite et le Juif est soumis ![233]

Dénouement heureux, légitime et légitimiste, comme le dénouement de ma chère *Odyssée* ! Mais je n'avais vu l'*Odyssée* qu'à travers l'excellente traductrice Dacier.[234] Ici, pures, libres, sans voiles, la pensée, la mesure usaient d'un prestige direct pour remuer mes puissances mystérieuses. *Celui qui met un frein à la fureur des flots... Je crains Dieu, cher Abner...*[235] Quelle joie ! quelle sécurité dans la joie ! Adieu, pudeur, scrupules de la vague et profonde sensation musicale ! La première, depuis que je vis et je sens, cette journée d'octobre 1876 m'introduit à la satisfaction de tout ce que je peux rouler d'idées claires. La poésie parfaite, affranchissant du trouble qu'elle a créé, en retient le plaisir, et mes curiosités portent en couronne ma joie.

Vous vous rappelez Fénelon : « J'ai vu un jeune Prince, à huit ans, saisi de douleur à la vue du péril du petit Joas, je l'ai vu impatient sur ce que le

---

[232] Arnaud Berquin, 1747–1791, est le premier auteur français à s'être « spécialisé » dans la littérature pour la jeunesse. (n.d.é.)
[233] Jean Racine, *Athalie*, Acte V, scène 6. (n.d.é.)
[234] La traduction de l'*Odyssée* par Mme Dacier date de 1716. (n.d.é.)
[235] Jean Racine, *Athalie*, Acte premier, scène première. (n.d.é.)

grand-prêtre cachait à Joas, son nom et sa naissance. »[236] La réaction est celle de tout jeune cœur bien placé.

III. L'Erreur de jeunesse

Comme tout le monde au collège, j'eus bientôt mon cahier de poésies : *Le Crucifix, Fantômes, Le Lac, Louis XVII*, les deux *Naissance du duc de Bordeaux*[237] y figuraient d'abord avec *Le Clairon*[238] de Déroulède et les *Souvenirs du Peuple* de Béranger.[239] À quel plaisir sincère pouvaient bien correspondre de tels mélanges ? Peut-être au sentiment qu'éveillait la matière héroïsée par le poète, religion de la patrie ou de la royauté, éblouissement du météore Napoléon, élans de piété, chant d'amour ou psaume de mort. Comment, d'ailleurs, mon choix se fût-il délivré des lois habituelles de la vie en commun qui déterminent une imitation de tous par tous ! Ni au collège, ni dans la rue, l'opinion publique n'est une cause de progrès. Cependant, il y a des affinités de natures : leurs sélections forment et aiguisent le goût.

J'avais rencontré en huitième, âgé de huit ans comme moi et juste mon aîné de vingt-quatre heures, un petit externe de vive intelligence et spirituel comme un diable. Il s'appelait René de Saint-Pons. Nous nous disputions les prix de narration : lui paresseux et moi distrait, tous les deux aux aguets de plaisirs de l'esprit qui ne fussent pas au programme. Notre amitié, d'abord banale, se resserra de classe en classe. Bientôt nous convenions de sortir ensemble à midi afin de discuter et de nous quereller à l'aise jusqu'à sa porte ou à la mienne, en ayant soin de prendre toujours par le plus long. C'est dans une de ces écoles buissonnières que, par un beau soleil d'hiver, sur le ruisseau gelé qui bordait le boulevard François-Zola, au pied d'un clair platane dépouillé de sa feuille, j'entendis les premiers vers de *La Nuit de mai*, tels que René les avait retenus de la veille déclamés par ses grandes sœurs.

---

[236] On sait que François de Salignac de La Mothe-Fénelon (1651-1715) a été précepteur du duc de Bourgogne. Nous n'avons pas retrouvé l'origine de cette citation. (n.d.é.)

[237] *Le Crucifix, Fantômes* et *Le Lac* sont des œuvres d'Alphonse de Lamartine. *Louis XVII* est de Victor Hugo. Ils ont chacun écrit une ode *Sur la naissance duc de Bordeaux :* dans les *Méditation poétiques* pour Lamartine, dans les *Odes et Ballades* pour Hugo. (n.d.é.)

[238] Paul Déroulède, 1846–1914, écrivain et militant nationaliste français, l'une des figures de l'anti-dreyfusisme. (n.d.é.)

[239] Pierre-Jean de Béranger, 1780–1857, poète et chansonnier, antimonarchiste et volontiers anticlérical. (n.d.é.)

Ce fut le coup de foudre. Je priai René de reprendre, et le bonheur recommença. Dès ce jour, fut formé, de lui à moi et de nous deux au chantre divin du printemps, un lien d'affection solide et profonde : l'intelligence d'un rythme, la passion d'une douce cadence choisie, l'amour d'une inflexion unique en étaient le secret renouvelé sans cesse. Aimer Musset à la folie, n'aimer vraiment en fait de poète que lui, lui soumettre en droit tous les autres, ce fut longtemps comme le signe et le sceau vivant de notre amitié. Ce qu'il y a de fanatique et d'exclusif dans une admiration si fréquente dans la jeunesse est parfois expliqué par l'âge de cette poésie et de ses amateurs. Mais cela rend-il bien raison de l'attachement presque farouche aux particularités secondaires de cet art, comme la façon de croiser les rimes ? Les entrelacs dont Musset a tiré un si bon parti en venaient à nous éblouir jusque dans les mauvais vers du *Tancrède* de Voltaire. La vérité est que nous suivions le parfum d'une grande Muse adorée.

Les beaux esprits qui font les « artistes », qui rient de ce prestige ou qui le contestent, ne sauront jamais ce qu'il entre de trouble amoureux dans l'ivresse lyrique. Le génie de Musset participe de l'élément. Cela ne suffit pas à parfaire un poète : cela fait comprendre comment ses magnificences profondes furent voilées mais non éteintes par son siècle, et pourquoi l'Orphée déchiré verse encore des chants si forts sur le flot cruel qui le roule. Il serait d'un goût faible et pauvre de s'en tenir toujours à lui. Mais n'avoir jamais déliré à propos de lui ne me signifie rien de bon. Pour nous, le besoin de le lire et de le répéter était devenu comparable aux tiraillements de la faim et de la soif.

Un séminariste de nos amis nous procura une copie de la *Lettre à Lamartine*, du *Souvenir* et de *L'Espoir en Dieu*, qu'avait expurgés avec art une main prudente. Où Musset avait dit :

> Tel, lorsqu'abandonné d'une infidèle amante
> Pour la première fois je sentis la douleur,
> Transpercé tout à coup d'une flèche sanglante...[240]

l'habile correcteur écrivait :

> Tel, lorsqu'abandonné du bonheur infidèle
> Pour la première fois je connus la douleur

---

[240] Alfred de Musset, *Lettre à M. de Lamartine*. (n.d.é.)

Transpercé tout à coup d'une flèche cruelle...

Monsieur le supérieur du petit séminaire disait à ses professeurs : « Ne trouvez-vous pas que c'est plus beau ainsi ? — C'est plus pur » se bornait à répondre l'auteur de la mise au point excellente. Le diable y perdit peu de chose. À la première occasion, je vidai le fond de ma bourse, quatorze francs, pour l'œuvre complète de mon poète, avec le portrait de Landelle par-dessus le marché.

Nous avions lu *Mireille*.[241] René me dit : — Et *Calendal* ? On lui avait parlé de *Calendal* à cause des hauts faits d'une dame de sa famille qui y sont relatés. Melle de Voland était bien la plus jolie fille de Manosque ou de Sisteron. Le roi François Ier passant par là avec son armée remarqua ce bel astre et fit connaître son désir de le voir en secret. Volandette ne voulait ni désobéir au roi ni aventurer sa vertu. Elle fit le sacrifice de sa beauté. La nuit qui précéda l'audience, la malheureuse alluma un réchaud de soufre, y précipita son joli visage qui brûla et se boursoufla à plaisir. En terminant la belle histoire édifiante qu'elle contait avec beaucoup de grâce et d'esprit, la grand'mère de René avait coutume de se tourner vers ses quatre petites filles et d'ajouter en provençal le conseil que lui avait donné son propre grand-père : *Vès, pichouno, fès jamai acò*, voyez, petites, ne faites jamais cela... Mais, ajoutait René, il y a dans *Calendal* bien autre chose que Volandette : une pêche de thons à Cassis ! le départ des barques sous le ciel étoilé ! le chant des mélèzes sur le Ventoux ! Comme le livre n'était pas à sa disposition, je pris mon courage à deux mains et, un beau soir, malgré ma petite taille et ma surdité commençante, j'allai demander *Calendal* à la célèbre bibliothèque Méjane, orgueil de notre ville d'Aix. On me le donna sans difficulté. Dans la haute salle de lecture éclairée d'un gaz pâle, devant les rayons noyés d'ombre où veillaient en bon ordre les témoignages imprimés ou manuscrits de notre histoire généreuse, je lus, relus, appris par cœur l'invocation du plus grand poème civique dont s'enorgueillisse la Lyre depuis l'*Énéide* et le *Chant séculaire*[242] : « Âme de mon pays, — toi qui rayonnes manifeste — et dans sa langue et dans son histoire... Âme sans cesse renaissante, — âme joyeuse, fière et vive qui hennis dans le bruit du Rhône et de son vent, — âme des sylves harmonieuses et des golfes pleins de soleil

---

[241] Œuvre de Frédéric Mistral, écrite en provençal, comme *Calendal*, *Les Îles d'or* et *Les Olivades* dont il va être question. (n.d.é.)
[242] Œuvre fameuse d'Horace. (n.d.é.)

— de la Patrie âme pieuse... » Et un peu plus haut : « Les grandes ondes des siècles — et leurs tempêtes et leurs orages — ont beau mêler les peuples, effacer les frontières — la terre-mère, la nature — nourrit toujours sa progéniture — du même lait, sa dure mamelle — toujours à l'olivier donnera l'huile fine. »

Assurément, le sommet du lyrisme de Mistral n'est pas là, il faut le chercher parmi *Les Îles d'or* et *Les Olivades*, mais, en cette année 1882, je n'avais entendu de tels sons que dans Bossuet. Dérivés du même génie apollinien, ceux-ci, grâce à la douce merveille du vers, allaient plus loin, creusaient plus avant dans l'âme, m'emportaient plus haut, plus longtemps. *Âme de mon pays !* Comment n'ai-je pas fait mes premiers vers dans le vertige et l'étonnement de cette lecture ? Mais la révélation d'*Esther* ni celle d'*Athalie* ne m'avaient donné aucune envie de rivaliser, au contraire !

Non. La beauté suprême me tentait, m'appelait, mais « jusqu'à un certain point seulement » et, à ce point, je me sentais repoussé bien plus qu'attiré, par le sentiment accru des distances. Cependant quelque dieu propice me guidait pas à pas, et comme par la main, vers le temple et l'autel où n'étaient que de bonnes Muses. Elles n'avaient sujet de me rien reprocher. J'étais plein d'elles. Autant que de Mistral, autant même que de Musset, avec une nuance de respect à peine sensible, je m'étais laissé saturer d'Homère et plus encore de ce Virgile que les horizons provençaux, les travaux et les jours de nos paysans ou de nos marins me rendaient familiers. Mais, par-dessus tout autre, Lucrèce m'habitait. Il m'avait été révélé par celui de mes maîtres auquel je dois le plus, pour ne pas dire tout, M. l'abbé Penon, devenu, lui aussi, l'un des évêques de Pie X. Ses citations, ses commentaires, sa mélancolique et tragique interprétation du *Poème de la Nature* ont décidé de la prédilection de ma vie pour ce coin de triste forêt dans le champ lumineux des deux antiquités. Je n'ai trouvé que dans Lucrèce un pareil goût d'humanité amère et de force tranquille, un sens si clair de notre rapport avec le destin et avec nous-mêmes :

> *Tum porro, puer ut saevis projectus ab undis*
> *Navita nudus humi jacet, infans, indigus omni*
> *Vitali auxilio, cum primum in luminis oras*
> *Nexibus ex alvo matris natura profudit,*
> *Vagituque locum lugubri complet ut aequum est*

*Cui tantum in vita restet transire malorum.*²⁴³

Le morceau m'est resté présent parce qu'un de nos aînés l'avait traduit sous la direction de Mgr Penon ; sa version française n'est pas oubliable non plus :

> Pareil au matelot jeté par la tempête
> Faible et nu sur le roc d'un rivage désert,
> L'enfant n'est qu'un fardeau que la nature jette
> Et quand il vient au monde il a déjà souffert :
> L'avenir devant lui s'ouvrant plein de ténèbre
> Entoure son berceau de faiblesse et de pleur
> Et ses vagissements ne sont qu'un cri funèbre
> Saluant dans la vie une longue douleur.

C'est la langue et le ton de *L'Espoir en Dieu*. Bien que mon enfance, entourée et joyeuse, eût été aussi peu conforme que possible à la dure couleur d'un paysage si désolé, il me plaisait de m'enivrer de ce pessimisme chrétien. Lucrèce le traduisait à la perfection. Sans doute le divin Sophocle avait aussi cultivé la même sombre idée du drame de la vie : j'osais préférer dans Lucrèce je ne sais quel murmure de l'homme ennemi de lui-même, consolé comme moi aux temples sereins du savoir. Aucun Ancien ne m'a jamais été plus proche. Avec Pascal, avec La Fontaine que Mgr Penon avait aussi achevé de me dévoiler, Lucrèce est resté mon compagnon de toutes les heures. Mais je suis revenu de Pascal plus d'une fois ; de Lucrèce, jamais. Il contient tout ce qui me sert. Après lui, la poésie antique et moderne peut me redire son *quid machiner inveniam que ?*²⁴⁴

Néanmoins, j'avais abordé dans le texte *Othello*, *Roméo*, *Macbeth*, *Richard III* dont la fantasmagorie et la pénétration, le merveilleux tragique, le réalisme sinueux, me tournèrent un peu la tête ; le vrai Shakespeare, celui des féeries, n'apparut que plus tard. J'avais lu, en français, les deux *Faust* avec

---

²⁴³ Lucrèce, *De rerum natura*, V, 28–33. (n.d.é.)
²⁴⁴ Lucrèce, *De rerum natura*, III, 944–945 :
    Nam tibi praeterea quod machiner inveniamque,
    Quod placeat, nihil est ; eadem sunt omnia semper.
« Car des nouveautés pour te plaire, je ne puis en inventer désormais : le monde se ressemble toujours. » (n.d.é.)

les ornements rimés de Blaze de Bury.[245] Ozanam[246] m'avait fait découvrir dans le *Purgatoire* de Dante la qualité d'un charme que j'ai mieux goûté dans ma seconde jeunesse. Certes, plus j'approchais de ces maîtres terribles, moins je me sentais disposé à tenter pour mon compte la moindre cadence. Si j'excepte quelques pièces d'aveu intime, purs bégaiements, et un infâme essai de version du chœur d'*Antigone*[247], où le Parnasse aux deux sommets subit de mon fait quelque épreuve, je n'osais pas rimer, et j'avais conscience de ne pas avoir tort. Il naissait cependant des vers charmants autour de moi : ceux de René et d'un autre de nos amis, très remarquablement doué, qui devint par la suite fonctionnaire de la République. *Namouna* et *Rolla*[248] en faisaient les frais. Mais nous vîmes un jour venir à notre cercle de rhétoriciens et de philosophes un jeune humaniste chargé de quelques strophes de langueur et de morbidesse qui nous dépaysèrent. Cet enfant de quinze ans que nous appelions Walter Hart était le futur docteur de Keating-Hart[249] qui, ayant relevé le nom d'aïeux irlandais et mauriciens, les honora par les beaux et utiles travaux sur la guérison du cancer qui devaient lui coûter la vie. Mon futur carabin avait cédé à ses rêveries de créole et peut-être à l'appel de ses poètes, les poètes des Îles, Leconte de Lisle, Lacaussade, Lahor.[250] La pièce était intitulée *La Jeune Sultane*, les vers étaient dignes du titre :

Sous le souffle léger d'un éventail de plume...

Notre académie clandestine applaudit beaucoup à la réussite charmante. J'écoutais, j'admirais sans sortir de ma prose jusqu'au jour où l'esprit de contradiction me dit : *va*.

La classe de rhétorique nous était faite par le plus grand original du diocèse. M. l'abbé Barraillier unissait toutes les élégances de la pensée et du goût. Il était l'éloquence et la science même, il était aussi le scrupule. Clerc

---

[245] Ange-Henri Blaze de Bury, 1813–1888, traducteur de Goethe. (n.d.é.)
[246] Frédéric Ozanam, auteur d'un *Essai sur la philosophie de Dante* en 1839. (n.d.é.)
[247] Désignation traditionnelle, d'après ses premiers mots grecs, d'un chœur célèbre de l'*Antigone* de Sophocle. (n.d.é.)
[248] Œuvres d'Alfred de Musset. (n.d.é.)
[249] Walter de Keating-Hart, 1870–1922. (n.d.é.)
[250] Charles Marie René Leconte de Lisle, 1818–1894, et Auguste Lacaussade, 1815–1897, sont tous deux nés à la Réunion ; en revanche Henri Cazalis, 1840–1909, poète sous le pseudonyme de Jean Lahor, ne semble pas particulièrement un poète « des Îles » : il est né à Cormeilles-en-Parisis. (n.d.é.)

depuis quarante ans, il s'était dérobé à la réception des ordres majeurs et allait se cacher quand on voulait les lui conférer. Opposé à toutes les innovations sans raison, il portait la soutane à l'ancienne mode, ornée d'une ample queue retroussée avec grâce et, sans prendre garde aux sourires des grands élèves, aux niches des petits, il se dévouait corps et âme aux deux devoirs contradictoires de nous chauffer à blanc pour les épreuves universitaires et de pourvoir à l'intérêt supérieur de notre éducation. Pour le succès de l'examen il avait un assortiment complet de recettes, il avait les plus beaux conseils pour la culture de l'esprit. Il parlait sans tarir d'une voix chaude un peu aiguë, d'un feu ravissant. Comme je passais pour mauvaise tête, il voulait bien me prendre à part et, dans le vaste cloître Restauration planté de colonnes où l'ogive et l'ionique alternaient de bonne amitié, j'étais tour à tour confessé comme un pénitent, harangué comme un corps d'armée. Le discours commençait en causerie, se gonflait peu à peu, parcourant tous les cieux d'où il redescendait en flocons drus et doux. Le plus vif plaisir qui me soit venu de ce grand causeur orateur tient à l'accent de délectation solennelle dont il articulait les syllabes chéries du nom des poètes élus : le divin Racine, hors pair, mais M. de Lamartine et M. de Chateaubriand avaient leur place, sans oublier M. Victor Hugo. En raison des réserves que ce dernier nom comportait, nous nous appliquions naturellement à le mettre au-dessus de tout : il servait à personnifier la liberté des bancs contre l'autorité de la chaire et, plus M. l'abbé Barraillier faisait abonder l'idée juste, moins j'étais d'avis d'y céder. Une série de remarques sensées et délicates qu'il nous fit, certain jour, sur l'enjambement légitime dans *Les Plaideurs*[251] et dans *L'Aveugle*[252], me conduisit à lui vanter le fameux

... C'est bien à l'escalier
Dérobé...

de la première scène de *Hernani*.[253] — *Rejet trois et quatre fois admirable et significatif*, avait dit mon prophète Théophile Gautier, que je récitais comme un perroquet : la mystérieuse révolution de l'escalier dissimulé dans une tourelle en spirale de quelque vieux palais gothique espagnol se pouvait-il

---

[251] La comédie de Racine, 1668. (n.d.é.)
[252] Poème d'André Chénier, publié en 1819, qui a pour sujet Homère. (n.d.é.)
[253] Ce rejet signifiant a été l'un des points de débat dans l'âpre *bataille* qui entoura le *Hernani* de Victor Hugo en 1830. (n.d.é.)

mieux exprimer que par ce rejet mirifique ? Le vieux maître me rit au nez. Il y mettait bien de l'esprit, et, m'étant senti patauger, je ne respirai que vengeance, jusqu'au jour où, la plume trempée dans le plus indélébile des fiels, j'eus élaboré les premiers vers du petit poème de mon dépit, commençant par cette déclaration de principe :

> L'étudiant Martin (Polycarpe) serviette
> Sous le bras...

Mon professeur reçut le coup sans sourciller. Mais cet usage valeureux des droits de la rythmique pittoresque obtint un vif succès auprès de mes camarades et c'est ce qui finit par nous enlever tout bon sens. Nous nous mîmes à polissonner par tous les penchants du Parnasse contemporain pour en renouveler les incongruités. Hugo et Gautier passèrent vite au rang de perruques, il nous fallait d'autres piments. Nous fîmes venir de Paris le volume des *Fleurs du Mal*[254], puis *Les Gueux*[255] de M. Richepin et ses *Blasphèmes*[256], qui paraissaient, puis M. Rollinat[257], dont les *Névroses* venaient d'être jugées durement par M. de Pontmartin[258], ce qui leur fit un titre. Croira-t-on qu'il me reste dans la mémoire des strophes entières de *La Vache au taureau* et de *La Belle Fromagère*, pas mal de vers du sonnet des *Larmes*, du sonnet *Tes père et mère* et un assez grand nombre de chansons « touraniennes » pour donner la réplique à M. Auguste Gauvain ?[259] Mais c'est Baudelaire qui enfonça la griffe. Ni Leconte de Lisle, ni Heredia, ni même Mallarmé ne poussèrent aussi profond.

Soit qu'un jeune professeur laïc arrivé du quartier Latin m'eût appris le tour et le biais, soit que les hauteurs modérées du baudelairisme fussent moins propres à décourager l'ambition, c'est d'alors que date ma

---

[254] La première édition du recueil de Baudelaire datait de 1857, mais Baudelaire avait refait deux éditions augmentées en 1861 et 1866. (n.d.é.)

[255] *La Chanson des Gueux* de Jean Richepin, 1849-1926, lui valut en 1876 une condamnation à la prison pour outrage aux bonnes mœurs, et lui apporta la célébrité qui devait le conduire jusqu'à l'Académie française. (n.d.é.)

[256] En 1884. (n.d.é.)

[257] Maurice Rollinat, 1846-1903, dont *Les Névroses* sont le recueil le plus connu, regroupant des poésies souvent macabres. (n.d.é.)

[258] Armand de Pontmartin, 1811-1890, critique littéraire et publiciste légitimiste. (n.d.é.)

[259] Auguste Gauvain, 1861-1931, membre de l'Académie des sciences morales et politiques. (n.d.é.)

métromanie véritable. Elle n'a pas cessé, si elle a pu languir et ralentir un peu, et je la compare à ces maux dont il faut s'arranger pour vivre puisqu'on ne doit pas en mourir.

À Paris, durant quatre ou cinq années d'absorption philosophique à peu près totale, les études abstraites ne purent dissiper la douce hantise du rythme, elles lui fournirent même de l'aliment. Je peux dire qu'à cette époque j'ai rimé à peu près tout ce que j'ai pensé. Sans doute n'est-il pas de matière poétique plus haute ! Ni de plus aisément gâchée. Un esprit jeune est plus touché des vues extrêmes que des vues profondes. Si la mode s'en mêle, il est presque perdu. J'en puis apporter un souvenir exemplaire daté d'un trimestre où j'avais médité jusqu'à l'ivresse les magnifiques analyses d'Aristote sur la contemplation considérée comme la cime du bonheur : d'après le Maître, le bonheur varie comme la faculté de contempler ; plus on l'exerce, et plus on est heureux, non par un accident mais par la vertu de la *theoria* elle-même, le bonheur s'identifiant presque à la contemplation ; toute la doctrine des activités conquérantes de l'esprit est en germe dans cette vue des énergies propres de l'âme, tout le progrès intellectuel et scientifique de l'occident en est dérivé. Mais ces belles pages étaient mal lues d'une génération pénétrée de Kant et de Schopenhauer, endormie par Leconte de Lisle et les Parnassiens. Ce faux Aristote me conduisit droit au Bouddha à peu près comme y sont conduits de nouveau les Allemands et même, si j'en crois les curieuses notes de M. Bernard Faÿ[260], certains poètes d'Amérique touchés de néo-classicisme, qui tournent aux fakirs.[261] C'est un beau contre-sens, mais il ne peut pas étonner. J'ai encore en mémoire les vieux péchés rimés qui enveloppaient la *theoria* d'Aristote d'une espèce de châle hindou :

> L'idée impersonnelle et désintéressée
> Purifiera vos cœurs de tout désir amer...

Le journalisme où je débutai beaucoup trop tôt me souffla de nombreuses pochades de circonstance, consacrées aux beaux crimes des faits divers, Gabrielle Bompard, l'huissier Gouffé et leur malle sanglante[262] en

---

[260] Bernard Faÿ, 1893–1978, sera administrateur de la Bibliothèque nationale sous Vichy. Il s'intéressa à la littérature américaine dès sa thèse d'État en 1924. (n.d.é.)

[261] La mention de Bernard Faÿ pourrait indiquer que Maurras pense surtout à Ezra Pound (1885–1972). (n.d.é.)

[262] L'huissier Toussaint-Auguste Gouffé a été tué en 1889 par Michel Eyraud et Gabrielle Bompard, qui voulaient s'emparer de sa fortune. Ils ont placé son cadavre dans une malle

eurent l'étrenne, je crois. Tout fut ainsi prétexte à vaine chanson. Seule l'action politique par la concentration qu'elle exige et sa tension nerveuse, et sa prise sur l'être réel, devait raréfier la veine trop facile qu'elle eut, plus tard, la propriété de presser et de stimuler. Mais en ces jours de haute absurdité juvénile, je peux dire que, ni de veille ni de songe, les notoires poètes contemporains ne cessèrent de bourdonner à mon oreille leur petit air de musique persécuteur. Ainsi hanté, sollicité, ne trouvais-je la paix qu'en leur répondant par des variations de mon cru. Non pas pour répéter. Non pas pour pasticher. Moins encore pour parodier, bien que je fusse à tout instant sur le bord du pastiche et de la parodie. Le mot exact serait : pour les continuer peut-être, et faire bêtement comme eux.

Ceux qui jouaient du mot jonglaient de la syllabe, se pavoisaient d'allitérations et de consonances, me soufflaient le plus naturellement du monde une énumération des villes et villages de la banlieue :

> Ni Sceaux, ni Fontenay-aux-Roses,
> Ni Bagnolet, ni Robinson
> Ni les Lilas, hélas, ne sont...

et ceux qui joignaient à ce joli petit fracas la richesse des rimes, l'enchaînement servile des images verbales, une préciosité fantasque et forcée, me susurraient des gentillesses comme ceci :

> Ô belle reine du désir,
> Fleurs de Golconde, fruits d'Ophir,
> Saphirs ou gemmes éternelles
> N'étincelleraient pas si clair
> Ni si profond, ni si amer
> À la place de vos prunelles :
> Ces deux merveilleux soleils noirs
> Es cieux moirés, semés d'espoir.
> Les cieux de vos œillades, virent
> Et vos grands cheveux déployés
> Sont l'espace où les cœurs noyés

---

avant de l'abandonner dans le bois de Millery, près de Lyon. L'affaire est connue sous le nom de *la malle à Gouffé*. Michel Eyraud a été condamné à mort et exécuté, alors que Gabrielle Bompard a été condamnée à vingt ans de prison. (n.d.é.)

En soupirant vers vous chavirent.

Plus tard lorsque j'eus les secrets du Codex symboliste à mixture baudelairienne, une certaine lune levée sur Notre-Dame et le Père-Lachaise, mais considérée d'un balcon suspendu sur la Halle-aux-Vins, s'entendit appeler

La lune ophéliaque au délire savant

et cet alexandrin finit par m'apparaître un irrésistible progrès sur Jean Reboul[263] et sur Anaïs Segalas. Il y avait du goût ! comme disait Claudine.[264] Faute de m'en bien souvenir, je ne dirai rien de trop net d'une certaine évocation d'impératrice de crépuscule sous le nom de Titania arrangée au goût shelleyen de la reine Mab[265], car Shelley s'attrapait plus facilement que Shakespeare. Entre temps, une promenade dans l'Ouest m'ayant conduit à Préfailles, face à Noirmoutier, les flaques de mer descendante m'inspirèrent divers sonnets fleuris de questions saugrenues :

Quelle nymphe soupire au fond de cette eau morte ?

Un soleil couchant sur Biarritz eut pareille fortune. En ce temps-là, il fut décent de faire l'idiot en vers. La nullité du sens faisait valoir la monture des mots à laquelle on mettait du soin. Comme Verlaine, Tailhade et Banville avaient remis en honneur la forme fixe de la ballade, j'en rimai de toute mesure, à tout propos, hors de propos et sans propos. Plus haut, plus beau, plus difficile que la ballade, le chant royal me parut avoir la vertu de rehausser des matières plus communes encore, et je m'y distinguai comme les camarades. Le triolet, honneur de Philoxène Boyer[266], ne fut point négligé :

---

[263] Jean Reboul, 1796-1824, boulanger et poète, nîmois et royaliste, surtout connu pour *L'Ange et l'Enfant*, poème de 1828. (n.d.é.)
[264] Allusion à l'héroïne de Sidonie-Gabrielle Colette dont les premières aventures datent de 1900, signées par le mari de Colette, Willy, de son vrai nom Henri Gauthier Villars, qui fréquentait alors parfois les mêmes milieux journalistiques que Maurras. (n.d.é.)
[265] *Queen Mab* est un poème philosophique de Shelley paru en 1813. (n.d.é.)
[266] Philoxène Boyer, 1825-1867, fut l'ami de Baudelaire et le collaborateur de Théodore de Banville. (n.d.é.)

> La belle qui rôdez de nuit
> À pas lents sur des airs de danse
> De danses lentes et d'ennui...

Bref, peu d'hommes auront rimé autant, et sur plus de riens. Au fur et à mesure que ces vanités s'entassaient dans mes tiroirs, les rectifications que la vie apportait à l'esprit malheureux qui les inspirait, la haute idée que je me reformais de la poésie, la rencontre de Mistral, de Moréas, d'Anatole France, celle de La Tailhède[267] et de Le Goffic[268] qu'habitaient de vraies muses, mes lectures et récitations des Anciens et des maîtres français, Villon, Ronsard, Malherbe, La Fontaine, la réflexion et enfin l'âge, faisaient une justice non partielle mais complète de ces pitoyables échos. Je m'adonnais avec passion à la critique littéraire. En exerçant sur moi les premières rigueurs, j'obtenais une singulière liberté d'esprit pour aller jusqu'au bout de mes opinions sur autrui. Il n'est jamais mauvais que le juge saisi ait une expérience des mécanismes du péché et montre aux délinquants comment ils s'y sont pris.

Mais je ne puis m'empêcher de me demander par quel mirage tant d'écrivains secondaires de la deuxième moitié du XIXe siècle auront pu exercer une action aussi vive sur notre jeunesse ! Comment d'aimables poètes mineurs ont-ils laissé en nous cette longue et durable trajectoire chantante ! Sans doute, un trait leur est commun, une mise en œuvre, une exploitation réglée de tout ce qu'ils avaient de particulier et de personnel. Ces messieurs songeaient moins à réaliser leur pensée avec justesse, harmonie, convenance qu'à y graver leur chiffre. Ainsi le voulait la routine romantique. De ces ouvrages destinés à les faire reconnaître d'entre tous les autres, le premier effet devait être de défier la contrefaçon, puis de susciter d'utiles contrefacteurs. Mais les auteurs de ce calcul n'avaient pas réfléchi qu'ils étaient nombreux, qu'ils avaient suivi les mêmes leçons et que les différences de l'un à l'autre étaient minces. Ils étaient condamnés à donner naissance à des composés où la disparate du fond n'ôtait rien à la monotonie des *manières*, les influences se fondant au point de faire évanouir tous les *tien* et les *mien* frivoles dont chacun se montrait moins faraud que jaloux !

---

[267] Raymond de la Tailhède, 1867-1938, encore proche de Maurras et de l'Action française en 1925 il s'en éloignera en 1928 après d'âpres débats sur le romantisme. (n.d.é.)
[268] Charles Le Goffic, 1863-1932, que son régionalisme breton rapprocha de l'*Action française* à laquelle il collabora régulièrement. Élu à l'Académie française en 1930. (n.d.é.)

Il n'y a plus aucun orgueil à me déclarer l'auteur d'un de ces petits ramas monstrueux, ouvrage très heureusement inédit, s'il n'est pas tout à fait détruit. La lune et le soleil ne se battaient point là-dedans, mais toutes les formules et toutes les manies, les réminiscences sans choix et les tics sans mesure qui sévissaient autour de moi. Deux ou trois milliers d'alexandrins si je ne me trompe. Thème fourni par M. Edouard Schuré[269] dans son volume des *Grands initiés*[270] : les amours improbables de Pythagore et de la prêtresse Theoclea.[271] Ma première partie avait nom « l'Âme sombre » et la deuxième « l'Âme claire ». J'en étais à la troisième prénommée « l'Âme en feu », dont je fus dégoûté par un poète parnassien que je rencontrai au café :

— Votre division est vicieuse, dit-il. On eût compris qu'une âme rouge donnât naissance à une âme bleue. Puis à une âme verte et violette, ces qualifications se suivant, toutes empruntées au monde de la couleur ; mais que peut être le rapport logique de l'ombre à la clarté, de la clarté au feu ?

Ce raisonnement acheva de me fixer sur le Parnasse de 1868 et sur mon poème de 1891. J'avais barbe au menton et mes vingt-cinq ans approchaient. Je fis un feu de joie de *Theoclea* et de quelque dix ou quinze mille autres vers de toute longueur et cadence, dont je ne regrette pas un.

Mais j'aurais regretté de froncer le souverain sourcil de Jean Moréas. Il y avait deux ou trois ans que je voyais régulièrement chaque soir « l'Athénien[272] honneur des Gaules » et me gardais de lui montrer ces copeaux de mauvais lyrisme. J'avais fait exception en faveur du petit poème *Pour Psyché* qui avait été imprimé dans l'année. Moréas avait jugé que « ce n'était pas mal », la juste indifférence du ton complétant au vif la pensée. Loués soient les dieux immortels qui placèrent sur mon chemin le génie rare, le puissant esprit inventeur et conservateur de ce nouveau Malherbe en qui la faculté du juge égalait le don du poète ! On se le représenterait mal en tyran des mots et des syllabes. Personne n'était moins puriste, ni plus éloigné du purisme. L'originalité de Moréas en critique était de considérer avant tout la conception, la pensée : forte composition et juste cadence. Que de fois il a daigné dire à d'ambitieux rivaux trop bornés pour concevoir même

---

[269] Édouard Schuré, 1841–1929, connu à la fois comme l'un des principaux introducteurs de Wagner en France et l'un des plus enthousiastes disciples de Rudolf Steiner et de la théosophie. (n.d.é.)

[270] Paru en 1889. (n.d.é.)

[271] Theoclea ou Aristoclea aurait été prêtresse d'Apollon à Delphes, y aurait rencontré le jeune Pythagore et aurait joué un rôle dans l'établissement de sa doctrine. (n.d.é.)

[272] Ioannis Papadiamantopoulos, dit Jean Moréas, 1856–1910, est né à Athènes. (n.d.é.)

le sens de ses paroles, que le litige entre eux et lui portait « sur une question d'ordonnance ». Son souci de l'essentiel passait vite sur les détails et, comme il convient, les réglait sommairement tous. Ainsi l'ordre intellectuel rejoignait le moral. Il disait : « C'est sérieux » ou : « Ce n'est pas sérieux ». Glorieux d'apparence et d'allure, ceux qui parlent de sa vanité l'auront mal connu. Il était si désintéressé, si droit, si vrai, si libre qu'on cédait naturellement au désir de le prendre pour arbitre contre soi-même. Je n'ai connu personne de plus attentif à ne jamais laisser d'illusion aux jeunes esprits sur leur degré de chance et d'espérance de cueillir le rameau d'or. Mais ce qu'il trouvait « bien » balayait préventions, systèmes, partis pris. Le service du beau l'avait affranchi de lui-même. Dix ans peut-être après l'épreuve malheureuse de ma *Psyché*, je me laissai aller à lui réciter la petite chanson anacréontique qu'on ne sait quel démon m'avait emporté à traduire après Ronsard, Remi Belleau et Henri Estienne.

> Aux taureaux Dieu corne donne
> Et sabots durs aux chevaux...

Sur le trottoir que nous longions, Moréas s'arrêta vivement. Il me pria de répéter. Le sourcil haut, l'œil en fleur et les lèvres jointes, moins de contentement que de surprise, ne m'ayant jamais cru capable de mettre sur pied deux bons vers, il me dit les trois mots inouïs : « C'est très bien ». J'avouai une autre odelette d'après le même original, *Ce taureau-ci, mon enfant...*, inscription pour un marbre d'Europe, dont je ne retrouve dans ma mémoire que ce premier vers, orné des compliments généreux que le poète réitéra. Comme son amitié d'esprit comportait autant de conscience que de politesse, il se fit un devoir, après réflexion, d'ajouter que j'avais « beaucoup mieux à faire » : ce qui devait s'entendre de solide critique ou de politique sensée. Je n'interprétai pas autrement ce propos de l'homme divin. Mais plus que son conseil, sa noble poésie inculquait la sagesse du désespoir. À quoi bon rimer et rythmer ? Il y avait les *Sylves*, il y avait les *Stances*, il y avait la délicieuse *Ériphyle*.[273]

---

[273] Œuvres de Jean Moréas. (n.d.é.)

IV. Le « Vrai seul »

Qu'est-ce que la sagesse ! Celle-ci opéra et n'opéra point. En m'obligeant à modérer un vieux goût de petits fredons inutiles, elle imposait quelque silence à la rage de bouts rimés, mais elle ne prévoyait pas combien ce silence rendrait sensibles et distinctes d'autres modulations venues de l'air intérieur où baignait ma pensée profonde. Ainsi fut découvert un nouveau monde de poèmes qui ne ressemblaient guère à ce qui m'avait poursuivi et même étourdi un peu trop longtemps.

Cher Monsieur Daniel Halévy, vous m'excuserez d'oser vous faire le minutieux récit d'une évolution si chétive. Elle est d'un temps où c'est à peine si je m'en rendais compte. J'arrivais à ce point central de ma vie où la littérature fut obligée de se moquer de la littérature en s'appliquant aux arts de l'action. Ce que j'avais acquis de facilité ou de rapidité dans l'usage de la pensée et de la plume n'était plus rien qu'une arme à la défense de la patrie. Je servais les idées que je savais être vitales et qui, comprises un peu plus tôt, auraient épargné beaucoup de sang et de larmes aux hommes de France et d'ailleurs. L'activité pratique avait son effet naturel, elle me rapprochait des choses vivantes et des êtres de chair et d'os : ainsi pâlirent et s'évanouirent peu à peu mes fantômes de la caverne, seules formes qu'évoque la jeunesse enivrée. La vie réelle les met en fuite. Où M. Zola, naturaliste grossier, disait aux jeunes gens : *faites du reportage*, l'expérience philosophe se contente de conseiller un peu de mouvement hors de soi : c'est ce qui apprend à penser, à sentir et à dédaigner la broutille.

Les conditions nouvelles ayant raréfié l'occasion de céder au goût du rythme et du chant, elles ne les supprimaient pas toujours. Comment y échapper complètement ? Les philosophes qui ont cru que l'idée de l'utile chasse l'idée du beau ne se trompent-ils pas ? L'existence de lutte et d'effort passionné ne conduit pas nécessairement à sourire du culte des arts. « Ô belle vierge, disait Pythagore, demandez à l'abeille industrieuse si les fleurs ne doivent servir qu'à faire des bouquets ». Hé ! à la sortie de sa ruche, le miel bien distillé, le bâton de cire formé, est-ce que l'Idée-vierge n'a pas le droit de prendre à son tour l'offensive sur l'avare sagesse ? La vie extérieure n'a jamais épuisé la fleur d'aucune fleur. Chaque fond de calice garde un résidu précieux de parfum et de rêverie. Il faut en faire des bouquets, ou rien que l'utilitaire prononce !

Il y a autre chose, qui dut venir deux ou trois lustres après le joyeux sacrifice de *Theoclea*. Un homme ayant couvert la moitié du chemin, quand il sent s'éloigner les figures de la jeunesse et parvient à l'avant-dernier tronçon de la voie, peut être surpris par quelque passion tardive, de l'espèce de celles qui ne pardonnent point et dont il ne peut pas sourire vingt ans plus tard. Alors, qu'il soit midi ou la neuvième heure, d'autres bouquets vont se former avec des fleurs improvisées, rapides, impérieuses, que chargent de sombres odeurs. Étant pressée par l'astre, la passion n'en est plus à dicter son poème, car, à la lettre, elle l'arrache, dans sa fureur de se montrer au vrai, de s'exprimer tout droit, non sans se déchirer sur le vœu chimérique d'une perfection digne de l'objet ! De temps en temps, l'effervescence emporte tout sans vain souci des crudités ni des faiblesses. Le désir de polir et de mesurer fait gémir sur les jours trop courts et sur l'art trop long. Mais la nature de la poésie n'a point trop à se plaindre de ces combats de la hâte avec le scrupule. Au contraire, ils la favorisent. Car, si elle est élan, enthousiasme et ravissement, elle est aussi limite et cadence, coupure et arrêt, chute et frein.

La poésie aime l'obstacle, l'art s'affine sur les difficultés à résoudre. Que ce soit la passion ou l'action qui le discipline, l'homme y gagne plus qu'il ne perd. Le fait est que, sans les circonstances qui, depuis tant d'années, se disputèrent mes minutes et mesurèrent mon loisir, j'entrevois sur quelle interminable recherche de l'indicible j'aurais eu à languir indéfiniment : à la poursuite de quelles idées tordues ou de quelles vues compliquées j'aurais été en proie des semaines d'années ! Mais j'étais journaliste, responsable d'une œuvre, serviteur d'une action, la cause et la pensée venaient donc avant toute chose : cette maison guerrière que nous avons fondée depuis un quart de siècle aurait très justement trouvé simoniaque l'usage habituel des plumes et de l'encre pour des frivolités étrangères à la controverse, à l'enseignement, au combat.

Donc, premier résultat heureux de cet effort d'*Action française*, obligation de limiter et de circonscrire la marge étroite abandonnée à la diversion du poème. Obligation de ne céder qu'au nécessaire irrésistible. Obligation de ne composer que de tête, et la tête affranchie des travaux quotidiens, une fois la tâche finie. C'était un frein solide. Mais voici l'aiguillon.

Il n'est pas très facile de le faire voir à quiconque n'a pas pratiqué le journalisme quotidien au sens sévère du mot. Pour vos plaisirs et pour les nôtres, cher Monsieur, vous avez abordé le monde des journaux, mais je ne pense pas que votre *Thiers*, vos *Paysans du Centre* ou votre *Agricol*

Perdiguier[274] aient été composés bien loin de votre cabinet si ce n'est dans quelque bibliothèque. Même en ces temps où nous avons été ennemis, et que vous avez évoqués dans l'*Apologie pour notre passé*[275], il ne me souvient pas que vous ayez subi cette discipline de production forcée, ni dû écrire en bête, chaque soir ou chaque matin, ces espèces de lettres-circulaires nommées des articles pour commenter le fait du jour ou en tirer la moralité. La tâche est très particulière. Avec de vifs plaisirs, elle comporte des obligations assez lourdes : il faut voir vite l'essentiel, le définir et le qualifier dans un style voisin de celui des dépêches et des faits-divers, non sans avoir à s'avouer, à demi-voix, que ce brouillon cursif ne peut être exact n'étant pas tout à fait complet. Cela traîne plus qu'un remords, l'amer regret de ne pouvoir tout dire, si l'on ne veut se résigner à ne dire qu'un peu, conduit tout droit à dire mal, ce qui est trop souvent mon cas. Au reste, l'action a sa loi. Elle appelle, elle souffle, elle impose même ces enchevêtrements, ces répétitions, ces à peu près qui sont les maladies de la prose rapide : quand la formule tend au but, quand l'oreille et l'esprit sont éveillés au point sensible, peu importe le sacrifice d'élégance, il est jugé plus que payé. Le trait part comme il peut, qu'il soit dirigé où il faut, qu'il touche assez souvent pour ne pas faire regretter les autres faiblesses du tir, il reste à peine à voir si la beauté et la dignité des idées n'auront pas à souffrir d'un choc en retour implicite et mystérieux. Mais il y a toujours un pénible moment à passer.

Ce moment, il commence quand le reste finit. Les pâleurs du petit matin découlent lentement sur la vitre nocturne, les bruits s'apaisent dans l'atelier de composition. Les formes de plomb descendues, les lampes éteintes, les dossiers vidés, reclassés, pour peu que le numéro du lendemain demande les moindres préparatifs, la minuit est passée de cinq ou six heures. On part, on sort, enfin ! Rendu à la fraîcheur de la rue solitaire, l'écrivain las retrouve dans l'air vif qui fouette sa marche[276] un afflux sanguin qui le renouvelle de la tête aux pieds. Alors il s'aperçoit du bizarre accompagnement que lui font dans la demi-ombre les formes inquiètes de tout ce monde de pensées belles et hautes qu'il a oubliées au fond de l'encrier : ce qu'il aurait dû dire et ce qu'il n'a pas dit, ce qu'il a dit tout de travers et qu'il ne rattrapera plus ! Ô lignes immuables d'un irrémissible discours ! Le travail manuel a pu les

---

[274] Œuvres de Daniel Halévy. (n.d.é.)
[275] Parue en 1910. (n.d.é.)
[276] Depuis l'assassinat de Marius Plateau, ces conditions ont un peu changé en raison de la garde constante que monte autour de nous une magnifique jeunesse.

dénaturer ; mais l'écrivain a eu le tort de les lâcher à l'état brut. Maintenant, debout devant lui, elles composent une sorte de tribunal devant lequel il comparaît, accusé, presque criminel. S'il est mortifié de la virgule omise, de l'accent mal placé, il souffre d'une bien autre angoisse de l'intelligence et des nerfs lorsque, ayant conscience d'avoir rencontré çà et là la pensée utile ou le fait probant, il sent aussi qu'il en a manqué l'expression par le choix hésitant de termes impropres ou parce que le mot, même juste, n'a pas été muni de la nuance de son rythme : car si la raison doit convaincre, c'est le rythme qui persuade... Je ne décris pas une tare d'exception, il ne s'agit pas du mal de Flaubert et de Baudelaire. De tous les écrivains que leur journal fait aller vite, s'ils aiment l'art, s'ils sentent l'honneur de la langue, pas un n'ignore ce retour amer de la pensée sur la douleur du cœur qui ne s'est pas traduit faute d'avoir eu le temps de trouver sa parole et son cri !

C'est alors qu'apparut la consolation divine des vers. Tout d'abord je m'en redisais de connus, tirés des œuvres de nos maîtres et de nos frères. Mais s'ils me semblaient faibles, ils ne m'étaient pas supportables, et, par leur perfection, les plus beaux avivaient mon mécontentement. Il fallait autre chose ! Sur ces confins légers des nuits et des matins où tout semble renaître, était-il déplacé de désirer plutôt des vers qui fussent, eux aussi, en voie de naître et de grandir, des vers à prendre et à reprendre, à user, à rouler, semblables aux galets qu'arrondissent les mers chantantes ? La marche fait jaillir les idées en tumulte, il est satisfaisant de les distribuer en cadences libératrices, il est délicieux d'inscrire leur formule dans l'orbe même qui répondrait à leur choix. Contre l'informe et le bâclé, contre le vague et le diffus de l'heure précédente, c'est un repos puissant, qui aide même à l'élasticité physique du pas. Chaque vers frais éclos étant redit à demi-voix, je savourais ce vrai bonheur de mettre enfin d'accord l'idée avec la chose, d'adapter, d'ajuster les mots au mouvement, et, donnant une forme et un corps à des rêves, de les graver sur une matière qui ne fuie pas. Il y a mieux : suivis avec art et science, les beaux mystères de la langue des poètes ont la vertu fréquente d'ajouter aux idées d'un rimeur isolé le chœur universel de l'expérience de tous ; les moindres paroles y gagnent on ne sait quel accent de solidité séculaire ; l'antique esprit qu'elles se sont incorporé multiplie saveur, résonance et portée d'ensorcellement...

À composer ainsi, l'homme remonte à son ciel et à son soleil, il a la joie de voir ses objets rétablis à leur juste palier, et rien ne manque plus de cette imagerie visuelle et sonore qui leur est nécessaire pour se manifester. Le tout au maximum de la facilité et du naturel. Si la rime et le rythme sont des aide-mémoire qui dispensent d'écrire, le vers qu'ils engendrent possède un pouvoir décisif pour filtrer, tamiser, automatiquement, l'adventice et l'impur de toute pensée.

À tête reposée et froide, ce puissant moteur de la vie et de l'être peut être encore pris pour un simple et beau passe-temps. Dans le feu du travail, dans la joie de la marche, rime et rythme apparaissent les organes de nos plus hautes nécessités : poursuivi par l'échec d'une prose figée et morte, l'écrivain redressé pour un plus bel effort ne se sent plus jouer, mais agir, peiner et créer. Par la rame et la voile sous les signes célestes, il se figure aider à la consommation de tous ses destins.

Emporter dans sa tête un certain nombre de ces ébauches, d'abord informes, aspiration confuse à un conglomérat de sonorités et de rêves tendus vers un beau sens plutôt pressenti que pensé ; puis, quand les mots élus abondent, en éprouver la densité et la vitesse au ballet des syllabes que presse la pointe du chant ; en essayer, autant que le nombre matériel, le rayon lumineux et l'influx magnétique ; voir ainsi, peu à peu, s'ouvrir et se former la gerbe idéale des voix ; élargir de degrés en degrés l'ombelle odorante ; lui imposer la hiérarchie des idées qui sont des principes de vie ; lever en cheminant les yeux vers le ciel nu, ou garni de pâles étoiles, pour y goûter le sentiment de la légèreté du monde et de la puissance du cœur ; marcher cependant, avancer, gagner d'un pas à l'autre le but, l'abri, le lit profond, le sommeil secourable et sûr, terme du demi-songe ambulant qui répare et réconcilie : est-il un bienfait comparable, l'artisan qui s'est cru vaincu peut-il ambitionner un plus doux renouveau de courage et de foi ?

Dans ce refuge de poésie entr'ouvert de la sorte en « fin de journal » aucun mal ne peut pénétrer, mais ses délices assurées échappent aux recherches, à la volonté, au système, presque au désir ; il en est d'elles comme de ces rosées suprêmes que le sort épanche ou refuse de la même manière que la fortune et le bonheur. C'est le défaut de ce remède sans pareil, c'en est aussi la force, il n'accourt pas à tout appel. Mais tout appel venu de lui revêt un caractère d'obligation : le rythme naissant du poème porte un impératif qui ressemble au besoin, au devoir, à l'amour. Sans crainte d'outrer la comparaison, je dis qu'il apparaît dans l'âme comme la tentation d'un acte de vertu. Le diable vient du dehors et nous parle à l'oreille. Mais ce bon démon-ci prend la route inverse et semble s'élever des méandres du cœur jusqu'à l'audience du pur esprit.

V. Poèmes en cours

Ainsi furent songés, mûris et conduits à leur terme bien avant d'être écrits, tous ces petits poèmes dont j'ai choisi les moins singuliers pour composer le livre des *Inscriptions et des Sentences*.[277]

Ainsi, mêlés à cette poussière demi-lyrique, furent commencés et développés plusieurs ouvrages un peu plus considérables qui ont été laissés et repris depuis tel laps de temps qui peut se compter par année. Je n'aurais jamais eu l'audace de les introduire dans un recueil qui fait figure de volume si le titre engageant et rassurant de ces « Cahiers » ne m'eût donné l'idée du provisoire et du suspendu. Ces « poèmes en cours » dessinent aux confins de ma *Musique intérieure* l'arceau en mouvement du portique sonore où ma vie a coutume de retrouver quelque paix contre tout ennui.

Le premier des « Poèmes en cours » date du début de la guerre. Tous les non-combattants n'ont pas été aussi indifférents qu'on le raconte à ce massacre de cinquante mois. Le sort m'avait placé à l'un des lieux de France où confluait le plus d'angoisse, d'espoir et de deuil. Les lettres du champ de bataille n'arrêtaient pas de m'annoncer quelles disparitions, blessures et mutilations, quelles morts, hélas, dévastaient une élite très nombreuse et très variée : chers amis dont j'avais serré la main, vu briller le regard, entendu la voix, recueilli la pensée vivante ; amis moins connus dont les noms, les écrits m'étaient cependant familiers ; amis que je ne connaissais que par le signe abstrait de leur adhésion, de leur étroite communion à l'esprit national qui nous animait ! Cette jeune foule de braves marchait, s'offrait, tombait, et chaque deuil, je peux le dire, scellait des confessions écrites et orales où le cœur de leur cœur et l'âme de leur âme s'étaient répandus vers nous pleinement. Bien peu furent fauchés sans avoir prolongé de notre côté le rayon de leur gloire, la fumée de leur sacrifice.

Mais nous ! Quand nous avions fourni l'éclaircissement demandé, dit l'adieu et gémi la plainte, quand nous avions versé la sombre libation finale de la gratitude et de la pitié, il nous restait à nous redire que cela ne suffisait pas. Tant de victimes volontaires exigeaient autre chose ! Comme si on les eût privés de quelque honneur de sépulture, leurs mânes menaçaient de

---

[277] L'un des livres de *La Musique intérieure*. (n.d.é.)

souffrir et de murmurer aussi longtemps qu'un office complémentaire ne serait pas rempli qui épuisât leur droit et satisfît à nos devoirs.

En effet, seuls, ou presque seuls de tous les héros de la Guerre, les nôtres sont allés au combat dans la fierté joyeuse d'y porter une conception et un sentiment de la vie nationale qu'ils savaient la vérité même.

On leur ferait tort en disant qu'ils avaient une opinion, soutenaient une thèse ou professaient une doctrine : ils tenaient cette vérité que les autres ne tenaient pas, ils se savaient initiés à la nature précise de l'acte que faisait la France en se défendant avec tant de fière énergie ! À la différence de ces vaillants instituteurs socialistes qui avaient eu à vaincre leurs propres idées avant de vaincre l'Allemagne, nos amis s'étaient jetés à la frontière non en contradiction mais en exécution de ce qu'ils avaient pensé et dit dans toute l'époque antérieure, sans avoir à en désavouer un seul mot le 2 août 1914. Les Français démocrates exclus ou chassés d'une position, en avaient choisi d'autres, non moins peuplées d'erreurs. Eux n'avaient eu à opérer ni déplacement ni mise au point. Entre tant de raisons de guerre alléguées et produites, les leurs s'étaient trouvées les seules conformes aux réalités de la veille, du jour, du lendemain, et c'étaient donc les seules vraies. Faisant leur devoir comme tous, nos combattants étaient en outre ceux qui n'ignoraient pas la cause intelligible de leur action. On ignorait, ou l'on affaiblissait, ou l'on dénaturait autour d'eux la juste réponse à l'éternel *pourquoi te batstu ?* Ils y faisaient une réponse correcte et complète. Du moment donc qu'on prononçait au nom de l'État des oraisons funèbres qui les frustraient de leur avantage et de leur honneur, ils détenaient un droit majeur à un discours de nous qui parlât pour eux et suivant eux, afin qu'après eux, il fût témoigné des clartés singulières de la lumière unique du feu intérieur qui les emportait, chair et sang.

Il n'y avait aucun moyen de leur contester ce titre. Si l'expérience leur avait donné raison, ils avaient donné leurs raisons en avant de l'expérience. Ils n'avaient pas cessé de crier à la démocratie : *Tu nous tues !* Trois, quatre, cinq et six ans avant d'être fauchés, plusieurs (comme Pierre Gilbert tombé dès le second mois de la lutte), quand ils faisaient la jauge des idées du régime, pressentaient clairement qu'elles se vengeraient sur eux. La conviction profonde de cette prescience les faisait s'appeler d'eux-mêmes « génération sacrifiée ».

Beaux enfants que pleurait la France ! Si la France n'avait que ses douces et chaudes larmes de grande Mère commune à verser indistinctement sur le cénotaphe, c'étaient les justes larmes qui venaient de son cœur : notre cimetière particulier devait y ajouter les larmes de l'intelligence et de la raison, et nous pouvions les aggraver des larmes de la colère, du moment que, le chœur des idées assassines prolongeant son massacre, ces funèbres étoiles de l'insouciance et de l'imprudence ne cessaient de peser de haut sur la bataille en l'inclinant tantôt à la pure défaite tantôt à l'onéreuse victoire mal achevée !

L'historien qui voudra compulser les archives pour y relever la succession des idées régnantes sur la guerre et pendant la guerre en admirera le décousu et l'extravagance. Quelques vues exactes furent introduites par nous, du dehors, à force d'insistance et d'obstination. Mais l'ensemble de la vérité échappa, et l'on se contenta de la saluer de vagues sourires que l'on estima athéniens. On s'en tenait à des moitiés d'idées, on en fuyait l'ensemble, on en voilait les génératrices. Accordait-on que la barbarie allemande était la mère occasionnelle ou éternelle du trouble européen, on n'allait pas plus loin : la forte utilité de bien des vérités contiguës n'était même pas soupçonnée, et c'est ce qui permit d'arrogantes contestations à nos ennemis redressés.

Que l'Allemagne subît la pression de sa pauvreté ou, ce qui revient au même, les excitations d'une richesse artificielle ; que son sang avide et féroce eût jadis propagé le ferment naturel de plusieurs barbaries ; qu'avant de nous ravager avec le canon, son anarchie eût pénétré les esprits, les lettres, les arts et les lois ; que la révolution germanique, religieuse au XVIe siècle, philosophique au XVIIIe, double source certaine de nos convulsions, eût collaboré à l'infamie de notre carnage, on pouvait le reconnaître tout bas mais bientôt les préjugés, les fatuités, les jalousies, les intérêts offusquaient lourdement ces vérités qui sont connexes. Seule en était nourrie, abreuvée, soutenue l'héroïque jeunesse rangée à notre école dans une doctrine organique aussi fertile en confirmations qu'en applications.

L'esprit et le courage, la vertu et la vérité fortifiaient en eux des composés si résistants que, nuit et jour, leurs appels du champ de bataille et de l'hôpital exhalaient une même intelligente et savante malédiction sur la Germanie reconnue pour la cause du même mauvais rêve qui, ayant jadis déchiré la République chrétienne, interdit pour longtemps aux peuples décimés toute vie de société : la plainte des agonisants d'Action française reconnaissait, nommait, poursuivait l'idéalisme et l'individualisme germains comme leurs propres ennemis, ennemis de l'homme et du monde, adversaires congénitaux de tout esprit français, de toute conscience catholique et latine, fléaux-nés de toute la partie honorable et sublime de l'ancien génie de notre Occident, en un seul mot, bourreaux fatals de l'ordre et de la paix.

L'équilibre du genre humain subit une défaite qui n'a pas été réparée lorsque l'homme allemand supprima le culte de la Vierge, celui des saints et du purgatoire, ramena tous les arts à la seule musique, la religion à un Dieu sec ou vague, les principes de l'éducation à l'orgueil d'une part, à la pitié de l'autre, tant par dessèchement que par excitation, il en est résulté un décours maladif dont la sensibilité et l'intelligence du monde entier auront souffert. Personne n'a soutenu que Luther ni Kant aient fabriqué les bombes qui ont défiguré la cathédrale de Reims. Mais personne d'informé n'absout Kant ni Luther ni l'esprit allemand de la régression mentale et morale que détermina leur opération dans l'histoire. Telle est la régression dont nos amis supportaient le sanglant fardeau. Ces chevaliers martyrs de l'épreuve de l'Ordre redoublaient donc le chant d'invective sacrée lorsque nos démocrates leur imputaient la qualité de protecteurs de prétendues idées françaises ou modernes que justement l'Allemagne a seule fabriquées : avec quelle amertume était goûté, était craché ce mauvais compliment qui les saluait champions de ce dont chacun périssait !

Il leur était plus amer encore d'avoir à avaler certaines conséquences de principes officiels, quand, par exemple, les orateurs et publicistes anglo-français étaient si bien d'accord pour refuser à leurs pays respectifs toute faculté d'ordonner les idées et de discipliner la vie. Après avoir prodigué à l'Allemagne les flétrissures méritées, ils lui déféraient avec respect le monopole historique et psychique de « l'organisation ». Ce qui était le simple effet de sa monarchie politique et sociale était imputé à son sang, à sa tradition et à sa nation. Nos ennemis avaient en eux le génie de l'ordre vivant : nous nous reconnaissions simplement capables de beaux réflexes. Beaucoup de combattants en rougirent de honte. Plusieurs l'écrivirent. Entre les pressentiments variés qui lui agitaient l'âme, le noble et pur Léon de Montesquiou[278] trouva le temps de me confier quelle indignation lui causait cet outrage fait au présent autant qu'au passé, car les préparatifs d'une grande offensive rendaient sensible au plus généreux de son cœur tout ce

---

[278] Léon de Montesquiou-Fézensac, 1873-1915, qui participa à l'Action française et collabora à son journal. (n.d.é.)

que peut notre patrie pour « l'organisation » du matériel, des troupes, du commandement. Voici cette lettre sublime :

> Je vous écris pour vous dire mon admiration de ce que je vois. Le Germain est capable d'organisation, parce qu'il a le crâne fait de cette manière, le Français, le pauvre Français, en est incapable !!! Explication métaphysique, comme dirait Auguste Comte, qui est commode pour ceux qui ont intérêt à cacher les fautes commises depuis quarante ans, l'absence de gouvernement et par conséquent d'ordre et de prévoyance.
>
> Quelle leçon politique, ce que je vois depuis quelques jours. Il a suffi que les circonstances imposent à la France une dictature de salut public pour qu'elle retrouve ce génie d'organisation dont on la déclare dénuée, et pour que, par un travail silencieux et que nous ne soupçonnions pas, pendant que nous nous morfondions dans les tranchées, elle préparât méthodiquement la délivrance du territoire. Car ce n'est rien de moins que cela que ce que je vois me fait espérer.
>
> Ce que j'entends est effroyable : notre canonnade ! Depuis soixante heures, nous avons envoyé, non des centaines de mille, mais des millions d'obus. En face, le silence s'est presque complètement établi ; ce doit être la mort ou la folie ; juste châtiment de ceux qui ont voulu mettre la science au service de la dévastation.
>
> Que je voudrais passer sans une égratignure pour entrer dans une des premières villes françaises reconquises ! Quel délire !
>
> J'ai la plus immense confiance !

Vingt-quatre heures plus tard, Montesquiou n'était plus. Mais la plainte lui survivait. — Eh quoi ! m'écrivaient d'autres : parce que le moral français montre sa trempe et son ressort, parce que ce moral supplée à la faiblesse momentanée de l'État, les porte-plume et les porte-voix d'un État coupable ont-ils la permission de nous décréter une nation d'hurluberlus gentils et de braves écervelés ? En oubliant, en déchirant, en aliénant nos titres au génie intellectuel, ces démocrates ne voient pas qu'ils abaissent aussi notre valeur morale que seraient l'honneur, les vertus, les sentiments les plus humains sans le soleil de la raison qui les distribue et les range ! Si nous ne cédions qu'à des impulsions de bons animaux, la situation se retournerait au profit des Allemands : ils auraient quelque droit à entrer sur nos terres puisque nous serions les sauvages et eux les civilisateurs. Un héritage de bonnes habitudes morales et sanguines ne peut valoir longtemps sans l'esprit qui les renouvelle et les vivifie : la supériorité serait passagère, condamnée à dégénérer. Or, nous ne sommes pas en décadence. Nous renaissons. Nous renaissons depuis dix, quinze, vingt ans même et si nous avons opéré ce redressement juste, nous avons bien le droit de crier par qui cela fut fait, nous les témoins, nous les acteurs, nous les héros du réveil philosophique et moral qui fut nommé dès 1912 une renaissance de « l'orgueil français » ! Est-ce qu'on ne publiera pas qu'avant d'en venir à lutter et à mourir comme nous faisons, nous avons eu la force de rétablir la vérité, de chasser les nuées, de délivrer un large pan du ciel de la France de l'erreur de trop de Français ?

Ainsi me parle encore ce tourbillon de mânes d'élite, aristocratie de l'intelligence, fleur héroïque du courage et de la mort. Vive ou morte, cette noble voix nous pressait sans cesse. Nous obéissions. Le journal était certes fait pour de tels éclaircissements rectificatifs. Il y servait tous les matins. Même il en débordait ! En sus du mémorial de notre action dans toutes les années récentes, où nous avions, entre autres choses, rendu possible le vote de la loi de trois ans et imposé le culte public de Jeanne d'Arc à Paris, nous établissions la controverse idéologique et littéraire la plus étendue. En témoignage des anciennes douleurs que le genre humain souffrit de l'Allemagne, nous appelions les villes et les empires, les papes et les rois, les prophètes et les sibylles. Nous attestions la figure de la Patrie, l'histoire des Lettres et des Arts... Mais une émotion si rapide et si vaste imprimée aux catégories de notre pensée y soulevait, comme aux sphères d'un ciel profond, de telles spirales de nuée d'orage ou les traversait de tels rayons de haute lumière que l'expression qui en naissait ne pouvait s'arrêter aux froides analyses explicatives : le poème de la nature de nos cités, le poème de la nature de notre sang imposait peu à peu cette sorte d'enthousiasme que le cantique seul devait délivrer.

Chaque nuit, à peine rendu à ma solitude, la teneur des axiomes déjà utilisés dans la prose de la polémique courante revenait sur moi et me harcelait avec ces pointes de plaisir mélangé de douleur que fait subir l'inexprimé, peut-être inexprimable, à la volonté d'un cœur hésitant. Je désirais, sans la connaître, la parole qui me manquait. Des feux vibrants d'actualités immortelles dorant et caressant une voûte de gloire allumaient sur le même plan les visages de Caius Marius[279] et de Jules César, de Joffre, de Foch et de Gallieni. Mais cela surpassait les plus hauts niveaux de l'histoire. Je ne m'en doutais pas, et, avant qu'une strophe ou un vers consentît à se faire jour, la vibration confuse ébranlait et délitait pour le reconstruire tout le corps des images et des sentiments accourus.

La première effusion fut d'ivresse pure. C'est que, l'idée du vers et de la strophe à peine surgie, je voyais et sentais que ce que je souhaitais m'était accordé. Il y avait déjà bien des livres sur notre Marne : aucun de ces volumes, même pensés par des poètes, disait-il la raison et l'esprit, l'origine et le sens moral de cette bataille tel qu'il était permis de l'espérer d'un simple bréviaire de vers dorés ? Avant d'y avoir réfléchi, je n'avais confiance que dans l'enseignement d'une belle chanson. Il importait fort peu que ce fût la mienne. Que la palme, cueillie ou par l'un ou par l'autre, ne le fût jamais de mes mains, ce n'était qu'un détail dont je n'éprouvais presque pas de peine. Je n'en ai pas non plus aujourd'hui. Il suffit que le beau diseur qui me vaincra puisse être défié d'avoir ressenti des douceurs plus profondes que celles qu'apporte et remporte le simple effort de la tentative en suspens. Tout le temps que cette haute poésie me possède, il me semble toucher aux sorts mêmes du monde, les peser, décider de la barbarie et de la civilisation affrontées, de Paris, de Rome et d'Athènes ou de Potsdam et de Königsberg ! Les déesses guerrières tendaient, sur l'horizon blafard de notre aurore, d'informes langes de sang que ravivait l'or magnifique d'un soleil que chaque lever rajeunit ; la marche m'emportait depuis mon quartier des journaux de nuit jusqu'au bord de la Seine, sans qu'une Marseillaise plus férocement déchaînée que la Furie sainte de Rude[280] cessât de hurler à tue-tête, bien que ce fût dans le plus silencieux de mon cœur, la charge régulière de l'esprit helléno-romain contre les déferlements germaniques au pied d'une muraille où n'arrivaient plus que leurs morts.

L'idée étreinte et possédée n'est pas allée au bout d'elle-même, mais sa douceur dit sa puissance, et je ne m'en suis jamais détaché. Parvenu au vers 450, j'aborde à peine le centre de mon sujet, et n'ai pas renoncé à le mener à bien. L'arrêt n'est qu'apparent, cette ligne de cippes continue d'aspirer à la

---

[279] Caius Marius, le général et homme d'État romain, sans doute cité ici en raison de ses victoires sur les Cimbres et les Teutons. (n.d.é.)
[280] François Rude, 1784–1855, sculpteur, auteur du groupe du *Départ des volontaires*, dit *La Marseillaise*, sur l'Arc de triomphe, à Paris. Les volontaires y apparaissent en légionnaires romains menés par une allégorie féminine hurlante. (n.d.é.)

colonnade accomplie. La paix signée n'y a rien fait comme pendant la guerre, le chant revient tantôt à l'improviste, tantôt sur quelque allusion des événements. Un trait de feu sort-il de l'horizon rhénan, l'éclair dépasse-t-il une cime hercynienne, le ciel spirituel chargé d'affinités et d'inimitiés millénaires déroule ses dizains nouveaux. Naturellement, il en meurt autant et plus qu'il n'en saurait naître, parce que je supprime autant que j'ajoute ; ce qui avait mille vers l'année dernière, en comptera-t-il plus de deux cents l'an prochain ? L'intéressant serait d'aboutir un jour ou un autre ! Finirai-je *la Marne* ? Ferai-je le dénombrement de ces héros, que je voudrais suivre aux Enfers ? Rapporterai-je leurs discours, leurs chants et leurs plaintes ? Pas mal de strophes en existent, trop peu au point pour être écrites. Si vive que soit la passion de toucher au but dès que le désir se ranime, nulle hâte ne m'éperonne, il semble que nos morts sacrés, les seuls à qui je sois redevable de la pieuse offrande intermittente, surtout nos orateurs, nos philosophes, nos poètes, veuillent me tenir compte du long et fidèle essor de ma volonté : ils me laissent conduire le poème à loisir. Il pourrira sur pied ou bien, « *comme mûrit le fruit* »[281], parviendra au terme tout seul. Mieux vaudrait le quitter inachevé, comme ce triste monde, que de le finir autrement qu'il ne se voit et qu'il ne se veut.

Mais je dois avouer qu'une autre chanson est venue se mettre en travers. Inachevée aussi, cette seconde fille de la guerre, née d'émotions voisines, différentes et non moins tyranniques, représente quelque chose de si neuf dans ma vie morale qu'il me faut la considérer comme le plus complet des retours opérés sur mon propre fond ; que je parvienne à me faire entendre, on en jugera.

Un événement d'ordre tout personnel en a fait le point de départ. Le premier trimestre, si cruel, si sanglant, de 1918, allait s'achever. Nous marchions, littéralement, dans le sang, et nous n'y pouvions rien. Nous voyions tomber, chaque jour, la plus chère fleur de nos amitiés, et de nouveaux malheurs pareils étaient assurés pour le lendemain. Il ne me semblait pas que la ration d'amertume pût s'aggraver, ni augmenter celle de l'horreur ; j'en étais à me croire presque blasé sur tous les deuils, lorsque, à la mi-mars, une dépêche d'Algérie m'annonça la fin subite de mon ami d'enfance, l'initiateur à la poésie de Musset et de *Calendal*, le familier de ma jeunesse que tous mes premiers compagnons parisiens ont connu, René de Saint-Pons. La sortie du collège nous avait séparés deux ou trois ans à peine,

---

[281] Jean Moréas, *Les Stances*, sixième livre, IV. (n.d.é.)

il m'eût bientôt rejoint au Quartier Latin, puis dans les journaux. Nous avions fini par écrire dans la même feuille et la vieille intimité se continuait de la sorte une bonne dizaine d'années. Malgré son droit d'aînesse, j'avais dû intervertir les rôles, car cet être charmant, comblé et orné sans mesure, s'était obstiné à ne rien tirer du présent des fées. Lui qui pouvait tout, même l'étude, même l'effort et le travail, je ne sais quel goût voluptueux de contemplation paresseuse l'empêchait de tendre sa volonté au-delà du strict nécessaire. Il avait l'enjouement, l'esprit, une drôlerie naturelle, avec cette facilité que Lamartine appelle la grâce du génie. Comment n'a-t-il même pas essayé de faire sa percée ? La chronique parisienne, le théâtre s'ouvraient à tous ses dons. Même par le livre, sa fantaisie, son esprit d'observation, le parfait équilibre des autres moyens auraient pu lui recruter rapidement un public. Mais la maladie s'en était mêlée.

Avant trente-cinq ans, il avait dû chercher son premier refuge au soleil. Je l'y suivis par la pensée. Plus de quinze ans d'éloignement ne réussirent pas à arrêter notre vie commune. Nous ne nous écrivions pas. Nous correspondions sans plume ni encre. De chaudes affections fraternelles interposées ne laissaient ignorer ni à l'un ni à l'autre la mémoire de notre cœur. Je crois bien lui avoir été aussi présent qu'il l'était resté à moi-même. Et voilà qu'il perdait, seul, sans moi, les biens et les maux de la vie ! Il était mort. Il laissait une petite enfant, parée d'un prénom de dame de cour d'amour qui suffirait à rappeler aux amis de son père l'un des vers de Mistral qu'il leur récitait volontiers :

O Princesso di Baus ! Ugueto
Sibilo, Blanco-Flour, Bausseto...[282]

La première nouvelle qu'il eût cessé de vivre ressemblait à la communication d'un non-sens. Il me fallut du temps pour m'y accoutumer. Lorsque l'idée en devint claire, je fus saisi d'un tel bourdonnement d'images de deuil que je n'y saurais comparer le choc d'aucun autre fléau.

Depuis quatre ans, les figures des morts qui m'avaient peu quitté me pressaient et me poursuivaient, et, comme je marchais un peu devant elles, c'était elles qui me rejoignaient et qui s'imposaient. Cette fois, au contraire, comme mis en chemin par le fantôme florissant de ce témoin de lointaine jeunesse, c'était moi qui courais au-devant de nos poursuivantes funèbres,

---

[282] Frédéric Mistral, *Calendal*. (n.d.é.)

leur parlais, les priais et les questionnais sur leur sort, sur le mien, ou plutôt sur le lien que la mort n'avait pu rompre entre elles et moi. Je mentirais en présentant cet interrogatoire des Ombres comme dérivé ou de la curiosité ou de l'angoisse du problème philosophique et religieux. Il ne s'agissait pas, au juste, de sonder notre avenir d'outre-tombe. Je ne tentais pas d'éclaircir quelle navigation lointaine entreprend le principe secret, l'impalpable souffle de vie (personnel ? ou impersonnel ?) qui ne me semble pas pouvoir ne pas survivre à notre cendre. Dans ces pensées nouvelles, ma spéculation roula uniquement sur le rapport matériel ou moral, sentiment ou idée, qui nous avait unis, cet ami disparu et moi. D'où venait, où allait, qu'était, en elle-même, cette chose tranchée, que je sentais survivre, saigner, et pleurer ? Mais de René aux autres, le passage était simple : celui-ci, celui-là et puis celle-là entre toutes, et ceux-là et ceux-ci qui m'avaient été arrachés, et moi à eux, à elle, et dont aucun ne me donnait la sensation d'un être indépendant et libre qui eût fait un mouvement naturel en s'en allant de son côté quand je restais du mien. Tous partaient et fuyaient comme si quelque chose du meilleur de moi s'arrachait. J'avais le sentiment de mourir avec eux et ensuite de recevoir, à travers la brûlure du mal de cette mort, un reste de leur vie qui fût comme l'échange du lambeau de mon être enfui. L'expérience ne laissait aucun doute sur ce que j'oserai appeler l'indivision naturelle ou la mise en société des plus larges espaces de la vie de nos cœurs. Ce cœur nommé le mien, dont je m'étais cru maître, d'autres tenaient à lui, autant que j'avais dû usurper pour ma part dans le cœur et la vie d'autrui. La mort ne séparait pas, elle écartelait. Si donc il existait des félicités consolantes, elles ne pouvaient tendre d'abord qu'à réunir, comme membres disjoints, ces âmes qui se fussent regrettées éternellement.

Pendant de longues heures, le premier plan de ma pensée fut ainsi occupé d'un même retour uniforme sur le grave mystère des sympathies. Dans la voix de mes morts, dans la voix de ceux que je savais en danger de mort, dans la voix de ces survivants éloignés qui, de gré ou de force, avaient cessé de se tenir dans mon voisinage moral, je distinguais de mieux en mieux la voix de la curiosité, de l'étonnement et aussi de mes découvertes.

Ai-je découvert plusieurs choses ? Je ne suis sûr que d'une, mais de conséquence assez grave car, de ce long *Colloque* avec tous les esprits du regret, du désir et de l'espérance qui forment le chœur de nos *Morts*, il ressortait avec clarté que l'humaine aventure ramenait indéfiniment sous mes yeux la même vérité sous les formes les plus diverses. Comment n'était-elle pas vue et dite plus couramment ? Nos maîtres platoniciens définissaient la vie par les métamorphoses de l'amitié et de l'amour ; cependant ont-ils explicitement relevé que nous courons à l'amour parce que nous en venons et que ceux qui se sont aimés pour nous faire naître ne peuvent nous lancer vers un autre but que le leur ? Origine et fin se recherchent, se poursuivent pour se confondre, cela est clair pour qui l'a senti une fois. L'autel de sang, le lit de feu ne fait pas naître, mais renaître, notre battement d'ailes tend à le retrouver pour nous y consumer et pour en repartir. Le cercle est douloureux parce qu'il est successif, parcouru point par point et qu'il intercale les espaces du temps, les divisions du lieu entre le départ et le but : le paradis consiste à contracter la courbe au point perpétuel où deux êtres distincts parviendront à goûter dans sa perfection l'unité.

Nous ne rêverions pas cet étrange bonheur si nous n'étions pas faits de lui. Nous voulons recouvrer, nous voulons recréer ce qu'ont découvert et perdu ceux qui nous procréèrent. L'expérience a été dite monotone : c'est qu'elle est manquée et déçue par la vie d'en bas. Mais l'imagination amoureuse n'est point à court ! La fumée de l'esprit n'inscrit sa spirale légère que pour tenter de plus heureuses fortunes là-haut. L'âme y porte la certitude qu'elle doit parvenir, de façon ou d'autre, au terme étincelant qui la complétera : je me sens trop pétri du rêve et de l'être d'autrui, ce qui n'est que de moi reste trop en deçà de ma réalité, et la pire des peines serait d'être réduit à me replier sur mon moi étroit pour n'en plus sortir ! La joie est l'état qui déborde. Elle extravase, elle transmigre. Large ou bornée, brève ou durable, elle ne tient jamais dans son enceinte pure ; elle rayonne à proportion des puissances de son foyer. L'être y jaillit de soi, pour être mieux lui-même : ce n'est pas autrement que, retenu et précipité, emporté et fixé, il accède à sa plénitude. Allumée au bûcher natal, nourrie du feu qui l'engendra, Psyché prétend sans honte à la couche des dieux parce qu'elle peut dire à ses père et mère s'ils s'en étonnent : — Fîtes-vous autre chose que de m'élancer d'où vous retombiez ?

Comment, je le répète, ce thème naturel de l'amour fils et père éternel de l'amour n'est-il pas un lieu commun de la poésie dans toutes les langues ? La pudeur du genre humain s'est contrainte sans doute à le murmurer sous des voiles. Perçant ces voiles, je n'étais pas moins étonné et confus de croire reconnaître un rudiment d'idée nouvelle dans ce que m'apportaient ces méditations effrénées. Tout ébloui de ma lumière, je ne cessais d'y être ému de ma solitude.

Non moins isolé et désert, non moins clair et splendide, apparut l'autre versant de la même chaîne d'idées lorsque j'eus découvert que la faim et la soif de la vie d'autrui ne s'arrêtent pas à l'amour ni même à l'amitié proprement dite. Cette faim, cette soif composent le plus clair de la vie courante de l'homme, quel que soit cet homme. Solitaire, égoïste, misanthrope, prétendu insensible, il n'est pas un cœur d'homme qui soit indifférent à la nécessaire présence, à la substance indispensable de son reflet vivant : il y est attiré par un appétit moral indomptable. Si ce n'est pas pour le traiter avec douceur, ce sera pour l'offenser ou le tourmenter, mais l'être humain veut l'être humain, et il le lui faut. La haine même rend un secret témoignage au très haut prix du frère qu'elle poursuit. Le frapper, le blesser, le tuer sont autant de manières de lui démontrer qu'il importe au-delà de tout et qu'on est incapable de se passer de lui. Les semblables s'attirent, même s'ils se repoussent : ô complémentaire éternel !

Ce théorème fondamental de la vie du cœur est encore corroboré par notre vie physique élémentaire. Notre faible corps se nourrit, se défend, se guérit par les mêmes voies que notre âme. Son plus grand ennemi serait la solitude. Pour résister à l'intempérie par les abris et le vêtement, pour tenir tête aux fauves, pour boire et pour manger, le primitif de la forêt, s'il est homme, doit commencer par satisfaire à l'obligation de recourir au ministère de l'homme, de se servir de l'homme, de consommer le fruit vivant des peines et des sueurs de l'homme. Le muscle et l'épiderme ont les mêmes exigences que le cerveau et le cœur. Quadruple anthropophage, l'homme a besoin de se repaître d'œuvres pétries de chair humaine et de sang humain ! Car il a besoin d'humaniser la nature, de la remplir de lui et de la former selon lui, faute d'avoir trouvé en elle ni le pain ni le vin, ni les tissus ni les murailles, ni le toit auxquels aspirait son désir. Le sort de notre individu requiert un tel degré d'industrie, de préparation et d'accommodation des premiers produits bruts de cette planète, que chacun de nous est réduit à souhaiter implicitement le concours, le labeur, le zèle et l'amitié d'autrui. Qu'il faille tuer, dépecer ou cuire un gibier, coudre des peaux, tailler des toiles, telle est l'économie corporelle de l'animal humain : elle ne se présenterait pas autrement qu'elle ne fait si elle résultait d'une providence désireuse de préparer un premier terrain à l'Amour, de lui aménager comme un premier substrat physique, les harmonies matérielles préludant aux affinités de l'esprit. Vivre, s'associer, aimer, finissent par apparaître de mêmes choses couvertes de noms variés par l'analyse qu'en ont faite nos esprits et nos sens. Elles expriment des inquiétudes et des mouvements de même source. Flammes nées de deux flammes, nous accourons à l'aimant de chaude lumière sur un champ électrique déjà formé de la substance de notre feu.

S'il ne peut dépendre de nous d'obtenir l'heureuse issue de cette poursuite, car la vie, et toute la vie, la mort, une mort inflexible, nous contrarient et nous traversent, il ne dépend ni de la vie ni de la mort de changer cette direction des fidélités naturelles : le rêve et le désir, le vœu et l'espérance seront de prolonger la course interrompue et de refaire, par un artifice ou par un autre, une présence et une existence aliénées. Nous connaissons les objections du tyrannique esprit critique, et nous les avons éprouvées de toute manière. Nous n'en contestons pas la haute poésie. Quel problème que la seule existence de la haine ! Et quel mystère que ce fait palpable de l'obscure et radicale méchanceté d'un être qui ne peut absolument rien que par une forme ou une autre de la bonté ! Cela est presque aussi accablant pour l'esprit que ce problème du Mal des choses au sein d'un univers dont les spectacles généraux paraissent attester certains partis pris bienveillants ou même complaisants pour le pauvre peuple des hommes. La dialectique de l'amour passe outre aux résistances, aux réticences mêmes de l'esprit d'examen. Elle nous emporte et nous traîne par tous les cieux. Elle y cherche, elle y redemande une éternité intellectuelle qui lui fasse revivre, comme le voulait Lamartine, *non plus grands, non plus beaux, mais pareils, mais les mêmes*[283] ces jours pleins, ces instants parfaits où la fibre a tenu, où le lien a duré, où ce qui était fait pour s'unir ne subissait amputation, rétraction ni déchirement.

Tandis que ces pensées, et bientôt les vers et les strophes qui les élevaient à la dignité de la poésie, roulaient comme des astres sur les parties liantes de mon esprit, il était impossible de ne pas reconnaître qu'elles me ramenaient dans les voies royales de l'antique espérance au terme desquelles souriait la bienveillance et la bienfaisance d'un Dieu. Quelle synthèse subjective pourrait aboutir autre part ? Mais, parallèlement à ce chemin montant que suivait la méditation comme une prière, se développait, sans la contredire, autre forme du même effort, le grave cantique viril, circonspect,

---

[283] Alphonse de Lamartine, *La Vigne et la Maison* :
   ... Pour y rebâtir ce doux seuil ?
   Non plus grand, non plus beau, mais pareil, mais le même
   Où l'instinct serre un cœur contre les cœurs qu'il aime. (n.d.é.)

examinateur, mais nullement timide, jamais découragé, des entreprises de l'action et de l'invention, de l'art audacieux et de la science victorieuse. Lorsque j'étais enfant, du même esprit dont je suivais la céleste ascension des âmes et des anges, il m'était arrivé d'imaginer un type de navire volant qui tournât le dos à la nuit pour suivre, à vitesse d'étoile, le flot de pourpre et d'or de ces couchants vermeils qui font briller aux yeux, et par là même au cœur, un autre rêve d'immortalité de joie et d'amour : entre cet ancien rêve personnel ainsi ranimé et celui, plus ancien, de tous les esprits de ma race, la composition n'avait pas à choisir. Comme une barque prise entre deux mouvements trouve de la douceur à les suivre l'un après l'autre, je me confiais à ce double cours balancé, avec une espèce de foi obscure, quelque chose assurant qu'à défaut de mon âme, le Poème saurait aborder quelque part.

Où allait, où s'en va l'étrange chanson ? Pour dire vrai, tant que dura la possession, l'obsession morale et rythmique et encore aujourd'hui quand elle me revient, il n'est rien qui me soit plus étranger que de désirer prendre des mesures et tirer des plans. Néanmoins, je ne sais jamais mieux à quoi je tends et par quelles voies. Il serait seulement très difficile de l'exprimer, fût-ce en simple prose, car si je le pouvais, tout serait fini et fixé. Je ne m'applique donc qu'à suivre sans désobéir je ne sais quel commandement émané des sauvages profondeurs naturelles où les Anciens plaçaient la genèse d'un songe, l'avertissement d'un démon. L'ordre une fois reçu, le thème donné, et le ton, le travail et l'art qui incombent à ma pensée expresse ressemblent moins à un effort qu'à la libre expansion de l'esprit par la voix. J'écrirais le mot de plaisir s'il ne s'agissait point de traduire un tragique et durable tremblement d'esprit et de cœur. N'avez-vous point nagé dans une eau diaphane ? N'avez-vous pas rêvé du vol sur les ondes de l'air ? Tels, des flots cristallins me portent, me soulèvent répondant au degré de l'élan volontaire qui surgit de mon souci pour l'égaler à ces dialogues du ciel.

— *Beatrice in suso ed' io en lei gardava,*[284]

disait le plus tendre et le plus conscient des poètes pour se rendre compte d'une de ces dictées, d'une de ces copies où le plus haut degré d'activité

---

[284] Dante, *Paradiso*, II, 22 : « Béatrice vers la hauteur, moi sur elle je suspends mon regard. » (n.d.é.)

mentale ne se comprend que sous une forme de dialogue et de dédoublement.

Lorsque, au chant III du *Paradis*, Dante demande à la bienheureuse Piccarda si elle n'ambitionne pas d'être promue à une sphère de plus grande félicité, ses yeux riants la montrent satisfaite de ce qu'elle a. Elle tient sa mesure, et elle a comblé son amour. Les plus avides d'entre nous entreverront-ils dans le sens de la parabole un tel état de grâce qu'il puisse lasser le désir ? Vers une chartreuse idéale parée et ordonnée pour la seule vie de l'esprit, quelle main me guidait ou quelle conscience délicate et vibrante de quel autre moi-même ? Quelle porte s'ouvrait au doigt mystérieux ? Quelle lampe fidèle, douce comme les yeux de Piccarda et de Béatrice, brillait sur des minutes où il n'importait guère que de ne rien fausser ni forcer, tant la masse puissante des sonorités décisives savait me réunir au jeu de ma pensée parce qu'elle venait de beaucoup plus loin que mon être ? Je n'étais plus rien que le rassemblement d'une énergie sans nom dans un effort d'attention pure, une simple et grave docilité. Voir, écouter, redire : le commun champ d'asile, avec les fosses découvertes et recouvertes qui nous attendent jusqu'au dernier, l'aire immense des séparations que rien ne console, puis l'arcade plus vaste, l'ouverture multipliée des Possibles, et toutes ses rencontres, toutes ses réunions, dans la maison du réveil des Morts élargie aux mesures de l'universelle respiration, le libre, le pieux essor offert à la fraternité de l'Être et des divers membres de l'Être, tout ce langage du *Colloque* où la Mort parle moins que la Vie, la Vie moins que l'Amour son père, ne m'appartient plus qu'à un titre de scribe consciencieux ; la vie de mon esprit n'aura servi qu'à l'ajuster aux sens supérieurs pleuvant comme une manne sur les faims muettes du cœur.

Rien qui soit mien ne m'est allé plus loin dans l'âme que ce poème, et rien n'est plus distinct de mon être réel. Comme au moment où j'ai commencé de le suivre, s'il plaisait de nouveau à l'esprit qui souffle et qui passe de m'en rapporter le rythme sacré pour me faire entreprendre un nouveau développement de ses harmonies, j'écouterais, je redirais, je me garderais de paraître de ma personne pour rien ajouter de mon fond à ces lamentations génériques de l'Homme sur les cercles décrits, d'une aile infatigable, dans l'unique poursuite de l'Ami, du Pareil et du Frère éternel.

Poésie est Théologie, affirme Boccace dans son commentaire de la *Divine Comédie*. Ontologie serait peut-être le vrai nom, car la Poésie porte surtout vers les racines de la connaissance de l'Être. Le savent bien tous ceux qui, sans boire la coupe, en ont reconnu le parfum !

VI. L'Art

Ordonner des idées pour qu'elles-mêmes rangent les syllabes des mots dans la raison et l'ordre du chant est-il chose permise à un poète du XXe siècle ?

M'étant permis bien davantage, s'il y a faute, je n'ai pas le droit de la réduire. Soit que j'aie poursuivi à travers les temps et les races la poésie de l'histoire de ma nation ou que, dans l'épaisseur des ténèbres intérieures, j'aie essayé de découvrir le fil mystérieux de l'être identique présent dans les êtres divers, afin de démêler ce que l'ami laisse engloutir, résorber et fondre de lui dans l'amitié, l'amant dans l'amour ou ce que le toi et le moi peuvent tout au contraire réserver l'un de l'autre et refuser à la fusion des deux flammes prédestinées : agitant de ces grandes choses, possédé du trouble de ces obscurités et du désir de lumière qui les dissipe, je ne suis pas rentré de la course et de la poursuite, comme la mère du Centaure[285], seulement imprégné et trempé des effluves du monde inconnu ; j'apporte sur mon poing, comme des oiseaux capturés, les clartés et les sons que la découverte rayonne. Que la découverte soit vraie, je le crois, je le dis, et, comme, en outre, je le chante, il n'y a pas la moindre illusion à me faire : cette chanson revient au plus bâtard de tous les genres littéraires, qui est le didactique, lequel est mort et enterré pour toujours, à ce qu'on me dit.

Il serait vain de rapporter ici les titres de noblesse de tout essai d'enseignement et de propagande confié à l'onde du vers. Trop de grands noms seraient à dire, de zone trop élevée ! Quelle que soit leur gloire, il paraît que « l'évolution » les condamne. Elle a mis un terme définitif à l'ère de ces tentatives, quelque fameux succès que celles-ci aient pu obtenir autrefois. On veut que le poème ne nous apprenne rien et montre de tout point une pure, parfaite et constante inutilité. J'aurais intérêt à penser là-dessus comme un maître-sot de ma connaissance. Les faiblesses de mon talent en bénéficieraient, et les torts de mon art seraient mis sur le dos du Destin et des grandes lois. Cependant, au sujet des lois du devenir, je ne peux

---

[285] Sans doute Philyra, fille d'Océan, la mère de Chiron, qui le conçut de Chronos alors qu'elle était transformée en jument. Elle aurait enseigné aux hommes l'art de faire du papier afin d'écrire dessus. L'allusion reste obscure. (n.d.é.)

m'empêcher de me demander qui donc en sait rien. Celui même qui nous les récite par cœur en serait moins sûr s'il n'oubliait pas que les mêmes âges de la poésie sont occupés des mouvements les plus divers et qu'entre toutes notre époque connaît et goûte des arts poétiques contraires : pour les uns, les matériaux du chant doivent s'exténuer et tomber à rien, pour les autres toute matière, fût-elle opaque et lourde, convient à la force chantante, comme ce rocher de Memnon[286] qui mettait en musique de la lumière. En réalité, le suprême schéma abréviatif de la poésie dite pure, n'est pas plus naturel, ni plus légitime que le système qui consent une place à la voix distincte, à la parole articulée des âmes et des corps. L'erreur est de croire que l'on annule l'autre, l'erreur est d'abolir toutes les transitions possibles entre les deux pôles extrêmes. M. Valéry, mallarmiste, finit par recouvrer une grande partie de ce que Mallarmé nous a retranché. Le pénétrant esprit d'un poète d'avant-garde, M. Guillaume Apollinaire, a laissé là-dessus de véritables prédictions testamentaires. Elles sont fort sensées, bien que faites à propos de ma *Bataille de la Marne*. À rétrécir la véritable portée du poème, on fait pis que les dessécheurs et stérilisateurs d'entre Racine et Chénier. Un certain parnassisme revenait à Delille.[287] Un certain symbolisme aussi.

Tous les genres restent ouverts, même le didactique. On ne saurait trop éviter de se laisser embarrasser d'aucune fausse honte de prosaïsmes apparents. Sinon, que faudrait-il penser de la poésie de tous les comiques ? Sinon, faudrait-il oublier que notre plus grand poète est Ponchon ?[288] Les enfants et les jeunes filles ont seuls licence de rêver que la poésie soit liée nécessairement au bruit de la rame sur le beau lac ou au savant arôme de quelque parfum distingué. Cela, si bon soit-il, n'est que pure matière. Et toutes les matières, si elles ne sont pas bonnes, peuvent le devenir. On en fera toujours quelque chose s'il y a lieu. Y a-t-il lieu ? Car tout est là. Professons avec fermeté que ce qui a sa raison d'être sera. Dès que le genre humain aura besoin de méditer ou de retenir, en peu de mots poignants et sonores, quelque vérité nécessaire, la leçon, portative et stable, sommaire et solide, du vers sera utilisée à coup sûr dans les directions les plus

---

[286] Le colosse de Memnon, à Thèbes, en Égypte, fameux pour laisser entendre au lever du soleil une faible plainte due à la dilatation de la quartzite dans laquelle il est sculpté. (n.d.é.)
[287] Jacques Delille, dit l'abbé Delille, 1738–1813, qui se consacra à la poésie descriptive savante, toute de périphrases. Il est souvent cité comme l'exemple des poètes sans originalité du XVIIIe siècle. (n.d.é.)
[288] Raoul Ponchon, 1848–1937, auquel Maurras a consacré une étude sous forme d'une lettre à Marcel Coulon, reprise dans *Poésie et Vérité* en 1944. (n.d.é.)

surprenantes. Que, par une hypothèse peu vraisemblable, je l'avoue, il y ait, un jour, un intérêt pathétique à rendre la loi écrite sensible au cœur d'une multitude distraite, rien n'interdit à quelque version de cinq codes en vers alexandrins de recevoir sa juste part du bouquet de la Muse : un professeur de droit en aura la feuille et la fleur.

Il n'y a que le vers pour tenir dans ses griffes d'or l'appareil éboulé de la connaissance. Déjà personne ne peut plus considérer sans un certain souci notre fatras d'interminables écrits en prose. Science, histoire, morale, controverse, roman, journaux, qui en fait la somme et le tour ? Un jour ou l'autre, de la terre ou du ciel, une brigade dévouée recevra la mission de trier ce qu'il faut disputer à l'oubli. Elle ne se composera que de poètes. Ils viendront, ils liront, ils prélèveront l'essentiel, ils le confieront à la strophe, ou à la stance, au tercet, au distique ou au vers, et, par cette arche salutaire qui allège et soulève tout, flottera, durera cette élite de vérités nouvelles qui doit s'incorporer à l'éducation, à la tradition, à la mémoire du sens commun libéré, tandis que le surplus des vieilles sagesses mort-nées achèvera de se dissoudre dans les ténèbres des caveaux où le poids de leur inertie les tire déjà. Les peuples d'autrefois ne lisaient point parce qu'ils n'avaient point de livres. Les peuples d'aujourd'hui en ont tant qu'ils ne lisent plus. Vienne donc le poème et vienne le chant qui sauvent le bien et le beau de naufrage dans l'océan de l'Illisible et dans la mer du Trépelu ![289]

Ce n'est pas autrement que la tragédie a sauvé l'énorme production romanesque du XVIIe siècle.

Cela suppose un vers très différent de la prose mais qui en ait retenu certaines qualités : ce qui est musical n'est pas nécessairement liquide, moelleux, melliflu. L'éducation du goût et de l'oreille sont à refaire. On les a pervertis d'une part, de l'autre intimidés. N'a-t-on pas reproché à Anatole France lui-même son *Heureux qui comme Adam...* ! Il paraît que cela sonnait trop dur aux tympans délicats. La *musique encor* de Verlaine[290] tomberait sous le même article du plus lâche des législateurs. Il ne faut interdire ni le ton direct ni un langage qui puisse paraître rude, non plus qu'un mouvement de style qui, portant, soulevant les choses familières, retienne à

---

[289] Référence à Rabelais, au chapitre VIII du *Gargantua* : « Qui vo' meut ? qui vous poinct ? qui vous dict ? que blanc signifie foy : et bleu fermeté ? Un (dictez vous) livre trepelu, qui se vend par les bisouars et portebailes on tiltre. » L'équivoque est entre un passé composé bouffon (*très pelu*) et *très peu lu*. (n.d.é.)

[290] Paul Verlaine, *Art poétique*, in *Jadis et naguère*, 1884. (n.d.é.)

distance les riens. Mais le bon vers évite toute manie ostentatoire, tout usage insistant et quasi exclusif d'un moyen rythmique ou d'un autre. Beaucoup de rimeurs s'y acharnent pour faire apprécier l'excellence d'un procédé ou pour faire connaître qu'ils ne l'ignorent point. Les finesses d'un beau métier agissent d'autant mieux qu'étant bien à leur place elles échappent au regard et sont libres de la tyrannie de l'affectation.

De même, il tient à peu de chose que l'abondance de mots soit qualité ou soit défaut. On en dira autant de l'abondance des images ou de la variété des rimes. Cela n'a rien d'indispensable, et les plus grands ont estimé qu'il suffit de peu de matière ; les arrangements les plus variés sont possibles avec un faible nombre d'éléments. Certes, n'en manquons pas, mais ne les accumulons pas sans raison. Il ne faut être ni opprimés ni privés. L'essentiel est la liberté du sens, car elle détermine le langage et le rythme. Libre des vieilles vocalises et redevenu attentif au cours essentiel des émotions et des sentiments, plus attentif aux idées-mères et, plus encore, à leur objet céleste ou mortel, le poète est rendu ainsi à lui-même. Il reprend l'usage de tous ses biens.

Pour ma part, quand la nouveauté de mon but me faisait hésiter entre les chemins, je n'ai pu m'empêcher d'éprouver que les plus anciennement battus étaient les meilleurs. Leur beauté me causait naturellement des surprises que la corruption littéraire de ma jeunesse faisait paraître assez comiques. Je ris encore de l'espèce de stupeur où me plongèrent mes premières tentatives de recours à la grande strophe lyrique de Malherbe, de Racine et de J.-B. Rousseau.[291] Quel beau son elle rend, par elle-même, indépendamment de la voix ! quelle vigueur en reçoit le faible langage ! Le quatrain liminaire à rimes entrecroisées dessine un vase, un socle ou un support, les rimes plates du distique lancent la tige droite d'où sort, à rimes embrassées, le bulbe florissant du quatrain terminal, et ce candélabre vivant planté à profusion suivant une loi rigoureuse détermine la plus magnifique avenue qui conduise les hommes à la cime illuminée de la poésie. Mais il ne faut pas s'y fier ! La voie qui brille est rude. Comme toujours, nos faibles forces espèrent trop de la médiation du sublime instrument. À l'usage de cette strophe incomparable, on découvre que des modes aussi puissants veulent la main des forts. L'humilité et le bon sens nous rabattent vers des moyens d'expression plus discrets, et c'est ainsi que j'ai abordé si souvent le vers de neuf syllabes qui, même après Verlaine, n'a pas encore obtenu

---

[291] Jean-Baptiste Rousseau, poète et dramaturge, 1670–1741. (n.d.é.)

l'honneur des réussites décourageantes. Les oreilles novices en ont été, je dois le dire, un peu choquées. Qu'elles se rassurent ! Ce vers-là n'est pas un intrus dans l'art poétique et l'auteur des plus carrés alexandrins de la langue française, ceux de l'*Ode à Louis XIII*[292], a fait aussi des vers neuvains : médiocres ou délicieux, ils peuvent garantir que le mètre est licite.

Parmi les poètes modernes, ceux qui auront le plus vieilli avaient exagéré la part de la rime. On l'a trop rabaissée depuis. Ayant partagé cette erreur, osons avouer que de belles rimes font le juste ornement du poème. Mais « nous avons toujours été persuadés » avec Voltaire « qu'il fallait rimer pour l'oreille et non pour les yeux. » Les fausses rimes sont à fuir. Je comprends qu'on excepte celles dont l'usage s'est incrusté sans égard aux justes variations du langage et aux changements légitimes de la prononciation. Lorsque le père Hugo faisait rimer le verbe *aimer* avec une *pierre à la mer*, on croyait devoir prononcer *à la mé*. On s'est aperçu du contraire, il faut dire aimer de la même façon que mer : *aimerr* disait le XVIe siècle. Le vieux cantique de Notre-Dame de la Garde, qui n'est pas normand, mais (quoique en langue d'oïl) marseillais, porte dans sa supplication des matelots :

> Qu'aucun écumeur de mer
> Ne puisse nous alarmer...
> Claire étoile de la mer
> Montrez-vous dans le danger...

Ce sont de simples archaïsmes. Les Marseillais ne disent pas *la mé*. La prétendue rime normande est l'organe témoin qui décèle la prononciation d'aïeux éloignés. Quand le poète a fantaisie de les commémorer, le lecteur complaisant doit s'y plier de bonne grâce, mais est-il sage de multiplier ces caprices de bon plaisir ?

Si les contemporains de notre théâtre classique prononçaient les finales en *ent* et en *ant* comme on fait aujourd'hui, la négligence de Corneille et de ses illustres rivaux aura été magnifique. Mais de leur temps peut-être l'usage marquait-il une différence plus faible qu'au nôtre entre *grand* et *rend*, *puissant* et *consent*, *entend* et *constant*, *tourment* et *amant*, qui se font un écho perpétuel dans leurs vers. Le souci de notre plaisir doit nous porter à confondre quelque peu *ent* et *ant* quand nous nous récitons des poèmes ainsi rimés. Mais, pour les vers que nous faisons, faut-il imiter nos Anciens jusqu'à

---

[292] Œuvre de François de Malherbe. (n.d.é.)

sacrifier la forte différence devenue familière aux hommes et aux femmes de notre siècle ? Qu'est-ce qui doit être exprimé, des caractères vrais de la parole vive ou des confusions anciennes que le progrès du verbe aura débrouillées ? Bien qu'il me soit souvent arrivé, comme aux camarades, d'accoupler *fervent* et *vivant*, mieux vaudra éviter la rimaison anachronique.

Au contraire, il n'est rien qui puisse me résoudre à sacrifier au préjugé de l'orthographe la substance sonore d'une rime réelle, quelque autorité qu'y oppose l'organe de la vue. Eh ! quoi, les *rochers nus de Saint-Jean-de-Doigt* riment parfaitement à *pensant à toi* dans le poème de Le Goffic, mais *Saint-Jean-des-Doigts*, s'il existait, n'y rimerait plus ! Les rimes *épanouis, nuits*, dans Musset, constitueraient une licence tolérable à cause des deux *s* qui les finissent, mais, faute de cet *s*, *lui*, qui rime fort bien à *nuit*, ne rimerait plus à *tu nuis* ! *Tien* va avec *appartient*, non avec *appartiens*. *Vin* rime à *il vint*, pas à *tu vins* ! Le *t* ne compte pas, l'*s* compte ! Quelle chinoiserie ! *Forêt* rime richement à *saurait* malgré les différences de l'orthographe : augmentez le d'un *s*, il ne rime plus, l'*s* s'y oppose formellement : pluriel et singulier ne doivent pas rimer. Essaieriez-vous de mettre le verbe au pluriel, *sauraient* ne rimerait pas mieux à *forêts :* la faute en est aux deux consonnes terminales qui, justement, ne sonnent pas, mais qui doivent être identiques à l'œil !... Non, c'est trop bête ! Finissons-en, revenons au réel. Dans la réalité, puisque *tend* rime beaucoup mieux à *temps* que le mot *étang* agrémenté du signe du pluriel, nous ne devons plus hésiter à terminer deux vers par des syllabes qui se répondent d'une façon aussi pleine, claire et sonore que *tend* et *temps*, *répands* et *Pan*, quelque fallacieux prétexte qui soit tiré de la présence ou de l'absence d'une lettre que nulle oreille ne peut saisir.

« Mais, m'écrit le poète Alfred Droin, ces mots-là ne riment pas entre eux ; les accoupler en fin de vers, c'est écorcher les yeux, les oreilles, blesser la raison et se moquer de Racine. » Tout beau, il s'agit au contraire de cesser d'offenser l'oreille, et que vient faire ici le mot de raison ? Ronsard avait raison de compter un pluriel qui se prononçait. Racine n'avait pas tort de tenir compte d'un souvenir de signe qui de son temps restait sensible. Deux cents ans après lui, le son qui se mourait a fini de s'éteindre, l'*s* à la fin des vers n'est plus qu'une de ces apostilles de copiste et de grammairien avec lesquelles les poètes de toute langue ont toujours pu jouer sans la moindre gêne. Le grec et le latin s'en délivraient à leur fantaisie. Nos poètes du XVIe les imitaient. Pourquoi ferions-nous autrement ?

Voilà un quart de siècle et plus que je n'ai presque pas de honte de faire rimer le pluriel et le singulier, même en des sonnets et ballades où les survivants du Parnasse m'accusaient de me dérober aux difficultés de la règle du jeu. Comme si, dans les poèmes à forme fixe, la répétition joyeuse des belles rimes avait pour fin réelle de vaincre une difficulté ! Elles ont pour fin le plaisir, ô mes maîtres d'école ! Elles ne sont là, les mots vous le disent, que pour faire sonner ou pour faire baller tout ce qui vit d'un peu gaillard parmi vos esprits animaux ! Si elles sont très pures, si elles chantent bien, si leur chant rebondit sur un riche tremplin de consonnes d'appui, il importe très peu à leur course sonore que, répondant à *ensemble*, le verbe *tremble* porte ou ne porte pas « nt ». Voilà ce que dit le simple mouvement de l'humeur. Ni Raoul Gineste[293], ni Albert Gayda[294] ne réussirent à me persuader du contraire en 1890. Après trente ans, Alfred Droin[295], Charles Derennes[296], Paul Bourget en personne peuvent me répéter que ça ne rime pas. Je réponds que ça rime, le premier auditeur sans préjugé le confessera.

La tradition ? Mais votre tradition est routine pure ; la vraie tradition donne ses motifs, où sont-ils ici ? Elle se défend par des raisons, où sont-elles ? On prétend que les yeux ne doivent pas être sevrés des récréations de l'oreille. Je souhaite bien du plaisir aux pauvres yeux avec les rimes normandes, avec les éditions anciennes des vieux poètes, avec leurs éditions modernes, avec les offenses supérieures que leur préparent des vers comme ceux-ci :

> Ne me réduisez point par cette dure loi
> Jusqu'à me plaindre au ciel de ce que je vous dois[297]

Ce n'est que du Molière. Faut-il du Racine ?

> Vizir, songez à vous, je vous en avertis.
> Et, sans compter sur moi, prenez votre parti[298]

---

[293] Raoul Gineste, 1849–1914, auteur parnassien. (n.d.é.)
[294] Il s'agit non d'*Albert* mais de Joseph Gayda, cité parmi les Félibres de Paris dans le numéro de la revue *La Plume* consacré au Félibrige et dirigé par Maurras en 1891 à l'occasion de la mort de Félix Roumanille. Laurent Tailhade lui dédia un poème. (n.d.é.)
[295] Alfred Droin, 1878–1967, poète et officier, compagnon de Lyautey. (n.d.é.)
[296] Charles Derennes, 1882–1930, romancier et poète. (n.d.é.)
[297] *Tartuffe*, acte IV, scène 3. (n.d.é.)
[298] *Bajazet*, acte II, scène 3. (n.d.é.)

L'œil de Droin est-il contenté ? Trouve-t-il indolore cette offense à son habitude oculaire de l'*s d'avertis* ? Si la Majesté de Racine en a disposé à son gré, nous ne sommes jamais ses sujets plus humbles que lorsque nous prenons un chemin qu'il a laissé ouvert. Notez que, sauf en un petit nombre de cas cristallisés comme *encor* pour *encore*, nous n'osons même plus commettre d'apocope. L'apocope est entrée dans la catégorie de ces « licences » que Théodore de Banville a proscrites de la poésie : le plus crédule de tous les siècles l'en aura cru ! L'intrépide courage de Maurice du Plessys[299] n'y fait rien : privée de ce tempérament légal, la rime pour l'œil est devenue deux fois plus tyrannique, on la paye deux fois plus cher.

De bons amis m'ont fait message et ambassade pour obtenir que je replace certain *s* grammatical délogé du premier vers de mon petit poème :

> Toi qui brille enjoncée au plus tendre du cœur,
> Beauté, fer éclatant...

Car, disait-on, rien n'était plus facile que d'écrire *luis* aux lieu et place de *brille* : tout rentrerait dans l'ordre ainsi.

Eh ! bien, non ! L'ordre ne peut pas consister à mettre le verbe *luire* quand la propriété du terme exige le verbe *briller*. Ce n'est pas la beauté, c'est l'espoir qui peut luire « comme un brin de paille dans l'étable »[300] : la beauté, elle, « brille » et, en poésie comme ailleurs, souhaite que les mots soient d'abord soumis à leur sens.

Revenons au sens, au bon sens. Je rime pour l'oreille, pour cette raison que je n'écris pas mes vers, je me les dis, je me les chante, me les redis, me les rechante ; entre le jour de leur naissance et celui de leur transcription, il peut s'écouler des années. Qu'ils soient écrits ou non, ils sont faits pour être chantés entre haut et bas, en allant et venant par les rues et par les chemins. Comment subordonner à l'orthographe la chanson ? Lorsque j'ai pris la plume, je me suis appliqué aux sons vrais : où il n'y a point de différence de prononciation, je n'en introduis pas d'imaginaires ; je ne sais pas nier de réelles identités.

J'avoue que la fidélité des grands maîtres à des différences de prononciation qui sont allées en déclinant pendant trois siècles aura eu un

---

[299] Maurice du Plessys, 1864–1924, disciple de Jean Moréas. (n.d.é.)
[300] Verlaine. [*L'Espoir luit comme un brin de paille...* est le texte III de la 3e section de *Sagesse*, 1880. (n.d.é.)]

grand avantage. Durant tout ce temps, on a dû mettre à part une catégorie de rimes riches et belles que personne n'a plus touchée. Je le compare à un vaste espace laissé en friche par des colons un peu distraits : inutile, à peine connu, on le tenait pour un fourré abrupt et stérile. C'est un verger plein de bons fruits qui se découvre tout à coup. Libre à nous d'y entrer, d'y cueillir dans leur nouveauté quantité de rimes de pluriel à singulier, de verbe à substantif, aussi étonnées du divorce de jadis que ravies et contentes des rencontres nouvelles ! Aussi parfaites que les autres, la fraîcheur de ces rimes et leur sonorité rendront le notable service de nous affranchir de la foule banale des accouplements sur lesquels le choix de vingt générations de poètes s'est attardé depuis Villon et Ronsard. Nos devanciers nous ont ménagé cette terre vierge quand ils ont resserré les frontières de leurs plaisirs. Déplaçons le poteau et, les remerciant, prenons, amassons, il est temps ! Devant la richesse flagrante de ces paradis retrouvés, que peut valoir, que peut compter un parasite d'orthographe qui jouerait le corps mort pour empoisonner les vivants ?

Sa règle ne vaut pas. Mais, vaudrait-elle, comment sacrifier à une abstraction juridique le surcroît de plaisirs que nous ouvre l'hymen si naturel de mots comme *virent* et *navire*, *triomphèrent* et *faire*, *terres* et *disputèrent* ou *pères* et *trompèrent* ? Ces consonances se désirent et elles se recherchent de toute éternité. Encore une fois, quand l'interdiction de les unir serait légitime, tant de beaux effets qui la violent paieraient et au-delà le prix du péché. Là nous portent le souffle libre et le mouvement naturel. Sous la loi ? Cela va sans dire, mais la vraie loi, la bonne : une loi qui dispense son plaisir à l'oreille, sa satisfaction à l'esprit. Les lois de l'esthétique règlent la joie, règlent l'amour : il faut donc qu'elles les admettent. Il faut qu'elles commencent par éviter de les tuer net.

Sur ce chapitre de la rime constituée par le son pur, nous serons donc pleinement révolutionnaires. C'est pour des raisons identiques qu'il faut nous montrer des conservateurs farouches sur l'article de l'*e* muet. Là, résistons. Cela importe. Pour les mêmes raisons.

Depuis cinquante et un ans que je lis la lettre moulée, il est certifié que l'*e* muet se meurt ou qu'il est mort. Nous avons sur ce point l'autorité de beaucoup de poètes décadents ou symbolistes auxquels font écho tous les professeurs évolutionnistes occupés de la « vie des mots » et des lettres qui les figurent. Mais nous avons aussi l'autorité de Landru. Dans une épître au juge d'instruction qui commence par le beau vers : « C'est ici qu'exilé de mon champêtre asile », l'assassin de femmes disait :

> Quel bras guide le jug(e).
> Par quel ordre enchaîné
> Un géni(e) malfaisant abrège mes années ?
> Quel signe aux ports lointains me rendra à jamais
> Ma chaumière et mon cœur demeurés à Gambais ?

Massacrer l'*e* de *juge* ou même celui de *génie* en des alexandrins de cette coupe pure appelait déjà le bourreau. Mais Landru est moins novateur qu'on ne le croirait. Cinquante ans après Racine, et un siècle même avant lui, des voix perfides alléguaient que notre versification faisait trop d'honneur à la désinence féminine imperceptible et fugace que la langue courante tendait à effacer. Voltaire a répondu que seule une oreille sauvage pouvait confondre le son d'*aimée* et celui d'*aimé*. Avec cet *e* muet, l'un des secrets principes d'enchantement de notre vers s'évanouirait. Que deviendraient Lamartine, Verlaine et les plus savants, les plus pénétrants et les plus subtils ? Et Racine ? Comment réciter le quatrain gourmand de Vicaire[301] :

> Hélas ! plus de foie
> Ni de pied farci
> Par bonheur voici
> Qu'on apporte l'oie !

Les *ci* sont brefs, les *oie* s'épandent et s'allongent ; bon gré mal gré, tout le monde les fait sentir à la récitation. Dans la parole vivante, j'*essaie* n'est pas j'*essaye*, mais sa finale est différente du son bref d'*essai*.

Le midi de la France a-t-il une tendance à exagérer l'importance de cet *e* qu'il a le tort de mal prononcer ? Eh ! bien, que le Midi, enfin reconnu bon ingrédient d'un composé français, aide l'*e* national à faire figure ! Sans que je puisse oser aller jusqu'à recommander l'usage de ces *eu* puissants dont le havrais Jules Tellier[302] savait marquer telles muettes des poèmes qu'il récitait avec une éloquence divine, l'on peut et l'on doit faire la part, la juste part des nuances que l'*e* muet représente à l'intérieur des bons vers. On ne la lui

---

[301] Gabriel Vicaire, 1848–1900. (n.d.é.)
[302] Jules Tellier, 1863–1889, écrivain et journaliste. (n.d.é.)

fera qu'en maintenant son rang syllabique, dût-on utiliser l'apocope, résolument et discrètement.

Comment tous les poètes un peu doués, comment tous les amis de la poésie n'en sont-ils pas d'accord ! Les excentricités de M. de Souza[303] ne conviennent qu'à lui, si elles lui conviennent, ce dont je suis peu sûr. Depuis que je l'ai vu déclarer « en zinc » quelques-uns des plus beaux vers de Raymond de la Tailhède ou récrire dans un ordre insensé la pure odelette de Moréas : « Je naquis au bord d'une mer dont la couleur passe... », rien ne m'étonnera de la part de ce bel esprit, pas même la surprise que lui donne l'accueil fait à ses mauvais rêves. M. de Souza se figure qu'on lui reproche de s'entourer de grammairiens, d'historiens, de musiciens et de psycho-physiciens munis de microphones et d'enregistreurs. On lui demande d'allonger, s'il le peut, un docte cortège qui ne sera parfait que lorsqu'il l'emploiera avec discernement. La disgrâce est de mal juger, ce n'est pas de beaucoup savoir. Voilà pour M. de Souza. Mais comment l'esprit délicat de Maurice Brillant[304] peut-il se laisser prendre aux erreurs similaires ? Comment fait-il pour ne pas tenir compte de l'essentiel ?

Alphonse Métérié[305] sait ce qu'il fait quand il joue à entre-rimer des brèves et des longues. La loi, puis le péché commis contre la loi le servent et servent la loi. C'est maintenir et accuser la loi que de la violer dans des strophes comme celle-ci :

> Oui, j'irai voir Venise
> Avec ma bien aimée
> — Dans l'église des lis,
> J'irai les yeux fermés.

Mais supprimer la loi, feindre de l'ignorer, tenir pour des équivalents purs et indiscernables l'*il* d'*exil* et celui d'*île*, l'*or* d'*encor* et celui d'*encore*, c'est oublier ou méconnaître la puissante vertu de l'allongement et de la contraction ; c'est abolir en son principe le moyen naturel de faire sentir le long et le bref ; c'est se priver d'un possible et précieux effet. Comment un

---

[303] Robert de Souza, 1865-1946, poète, lettré et esthète, connu pour avoir inspiré le plan d'urbanisme de Nice en 1932. (n.d.é.)
[304] Maurice Brillant, 1881-1953. (n.d.é.)
[305] Alphonse Métérié, 1887-1966, inspecteur des Beaux-arts et des Monuments historiques. (n.d.é.)

bon rimeur et un bon écrivain, comment un bon ami de la langue française échappe-t-il au sentiment des différences qu'il s'interdit d'utiliser ? Il les a sacrifiés, je veux bien, mais à quoi ? Qu'a-t-il gagné au sacrifice ? Je ne comprends pas M. Maurice Brillant.

Le destin de la belle syllabe prétendue morte ne peut être cédé aux vicissitudes du langage vivant, qui n'ont rien d'immortel ni de définitif, car elles sont aussi périssables et corrigibles. M. André Thérive[306] l'a bien établi. N'arrêtons pas le monde à Landru, ni aux chansons de *caf'conc*, ni à l'esprit de système. Les expériences du laboratoire de M. l'abbé Rousselot[307] arbitrent ce qui est et non ce qui doit être. Croyons-en l'exigence de l'utilité et de la beauté. Nous avons employé ce critère pour balayer la convention de l'*s* dont le rôle vocal est nul, dont nulle valeur ne découle. En maintenant l'*e* muet, en assurant sa durée et sa vie, l'on fait durer une fonction utile et belle, on sauve un moyen d'expression resté sensible et qu'on est toujours maître de faire mieux sentir.

Le plaisir essentiel de la poésie sollicite la claire prononciation de notre muette.[308] Si nos contemporains la négligent, c'est simple, il faut la rétablir. Mais il suffira de l'encourager à se manifester telle qu'elle existe chez les Français choisis et les Françaises privilégiées, nés où il faut, élevés et instruits comme il faut, quand ils parlent bien. J'ai reconnu le son de cette langue pure sur les lèvres de M. Anatole France lorsque, jadis, ce maître consentait à ouvrir devant nous le volume des *Noces*[309] pour réciter *Hellas, ô jeune fille*,

---

[306] André Thérive, 1891–1967, romancier, journaliste et critique littéraire. (n.d.é.)
[307] Jean Rousselot phonéticien et dialectologue, 1846–1924, fondateur de la phonétique expérimentale. (n.d.é.)
[308] En réponse à ces réflexions publiées dans la *Revue universelle* en novembre 1924, un ecclésiastique de la région du Nord m'a fait l'honneur de m'écrire : « Je reçus ici en 1921 un ancien élève du collège des Bénédictins anglais de Douai, maintenant curé en Angleterre ; dès le XVIe siècle, les Bénédictins, chassés par la persécution d'Élisabeth, eurent ici une maison où n'étaient admis que des étudiants d'Outre-Manche : M. Combes les a expulsés. Comme je priais le dit curé de me prononcer certains mots anglais difficiles, il me vanta beaucoup, entre autres réflexions, la langue française, et me dit : « Vous avez des sons inimitables, inconnus chez nous, des finales charmantes. Tenez, je viens d'entendre à Boulogne un sermon de Mgr Lecomte, évêque d'Amiens. Quel plaisir pour l'oreille que ces mots : Mes frères, mes frères... Je ne me rassasiais pas d'entendre ces muettes. » S'il avait connu La Fontaine, M. Green m'eût ajouté : « C'était merveille de l'ouïr... Il faisait des passages... ! » D'où il appert que l'*e* muet est l'un des secrets principes d'enchantement du discours, de tout discours français ; hormis peut-être la conversation toute familière, le langage français sollicite sa claire prononciation, l'étranger même peut sentir cela. »
[309] Les *Noces corinthiennes*, « drame antique en vers » d'Anatole France, paru en 1876. (n.d.é.)

ou *Hymen, hyménée, la vie éternelle,* ou *La Mer voluptueuse où chantaient les sirènes...* Cela date des sept ou huit années dans lesquelles j'ai eu l'honneur de recueillir sa parole vive. Plusieurs Françaises d'élite m'auront renouvelé le même plaisir.

De quelque façon que se tourne notre monde, le bon usage est exemplaire, la perfection n'est pas plus stérile que son contraire. Nous avons vu quel dégât introduisirent dans le langage les théories funestes d'après lesquelles il eût fallu réciter les vers comme de la prose. L'enseignement de la vérité a déjà réparé une partie du mal. Que n'obtiendraient des exercices pratiques bien conduits ! Il est impossible qu'un charme développé, senti, ne provoque point la copie et l'imitation bienfaisantes. Ne soyons pas inquiets. S'il est vrai que l'*e* s'amortisse légèrement çà et là, cela peut et doit encore servir à accentuer l'allongement compensateur qui mérite d'être porté entre les plus précieuses et les plus subtiles ressources de notre versification. Non, ce n'est point par cette brèche que les Barbares entreront.

VII. Aveu délibéré

En représentant ces débats sur le mètre et la coupe comme des discussions menées avec tel poète ou critique de notre temps, je viens de commettre une forte anticipation. Durant de très longues années, ces raisonnements sur notre art étaient restés des soliloques remplissant l'intervalle de mon éternelle chanson. Non plus que la chanson, ils ne sortaient pas de ma tête ; je n'avais pas le goût, ni le désir, ni le pouvoir d'en rien communiquer à âme qui vive et, comme l'a dit plaisamment Pierre Lasserre[310], ce lyrisme confidentiel aurait pu s'exprimer par des vers latins.

Mais, dans son ellipse éternelle, notre beau latin ne se prête pas toujours au vrai sens des idées connues et souffertes. Si je ne songeais pas à rimer pour autrui, je pensais moins encore à mettre des distances entre ces pauvres rimes et l'esprit familier qui me les dictait de si haut ! Ma langue maternelle répondait seule à l'exigence de la parole intérieure transcrite pour l'amour

---

[310] Pierre Lasserre (1867-1930) fut le premier critique littéraire de l'*Action française*. Il contribua puissamment à la querelle autour du romantisme par sa thèse en Sorbonne, en 1907, intitulée *Le romantisme français : essai sur la révolution dans les sentiments et dans les idées au XIXe siècle*. Il s'éloigna de l'*Action française* à partir de 1914, irrité par la vulgarisation qu'il estimait exagérée de ses idées. Il a exercé une certaine influence sur Carl Schmitt (*Politische Romantik*, 1921). (n.d.é.)

de sa vibrante vérité. Je m'étais habitué à faire ainsi ma société de la poésie, et le cercle sauvage ne manqua point de se resserrer durant la demi-solitude des années de la guerre ; dans l'heure même où je dédiais à la totalité de la nation française mon interminable rhapsodie de *La Marne*, je n'avais pas envie de la faire lire d'un seul Français.

Les choses en seraient restées là si un coup de hasard n'eût remis sur ma route l'homme le plus ivre de poésie que j'aie jamais connu : mon vieil ami, » pays » et condisciple Joachim Gasquet[311] fit son irruption dans cette vie secrète un certain soir de 1916 ; absent pour quelques heures de ce front de bataille où il s'égalait aux plus valeureux, il venait me parler d'un livre de méditations qu'il préparait sur la guerre et sur la victoire. Je l'entendis me confier ses idées sur l'Allemagne qui étaient d'une justesse, d'une sagesse et d'une bonté qu'il m'était impossible de méconnaître, étant celles-là même dont j'essayais de dresser le formulaire aussi succinct et aussi complet que possible. Ce formulaire étant rimé, quelques lambeaux m'en échappèrent, une citation en poussa une autre : notre Gasquet ne marchant point sans calepin, l'une des strophes, recueillie et transcrite tambour battant, s'en alla figurer en guise d'épigraphe sur le premier feuillet des *Bienfaits de la guerre*[312], lesquels parurent peu après. Au premier bruit de l'ode élaborée dans mon désert, Xavier de Magallon[313] était naturellement accouru. Poète subtil et ardent, tribun d'une incomparable éloquence, l'auteur de la *Prière à la Comtesse de Noailles* se ferait cuire à petit feu pour l'amour et l'illustration de la poésie. Avec ces compagnons, l'affaire était courue. Il fut de plus en plus question de mes vers entre nous. À chaque permission, ils arrivaient portant dans les yeux la demande : — *Pas de strophes nouvelles ?...* Il n'y en avait pas toujours, mais quelquefois. Je les disais, et, répétant telle ou telle autre, me vautrais sur la pente de funestes indiscrétions.

De là à publier, il n'y avait pas loin, en effet ! Quelque illusion que je me fisse, mes assiégeants n'en avaient pas, et leur pression s'accentuait sur une faible résistance. Ils « eurent » tout d'abord une vieille petite pièce qui fut imprimée par leurs soins. D'autres suivirent, et puis tout. Autant que l'on puisse distribuer les rôles entre les tentateurs, Magallon se chargeait de faire

---

[311] Joachim Gasquet, 1873-1921, surtout connu aujourd'hui pour son ouvrage sur Cézanne, qu'il put fréquenter abondamment car il était le fils d'un ami d'enfance du peintre. (n.d.é.)
[312] Œuvre de Joachim Gasquet, 1917. (n.d.é.)
[313] Xavier de Magallon d'Argens, 1866-1956, poète et journaliste, proche de Paul Déroulède et d'Édouard Drumont. (n.d.é.)

la sirène qui tirait les vers inécrits de leurs profondeurs et les changeait en promesses valables de textes dûment rédigés ; l'assaut suprême était donné par Joachim, et il emportait le morceau. Persuadant les gens qu'ils attendaient mes vers, il me fit croire que j'en préparais l'édition. Cher Monsieur Daniel Halévy, n'est-ce pas Joachim qui vous en parla le premier ? Lui ou son frère en poésie ou bien quelqu'un des leurs. Si ce n'est pas à leur manœuvre que j'ai dû d'être convié dans le cénacle de vos beaux Cahiers verts, je ne puis douter de l'effet de la dernière visite que me rendit Gasquet environ six semaines avant l'horreur de sa fin : le petit livre que voici étant déjà convenu entre vous et moi, Joachim s'était mis en tête de publier d'abord un cahier d'échantillons qu'il avait choisis de sa main. J'hésitai, répondant que vous en seriez mécontent. Il me rit au nez. Vous aviez été vu, adjuré, convaincu ; il avait aplani et arrangé tout... — *Mais je n'ai pas le temps...* — *Je l'ai eu, moi ! Et vois !* Mon recueil était fait, il l'avait dans sa poche, il s'était donné la peine de rechercher, coller, classer, parfois de copier ; cette amitié splendide, faisant tous les métiers, ne me laissait que le loisir de protester, de remercier, d'admirer. Ayant emporté le consentement et la gratitude, il ne revint plus. Lorsque les quinze cents ou deux mille exemplaires d'*Inscriptions*[314] furent prêts, notre pauvre ami dormait son premier sommeil dans la crypte de Saint-Pierre-de-Montrouge en attendant le vrai repos sur l'éperon de rocher au pays natal.

Quelques mois plus tard, je voulus visiter ce rocher d'Éguilles, qui est à quelques lieues de ma petite ville. Sachant que les plus belles fleurs de Provence croissaient auprès de cette tombe, je me demandais quels bouquets lui porter de nos champs arides. Ma mère, que j'avais encore, me conseilla d'aller couper du pin sur la colline, du laurier près du puits et, dans notre jardin, du cyprès avec une palme. Cette verdure austère, bien liée sur l'essieu, je fis la triste course sans autre compagnon que mes souvenirs de Gasquet. Ils étaient si nombreux que leur multitude ordonnée occupa toute la longueur de la route. Ce retour général sur les méandres de sa vie appelait, ranimait ses visages divers : l'écolier condisciple de mon jeune frère, le poète suivant ses classes dans la solitude des livres à travers la campagne d'Aix, puis le maître de chœur, l'animateur d'un peuple d'écrivains et de soldats, le jeune officier d'aventure, dont le masque vermeil hésitait entre la ressemblance divine de Phébus Apollon, père de toute lyre, et les traits légendaires de ce Garibaldi que nos paysans appellent encore *Galibardi* et

---

[314] À la Librairie de France. Épuisé.

qui brille parmi les héros éponymes du renouveau latin. Peu à peu, par l'effet du contraste tumultueux entre tant d'images d'un même ami, je croyais voir pâlir ce qui avait cerné sa figure mortelle : son effigie définitive se perdait dans les caractères de son peuple et de son pays tels que l'avaient traduit son goût forcené de sentir, de créer le beau, son désir surhumain d'appréhender la vérité pour la porter au bout du monde et, sans souci de la succession des jours et des nuits, sa passion de semer toute idée un peu juste dans les terres de l'avenir. Parole ingénieuse, habile, tendue au résultat ; enseignement d'une souplesse insinuante et rayonnante ; persuasion d'une irrésistible douceur ! Oui, bien plus que lui-même, il était tout d'abord sa race, sa nation. Ainsi son charme s'était-il imposé, si puissant ! Je m'en donnais cent preuves, mais j'étais l'exemple vivant : quel autre que lui m'eût tiré de mes bonnes ténèbres et, changeant la nature du chant platonicien scandé « pour moi et pour les muses », m'eût ramené parmi les hommes pour dire devant tous ce qui n'était voué qu'au passe-temps paisible d'un seul !

J'en revenais donc à moi-même. S'il s'était trompé en me jetant à la nage dans les eaux qu'il fendait d'un bras vigoureux, ce mentor à la barbe blonde avait agi dans la plénitude de la confiance et de la sincérité. Cependant qu'est-ce qui l'avait décidé ? Étaient-ce les élans d'une amitié ancienne, insatiable sur les marques d'estime qu'elle me faisait décerner ? Avait-il calculé que cette trahison d'ami servirait nos causes communes ? Les motifs échappent toujours. Mais, au cas d'une erreur, je ne voulais pas me tromper indéfiniment avec lui.

Nous abordions les pentes couvertes de platanes et d'oliviers, couronnées du château, de l'église et du cimetière. La vie personnelle de Joachim reparaissait : elle continuait d'évoquer mon passé. Il y avait un quart de siècle, je m'étais évadé de l'indécision et de l'angoisse intérieure sur le plan de l'action publique, dans ces clairs devoirs qu'on définit sans peine, qu'on pratique avec allégresse : était-il sage d'en sortir ? Combattant, à quoi bon déroger du bon rythme de la bataille ? Une plume devenue la sœur de l'épée retournerait-elle à l'emploi du simple instrument de musique ? Débrouilleur, assembleur, explicateur de pensées précises, à quoi bon revenir aux rapports trop subtils (et trop matériels aussi) que suscitent le nombre, le poids et la mesure des termes du Chant ? J'étais compris, suivi, pour des directions justes, des impulsions utiles : quel était le dédale où j'allais égarer, peut-être gaspiller un dépôt d'influences dont je devais un compte sévère à la patrie ? Mon alarme confuse regagnait de la force au fur et à mesure que le coteau gravi nous rapprochait des dernières demeures de Joachim. Je roulais attentivement dans mon cœur la signification de certains efforts politiques conduits près de leur terme et de certains autres que l'utile succès avait couronnés. Cette faveur publique obtenue, pour des idées et des doctrines, par de longues années de propagande impersonnelle, un futile poète l'aurait-il conquise jamais ?

Mais je doutais aussi de la futilité des poètes. « C'est sérieux », répétait la voix profonde de Moréas.

Nous étions arrivés. Madame Marie Gasquet nous ouvrait cette maison veuve, ce jardin toujours vert. Quand nous les eûmes parcourus, pièce à pièce et bosquet par bosquet, la filleule de Mistral nous conduisit au cimetière. Nous embrassâmes l'horizon qui s'étend du Ventoux à la montagne de la Victoire, des chaînes de l'Étoile et de l'Olympe jusqu'au rebord occidental creusé par nos Étangs, relevé vers la grande Mer. Le paysage qui rayonnait de cette tombe de poète, bien fait pour ennoblir toute réflexion, me faisait souvenir de la sentence par laquelle Auguste Comte a remarqué que la poésie est « plus vraie » « en un sens » que la philosophie elle-même.

Quel est ce sens ? me demandais-je. La vérité de la science porte sur le contenu de l'acquisition et des découvertes. La vérité de la poésie tient au mouvement de l'esprit qui médite, découvre, sait. Ainsi en a jugé ce naturaliste du XVIIIe siècle qui disait préférer au matériel de ses connaissances leur style, voulant dire le mode, la loi, l'ordre de leur mouvement. Cela, dit-il, est l'homme même, puisque telle est la forme que son esprit impose aux images d'un monde qu'il lui faut conquérir.

... Gravissons un degré encore, ou descendons-le, peu importe, jusqu'aux points d'incidence de la raison et du sentiment, des demi-ombres de l'instinct et des clartés de l'intelligence.

On les explique de cent manières, on ne peut les nier d'aucune. Du fond matériel des choses qui sont nôtres aux plus sublimes créatures de notre esprit, la communication et la pénétration ne cessent jamais et tout retentit en émotion pour nos sens de ce qui emporte et transfigure l'entendement. De là vient que, après avoir analysé les modes et les caractères de la vertu, Aristote éprouve la nécessité de lui dédier un hymne d'amour. De là aussi saint Thomas d'Aquin, ayant précisé la nature des miracles qui s'accomplissent sur l'autel, cède-t-il au besoin de leur chanter sa foi. Ces grands esprits n'avaient pas pu épuiser la substance de leur sujet par le discours qui le définit et le creuse. Il leur échappait et les débordait. Eux-mêmes s'échappaient et se débordaient jusqu'au chant.

Les deux puissances-mères de l'Esprit et du Monde convergent donc aux épanchements de la poésie. C'est pourquoi tout d'abord jamais l'âme ne se sent plus faible, plus ouverte ni moins en défense. Puis, presque aussitôt, transformée et multipliée par l'opération des vertus étrangères devenues siennes, elle se tend et se redresse, forte d'un élan neuf, d'une jeune science, pour dicter à l'Être étonné la volonté de sa cadence et le vœu de sa perfection. C'est ce que les Anciens exprimaient par le conte des fauves enchaînés sous la frêle main des poètes et par l'allégorie des pierres insensibles émues et déplacées à la seule voix de la Lyre pour l'essor de la construction. Il n'y a rien de plus mobile, fragile, fugitif que cette mélodie élevée d'un cœur d'homme ; il n'y a rien de plus consistant ni de plus durable. L'âme y subit le retentissement universel, mais sa réponse agit sur tout et tous, et c'est alors qu'Auguste Comte a le plus raison, toute chose terrestre se subordonne « en un sens » à la poésie.

Nous ne perdrons pas notre temps dans le calembour romantique sur les analogies des poètes avec les prophètes ou les rapports verbaux du dieu et du mot : relations de peu d'intérêt tant qu'elles sont bornées aux matières du chant et à ses organes. Qui s'en préoccupe à l'excès se laisse faire prisonnier par ce que Boileau nommait justement des « esclaves ». C'est le chant en lui-même, dans sa contexture essentielle, indépendante du sujet et de l'élément, qui révèle la vraie fonction du poème jailli de l'homme et faisant retour vers le Dieu. Heureux l'esprit terrestre qui en fut effleuré plus ou moins ! Mais plus heureux, osera-t-on dire parfois, oui, plus heureux encore cet esprit suspendu qui voyage sans cesse entre terre et ciel, portant de l'un à l'autre la communication. Dans ces migrations alternantes où notre Joachim Gasquet excella, heureux celui qui peut saisir l'échange régulier que se font, par degrés d'ascendance et de descendance mystique, les différents arts du poète avec ceux du guerrier, du législateur, du moraliste, du politique même, avec tous les arts généreux de la vie et de l'amour ! Il tient en main la coupe qui reçoit et qui verse, illumine et transforme, humanise et déifie toute la sainte flamme épanchée des soleils, en promesse aux soifs de la terre : « espérance et rêve de la jeunesse », « mémoire du passé », « foi dans l'année qui vient », « connaissance du vrai et du beau », « jouissance supérieure qui se rit de la tombe ». Comme un syllabaire de l'homme, ainsi débordait sur la plaine d'Aix, cœur de notre Provence et de notre latinité, la substantielle leçon que nous avait versée, à Gasquet et à moi, notre maître Mistral. Ainsi les souvenirs que gardait ce caveau de pierre dorée me rappelaient au sentiment de l'incomparable qualité de la poésie. Comment l'esprit qui prend une part, même indigne, à ces bienfaisances suprêmes pourrait-il perdre de son crédit parmi les Français ?

Mais ce n'était pas la question. Je ne demandais point si je continuerais à rimer ma joie et ma peine. Je voulais savoir s'il était expédient et convenable de le confier au public. Le tort n'est pas d'être poète, ou d'aimer le chant des poètes, mais de faire connaître ces modestes exercices de prosodie. Je n'aurais jamais songé de moi-même à un auditoire vivant. La seule juste sentence dont j'eusse rêvé tout d'abord était l'indifférence ou l'attention de ceux qui viendraient, après que mon pas éphémère serait effacé des chemins. Je réglais la difficulté par un arrangement de publications d'outre-tombe. À peine entrevu, ce recours m'avait paru bien prétentieux !

Néanmoins, de tout temps, cher Monsieur Daniel Halévy, et quand je vous faisais ma première promesse et quand je m'appliquais à ne jamais la révoquer formellement, une réflexion s'imposait et me poursuivait, celle-là même qui devenait la plus puissante, en ce moment, devant la dalle de Joachim. Ni la force des sympathies qui s'élevaient du grand cœur frappé de la foudre, ni l'influx sorti de ses cendres ne permettaient plus d'éviter de me demander jusqu'à quel point chacun peut vivre affranchi de devoirs envers les amitiés dont il est le centre et s'il est bien permis de leur faire un entier mystère de soi. Le silence, même fait de scrupule, est-il pur d'injustice ? L'École[315] enseignait que le Bien a la propriété de se répandre et de se diffuser naturellement. La poésie n'est-elle un bien ? Ou ce que j'y goûtais était-il un mal si radical qu'il y eût sujet de lui défendre de se montrer ? Les grandes réserves muettes déploient une ombre de dignité mais d'orgueil ou de secrète hostilité aux hommes. Une parole franche projette d'humbles rayons de bonne lumière.

Dès qu'un élément essentiel de nos actes et de nos pensées appartient au public, ne trompons-nous pas ce public, ne le volons nous pas un peu, en cachant tout à fait l'un des caractères de notre intime vie d'esprit ? Le philosophe, politique ou moraliste, qui dissimule sans raison ses bouts rimés n'est pas sans ressemblance avec ce notable citoyen passionné pour ses idées politiques ou religieuses, mais qui s'impose à lui-même et recommande à ses amis de n'en rien laisser voir. Un essor naturel appartient aux mesures du

---

[315] Désignation traditionnelle de la philosophie scolastique. (n.d.é.)

chant intérieur. Qu'il plaise ou non à tout le monde, vaille que vaille et *à dieu vat !* C'est le risque vital. Il sera compensé si l'amitié fertile en illusions heureuses fait de son côté sa moisson. Lorsque Gasquet se prévalait en souriant de sa victoire sur mes premiers respects humains, il ne manquait pas d'ajouter, à l'avantage de sa tyrannie, qu'il avait eu raison « en outre ! » C'est le point qui reste en suspens. Mais, à défaut d'un mérite littéraire qui justifierait tout, les convenances morales suffirent à me décider. Je ne contredisais, je n'hésitais plus quand je déposai sur la pierre d'Éguilles le pin qui exprimait les vertus de la terre, le laurier flamme de la Gloire, le cyprès témoin de la mort injuste et la palme annonçant la victoire sur la mort même : il me semblait que, sans cesser de décliner le titre ambitieux de poète, j'ajoutais aux présents rustiques, comme un hommage de surcroît, le manuscrit si anciennement désiré.

*V*oici donc, cher Monsieur, les feuilles annoncées de ces Musiques dues. S'il est quelque passant qui ouvre le volume, disons-lui que les pages y suivent l'ordre sur lequel l'auteur avança dans la vie. J'ai gardé au livre de « Prime » ce qui subsiste de présentable dans mes vers de jeunesse. Moins ancien d'une dizaine d'années, le livre de « None » conserve quelque reflet des jours d'extrême été que mordit rudement la flamme solaire : leurs vingt ans d'existence dans les caveaux de ma mémoire accordent à ces vers d'amour un privilège de poème posthume ; on les lira comme d'un mort. De beaucoup postérieur, le recueil dit des Inscriptions et des Sentences essaye de graver ce qu'il entre de poésie dans les profils de l'expérience et les songes de la raison. On a vu qu'il en était de même de certains « Poèmes en cours ». D'autres, comme celui où je me divertis à brouiller Œdipe et Oreste, participait de caprices d'imagination qui devront rentrer dans la règle. L'Ulysse qui est achevé se montre plus sage. Et tout ce pêle-mêle figure un peu de ce qu'un homme de mon âge peut nommer ses raisons de vivre. Il en est, de plus pressantes et de plus sérieuses. Mais de plus délicieuses, non. Rien peut-être n'égaie ces allègres délices de la création poétique, rien au monde ne ressemble mieux au bonheur. Quand on demande ce que c'est que le bonheur — action ? passion ? ou l'un et l'autre ? —, il faut bien répondre que l'homme est un complexe animal. Tour à tour, il accueille avec de semblables transports le sentiment aigu de la nature des choses, la vue sereine des essences, pourvu qu'elles soient belles et dignes de désir, enfin l'essai hardi d'une puissance qui soumette l'idée du monde et de la vie à son idée propre, qui la lie à son cœur et à sa pensée pour la transfigurer tôt ou tard dans sa flamme... De tous ces biens, quand il y pense, l'homme voudrait ne faire qu'un. Les amoureux s'y essayent de temps à autre. Le poète y songe toujours.

Corps glorieux ou la Vertu de Perfection

1928

Avis

L'explication et l'examen de *La Musique intérieure* m'ayant entraîné à écrire plusieurs chapitres de souvenirs ordonnés par la méditation et par l'analyse, ces Mémoires de mon esprit, comme on a bien voulu les appeler, ont paru à beaucoup de lecteurs comporter une suite.

Il serait difficile de la leur refuser. Ils en auront des nouvelles avant peu. En attendant, peut-être les feuillets que voici leur apporteront-ils un aperçu notable de certaines variations et croissances d'une pensée.

Ces *Corps Glorieux* peuvent témoigner de l'intime travail commencé à Athènes en 1896 et que je n'ai mis par écrit qu'à mon retour de Rome, trente ans plus tard.

I

Un récent voyage de deuil m'a fait traverser Rome au milieu du printemps, et les signes funèbres dont Palerme, Naples et Paestum m'avaient saturé prolongèrent, sur le forum et sur la voie sacrée, leur obsession d'arceaux rompus, de tours pendantes et de cippes pulvérulents ; les dalles concassées ou grêlées d'inscriptions douteuses m'y poursuivaient du sens uniforme de l'épitaphe *Ici repose* et surtout *ne repose plus*, la cendre même ayant volé par un interstice de sépulture.

On ne rêve pas de gai cimetière. Une contemplation profane de la mort est rarement sereine.

Mais l'horreur même a ses degrés, dont il me semble avoir descendu ici le dernier. Il y a la mort d'Orcagna[316] et des autres macabres ; il y a la mort de François Villon ; digne sœur de l'une et de l'autre, celle qui remplissait de sa majesté vide le plat désert du Champ romain me donnait des raisons nouvelles de ne pas oublier que j'ai vu dans Athènes une Parque fille d'Homère qui sourit à travers les pleurs.

Plus je hantais, de corps, ces dépouilles capitolines, plus les miroirs mouvants qu'élève la mémoire agitaient aux yeux de l'esprit ce que j'ai ressenti, il y a très longtemps, en un mois d'avril tout pareil, dans la petite nécropole du Céramique.[317]

II

Existe-t-elle encore ? Où est-elle, à présent ?

Les choses ont beaucoup changé, dit-on, depuis 1896. Les grands espaces qui s'étendaient jusqu'à la mer, de part et d'autre

---

[316] Andrea di Cione di Arcangelo, dit Orcagna, peintre et architecte florentin, 1308–1368. L'une de ses œuvres maîtresses est la fresque du *Triomphe de la Mort* au Campo Santo de Pise, réalisée en 1348, dont on a longtemps cru qu'elle dépeignait le climat d'horreur et d'épouvante qui régnait dans la ville pendant l'épidémie de peste noire. L'attribution comme la date, et donc l'intention, sont aujourd'hui contestées. *(Comme celle-ci les notes suivantes sont des notes des éditeurs.)*

[317] Nom de l'ancien quartier des potiers à Athènes. Il fut séparé en deux par les fortifications de Thémistocle, au début du Ve siècle avant J.-C., la partie extérieure servant de cimetière. En 1896, les fouilles archéologiques étaient à leur début ; le musée existant actuellement date de 1937.

des Longs Murs[318], sont aujourd'hui couverts de bâtisses neuves. Mais il doit subsister un faubourg de la Poterie, une route du Pirée. Le Céramique était par là. Pendant le jour, on l'abordait par les guichets du Dipylon ; la nuit, tout était clos officiellement, mais les petits tas de poussière et de cailloux posés de distance en distance contre le mur rendaient l'escalade facile. Que ces nuits étaient claires, et les astres amis ! Quel miel de rose et d'aubépine chargeait l'onde aérienne éveillée aux premiers flambeaux ! Des enchantements commençaient, qui, ne reviendront plus. Que, du moins, leur vestige garde le mouvement d'une jeunesse avide de savoir, de comprendre et d'utiliser !

III

Par une suite de petits tertres et de faibles vallonnements semés de longues asphodèles, montaient de place en place, comme des tableaux de marbre posés debout, ces lames de pierre tombale où les plus intelligents et les plus sensibles de notre race inscrivirent leur sentiment de ce que l'homme universel craint le plus.

Idée mystérieuse que je ne déchiffrai pas à première vue. Ai-je bien fini par l'atteindre ?

La nuit accorde un loisir presque sans limite. L'indécise clarté délie de tout respect humain. Que n'ai-je osé rêver et sentir près des endormis ! Après avoir, pour commencer, revu successivement leurs saintes figures, les avoir reconnues et presque appelées par leurs noms, je manquai rarement de me raffermir dans la certitude qu'elles enveloppaient quelque chose de notre cœur.

Nos tailleurs de pierre du Moyen Age célèbrent dans leurs cryptes la seule immortalité de l'esprit. Leur enthousiasme énergique nie la mort, ils lui font mordre sa poussière, c'est la force de leur prière et de leur foi ; belles mains réunies et tendues vers le ciel, pieds joints, grands corps d'ascètes allongés ou agenouillés, mais qui reposent dans la paix de leur salut... Les Athéniens ont fait, au contraire, un mélange du repos et du mouvement. Quelque chose y est pris au vol, avant la fuite de l'instant où le mort est devenu mort. Un adieu ? Non : l'au revoir, fixe, perpétuel. Regards échangés, mains serrées,

---

[318] Remparts antiques qui reliaient Athènes à son port du Pirée.

que l'on serrera de nouveau si l'on se revoit chez les mânes. Mais quels Mânes ? Demandons-le aux stèles, qui devaient le savoir un peu.

IV

De ces personnages, presque de grandeur naturelle, les uns en mouvement, d'autres immobiles, tout porterait à croire que les silhouettes marchantes sont de défunts qui partent, qui s'en vont. Elles semblent glisser par la route du fleuve bas.

Point du tout : le mort est assis, ce sont les survivants qui, debout, se déplacent, suivant le cours du flot de la vie ; amis, parents, enfants font les pas qui le laissent seul. Il ne bougera plus. Mais il n'affecte point la rigidité provisoire imputée au cadavre avant les fusions et les dissolutions que tous les réalistes à la Ligier Richier[319] aimeront à nous faire voir. Sur le marbre, les déchéances sont aussi absentes que la raideur. Les morts du Céramique gardent la beauté souple qui, humaine ou divine, brave le Temps. Seulement, le rayon de tristesse qu'ils laissent tomber est bien froid !

Le lieu commun tiré de l'indifférence (ou sérénité) de l'art grec ne peut servir ici, car l'aspect général de ces scènes de séparation est fort tendre. Mais l'émotion n'y est pas également répartie : si tous les personnages manifestent un peu de peine, ils n'en sont pas touchés dans la même mesure ; ce sont les survivants qui sont émus aux larmes devant le calme surprenant et presque scandaleux de leurs morts. Dans le bas-relief du Pêcheur, la vibration de la douleur qui vient de la veuve n'émeut, n'ébranle, n'obtient rien : tenu et saisi par la main, presque secoué par l'épaule, le disparu n'entend, ne voit que le Passeur, la Barque et le fil du Destin.

Le Pêcheur peut répondre que, adulte ou vieil homme, son temps est fait, sa coupe pleine ; que peut lui importer un anneau de surcroît dans la chaîne des jours ? Mais l'argument ne vaut plus rien devant la stèle voisine, *Hegêso*, belle, riche, prise en sa fleur : la merveilleuse fille de Proxénos[320], assise de profil sur un siège à clous d'or, considère un coffre à bijoux que lui entr'ouvre la jeune servante inclinée. Sa main joue de quelque collier. Le

---

[319] Sculpteur lorrain, né à Saint Mihiel vers 1500, mort en 1567 à Genève. Bien que converti tardivement au protestantisme, il laisse une œuvre dont l'essentiel est constitué de gisants édifiés dans les lieux de culte catholique, notamment à Saint Mihiel et à Bar-le-Duc.
[320] Le bas-relief représentant Hégêso, fille de Proxénos, est une stèle de marbre d'un mètre cinquante, découverte au Céramique en 1870, datant de 430 avant J.-C. environ.

visage, attentif à des biens perdus, n'exprime point de désespoir, ni même de regret très vif et c'est le mouvement de la servante qui accuse seul le vrai deuil. D'où vient donc une apparente résignation si facile ? La vierge de Sophocle s'est plainte de n'avoir pour lit nuptial que la tombe, la vierge d'Euripide pleure les délices du jour. « Hélas ! que le soleil est beau », dit notre Iphigénie dans la version de Moréas. Ou bien l'Heghêso n'aime rien, ou elle ne croit pas au sérieux de son infortune.

Je le lui demandai longtemps. Allongé sur le sol, d'où les profondeurs de la nuit m'induisaient à nimber toute sorte de songes, je me flattai de démêler que le sceau délicat qui fermait la grave figure aux curiosités du dehors, la défendant aussi contre la terreur ou l'angoisse, couvait sa foi secrète aux biens que recouvre la terre, et je réfléchissais qu'Heghêso ne se fût pas montrée moins sereine, ni moins pensive, la veille de ses noces avec un amant adoré, pour se représenter les hasards, les mystères du changement d'état, l'épreuve d'abord difficile ou pénible, avant le bonheur ! Tranquillement assise à la porte de l'Ombre, l'Athénienne ne rêve point que beauté et jeunesse puissent ne plus rien être que leur poids de cendre légère. De la forme divine que le marbre élançait, il éclôt un conseil de sage scepticisme qui détournera d'acquiescer à la ruine éternelle, comme au parti d'une incompréhensible et déraisonnable impiété. Le *Qui sait ?* que les âmes dures ont opposé aux promesses libératrices peut être rétorqué contre le chant sinistre des oiseaux de nuit. La Vierge au clair visage se fait un cas de conscience de croire vraiment à la mort. Plus qu'Iphigénie et mieux qu'Antigone, elle rêve autre chose. Demi-triste, demi-curieuse, mais en paix, on l'entend qui dit : — *Qu'en est-il ?*

V

Induction ?... Conjecture échafaudée sur un trop petit nombre de vestiges et de témoins ? Ces marbres n'ont-ils pas été taillés en des âges divers où les idées, les mœurs, en se succédant ont trop varié ? Ne torturons-nous pas des aveux pleins de doute et d'hésitation pour obtenir une réponse qui nous soit accessible et surtout fraternelle ? Est-ce que nous ne faisons pas parler ces muets ?

Hé ! plus haut que les voix que nous leur rêvons, s'élève le mot d'Antigone :

« Il était dans mes espérances... » Heghêso peut aller vers une autre maison, revêtir non un autre corps, mais une autre tunique : il lui reste interdit de se perdre en route, elle ni son espoir.

D'ailleurs, si, d'Heghêso, je passe à la stèle suivante, Eucolinê, l'enfant qui joue avec le chien, ses yeux distraits poursuivant à loisir un songe ; si je vais admirer, plus jeune de quelque cent ans, Corallion, femme d'Agathon, qui, assurée dans la beauté et dans l'amour, laisse au mari les larmes et les autres marques de la douleur ; ou près de leurs voisines funèbres, Euphrosine, Pamphile, il faut bien rapporter ces compositions similaires au même principe apaisant. Ailleurs, la mort irrite ou consterne parce que, destruction ou métamorphose, elle fait violence à la forme. Mais c'est en vain qu'un grand poète sacrilège a osé écrire

La matière demeure et la forme se perd.[321]

Non, la forme ne se perd pas ici. La matière peut courir et tourbillonner. Les Lois sont fixes, elles durent : « ordre de l'insertion et de l'involution éternel au même rameau ». D'autres Parques ménagent le salut de l'esprit de vie, loi et forme de la pensée : pourquoi la Parque athénienne ne serait-elle pas appliquée à sauver des séparations de la tombe ces parcelles sublimes que promet à l'âme inflétrie un corps indigne de périr ?

Tel était l'enchaînement des rêveries de ce lumineux cimetière ; mon malheur a voulu que les nuits, encore plus douces que savantes, s'y soient, toujours et toutes, terminées par un bon sommeil en plein air, qui renvoyait au lendemain la fin de l'étude. La solution ne put être trouvée au Céramique, mais, sur la fin de ma saison athénienne, au Musée national, rue de Patissia.

VI

Ce fut le jour où m'apparut la stèle incomparable que l'on peut appeler *Le Jeune Homme pleuré*. Un beau héros en fait le centre. Non au juste un éphèbe. Ou l'éphèbe mûri, grandi, conduit à l'extrême minute de son printemps viril. On l'a figuré au repos, ni debout ni assis, adossé par les reins contre une sorte de plinthe, comme pour

---

[321] Dernier vers du poème de Ronsard *Contre les bûcherons de la forest de Gastine*.

préserver de tout risque de changement cette souple stature, cette poitrine pleine de gloire, ces rondes épaules qui portent une tête de demi-dieu.

Devant un pareil assemblage de perfections et d'harmonies, rions du critique qui parle de mélancolie dans l'attitude ou dans le regard. Ce beau corps sera regretté, il ne regrette pas. Non plus qu'il ne regarde ! L'âme, ferme comme la chair, donne de l'émotion, sans en recevoir. Un chien fidèle s'est couché en flairant quelque trace lointaine de vie qui s'évapore. Un petit esclave prostré cache sa douleur. Et, surtout, debout près de lui, plus rigide que lui, son vieux père atterré, la main à la barbe, étouffe un sanglot.

Le héros apercevra-t-il ses trois amis en larmes ? Ils ne parviendront pas à le tirer de son nouvel ordre. Car, s'ils gémissent *qu'il n'est plus*, ne l'entendent-ils pas répliquer : « Non. Je suis » ?

VII

Mais gardons-nous de murmurer au *Jeune Homme pleuré* le vers faussement sibyllin :

Tel qu'en lui-même enfin l'éternité le change[322],

il ferait contre-sens. Le *Jeune Homme* qui pénètre dans l'éternel ne va pas revêtir une personnalité plus profonde, ni une ressemblance exacte de quelque moi caché. Loin de rien devenir, le voilà qui reste. Il reste bien ce qu'il était, à l'abri de tout changement, aussi incapable de varier de figure et de forme que ne l'a été Heghêso ou l'une quelconque des figurines, ses sœurs, qui font revivre Athènes antique, mais que la jeune Athènes a vues passer et repasser sur les esplanades, errer sous les portiques, babiller sur le pas des petites maisons. Nul vain idéalisme. Les réalités prises et retenues, mais à leur meilleur point. Lorsque Poussin donnait les belles colonnes de la Maison carrée pour de *vieilles copies* des *belles filles* de Nîmes, il continuait sans le savoir l'état d'esprit des copistes d'Athènes, ivres d'un dieu, mais attentifs aux ressemblances d'un portrait.

Qui n'a vu, sur un lit funèbre, de beaux visages que la mort a su rajeunir de vingt ans ? Elle les a rendus au sommet de leur perfection.

---

[322] Premier vers du poème de Mallarmé le *Tombeau d'Edgar Poe*.

Le ciseau et la main des tailleurs de ce marbre, l'intention de leur esprit, si l'on veut la suivre, donne à entendre ou laisse voir que ces splendeurs vivantes, épanouies au juste point, sont présumées avoir effleuré, atteint et goûté, par une pointe vive de leur existence mortelle, la minute, l'heure ou le jour, passé sans doute, mais parfait, par lequel, approchant le Dieu, l'Homme ravit le feu céleste ou peut-être en reçoit, dans un éclair, le sceau de l'incorruptible essentiel. Ce point du temps où meurt le temps se reconnaît sans doute à ce que chaque être y retrouve le plus beau de soi. Le flot se tend, la voile gonfle ; ainsi l'homme s'accroît pour accomplir son type, aspirer son destin et contempler sans honte la ligne d'horizon qui, seule, le définira. Ensemble ou tour à tour, le rêve et la mémoire lui rapportent son état plénier de félicité et d'effort, de labeur et de grâce, de dignes ambitions et de volontés couronnées. C'est là qu'est fait le juste compte de tous les autres points, moyens ou même bas, de la courbe terrestre, l'apogée seul offrant une fleur éligible au Jardinier divin qui la rende au cycle immortel, auquel l'a inclinée le grand vent du désir qui la meut, comme toute chose.

VIII

Platonisme ? On donne un peu trop volontiers ce nom à tout bon et beau songe. Mais Platon a souri au milieu de ces stèles blanches, causé et plaisanté avec leurs ouvriers. Serait-il extraordinaire qu'il eût réfléchi ou conclu à peu près comme eux, ou eux comme lui ? Rien n'empêche qu'un jour ou l'autre, au détour d'un mythe léger, tous soient tombés d'accord de décerner quelque privilège sublime aux calices comblés, aux fruits mûrs, aux perfections pures. Les auditeurs de Platon et Platon lui-même devaient voir aussi bien que nous comment un être fait retour au sol nourricier. Mais avant cette déhiscence universelle, quand cet être tendait d'un mouvement unique du côté des voûtes sublimes, est-il donc impossible que la tablette du cristal supérieur que le Démiurge entaille et colore en ait reçu, gardé une sorte de double, une manière de reflet ; non une ombre, mais une gloire, qui saisisse et conserve ce qui put apparaître comme un bien de passage, mais que tout prédestine à la station de l'immuable et du définitif, à l'éblouissante fixité du beau et du saint ?

Les artisans recueillaient-ils sans trop d'erreurs ce platonisme ? Cela est d'autant plus croyable qu'ils l'aidaient peut-être à se préciser. De son côté, le grand poète voyageur fils des rois, après avoir écouté, consulté les uns et les autres, pouvait presser, même brusquer la conclusion et élargir la route de sa pensée, pour en assouplir la conduite. Si cela n'est point vrai, il reste qu'on ne l'imagine pas sans plaisir... Peu s'en faut que l'on n'évoque le même maître appliqué à manier leurs outils d'art industriel. Est-ce que le pli de telle bouche, amer et doux, éloquent et recueilli, n'accuse pas quelque chose de plus que son influence ?... Pour une raison ou une autre, il n'est rien ici qui n'en soit marqué, Athènes le publie, comme il publie Athènes. Sa doctrine est chargée de beaucoup d'importations étrangères, l'accent athénien est sensible partout.

Ses paradis sont peints sur un ciel attique très pur. Mais on se demande sans cesse pourquoi faut-il qu'il ne les ait pas mis en vers !

IX

De son rêve logique et théologique, de ces méditations lapidaires sur les droits ou les prétentions de notre Heure parfaite au couronnement éternel, il serait chimérique de vouloir saisir la formule ou écrire l'histoire, l'une et l'autre fort sinueuses, avant Platon comme après lui, à travers l'Attique, l'Ionie et la Grande Grèce.

Arrivé là, et sans céder à la vieille rage teutonne d'opposer aux Grecs les Latins, on peut penser que des races moins fines, d'esprit moins libre, doivent défigurer l'idée pure ou la détourner en se bornant à la prendre au mot. C'est ce qu'il semble bien que ceux de Rome aient fait. Ils en ont pris et laissé, soit ! Mais, avec leur manière de tout loger dans le réel immédiat et de tout réduire au pratique, l'erreur a été plus sensible que le bon choix.

La culture hellénique avait formé beaucoup d'entre eux. Elle en avait même introduit quelques-uns, presque de plain-pied, tel l'auteur du *Songe de Scipion*[323], à des spéculations tout à fait correctes et justes. La plupart néanmoins ne purent aborder ce thème du Divin touché, ravi, communiqué, dans sa splendeur atteinte, sur une crête enfin domptée, sans y coudre aussitôt l'épilogue brutal que des hommes d'action à forte vie intérieure devaient tirer de la perfection du désir ou de la perfection du devoir : *le désir de finir la vie si la coupe en était vidée ; le devoir de quitter la vie si la haute somme en était conquise.*

---

[323] Texte de conclusion du *De Republica* de Cicéron, qui sera longuement commenté au Ve siècle par le philosophe néo-platonicien Macrobe.

Le vœu du suicide succéda au dessein d'une vie surhumaine. Il appartenait à ces moralistes de fonder cette poésie.

Mettons-nous à la place du mâle Romain, si peu philosophe, mais consciencieux ; il portait dans les deux domaines contigus, vertu et plaisir, le goût sérieux de modeler sa propre statue et la volonté rigoureuse de tout obtenir de lui-même pour composer sa dignité comme son bonheur. Plaçons cet homme en face du banquet de son Souverain Bien, une fois qu'il l'a goûté, dévoré. Le premier mouvement sera de tout y arrêter : sa tête, son souffle, son cœur. Quand une âme comblée crée et poursuit, de cette énergie solitaire, l'édification d'un destin, il y a peu d'espoir de lui persuader de prolonger son risque si les chances heureuses ont été courues et cueillies. Ce qui ne fit guère qu'orner et embellir la mort à Athènes devait à Rome la hâter.

La « limite » touchée devint pisithanate, et des mœurs nouvelles naquirent de son conseil ; les élégants de la fin de la République et tous ceux de l'Empire se divertirent à en tirer un Art subtil non de bien vivre, non même de bien mourir, mais de se résoudre à la mort.

X

Depuis, toutes les heures de découragement moral et religieux de l'humanité ont été émues et marquées du souvenir et du souci des mêmes jactances lugubres.

Nourris du poème *De la nature* ou de l'*Histoire auguste*, beaucoup d'esprits, dans nos générations les plus récentes, se révélèrent plus que sensibles à la double incantation ; ils se représentèrent avec le même amour, les uns la beauté, les autres la béatitude, dans la mort élue et fatale ! *Letifera experiens gaudia*[324], disait déjà notre père Ausone, qui en a bien rêvé, s'il ne les a point pratiquées.

À la fascination logique d'un système d'idées se combinait une voix des cœurs altérés. Au charme de l'idée plausible, la fureur consciente et le jet brûlant d'un plaisir que la vitesse de sa propre fuite épouvante. Arrêter, c'est

---

[324] Ausone, épigramme 98 : *Aspice quam blandae necis ambitione iruatur letifera experiens gaudia, pulcher Hylas. Oscula et infestos inter moriturus amores ancipites patitur Naidas Eumenidas.* Soit : « Vois comme le beau jeune Hylas aspire aux voluptés d'une fin si douce, comme il en savoure les délices mortelles ! Il va périr au milieu des baisers, des amours qui le tuent, sans savoir s'il est victime des Naïades ou des Euménides (des Furies) ».

perpétuer. Mourir fut le vœu naturel, comme il suffit pour m'en convaincre de fouiller mes jeunes archives :

> Le torrent de ma vie coulait si généreux, avec une flamme si belle, que les coupes de fleurs, leurs jardins, leurs forêts, abîmes de vie printanière, m'y semblaient nés de moi, éclos de ma propre vigueur. C'est alors, mon Eucher, que je vins à me mettre à mort... Je distinguai que mon état allait encourir une déchéance, ma joie s'amoindrir d'un degré, et je ne sais quel point douloureux s'y substituer... C'est à quoi je ne pus tenter de résoudre mon cœur. Je l'ai percé, ce cœur, tout fumant de béatitude. Voilà ce qui me vaut un repos si doux sous la mer.

Ainsi monologuait, voilà plus de trente ans, dans le livre de ma jeunesse, le héros innommé d'un petit récit fabuleux, teinté de Lampride[325] et de Baudelaire.

Son état d'esprit est décrit dans *Eucher de l'île*, cinquième conte de mon *Chemin de Paradis*.[326]

> Quand notre cœur a fait une fois sa vendange
> Vivre est un mal ! C'est un secret de tous connu...[327]

Il était répondu, de voix plus humaine, car on y glissait un espoir :

> Éphèbe, perfection de la pleine félicité, te voilà éternel...

et, quant au surplus de ta vie,

> pour t'en être éloigné, dès tes premières joies, avant qu'elles fussent flétries, l'abîme entier conserve tes restes florissants...

---

[325] Benoît Lampride, poète italien du début du XVIe siècle, protégé du pape Léon X. Après la mort de ce dernier, il vécut à Padoue puis à Mantoue.
[326] *Eucher de l'île, ou la naissance de la sensibilité*, est le second conte de la série « Voluptés » du *Chemin de Paradis*.
[327] Baudelaire, *Les Fleurs du Mal*, XL, *Semper eadem*, vers 3 et 4.

Langage pur de l'âme avide et des fantaisies saturées. Mais le raisonneur aposté à tout coin du même volume y saisit des occasions d'affirmer et de formuler, dans un style fort cru, que non seulement il est naturel, mais aussi parfaitement juste et profondément bon qu'un trait mortel s'élance des félicités achevées ; dès qu'il confine à ce qu'il appelle le Dieu, l'homme n'a que faire de vivre, ayant reçu et dépensé, fait et donné le plein de soi. L'un de mes personnages[328], forcené mathématicien, comme il en poussait entre Sybaris et Tarente, ajoute à sa propre décision de périr un véritable jugement capital, suivi de mise à mort, contre un ami hardi qui a survécu au Bonheur ; de l'avoir traversé équivaut à le transgresser, marque-t-il dans le récit du *Jour des Grâces*. L'extravagant se donne pour disciple de Pythagore. Le certain est qu'il n'avait pas mis le pied dans Athènes.

On doit en dire autant du jeune Provençal[329] qui, vers 1894, restaurait ces fausses mesures. Mais celui-ci, deux ans plus tard, connut le seuil et l'initiation de Pallas.

XI

C'est que la sagesse athénienne n'aura jamais rêvé de recourir au fer et au sang, pour arrêter le Bien ou le Beau dans leur fuite. Douce modération qui sort d'une cause assez simple. Il lui suffisait de n'avoir tenu aucun compte sérieux de ces humbles déchéances matérielles de toute vie auxquelles se heurta, pitoyablement, la sensibilité des réalistes Latins. Un peuple d'hommes d'imagination en avait pris son parti d'une âme légère.

La vie s'écoule flot à flot, la mort saisit ce qu'elle veut, c'est affaire à l'une et à l'autre.

---

[328] Dans *Le Jour des Grâces*, second conte de la série « Harmonies » du *Chemin de Paradis*, le vieil Euphorion tue, pour que l'ordre des choses soit respecté, l'impudent Syron qui avait osé prétendre survivre après avoir connu la félicité.

[329] Maurras lui-même. La préface de la première édition du *Chemin de Paradis*, adressée à Frédéric Amouretti, est datée de mai 1894. Mais les neuf contes qui composent le recueil avaient été pour certains publiés auparavant dans diverses revues.

Cueillie ou non dans son été, la pomme de Sapho[330] sèche et se décompose, à moins qu'elle ne reçoive en partage le sort de cette Belle Vieille que le poète cavalier ne se lassa point de louer :

> Sous des cheveux châtains et sous des cheveux gris ![331]

La course des saisons et le tour des années sont des misères qui intéressent superficiellement l'esprit généreux. Que la beauté subisse, une fois flétrie, sa sentence ! On ne peut que lui souhaiter de se maintenir le plus haut possible, courageuse et pieuse, résignée et soumise aux bonnes lois mères du monde, qu'elle refusera de contredire en quittant d'elle-même le poste assigné. Mais, quand son lot sera tiré, que le dernier souffle sera rendu, toute force épuisée, fonctions et destins révolus, quand, infime ou sublime, élyséenne ou empyrée, la Récréation surhumaine commencera, sur la « pâle prairie » ou dans le chœur des astres, alors chacun se reverra, chargé, sans en plier, de tout ce qui valut en lui et replacé au juste point de sa pleine gloire accomplie. Seul importe ce point avec sa vertu. Le reste périt tout entier. Telle, la préparation. Tel, le tâtonnement. Et tels, le squelette ou la cendre.

Ayant vécu comme on a pu, l'on revit enfin comme on doit, réintégré au juste éclair de sainte minute enflammée...

Il n'est pas de plus libre rêve, et l'on aura raison de me demander comment il a pu naître si simple et si beau dans Athènes.

XII

Les premiers prédicateurs du christianisme furent frappés de l'esprit religieux qui, même en un siècle déchu, animait encore les Athéniens. Si la romaine solidité morale était peu commune chez eux, leur image de la divinité était vive et pure. Ils étaient dévots comme des

---

[330] Poème de Sapho :
> Telle la pomme savoureuse
> Rouge au bout même de la branche,
> Là-haut, sur la plus haute branche.
> Ah ! Les cueilleurs l'ont oubliée.
> Non, ils ne l'ont pas oubliée ;
> Ils n'ont pas pu y arriver.

(Traduction Renée Vivien)
[331] *La Belle Vieille*, de François Maynard, 1582–1646, strophe 6, vers 4.

Bretons ou nos Provençaux d'autrefois. Cette idée leur était dans l'âme, que tout se conduit par les dieux et que rien ne peut réussir sans leur aide. Bien loin de bomber la poitrine et de tendre les muscles pour soutenir tout seuls la charge du fardeau vital, l'équitable concours du ciel et de la terre leur semblait naturel et dû. Cela s'était vu jusque pour le plus impie de leur race, Socrate, chez qui l'idée de Médiation et peut-être de Tradition révélatrice se dessine assez clairement.

Platon agite, entre ses convives, toutes les idées fausses que peuvent suggérer de l'Amour l'imagination et la complaisance ; la vérité lui est venue d'une femme de Mantinée, cette Diotime[332] qui ne l'eût pas trouvée sans un conseil d'en haut.

L'Ulysse homérique, si constamment aidé de Pallas, paraît ainsi un fils authentique d'Athènes, métropole de l'Ionie et patrie lointaine de son poète. Le peuple d'Athènes, pris en corps, Démos, ne faisait rien sans la Déesse conseillère qui lui tend une main amie dans les en-tête des Décrets. Sa volonté hardie, artiste, politique, ne s'est point conçue hors de l'effusion d'une grâce supérieure. Active et inventive comme pas une, ce qu'elle fait avec succès, l'ouvrage conduit à son terme, ne peut être sorti que d'un merveilleux tête à tête de l'homme avec le dieu.

Quand les stoïques s'éloignèrent du Portique[333], il semble bien que cette vie familière, en parenté étroite avec le divin, s'est aussi éloignée de leur âme. Peu à peu, ils en arrivèrent à concentrer l'homme dans l'homme. De transcendante, leur morale devint immanente et laïque. Ce repliement de l'âme dans une sèche solitude, qui fut propre à ces huguenots de l'antiquité, était aussi contraire que possible au sens surnaturel, au goût pieux des sectes et des écoles nées à l'ombre du Parthénon. En Attique, ni le plaisir, ni le devoir, ni la jeune science nourrie de poésie, ni, à raison plus forte, cet art que l'on gorgeait de fables heureuses n'étaient exempts d'une certaine foi aux présences réelles du Dieu innommé qui relie ce qui meurt à ce qui ne meurt point. La limpide évidence de quelque Voie Lactée où les âmes iraient refleurir dans leurs corps était de celles que chacun croyait voir et toucher ; la difficulté aurait été plutôt d'en faire abstraction ! Que le Dieu favorable

---

[332] Prophétesse et philosophe à laquelle Socrate fait référence dans le *Banquet* de Platon. Son existence réelle est incertaine.
[333] Allusion à Zénon de Cittium, fondateur du stoïcisme au début du troisième siècle avant J.-C. Le *stoïcon* était un portique situé près de l'école de Zénon, d'où le nom de stoïcisme ou « école du portique ».

dût y prêter la main, cela allait de soi. Sa coopération était ce dont on craignait le moins de manquer.

Comment, en effet, ces Heureux de l'Olympe n'auraient-ils pas fait la moitié de notre chemin ? Et pourquoi, assistant à l'action courageuse entreprise d'en bas, leur charité oublierait-elle de laisser leurs tables célestes déborder justement de ces rares biens réservés auxquels n'atteindrait que notre désir ? Qu'ainsi notre très faible approximation du Parfait donnât droit à quelque épanchement et communication du cœur éternel, le souhait n'était pas formé sans prudence ; néanmoins, il pouvait aussi n'apparaître, en bonne justice, qu'une modeste part de ce qui peut et doit être honnêtement espéré, et même obtenu, de Dieux bons, pour des hommes de bien vêtus d'une chair digne et pure.

XIII

Avant de rabrouer ces rêves, les faiseurs d'objections et les inventeurs de blasphèmes seront sages de remarquer que la résurrection des corps a été espérée hors du Polythéisme. Sa promesse déplaît à quelques penseurs renchéris que ma lueur du Céramique eût peut-être éclairés. Pour ma part, je viens de le dire, ce tendre rayon a changé en moi quelque chose. La flamme attique m'a permis de poser autrement que dans l'ordre italiote et latin, isolant et trop personnel, le pénible problème des rapports que soutiennent le Bonheur et le Temps. Vraiment, la solution n'en peut pas tenir à nous seuls. Il est trop impossible de croire que l'éternité nous recueille pour n'avoir été satisfaits de rien, comme Goethe l'a cru de son Faust ; moins encore, comme les moralistes romains, pour nous être démis et sacrifiés au son précis de l'heure qui marqua notre plénitude. Mais, du comble des biens goûtés, si nous suivons docilement les humbles versants de la terre, nous avons nos trésors mis en sûreté chez les dieux ; leurs mains sont pures et fidèles ; chez eux, rien ne s'est perdu à jamais ; tout est tenu, rendu, de ce qui en vaut la peine et l'honneur. Un seul jour peut renaître, s'il a été tout à fait saint, s'il a mérité son regret. C'est pourquoi, aussitôt qu'elle sut prendre garde à ces divins possibles, ma folle jeunesse cessa de qualifier fins du monde les Reines charnelles de l'Ombre et n'invoqua plus leurs ciseaux pour remédier à l'éternelle fugacité de nos biens ; l'Heure emporte ce qu'elle arrache, qu'importe si la Nuit a le pouvoir d'en restituer plus beau !

Les stèles nous enseignent ce repos dans la confiance.

Les principes qui leur ont donné vie et forme orientent vers des images bienheureuses dont la vertu est exaltante, l'esprit apaisant et consolateur.

Nos pas, nos pensées, nos paroles, nos plaisirs, notre honneur, le peu de bien rêvé ou fait, en paraissent relevés au-dessus du gouffre et sauvés de ce qu'on appelle la mort ; ainsi de l'herbe aride, sur les stèles dures et fines, croissent dans le marbre doré de solides figures pour affirmer que tout se garde et se retrouve, afin de briller pour toujours.

> — Vous voilà, me disais-je, belles Perfections traversées,
> À la fleur de vos mouvements,
> Dans le rayon de la minute
> Où vous étiez parfaitement,
> Esprits vêtus de chair ignée,
> Souverains maîtres d'un beau corps...[334]

Le peuple qui tira de la fleur de son rêve ces lumières de chair n'avait sans doute pas besoin de s'expliquer au long sur le jeu de leur grâce et le sourire mystérieux qui les anima.

D'autres rencontrent le désespoir dès qu'ils ont pleuré. Mais un ressort puissant sait extraire du deuil ce qu'il recelait de bonheur.

Après le heurt des ruines et des séparations, il faut bien que les larmes d'homme se répandent ! Mais l'Art incorporé à d'étincelantes matières élève l'espérance de leur salut définitif ; plus encore que la Vertu, vieille héroïne toujours prête à prendre d'assaut les enfers, l'Art veut sauver cette Beauté qu'il ne faut pas que l'autre, beaucoup mieux défendue, supplante, exclue ou déshérite. Personne ne doit craindre de dire et de chanter à la jeune vie faiblissante combien, de tous les leurres, le plus trompeur serait d'imaginer la certitude de son sacrifice éternel ! Les sens lui simulent le faux et lui dissimulent le vrai. Mais l'Esprit la tient et la nomme sœur ou fille des substances supérieures qui ne s'altèrent point et font retour au cœur du monde où chacun les recouvrera, pour peu que le monde ait un cœur.

---

[334] Maurras se cite lui-même ; ces vers sont du *Colloque des Morts*, II, fin de la strophe 5 et début de la strophe 6.

Volume IV – Corps Glorieux ou La Vertu de Perfection

Déjà parus

Cette faculté d'invention et de création ne réside qu'en un petit nombre d'esprits

Une conscience française se réveille dans les moments de colère et de deuil

Deux ou trois idées directrices aujourd'hui dans l'air du temps...

www.omnia-veritas.com

www.ingramcontent.com/pod-product-compliance
Lightning Source LLC
Chambersburg PA
CBHW050325230426
43663CB00010B/1745